Jean Piaget

Gesammelte Werke
Studienausgabe

Band 3

JEAN PIAGET / ALINA SZEMINSKA

Die Entwicklung des Zahlbegriffs beim Kinde

Mit einer Einführung von Hans Aebli

ERNST KLETT VERLAG
STUTTGART

Die französische Originalausgabe erschien unter dem Titel
La genèse du nombre chez l'enfant
bei Delachaux et Niestlé S.A. Neuchâtel (Schweiz)
Die Übersetzung besorgte Prof. Dr. H. K. Weinert, Tübingen

An diesem Buch haben mitgearbeitet:
Zahara Glikin · Juan Jaen · Tatiana Katzaroff-Eynard · Refia Mehmed-Semin
Zoe Trampidis · Edith Vauthier · Florentine Zakon

1. Auflage 1975
innerhalb der Gesammelten Werke (Studienausgabe)
Alle Rechte der deutschen Ausgabe beim Ernst Klett Verlag, Stuttgart 1965
Fotomechanische Wiedergabe nur mit Genehmigung des Verlages
Printed in Germany
Druck: Wilhelm Röck, Weinsberg
ISBN 3-12-929130-X

INHALTSVERZEICHNIS

DRITTER TEIL:
ADDITIVE UND MULTIPLIKATIVE KOMPOSITIONEN

ZUR EINFÜHRUNG

Die „Entwicklung des Zahlbegriffs" stellt eines der psychologischen Hauptwerke der zweiten Schaffensperiode von Piaget dar. Während sich Piaget in den zwanziger und den frühen dreißiger Jahren das Ziel gestellt hatte, das Denken und Urteilen des Kindes in seinen sozialen Bezügen zu charakterisieren und die Eigenart des kindlichen Weltbildes zu beschreiben, schränkt er in der Folge seinen Blickwinkel ein. Er schreibt über die sensumotorische Entwicklung in den ersten anderthalb Lebensjahren, über den Zahlbegriff, die physikalischen Mengenbegriffe, über den Zeitbegriff und über die kindliche Geometrie. Das vorliegende Werk nimmt hierunter eine zentrale Stellung ein. An ihm werden alle charakteristischen Züge des psychologischen Werks von J. Piaget sichtbar.

Piaget geht davon aus, daß man Psychologie betreibt, indem man das *Verhalten* des Menschen beobachtet und analysiert. Es geht nicht um die Untersuchung einzelner Bewußtseinszustände oder isolierter Reiz-Reaktions-Verbindungen. Die psychologische Analyse muß umfassendere Verhaltensweisen ins Auge fassen. Dies gilt auch für die Untersuchung des numerischen Denkens und seiner Entwicklung. Gegenstand der psychologischen Beobachtungen sind hier die Verhaltensweisen des Vergleichens von Kollektionen, des Zuordnens von Elementen von Kollektionen, der Vereinigung und der Trennung von Klassen, der Herstellung und Veränderung von Reihen usw. Mit dieser methodologischen Entscheidung stellt sich Piaget in die Tradition der französischen Verhaltenspsychologie, welche sich unabhängig vom amerikanischen Behaviorismus entwickelt hat. Diese Verhaltenspsychologie ist aber nicht elementarisch: es geht Piaget nicht um die Erfassung von Verhaltensfragmenten, aus denen sich die umfassenden Verhaltensweisen in summativer Weise zusammensetzen würden, sondern er sieht darin ganzheitliche Züge, Strukturen, welche nicht durch die Beschreibung der Elemente erfaßt werden können. Damit nähert er sich der Gestaltpsychologie.

Aber nun stellt er sich die Frage, wie die Strukturen des kindlichen Denkens, im vorliegenden Buche des arithmetischen Denkens, erfaßt werden können. Hier trennt sich Piaget von Autoren wie Wertheimer oder Duncker. Er möchte mathematische Denkoperationen nicht mit Begriffen analysieren, welche bei der Analyse von Wahrnehmungsgestalten entwickelt worden sind (Offenheit, Geschlossenheit, Prägnanz usw.). Noch fremder ist ihm natürlich ein Mystizismus der Ganzheiten, der sich darauf beschränkt, im diffusen Dämmerlicht einer oberflächlichen psychologischen Analyse die rituellen Formeln der Ganzheit endlos zu wiederholen. Vielmehr ist er der Meinung, daß Strukturen jeden Niveaus analysiert werden können und daß die Logik das beste Instrument zu dieser Analyse darstellt. Zwar fand er im Verlaufe seiner psychologischen Forschungen, daß ihm die hergebrachte Logik und Logistik nicht alle jene Begriffe bereithielt, die er zur Analyse der untersuchten Verhaltensstrukturen benötigte. Er entwickelte daher eine eigene Logistik („Traité de logique. Essai de logistique opératoire." Paris: A. Colin, 1949). Die in diesem Buche dargestellten logischen Strukturen und Schemata dienen dazu, die Strukturen, welche den Überlegungen der Versuchsperson inhärieren, zu beschreiben und durchsichtig zu machen.

Diese Wahl der Logik als Werkzeug der Analyse des Denkens ist für Piaget nicht willkürlich. Vielmehr steht dahinter eine grundlegende Auffassung über den Zusammenhang zwischen Logik und Denken: Es handelt sich hier nicht um zwei letztlich fremde Bereiche der Wirklichkeit, etwa derart, daß die Logik dem Bereich des objektiven Geistes, das Denken aber der subjektiven Erfahrung angehört. Piagets Philosophie kennt eine solche Unterscheidung nicht. Vielmehr versteht er die Logik als die gereinigte und kohärente Endform des Denkens überhaupt. In ihr sind die Strukturen, welche in jedem Denken wirksam sind, einfach von allen Schlacken der Anschauung und der praktischen Handlung gereinigt und die Widersprüche des zweckhaften konkreten Tuns und Denkens beseitigt. Es besteht mit anderen Worten genetische Kontinuität zwischen den frühen Stufen des kindlichen Denkens, dem erwachsenen Denken und der Logik als seiner Endform. Diese innere Verwandtschaft aller Stufen des Denkens und der Logik erlaubt es auch, die letztere als Instrument der Analyse der ersteren zu verwenden. Wir tun dabei nichts anderes, als mit Hilfe der durchsichtigen und kohärenten Endstrukturen des Denkens ihre Vorläufer, die unvollkommenen Strukturen des kindlichen und erwachsenen Denkens, zu erfassen. Man erkennt, daß damit Piagets methodologische Stellungnahme in einer grundsätzlichen Entscheidung über das Verhältnis von Denken und Logik, von Psychologie und normativer Wissenschaft begründet ist.

Mit der bisher umrissenen Position Piagets ist auch die von ihm gewählte Form des Erklärens gegeben. Psychologische Erscheinungen erklären kann für ihn nicht heißen, funktionale Abhängigkeiten zu bestimmen. Man wird in dem vorliegenden Buch vergeblich nach einem Korrelationskoeffizienten suchen. Dahinter steht nicht nur ein Nichtsehen statistischer Probleme oder eine ungenügende Zahl von untersuchten Versuchspersonen.

Die entscheidenden Zusammenhänge, welche Piaget aufweisen möchte, können nicht als funktionale Abhängigkeiten und daher nicht quantitativ erfaßt werden. Piagets Erklärungsform ist diejenige der „Derivation". Er versucht zu zeigen, wie die höheren Strukturen des Denkens und Verhaltens aus den niedrigeren hervorgehen. Dieser Erklärungsmodus ist für ihn im Wesen der Entwicklung vorgegeben: Entwicklung stellt nichts anderes als eine Differenzierung und Integration von Strukturen des Verhaltens dar. Ich „erkläre" (und „verstehe") den höheren Denkakt oder das höhere Verhaltensschema, indem ich sein Hervorgehen aus den vorbereitenden einfacheren Denkakten und Verhaltensschemata begreife. Auch hier entsprechen sich Piagets methodologische Grundhaltung und seine Sicht der Sache: weil Entwicklung ein Hervorgehen von höheren Strukturen aus den niedrigeren darstellt, muß die Methode des Forschens und Erklärens geeignet sein, diese „Derivation" sichtbar zu machen. Vor die Wahl gestellt, entweder die Sprache der Differenzierung oder der Integration (des Aufbaus, der Koordination) zu sprechen, wählt Piaget meistens die letztere. Er nennt seine Theorie in „Die Entwicklung des Erkennens" (Bände 8, 9 und 10 der Ges. Werke) selbst einen „Konstruktivismus", und im vorliegenden Werk führt er diesen Gedanken exemplarisch durch, indem er die Konstruktion der Zahl als ihren Aufbau aus den logischen Operationen der Klassen- und der Reihenbildung verständlich macht. Das numerische Denken des Kindes wird also aus seinen Vorstufen, dem Denken in Klassen und Relationen, und dieses wiederum aus gewissen, noch ungegliederten Vorläufern des anschaulich konkreten Tuns hergeleitet und damit „erklärt".

Wie wenige andere greift das vorliegende Werk an die Wurzeln des Problems der Entwicklung und schlägt einen der fruchtbarsten Wege einer möglichen Lösung ein.

Berlin, im November 1964   *Hans Aebli*

VORWORT

In früheren Werken* haben wir die sprachlichen und begrifflichen Aspekte des kindlichen Denkens erforscht, später haben wir versucht, die praktischen und sensu-motorischen Ursprünge der kindlichen Intelligenz zu untersuchen**. Jetzt heißt es, über diese beiden Vorstadien hinaus bis zu den formenden Mechanismen des Verstandes selbst zu gelangen und somit zu untersuchen, wie die sensu-motorischen Schemata der geistigen Assimilierung sich zu einem System von Denkoperationen zusammenfügen. Dabei genügt es nicht, nur die sprachlichen Äußerungen der Kinder zu analysieren, sondern es handelt sich darum, zu beobachten, wie sich das Geflecht der Operationen aus der praktischen Tätigkeit herausentwikkelt. Diese Operationen bringen den Zahlbegriff und die kontinuierlichen Quantitäten — Raum, Zeit, Geschwindigkeit usw. — hervor, indem sie in diesen grundlegenden Begriffsgebieten von der anschaulichen und egozentrischen Vor-Logik zu einer zugleich deduktiven und experimentellen rationalen Koordinierung führen.

Diesen neuen Problemen müssen nun geeignete Methoden entsprechen. Von unseren früheren Methoden behalten wir das ursprüngliche Verfahren des freien Gesprächs mit dem Kind bei — eines Gesprächs, das durch die Problemstellung bestimmt wird, das sich jedoch der Eigenart der kindlichen Gedankengänge anzupassen versucht. Seitdem wir uns mit der sensu-motorischen Intelligenz beschäftigt haben, wissen wir, daß das praktische Handeln des Kindes für unsere Versuche wesentlich ist. Wie in mehreren Kapiteln der „Physikalischen Kausalität beim Kind" angedeutet werden konnte — wenn auch ohne ausreichende Darlegung —, ist das Gespräch mit dem Kind sowohl sehr viel sicherer als auch sehr viel fruchtbarer, wenn es im Zusammenhang mit praktischen Versuchen an angemessenem Material stattfindet und wenn das Kind, anstatt im Leeren zu überlegen, zunächst handelt und erst dann über seine eigenen Handlungen spricht. Beim Studium des Zahlbegriffs ist diese Bedingung sogar unerläßlich, und ihre Begabung ermöglichte es Alina Szeminska, eine Reihe von Verfahren auszuarbeiten, die den verschiedenen zu lösenden Problemen so angepaßt sind, daß diese einzeln analysiert werden können.

---

* Le Langage et la Pensée.
Le Jugement et le Raisonnement.
La Représentation du Monde.
La Causalité physique chez l'Enfant.
** Das Erwachen der Intelligenz beim Kinde. Der Aufbau der Wirklichkeit beim Kinde. (Bände 1 und 2 der Ges. Werke)

Demnächst wird eine andere, in Zusammenarbeit mit Dr. Bärbel Inhelder fertiggestellte Arbeit erscheinen, die dieselben Methoden auf die Beschreibung kontinuierlicher Quantitäten anwenden wird, die sich nämlich aus der Quantifikation physikalischer Qualitäten (Gewicht, Volumen usw.) ableiten. Im übrigen können wir im vorliegenden Werk bei weitem nicht alles vereinigen, was wir über die Entwicklung des Zahlbegriffs zu sagen hätten. Insbesondere haben wir vorläufig darauf verzichtet, eine unerschöpfliche Quelle von Dokumenten auszuwerten: die Sammlung von Beobachtungen, die Mina Audemars und Louise Lafendel in der „Maison des Petits", zusammengestellt haben, auf Grund des Materials, das sie in mehr als 20 Jahren erarbeitet und benutzt haben. Die baldige Veröffentlichung der umfassenden Untersuchung, die uns diese hervorragenden Erzieherinnen über die Anfänge der aktiven Arithmetik in der Schule in Aussicht stellen, wird allseits erhofft. Es versteht sich von selbst, daß wir aus ihren Untersuchungen mehr Nutzen gezogen haben, als wir im einzelnen anführen können.

Andererseits wird es der Leser selber bemerken, daß es unnötig wäre, zu zeigen, wieviel wir den verschiedenen Werken verdanken, die über die Arithmetik des Kindes geschrieben worden sind, insbesondere den wesentlichen Arbeiten von K. Bühler, Decroly, Alice Descoeudres u. v. a. m. Wenn wir uns nicht auf eine ins einzelne gehende Erörterung der vorhandenen Werke eingelassen haben, so deshalb, weil wir uns auf einen einzigen Gesichtspunkt begrenzt haben, nämlich auf das Wesentliche: das Problem des Aufbaus des Zahlbegriffs im Zusammenhang mit den logischen Operationen.

Die Hypothese, von der wir ausgegangen sind, ist selbstverständlich die, daß dieser Aufbau mit der Entwicklung der Logik selbst in Korrelation steht und daß dem vorlogischen Niveau ein vornumerischer Zeitabschnitt entspricht. Und als Ergebnis zeigte sich, daß der Zahlbegriff sich tatsächlich Schritt für Schritt entwickelt, in enger Verbundenheit mit der stufenweisen Erarbeitung der Inklusions-Systeme (Hierarchie der logischen Klassen) und der asymmetrischen Relationen (qualitative Serienbildungen), wie die Zahlenfolge sich auf diese Weise als operatorische Synthese der Klassifizierung und der Reihenbildung entwickelt. Die logischen und arithmetischen Operationen sind uns also als ein einziges umfassendes und psychologisch-natürliches System erschienen, wobei letztere aus der Verallgemeinerung und der Verschmelzung der erstgenannten entstehen, und zwar unter den beiden sich ergänzenden Aspekten der Inklusion der Klassen und der Serienbildung der Relationen, jedoch unter Ausschließung der Qualität. Sobald die Versuchsperson dieses operatorische System auf Mengen anwendet, die durch die Qualitäten ihrer Elemente definiert sind, wird es notwendig, die Klassen, die auf der qualitativen Gleichwertigkeit dieser Elemente beruhen, und die asymmetrischen Relationen, die deren serienbildende Unterschiede ausdrücken, getrennt voneinander zu betrachten. Daraus ergibt sich der Dualismus zwischen der Logik der Klassen und der Logik der asymmetrischen Relationen. Wenn aber dasselbe System unter Abstrahierung dieser Qualitäten auf die Mengen angewendet wird, verwirklicht sich die Verschmelzung der Inklusion und der Serienbildung der Elemente zu einer einzigen operatorischen Gesamtheit, die aus miteinander vereinigten Klassen und asymmetrischen Relationen besteht, und diese Gesamtheit konstituiert ohne weiteres die Reihe der endlichen ganzen Zahlen, wobei Kardinal- und Ordinalzahlen nicht voneinander zu trennen sind.

Eine derartige Feststellung ergibt sich, wie in diesem Werk Schritt für Schritt zu zeigen sein wird, fast ohne eine interpretatorische Bemühung aus den experimentellen Tatsachen, und erschien uns, eben wegen ihrer Einfachheit, als beunruhigend. Es ist in der Tat hinreichend bekannt, wie sehr das Problem des Verhältnisses zwischen Zahl und Logik Anlaß zu Diskussionen gegeben hat, wobei die Logistiker mit Russell versucht haben, die Kardinalzahl auf den Begriff der „Klasse von Klassen" zurückzuführen und die von jener getrennte Ordinalzahl auf den Begriff der Klasse von Relationen — während ihre Gegner mit E. Poincaré und L. Brunschvicg an dem synthetischen und unreduzierbaren Charakter der ganzen Zahl festhielten.

Zwar gestattet es unsere Hypothese, in einem gewissen Sinne dieser Alternative zu entrinnen, denn, wenn die Zahl zugleich Klasse und asymmetrische Relation ist, entstammt sie nicht irgendwelchen besonderen logischen Operationen, sondern allein deren Vereinigung, und dadurch wird der Gegensatz zwischen Kontinuität und Nichtreduzierbarkeit überbrückt. Die Beziehungen zwischen Logik und Arithmetik werden dann als wechselseitig und nicht mehr als einseitig begriffen. Dennoch war es angebracht, auf dem Gebiet der Logistik selbst die durch die psychologischen Versuche nachgewiesenen Zusammenhänge zu überprüfen, und das haben wir sogleich versucht.

Bei der Durchsicht der logistischen Literatur haben wir nun mit Überraschung festgestellt, wie „realistisch" und wie wenig „operatorisch" der übliche Gesichtspunkt war, abgesehen von dem so interessanten Werk von Arnold Reymond. Daraus ergaben sich die oft künstlichen Ableitungen, die Russell aufstellte und die die logistische Forschung so gründlich von der psychologischen Analyse losrissen, obgleich beide so geeignet sind, sich wie Mathematik und Experimentalphysik gegenseitig zu stützen.

11

Im Gegensatz hierzu sollte man die Logistik auf die Realität der Operationen als solcher, in Übereinstimmung mit und nicht mehr im Gegensatz zu den psychogenetischen Vorgängen aufbauen. Man wird dann leicht entdecken, daß die natürlichen psychologischen Denksysteme, wie zum Beispiel die einfachen oder die multiplen Klassifikationen (Klassenmatrizen), die einfachen oder multiplen Serienbildungen (Zuordnungen bzw. Korrespondenzen), die Einschachtelungen symmetrischer Relationen (z. B. von kollateralen Verwandtschaften oder die Klassenhierarchien usw.) vom logistischen Standpunkt aus operatorischen Strukturen entsprechen, die den mathematischen „Gruppen" sehr nahestehen und die wir „Gruppierungen" genannt haben. Die Gesetze dieser Gruppierungen waren uns darüber hinaus, nachdem sie einmal formuliert waren, bei der psychologischen Analyse selbst von ständigem Nutzen. Daher haben wir an mehreren Stellen dieses Werkes die Symbolik der Gruppierung verwendet, in der Annahme, hierdurch die Erörterung der Versuchsergebnisse zu erhellen. Ein der logistischen Darlegung gewidmetes Spezialwerk sollte gleichzeitig bei Vrin in Paris erscheinen. Der Druck wurde im besetzten Frankreich vorgenommen, ohne daß wir bisher die Korrekturen hätten überprüfen können. Dagegen findet der um logistische Nachprüfung bemühte Leser in dem „Sitzungsbericht der Société de Physique et d'Histoire naturelle de Genève" (vol. 58, 1941) die Beweisführung von 14 Theoremen, die die Theorie der Gruppierungen zusammenfassen und die Beziehungen der additiven und multiplikativen Gruppen ganzer Zahlen zu den Gruppierungen von Klassen und Relationen darlegen.

Abschließend sei erwähnt, daß das erste Kapitel dieses Buches bereits 1939 im „Journal de Psychologie" erschien und daß die ersten Abschnitte des Kapitels VII einer 1937 im „Recueil de travaux de l'Université de Lausanne, publié à l'occasion du IVme Centenaire de la fondation de l'Université" erschienenen Studie entnommen sind.

Genf, 1941   *Jean Piaget*

ERSTER TEIL

Die Erhaltung der Quantitäten und die Invarianz der Mengen

Die Erhaltung der kontinuierlichen Quantitäten

Jede Erkenntnis, sei sie wissenschaftlicher Art oder gehöre sie in den Bereich des einfachen gesunden Menschenverstandes, setzt ausdrücklich oder stillschweigend ein System von Invarianz-Prinzipien voraus. Es braucht nicht daran erinnert zu werden, wie im Bereich der Experimentalwissenschaften die Einführung des Prinzips der Erhaltung der geradlinigen und gleichförmigen Bewegung (Trägheitsprinzip) die Entwicklung der modernen Physik ermöglicht hat oder wie Lavoisier dank des Postulats der Erhaltung des Gewichtes der qualitativen Alchemie eine rationale Chemie entgegenzusetzen vermochte. Ebenso ist es unnötig, zu unterstreichen, welchen Gebrauch der gesunde Menschenverstand von dem Identitätsprinzip macht: In dem Maße, wie jedes Denken bemüht ist, ein System von Begriffen aufzubauen, ist es gezwungen, eine gewisse Permanenz in seine Definitionen einzuführen. Mehr noch: Das so wesentliche Schema des konstanten Objekts, dessen Entstehung wir kürzlich zu rekonstruieren versucht haben *, setzt schon in der Wahrnehmung die Erarbeitung eines wirklichen Invarianzprinzips — und zwar zweifellos des ursprünglichsten, das es gibt — voraus.

Daß die Invarianz, formelle Bedingung jeglicher Erfahrung und jeglicher Überlegung, weder für die Vorstellung der Wirklichkeit noch für den Dynamismus des intellektuellen Konstruierens erschöpfend ist, ist eine andere Sache. Wir sagen lediglich, daß die Invarianz eine notwendige Bedingung jeder verstandesmäßigen Tätigkeit darstellt. Ob diese Bedingung auch ausreichend ist, um der Verstandestätigkeit einerseits und der Wirklichkeit andererseits gerecht zu werden, darüber äußern wir uns nicht.

Es ist klar, daß das arithmetische Denken sich keineswegs einer solchen Regel entziehen kann. Eine Menge oder eine Gruppe von Gegenständen ist nur vorstellbar, wenn ihr Gesamtwert unverändert bleibt, gleich welche Veränderungen in den Verhältnissen der Elemente eintreten mögen. Die Operationen, die man innerhalb einer Menge als „Permutationsgruppe" bezeichnet hat, zeigen mit Genauigkeit, daß man alle möglichen Permutationen mit den Elementen ausführen kann, ohne dabei die Gesamt-Potenz der Menge zu verändern. Ebenso ist eine Zahl nur in dem Maße verständ-

---

* Der Aufbau der Wirklichkeit beim Kinde, Band 2 der Ges. Werke, Kap. I.

lich, wie sie mit sich selber gleichbleibt, unabhängig von der Disposition der Einheiten, aus denen sie zusammengesetzt ist: das ist die sogenannte „Invarianz" des Zahlbegriffs. Eine kontinuierliche Quantität — wie eine Länge oder ein Volumen — ist für die Arbeit des Geistes nur in dem Maße verwendbar, als sie ein bleibendes Ganzes bildet, das unabhängig ist von den möglichen Kombinationen der Anordnung ihrer Teile. Kurz gesagt: Gleichviel, ob es sich um kontinuierliche oder diskontinuierliche Quantitäten, um in der wahrnehmbaren Welt wahrgenommene quantitative Aspekte oder um im Bereich des Denkens konzipierte Mengen und Zahlen, um die ursprünglichen Kontakte der zahlenbildenden Tätigkeit mit der Erfahrung oder um die von jedem anschaulichen Gehalt völlig gereinigten Axiome handelt, überall und immer setzt der Geist die Erhaltung von irgend etwas als notwendige Bedingung für jedes mathematische Verständnis voraus.

Vom psychologischen Gesichtspunkt aus bildet das Invarianzbedürfnis demnach eine Art von funktionalem *a priori* des Denkens: d. h., dieses Bedürfnis drängt sich ihm mit Notwendigkeit auf im Maße seiner Entwicklung oder des geschichtlichen Zusammenwirkens zwischen den inneren Faktoren seines Reifens und den äußeren Bedingungen der Erfahrung. Muß aber daraus geschlossen werden, daß die arithmetischen Begriffe sich fortschreitend und sogar als Funktion von eben diesen Erfordernissen der Invarianz strukturieren, oder geht die Invarianz jedem zahlenbildenden und selbst jedem quantifizierenden Aufbau zeitlich voraus, und bildet sie nicht nur eine Funktion, sondern sogar eine Struktur *a priori*, eine Art angeborener Idee, die sich bei der ersten Bewußtwerdung des Intellekts und bei der ersten Kontaktaufnahme mit der Erfahrung aufdrängt? Das eben muß die psycho-genetische Analyse entscheiden, und wir werden zu zeigen versuchen, daß allein die erste Lösung den Tatsachen entspricht.

1. Angewendetes Verfahren und allgemeine Ergebnisse

Die Untersuchungen, deren Ergebnisse in diesem und dem folgenden Kapitel zu finden sind, betreffen sowohl die kontinuierlichen als auch die diskontinuierlichen Quantitäten. Es erschien uns in der Tat unumgänglich, beide gleichzeitig zu behandeln, obgleich erstere nicht arithmetischer Art sind und wir ihnen noch einen besonderen Band* widmen mußten. Es

---

* *J. Piaget* und *B. Inhelder:* Die Entwicklung der physikalischen Mengenbegriffe beim Kinde, Band 4 der Ges. Werke.

16

war in der Tat angebracht, uns von vornherein der Allgemeingültigkeit der Schlußfolgerungen zu vergewissern, die die diskontinuierlichen Mengen betreffen.

Zunächst werden der Versuchsperson zwei zylindrische Gefäße gleichen Ausmaßes (A_1 und A_2) vorgehalten, die gleich viel Flüssigkeit enthalten (wobei die Gleichheit der Quantität an der der Niveaus zu erkennen ist), dann gießt man den Inhalt von A_2 in zwei kleinere und einander gleiche Gefäße (B_1 und B_2), um das Kind zu befragen, ob die von A_2 in B_1 und B_2 umgeschüttete Quantität der von A_1 gleichgeblieben ist. Im Bedarfsfalle kann man anschließend die in B_1 enthaltene Flüssigkeit in zwei einander gleiche noch kleinere Gefäße (C_1 und C_2) gießen, dann gegebenenfalls B_2 in zwei andere Gefäße C_3 und C_4 entleeren, die ebenso groß sind wie C_1 und C_2. Dann stellt man die Fragen nach der Gleichheit zwischen (C_1 und C_2) und B_2 oder zwischen (C_1 + C_2 + C_3 + C_4) und A_1 usw. Ganz allgemein unterwirft man so die Flüssigkeiten allen möglichen Deformationen, wobei man jedesmal das Problem der Mengenentstehung aufwirft, indem man das Kind nach jeder Umgießung fragt, ob die Flüssigkeitsquantität größer oder kleiner oder gleich der im Vergleichsglas enthaltenen ist. Umgekehrt kann man natürlich auch zum Zweck der Analyse der erhaltenen Antworten ein Glas irgendwelcher Form füllen und vom Kind fordern, eine gleiche Quantität in einem Gefäß von anderer Form herzustellen. Das Hauptproblem bleibt jedoch das der Invarianz.

Die erzielten Ergebnisse scheinen zu zeigen, daß die kontinuierlichen Quantitäten nicht von vornherein als konstant betrachtet werden, sondern daß ihre Invarianz sich allmählich nach einem bestimmten intellektuellen Mechanismus herausbildet, den wir eben zu erklären versuchen. Reiht man die auf die verschiedenen dem Kind vorgelegten Fragen erhaltenen Antworten aneinander, so ist es möglich, drei aufeinanderfolgende Stadien zu unterscheiden. Während des ersten Stadiums sieht das Kind es als natürlich an, daß sich die Flüssigkeits-Quantität je nach Form und Ausmaß der Gefäße, in die man sie umfüllt, verändert. Die Wahrnehmung der scheinbaren Veränderungen wird also keineswegs berichtigt durch ein System von Relationen oder Operationen, die das Bestehen einer quantitativen Invarianz sicherzustellen vermöchten.

Während eines zweiten Stadiums, das eine Übergangs- und Erarbeitungs-Periode darstellt, drängt die Invarianz sich zunehmend auf, wird aber, obwohl sie bei bestimmten Umgießungen, deren Wesensmerkmale wir zu bestimmen versuchen müssen, entdeckt wird, nicht auf alle Fälle verallgemeinert. Von Beginn eines dritten Stadiums an setzt schließlich das Kind von vornherein die Invarianz der Quantitäten voraus, und zwar in bezug auf alle Veränderungen, die wir vornehmen. Dies bedeutet natürlich nicht, daß diese Verallgemeinerung der Konstanz im Verlaufe desselben Stadiums über die Grenzen des hier untersuchten Bereiches hinausgeht.

Zur Deutung dieser Tatsachen können wir von den folgenden Hypothesen ausgehen, von denen einige uns zur Aufwerfung der in diesem Kapitel untersuchten Probleme geführt haben, während andere im Laufe der Versuche entstanden sind. Man kann sich in der Tat fragen, ob die Herausarbeitung des Begriffs der Invarianz der Quantität nicht völlig zusammenfällt mit der Erarbeitung der Quantität selbst. Das Kind gelangt nicht erst zum Begriff der Quantität, um ihm sodann die Konstanz zuzuschreiben, sondern es entdeckt die wirkliche Quantifizierung erst in dem Augenblick, da es fähig ist, Ganzheiten zu bilden, die sich erhalten. Auf dem Niveau des ersten Stadiums beschränkt sich so die Quantität auf die zwischen den Qualitäten bestehenden asymmetrischen Verhältnisse, d. h. auf die Vergleiche in Form von „mehr" oder „weniger", die in Urteilen wie „das ist höher" oder „weniger breit" usw. mit inbegriffen sind. Aber diese Verhältnisse bleiben an die Wahrnehmung gebunden und bilden noch keine eigentlichen „Relationen", denn sie können nicht durch additive oder multiplikative Operationen miteinander koordiniert werden. Diese Koordinierung, die mit dem zweiten Stadium beginnt, führt sodann zu einem Begriff intensiver Quantität, d. h. einer Quantität, die zwar noch nicht aus Einheiten zusammengesetzt ist, die aber schon einen gewissen logischen Zusammenhang (Kohärenz) aufweist. Sobald nun diese intensive Quantifizierung konstituiert ist, erlaubt sie dem Kind, noch bevor irgendein Messen möglich ist, die Proportionalität der Unterschiede und infolgedessen den Begriff einer totalen Quantität extensiver Art zu erfassen. Diese Entdeckung, die allein die Entwicklung des Zahlbegriffs ermöglicht, erwüchse demnach aus den Fortschritten der Logik selbst, im Laufe der eben ins Auge gefaßten Stadien.

2. Erstes Stadium: Varianz

Nach Meinung der Kinder des ersten Stadiums vermehrt oder verringert sich die Menge der umgefüllten Flüssigkeit, je nach der Form oder der Zahl der Gefäße. Die für die Varianz herangezogenen Gründe (Unterschiede in bezug auf Höhe, Breite, Zahl der Gläser usw.) unterscheiden sich von einer Versuchsperson zur anderen, oder von einem Augenblick zum anderen, aber jede wahrgenommene Veränderung wird betrachtet als Ursache einer Veränderung der Gesamtmenge der Flüssigkeit. Hierzu einige Beispiele:

18

BLAS (4;0, Mädchen) *. „Hast du eine Freundin? – *Ja, Odette.* – Also, du siehst, man gibt dir, Clairette, ein Glas roten Saft (A_1 zu $^3/_4$ gefüllt) und Odette ein Glas blauen Saft (A_2 auf gleicher Höhe). Hat eine von euch mehr zu trinken als die andere? – *Gleich viel.* – Jetzt sieh, was Clairette tut: sie gießt ihren Saft in zwei andere Gläser (B_1 und B_2, die jetzt bis zur halben Höhe gefüllt sind). Hat Clairette ebensoviel wie Odette? – *Odette hat mehr.* – Warum? – *Weil man (in B_1 und B_2) weniger hineingegossen hat.* (Blas deutet auf die Niveaus, ohne die Tatsache zu berücksichtigen, daß es sich um zwei Gläser handelt.) – (Gleichermaßen wird der Saft der Odette in B_3 und B_4 gegossen.) – *Das ist ebensoviel.* – Und jetzt? (Man gießt den Saft der Clairette aus B_1 und B_2 in L_1, die lange, dünne Röhre, die daraufhin fast ganz gefüllt ist.) – *Ich habe mehr* (Clairette, in L_1). – Warum? – *Man hat in dieses Glas (L_1) gegossen* (Blas zeigt auf die Höhe), *und hier (B_3 und B_4) nicht.* – Aber vorher war es gleich viel? – *Ja.* – Und jetzt? – *Ich habe mehr.* (Dann wird der rote Saft der Clairette (L_1) in die Gläser B_1 und B_2 zurückgegossen.) – Du siehst, Clairette gießt ebenso wie Odette. Ist dann das ganze Blau (B_3 und B_4) und das ganze Rot (B_1 und B_2) gleich viel? – *Das ist gleich viel* (mit Überzeugung). – Jetzt sieh, was Clairette tut. (Man gießt B_1 in C_2, das damit voll wird, während B_2 zur Hälfte gefüllt bleibt.) – Habt ihr gleich viel zu trinken? – *Ich habe mehr.* – Aber woher kommt das, was mehr ist? – *Von da drinnen* (B_1). – Was muß man tun, damit Odette ebensoviel bekommt? – *Man muß dieses kleine Glas nehmen.* (Sie gießt einen Teil von B_3 in C_2.) – Und ist es jetzt gleich viel, oder hat jemand mehr? – *Odette hat mehr.* – Warum? – *Weil man in dieses kleine Glas (C_2) gegossen hat.* – Aber zum Trinken ist es gleich viel, oder hat eine mehr als die andere? – *Odette hat mehr zu trinken.* – Warum? – *Weil sie drei Gläser hat* (das fast leere B_3, B_4 und C_2, während Clairette C_1 gefüllt und B_2 hat)."

Einen Augenblick später ein neuer Versuch. Man stellt noch einmal dieselben $^3/_4$ gefüllten Gläser A_1 und A_2 hin, das eine mit rotem Saft für Clairette und das andere mit blauem Saft für Odette. „Ist das ganz genau gleich viel? – *Ja.* (Blas prüft die Höhen.) – (Nun, Odette gießt ihr Glas [A_2] in vier Gläser [C_1, C_2, C_3 und C_4], die so etwa bis zur Hälfte gefüllt sind.) – Habt ihr dieselbe Menge Saft? – *Ich habe mehr. Sie hat weniger. In den Gläsern ist weniger.* (Blas betrachtet aufmerksam die Höhen.) – Aber vorher hattet ihr dasselbe? – *Ja.* – Und jetzt? – *Hier* (sie zeigt auf das Niveau in A_1) *ist mehr, und hier* (sie zeigt insgesamt auf alle vier C-Gläser) *ist weniger.*"

Schließlich zeigt man Blas einfach das große, fast ganz mit roter Flüssigkeit gefüllte Glas A_1: „Siehst du, Clairette macht es so: sie gießt so um (in B_1 und B_2 bis zu $^4/_5$). Ist jetzt mehr Saft zu trinken da als vorher, oder weniger, oder ebensoviel? – *Sie hat weniger* (mit Sicherheit). – Erklär' mir, wie das kommt. – *Wenn man umgegossen hat, ist es weniger.* – Aber die kleinen Flaschen zusammen, ist das nicht gleich viel? – *Es ist weniger.*"

SIM (5;0, Mädchen). Man zeigt ihr A_1 und A_2, je zur Hälfte gefüllt. „In den Gläsern ist gleich viel Wasser, nicht wahr? – (Sie prüft.) *Ja.* – Jetzt sieh, Renée, die den blauen Saft hat, gießt ihn so um (man gießt A_1 in B_1 und B_2, die so etwa $^3/_5$ voll sind). Habt ihr noch dasselbe zu trinken? – *Nein, Renée hat mehr, weil sie zwei Gläser hat.* – Könntest du etwas tun, um ebensoviel zu haben? – *Auch in zwei Gläser umgießen.* (Sie gießt A_2 in B_3 und B_4.) – Habt ihr gleich

---

* Anmerkung des Übersetzers: In Klammern wird jeweils das Alter der Versuchspersonen in Jahren und Monaten angegeben.

viel? – (Sie betrachtet lange die 4 Gläser.) *Ja.* – Nun gießt Madeleine (sie selbst) ihre beiden Gläser in drei (B_3 und B_4 in C_1, C_2 und C_3). Ist das ebensoviel? – *Nein.* – Wer hat mehr zu trinken? – *Madeleine, weil sie drei Gläser hat. Renée muß auch in drei Gläser umschütten.* – (Man gießt die Gläser B_1 und B_2 der Renée in C_5, C_6 und C_7.) So. – *Das ist gleich viel.* – Aber siehst du, Madeleine gießt in ein viertes Glas (C_4, das mit ein wenig Saft aus C_1, C_2 und C_3 zu $^1/_3$ gefüllt wird). Habt ihr gleich viel zu trinken? – *Ich habe mehr.* – Wovon gibt es mehr zu trinken, vom blauen (C_5, C_6 und C_7) oder vom roten (C_1, C_2, C_3 und C_4)? – *Vom roten.* – (Dann stellt man die beiden großen Gläser A_1 und A_2 vor das Kind.) Siehst du, man gießt allen blauen Saft hierhin zurück, wie vorher (A_1), und allen roten Saft dorthin zurück. Wie hoch wird der blaue steigen? – (Sie zeigt auf eine bestimmte Höhe. – Und der rote? – Sie zeigt auf einen höheren Stand.) – Steigt der rote höher als der blaue? – *Ja, es gibt mehr roten* (sie zeigt auf die erwartete Höhe), *weil mehr roter da ist.* (Sie zeigt auf die vier Gläser C_1 bis C_4.) – Du sagst, er wird bis hierhin steigen? – *Ja.* – (Man markiert die erwartete Höhe mit einem Gummiring. Dann gießt Sim selber die Flüssigkeit ein und stellt vergnügt fest, daß sie bis zu dieser Markierung steigt, aber dann ist sie sehr erstaunt, daß die blaue Flüssigkeit beim Eingießen in A_1 denselben Punkt erreicht.) *Es ist gleich viel!* – Wie kommt das? – *Ich glaube, man hat ein bißchen nachgefüllt, und jetzt ist es gleich viel.«*

Man sieht also, daß Sim bis jetzt die Mengenänderungen nur in bezug auf die Zahl der Gläser gewertet hat. Aber anschließend an die vorhergehende Frage berücksichtigt sie die Höhe. „Sieh! Jetzt gießt Madeleine den roten Saft in dieses Glas. (Man gießt A_2 in L_1, das enger und höher ist: die Flüssigkeit steigt auf $^4/_5$, während die blaue $^1/_2$ erreicht.) – *Es gibt mehr roten, weil er höher ist.* – Gibt es mehr zu trinken, oder scheint es nur so? – *Es gibt mehr zu trinken.* – Und jetzt? (Man gießt den blauen in B_1 und B_2, und den roten in D_1 und D_2, die breit und niedrig sind.) – *Der rote hat mehr, weil hier* (in den D-Gläsern) *viel ist.* – Und wenn man nun den blauen und den roten hierhin (A_1 und A_2) zurückschüttet, steigt der rote dann höher, oder steigt er gleich hoch? – *Höher.«* Sim gießt D_1 und D_2 in A_2, und B_1 und B_2 in A_1. Sie ist von neuem sehr erstaunt, zu sehen, daß es dieselbe Höhe ist.

LAC (5;6, Knabe). „Hier sind zwei Gläser Saft (A_1 zur Hälfte mit blauer Flüssigkeit und A_2 mit etwas weniger rosa Flüssigkeit gefüllt). Der blaue ist für dich, der rosa für Lucien. Da ärgert sich Lucien, weil er weniger hat. Jetzt verteilt er seinen Saft in die beiden Gläser. (Man gießt A_2 in B_1 und B_2.) Wer hat mehr? – (Lac betrachtet die Niveaus.) *Ich.* – Du verteilst auch deinen Saft auf die beiden Gläser (B_3 und B_4, deren Niveaus auf diese Weise ein wenig höher sind als B_1 und B_2). – Wer hat mehr? – *Ich.* – Und jetzt nimmt Lucien dieses Glas (B_1) und verteilt es auf diese beiden Gläser (C_1 und C_2, die daraufhin voll sind, während B_2 halb gefüllt bleibt). Wer hat mehr? – (Lac vergleicht die Niveaus und zeigt auf die C-Gläser.) *Lucien.* – Warum? – *Weil sie* (die Gläser) *kleiner werden* (und ihre Niveaus also steigen). – Aber wie ist das gekommen? Zuerst hattest du mehr und jetzt er? – *Weil viel Wasser da ist.* – Aber wie kam das? – *Man hat Wasser genommen.* – Aber wo? – ... – Und wie? – ... – Einer hat mehr? – *Ja, Lucien* (überzeugt). – Und wenn ich den ganzen rosa Saft und den ganzen blauen Saft in die beiden großen Gläser (A_1 und A_2) schütte, wer hätte dann mehr? – *Ich.* (Er erinnert sich also an die anfänglichen Bedingungen.) – Also, wohin ist dann der Saft gekommen, den du mehr hattest? – ... – Wie könntest du es fertigbringen, gleich viel zu haben wie Lucien? Du kannst irgendeines dieser Gläser nehmen." – Lac nimmt daraufhin B_3, aus dem er einen Teil in das Glas C_3 gießt. Er füllt es und vergleicht es mit den C_1 und C_2 des Lucien. Dann vergleicht er B_3 mit dem B_2 des Lucien und stellt fest, daß in B_3 weniger Flüssigkeit ist als in B_2. Daraufhin ergreift er wieder C_3, gießt es zurück in B_3, zeigt eine enttäuschte Miene und ruft: *„Aber warum war es hier (C_3) ganz voll, und warum ist es jetzt (B_3) nicht mehr voll?"*

MUS (5;0) hebt nicht nur, wie die vorherigen Versuchspersonen, die Zahl der Gefäße oder ihr Niveau hervor, sondern einen Faktor, an den mehrere Versuchspersonen ebenfalls denken, d. h. die Dicke (Größe) des Behälters, wohl eine Art „Voluminosität" *. Aber trotzdem verwendet Mus drei aufeinanderfolgende Begründungs-Systeme:

I. *Dicke der Gefäße.* – Man zeigt z. B. A_1 und A_2, die $^3/_4$ gefüllt sind: „Habt ihr beide gleich viel? – *Ja.* – Olga gießt nun so um (A_2 in B_1 und B_2, die fast voll sind). Hat sie noch gleich viel? – *Nein.* – Wer hat mehr zu trinken? – *Gertrude* (A_1). – Warum? – *Weil sie eine größere Flasche hat.* – Wie kommt es, daß Olga weniger hat? – ... – Und wenn ich noch einmal dies (B_1 und B_2) in das (A_2) umgieße, wie wäre es da? – *Ebensoviel* (wie in A_1). – (Man gießt um.) – Und wenn Olga so zurückschüttet (von neuem A_2 in B_1 und B_2, die fast voll werden), ist das ebensoviel? – *Nein.* – Warum? – *Das ist weniger.*"

II. *Niveau.* – „Jetzt gießt Gertrude so um (A_1 in C_1 und C_2, die fast voll werden. $^1/_3$ bleibt in A_1). Wer hat jetzt mehr, Gertrude mit so viel blauem ($A_1 + C_1 + C_2$) oder Olga mit so viel rotem Saft (B_1 und B_2)? – (Mus betrachtet die Niveaus, die merkbar gleich hoch sind.) *Alle beide gleich viel.* – Olga gießt weiter in ein Glas (ein drittes B, so daß das allgemeine Niveau ihrer Behälter sinkt). – *Gertrude bekommt mehr, Olga bekommt weniger.* – Olga gießt weiter in diese Gläser. (Man gießt B_1 und B_2 in C_3 und C_4, die damit voll werden.) – *Sie bekommt mehr* (Höhe). – Aber vorher hatte sie weniger, und jetzt mehr? – *Ja.* – Warum? – *Weil man hier* (in C) *wieder hineingegossen hat, was in den großen Gläsern* (B) *war.*" – Die Begründung ist also genau entgegengesetzt zu der im Falle I.

III. *Zahl der Gläser und Höhe zusammen.*
„Wenn man dir eine Tasse Kaffee einmal in einer Tasse gibt oder wenn man dir diese Tasse in zwei Gläser gießt, ist das gleich viel? – *Ich habe ein bißchen mehr.* – Wo? – *In den beiden Gläsern.* – Deine Mama gibt dir zwei Glas Kaffee (B_1 und B_2). Und dann gießt man dies (B_2) in die Gläser (C_1 und C_2). – *Hier* (C_1 und C_2) *ist mehr: zwei Gläser sind ganz voll und da nur eins.* – Und hier (B_1 und 4 Gläser C), was ziehst du vor, dies (B_1) oder alles das (4 C)? – *Das große* (B_2). – Warum? – *Weil es mehr ist: Das Glas ist groß.*"

Dies sind die ursprünglichsten Verhaltungsweisen des Kindes angesichts des Problems von der Erhaltung der Mengen. Die Bedeutung ist klar: Die Versuchsperson ist keineswegs geneigt zuzugeben, daß ein und dieselbe Flüssigkeitsmenge bei Formveränderungen, die mit ihrem Umgießen verbunden sind, unverändert bleiben könnte.

Zwar könnte man sich zuweilen fragen, ob das Kind die Frage richtig

---

* Anmerkung des Übersetzers: Das französische Adjektiv „gros" heißt tatsächlich „dick", wird aber von Kindern oft irrtümlich auch im Sinn von „groß" verwendet.

verstanden hat. Begreift es immer, daß die Frage sich auf die gesamte Menge bezieht, oder denkt es einfach, man befrage es über die Veränderungen der Zahl der Gläser, ihres Niveaus oder ihrer Dicke? Das Problem besteht eben genau darin, zu wissen, ob das Kind fähig ist, eine Quantität als Gesamtheit zu begreifen, die sich aus der Koordinierung der verschiedenen wahrgenommenen Verhältnisse ergibt. Die Tatsache, daß die Kinder nur eines dieser Verhältnisse isoliert wahrnehmen, kann ebensogut davon herrühren, daß sie die betreffenden Begriffe nicht verstehen, als auch davon, daß sie die rein verbale Formulierung der Frage nicht begreifen.

Dagegen könnte man sich fragen, ob die Umgießungen, denen die Flüssigkeit vor den Augen des Kindes unterworfen ist, keine Wahrnehmungstäuschungen mit sich bringen, die einem Invarianzurteil entgegenwirken könnten. Es ist in der Tat bekannt, welche Fülle von Material Egon Brunswik * zusammengetragen hat, um zu beweisen, daß die Wahrnehmung der Längen, Gewichte usw., kurz, der quantifizierbaren Gegebenheiten im allgemeinen, zu einer Reihe von systematischen Deformationen führt, wenn man sich auf den Standpunkt der Konstanz des Objektes stellt, und wie schwierig diese Konstanz als solche wahrgenommen wird. Doch es versteht sich von selbst, daß diese Tatsachen die Untersuchung, die wir hier durchführen, überhaupt nicht behindern, sondern uns im Gegenteil eine wertvolle Hilfe sind, deren Vorbedingungen festzulegen. Wo die Konstanz unmittelbar wahrgenommen wird, gibt es in der Tat für uns kein Problem. Wir fragen uns lediglich, wie die Intelligenz dazu gelangt, den Begriff einer konstanten Menge trotz der entgegengesetzten Anzeichen der unmittelbaren Wahrnehmung herauszuarbeiten. Eine Frage des Urteils und nicht der Wahrnehmung suchen wir zu lösen. Nun tritt aber das Urteil eben nur dann in Funktion, wenn die Wahrnehmung nicht ausreicht, die Versuchsperson zu informieren. Die Entdeckung, daß eine gegebene Flüssigkeitsmenge sich nicht verändert, wenn man sie aus einem Gefäß der Form A in ein oder zwei Gefäße der Form B umfüllt, setzt also von seiten des Kindes einen Akt intellektuellen Begreifens voraus, der um so wichtiger und um so leichter analysierbar ist, je täuschender die unmittelbare Wahrnehmung ist. Unser Problem besteht also nicht darin, aufzudecken, warum diese Wahrnehmung trügerisch ist, sondern warum die Versuchspersonen auf einer bestimmten Bildungsstufe sich ohne weiteres auf sie verlassen, während andere sie berichtigen und durch die Intelligenz vervollständigen. Im übrigen gibt es nur zwei Möglichkeiten: Entweder ist der Realismus Brunswiks gerechtfertigt, d. h., daß die Wahr-

---

* E. *Brunswik:* Wahrnehmung und Gegenstandswelt, Leipzig und Wien 1939.

nehmung „vom Gesichtspunkt des Objekts aus" untersucht werden muß, und dann wird stets die Intelligenz in letzter Linie die Quelle der Konstanz bilden, oder die Wahrnehmung enthält selbst eine Organisation, die schon auf dem Wahrnehmungs-Niveau zu einer Konstanz führt; in diesem Fall setzen ihr Funktionieren und ihre aufeinander folgenden Strukturen eine sensu-motorische Aktivität voraus, die von vornherein intelligent ist. Wir haben dies, gerade in bezug auf die Erarbeitung des „Gegenstandes" während des ersten Jahres, damals schon zu zeigen versucht. Nach dieser zweiten Interpretation wäre die Entwicklung des Begriffs invarianter Quantitäten eine neue, abstrakte Fortsetzung der schon vorher von der sensu-motorischen Intelligenz vorgenommenen Arbeit auf dem Gebiet der Erhaltung des Gegenstandes als solchen.

Versuchen wir, von diesem zweiten Gesichtspunkt aus die kennzeichnenden Tatsachen dieses ersten Stadiums zu deuten. Die in dieser Hinsicht auffallende Tatsache, die uns die gesamte Frage, warum das Kind nicht ohne weiteres zum Begriff der Invarianz der Quantität gelangt, zu beherrschen scheint, ist das Nichtgenügen der Quantifizierung der wahrgenommenen Qualitäten und die Nichtkoordinierung der bei den Wahrnehmungen mitspielenden qualitativen Relationen. Gehen wir z. B. von den ersten Antworten von Blas (4 Jahre) aus. Dieses Kind glaubt zunächst, daß die Flüssigkeit abnimmt, wenn man die drei Viertel eines großen Glases in zwei kleinere Gläser gießt, daß sie aber zunimmt, wenn man den Inhalt dieser kleinen Gläser in eine lange Röhre umfüllt: Allein das Niveau scheint also für Blas das Kriterium zu sein, nicht die Zahl oder Breite der Gläser. Einen Augenblick später aber befindet sich für Blas mehr Flüssigkeit in drei kleinen Gläsern, in die man den Inhalt des anfänglichen Gefäßes geschüttet hat, als in zwei mittleren Gefäßen, die mit der gleichen ursprünglichen Flüssigkeitsmenge gefüllt wurden. Bei einem derartigen Verhalten sind zwei Merkmale erstaunlich. Erstens, daß die Versuchsperson unaufhörlich mit sich selbst in Widerspruch gerät: Bald glaubt sie, daß die blaue Flüssigkeit reichlicher ist als die rote, bald das Gegenteil, ohne deswegen zu denken, sie hätte zuvor unrecht gehabt. Wenn man die Möglichkeit, daß eine Flüssigkeit ohne irgendwelche Permanenz sich ausdehnt oder zusammenzieht, zum Prinzip erhebt, liegt darin zweifellos kein Widerspruch, nur führt das Kind, um seine widersprüchlichen Behauptungen zu rechtfertigen, Gründe an, die es nicht koordiniert und die zu Behauptungen führen, die untereinander unvereinbar sind. Darin liegt der wahre Widerspruch. So stützt Blas sich immer auf das Niveau der Gefäße — und danach verringert sich die Menge, wenn man ein großes Gefäß in mehrere kleine umgießt, ein andermal führt sie die Zahl der Gefäße an und meint, daß dieselbe Umgießung eine Vermehrung der Quantität verursache, und schließlich verwendet das Kind die Dicke (die Breite) der Gefäße, um die Veränderung zu beurteilen, und vergißt dabei Zahl und Niveau der Gefäße, dann denkt es an einen dieser Faktoren und schließt auf das Gegenteil. Daraus ergibt sich ein zweites Merkmal, das zu den logischen Widersprüchen paßt: Es ist, als ob das Kind den Begriff einer totalen oder vieldimensionalen Quantität nicht kennte und stets nur über eine einzige Beziehung nachzudenken vermöchte, ohne sie mit den anderen zu koordinieren. Was wir eben betr. Blas gesagt haben, trifft ebenso auf alle oben zitierten Versuchspersonen zu.

Es scheint also, als könne man die Verhaltensweisen dieses Stadiums, wie folgt, deuten: Man muß zuerst, gleich beim elementarsten Wahrnehmungskontakt mit dem Objekt, das Prinzip der Differenzierung zwischen Quantität und Qualität suchen. Jede Wahrnehmung und jede konkrete Beurteilung schreiben in der Tat den Gegenständen Qualitäten zu, aber sie können diese Qualitäten nicht festhalten, ohne sie zueinander in Beziehung zu setzen. Diese Beziehungen selbst können nur zweierlei Art sein: symmetrische Verhältnisse, die die Ähnlichkeiten, und asymmetrische Verhältnisse, die die Verschiedenheiten ausdrücken. Nun führen aber die Ähnlichkeiten zwischen Qualitäten nur zu deren Klassifizierung (z. B.: die Gläser C_1 C_2 C_3 ... sind „gleich klein"), während die asymmetrischen Verschiedenheiten das Mehr oder Weniger einschließen und so den Beginn der Quantifizierung kennzeichnen (z. B.: „A_1 ist größer als B_1" oder „A_1 ist weniger breit als B_1"). In seiner elementaren Form erscheint der Quantitätsbegriff also gleichzeitig mit dem Qualitätsbegriff, denn die asymmetrischen Verhältnisse, die gezwungenermaßen die verschiedenen Qualitäten untereinander verbinden, führen notwendigerweise zum Quantitätsbegriff. Es gibt in der Tat keine Qualitäten an sich, sondern nur verglichene und differenzierte Qualitäten, und diese Differenzierung ist, insofern sie Verhältnisse asymmetrischer Unterschiede einschließt, nichts anderes als der Keim der Quantität. Unter diesem Gesichtspunkt ist es klar, daß die diesem ersten Stadium eigentümlichen Urteile bereits im so definierten Sinn quantitativ sind: Wenn Sim z. B. erklärt: „Es gibt mehr roten Saft, weil mehr roter da ist", drückt sie ohne weiteres das Wahrnehmungsverhältnis, das den Unterschied zwischen zwei Qualitäten betrifft (die Höhen der Flüssigkeiten), in Form von Quantität aus.

Nur übersteigt auf diesem ersten Niveau, das wir als das Stadium der „rohen Quantität" bezeichnen können, die Mengenbildung das unmittelbare Wahrnehmungsverhältnis nicht. Ebenso wie die „rohe Qualität" (oder: die unmittelbar wahrgenommene Qualität) selber nicht imstande ist, eine vollendete Klassifikation herbeizuführen. Die Ähnlichkeitsverhältnisse zwischen den Qualitäten führen gewiß früher oder später zu einem System von Einstufungen, aber diese Klassifizierung wird erst dann möglich, wenn hierarchische Inklusionsfolgen erarbeitet sind, welche die ganze Logik der Klassen und der asymmetrischen Beziehungen einschließen. Die Verhältnisse der Differenz oder der rohen Quantität, die uns für den Augenblick allein interessieren, werden eine systematische Mengenbildung veranlassen, deren Hauptetappen wir im Verlauf der späteren Stadien untersuchen werden. Um das aber zu erreichen, müssen sie zuvor zwei Bedingungen erfüllen, die auf diesem Niveau eben nicht erfüllt sind und woraus sich das Nichtvorhandensein meßbarer Quantitäten und deren Erhaltung ergibt.

Die erste Bedingung besagt, daß diese Verhältnisse sich aus einfachen Wahrnehmungsverhältnissen zu wirklichen Beziehungen entwickeln und auf diese Weise Systeme in Abstufungen oder intensiven Quantitäten hervorrufen. Es ist in der Tat klar, daß ein in der Wahrnehmung gegebenes oder praktisch vollzogenes Verhältnis als solches keine Relation darstellt. Damit Relationen im psychologischen Sinn bestehen, müssen diese untereinander verknüpft werden können, d. h. das Kriterium für solche Relationen ist der Aufbau ihrer logischen Transitivität (oder die Rechtfertigung ihrer Nicht-Transitivität, wenn sie nicht transitiv werden können). Die Wahrnehmungsverhältnisse roher Quantität, die die Kinder auf diesem Niveau verwenden, sind nun aber gerade nicht untereinander verknüpfbar, weder additiv noch multiplikativ.

Die Addition der asymmetrischen Relationen bedeutet ihre Aneinanderreihung, sei es in der Wirklichkeit oder in Gedanken, mit Einschluß der Folgen, die sich daraus für die Abstufung der aufgereihten Glieder ergeben. Die Multiplikation derselben Relationen bedeutet ihre Aneinanderreihung (Serienbildung) unter dem Gesichtspunkt zweier oder mehrerer Relationen zugleich. Wir haben zwar die oben genannten Kinder nicht dazu aufgefordert, einfache Reihen aufzustellen; sie hatten aber ständig zwei Quantitäten zu vergleichen, und zwar unter mehreren Gesichtspunkten zugleich (Niveauhöhe, Breite, Zahl der Gläser usw.), was tatsächlich eine Multiplikation von Relationen darstellt. Das hauptsächlichste Merkmal dieses Stadiums ist nun aber gerade, wie gezeigt wurde, die Unfähigkeit des Kindes, derartige Koordinierungen vorzunehmen. Wenn die Versuchsperson folgert, daß die Quantität zunimmt, weil der Flüssigkeitsstand gestiegen ist, vergißt sie, die Breite des Gefäßes zu berücksichtigen, und wenn sie das anschließend tut, vergißt sie das Niveau usw.

Es ist leicht, diese Tatsache unmittelbar durch folgenden Versuch zu bestätigen: Man gibt dem Kind die beiden Gefäße A_1 und L, die die gleiche Höhe besitzen, von denen aber eines breit ist und das andere eng (die Durchmesser stehen im Verhältnis $4:1$); nun füllt man das Glas A_1 bis zu einer gewissen Höhe ($1/4$ oder $1/5$). Dann fordert man die Versuchsperson auf, in L gleich viel Flüssigkeit zu gießen. Wenn die Mengen in A_1 und in L wirklich gleich sind, so ist L ganz, A $1/4$ voll; L ist zu $4/5$ gefüllt, wenn A_1 nur $1/5$ voll ist. Die Versuchspersonen dieses Stadiums bleiben nun aber trotz dieses so offenkundigen Unterschiedes der Proportionen unfähig zu begreifen, daß einem kleineren Durchmesser in L ein höheres Niveau entsprechen muß. Die eindeutigen Fälle dieser ersten Periode beschränken sich tatsächlich darauf, in L so viel Flüssigkeit zu gießen, daß sie genau den Flüssigkeitsstand von A erreicht, und glauben „gleich viel zu trinken" zu bekommen.

BLAS (4;0). „Siehst du, deine Mama hat sich ein Glas Saft (A) eingegossen, und sie gibt dir dieses Glas (L). Du mußt dir ebensoviel Saft eingießen, wie deine Mama in ihrem Glas hat. – (Blas gießt etwas zu heftig und übertrifft die Höhe in A, die sie erreichen wollte.) – Bekommt ihr so beide gleich viel? – Nein. – Wer bekommt mehr? – Ich. – Zeig mal, bis wohin man gießen muß, um gleich viel zu haben! – (Sie gießt bis zur selben Höhe.) – Bekommst du so ebensoviel zu trinken wie deine Mama? – Ja. – Bist du sicher? – Ja. – Sieh, was wir tun! (Man stellt Glas L_2 neben Glas L_1.) Wir gießen dies (A) in das Glas (L_2). Wird das ebensoviel dort (L_2) wie da (L_1)? – Ja. – (Man gießt um.) – (Das Kind lacht.) Mama hat mehr. – Warum? – ... –"

MUS (5;0). „Siehst du (wie oben) ... Zeige mit deinem Finger, bis wohin ich gießen muß! – Bis dahin! (Sie zeigt auf dieselbe Höhe in L wie in A.) – (Man gießt etwas höher.) Ist das gleich viel? – Das ist zu viel. Da (in L) ist ein bißchen mehr. Ich habe ein bißchen mehr. – Was könntest du tun, um zu sehen, ob es gleich viel ist? (Man stellt L_2 neben L_1.) – ... – Wie hoch wird es steigen, wenn man dies (A) in das (L_2) gießt? – Bis dahin. (Sie zeigt auf dasselbe Niveau wie in A.) – (Man gießt ein.) – Sie hat mehr (sehr erstaunt). – Wie kam das? – Weil das Glas (L_2) kleiner ist. (Mus scheint also die Beziehung Höhe mal Breite zu begreifen, aber das ist, wie sich zeigen wird, nur eine augenblickliche Erleuchtung.) – Und wenn ich nun von neuem dies (L_2) in das (A) gieße, wer bekommt das meiste, dieses (A) oder das (L_1), wer bekommt am meisten? – Alle beide wenig, alle beide gleich viel. – (Man gießt ein.) Wer hat mehr zu trinken? – Alle beide weniger."

Derart sind die typischen Verhaltensweisen der Versuchspersonen des ersten Stadiums auf diese Kontrollfrage. Man ersieht daraus, daß das Kind es zu Beginn nicht fertigbringt, gleichzeitig die Beziehungen zwischen Höhe und Breite der zu vergleichenden Wassersäulen zu berücksichtigen. Es bemerkt wohl die Breite des Glases A, wenn die Tatsachen es zu diesem Vergleich nötigen (wie Mus, sobald man A in L_2 umgießt). Aber sobald es sich darum handelt, einfach die betreffenden Mengen in A und in L_1 abzuschätzen, vernachlässigt das Kind wiederum die Breite, um sich mit dem Niveau zu beschäftigen.

Kurz gesagt, in Ermangelung einer Verknüpfung der Unterschiedsverhältnisse zwischen Niveau und Breite ist das Kind in diesem Stadium nicht in der Lage, zum Begriff einer totalen oder multidimensionalen Quantität zu gelangen. Für das Kind ist die Flüssigkeitsmenge in der Tat nicht das Produkt der verschiedenen Relationen von Höhe und Breite, mehr oder weniger zahlreicher Gläser usw., weil jede dieser Beziehungen für sich allein und unabhängig von den anderen betrachtet wird. Jedes dieser Verhältnisse bildet auf diese Weise nur eine „rohe Quantität", die zwangsläufig eindimensional ist. Selbst wenn unter den vom Kind herangezogenen Kriterien das Verhältnis „dick" oder „groß" (Voluminosität) in Erscheinung tritt, bleibt diese Eigenschaft gleichermaßen, wie es der Fall Mus zeigt, eine einfache Wahrnehmungsgegebenheit, die auch nicht mit den anderen zu einem System der Multiplikationen von Beziehungen verknüpft werden kann und die also unter diesem Gesichtspunkt der relativen Multiplikation ebenfalls aus einer ein-dimensionalen „rohen Quantität" besteht.

Um so weniger könnten die in diesem Stadium in Betracht kommenden Wahrnehmungsverhältnisse eine zweite Bedingung der wirklichen Quantifikationen erfüllen (die zur Bedingung der intensiven Abstufung dazu kommt): die Aufteilung in gleiche Einheiten oder die Zerlegung in proportionale Dimensionen. Um die Erhaltung der Flüssigkeit zuzugeben und so den Begriff einer umfassenden Menge extensiver und nicht nur intensiver Art zu erarbeiten, ist es in der Tat erforderlich, zu begreifen, daß jede Hebung des Niveaus ausgeglichen wird durch eine Verringerung der Breite, da diese beiden Werte sich umgekehrt proportional zueinander verhalten. Auch in diesem Punkt ist es klar, daß die einfachen Wahrnehmungsverhältnisse, der Ursprung der rohen Quantität, nicht genügen konnten, das Problem zu lösen, bevor sie nicht einer Verknüpfung unterworfen wurden, die in diesem Falle nicht nur logisch, sondern wirklich mathematisch ist. Nun ist mit Überraschung festzustellen, daß die Kinder dieses Stadiums es selbst bei der so einfachen Frage der Vermehrung der Zahl der Gläser nicht fertigbringen zu begreifen, daß eine Flüssigkeitsmenge, die von einem Gefäß in zwei oder drei kleinere Gefäße geschüttet wird, dieselbe Quantität bleibt. Verknüpfung durch Aufteilung gibt es also ebensowenig wie Verknüpfung durch Relationen.

Als Schlußfolgerung ergibt sich, daß die Versuchspersonen dieses ersten Niveaus die Invarianz der Quantität deshalb nicht begreifen, weil sie noch nicht soweit gekommen sind, den Begriff der Quantität selbst als totale Quantität zu erarbeiten. Und wenn sie das nicht fertigbringen, so deshalb, weil sie nicht imstande sind, die betreffenden Relationen oder Teile zu verknüpfen, weil ihr Geist das Niveau der Qualitäten oder der „rohen" Quantitäten nicht übersteigt.

3. Zweites Stadium: Übergangsantworten

Zwischen den Relationen der Kinder, die nicht bis zum Begriff der Invarianz der Quantitäten gelangen, und denen, die sie als eine zugleich physikalische und logische Notwendigkeit vertreten, gibt es eine gewisse Anzahl mittlerer Verhaltensweisen, die ein zweites Stadium kennzeichnen (natürlich ohne daß alle Kinder mit Sicherheit diese Übergangsetappe durchmachten). Es erscheint angebracht, wenigstens zwei dieser Übergangsreaktionen aufzuzeigen. In der ersten ist das Kind imstande, die Invarianz der Flüssigkeit zu erkennen, wenn man diese aus einem Glas A in zwei Gläser B_1 und B_2 umgießt; wenn man aber drei oder mehr Gefäße hinzunimmt, fällt es in den Glauben an die Varianz zurück. Die zweite Übergangsreaktion besteht darin, die Invarianz im Falle geringer Niveau-, Breiten- oder Raumunterschiede zuzugeben, im Falle großer Unterschiede aber daran zu zweifeln.

Zwei Beispiele des ersten Typs:

EDI (6;4). „Ist in diesen beiden Gläsern (A_1 und A_2) gleich viel? – Ja. – Deine Mama sagt zu dir: Anstatt dir deine Milch in diesem Glas (A_1) zu geben, gebe ich sie dir in diesen zwei Gläsern (B_1 und B_2), in dem einen morgens, in dem anderen abends. (Man gießt ein.) Wo bekommst du mehr zu trinken, hier (A_2) oder da ($B_1 + B_2$)? – Das ist gleich viel. – Gut. Dann gibt sie dir die Milch anstatt in diesen beiden Gläsern (B_1 und B_2) in dreien. Man gießt A_2 in die Gläser C_1, C_2 und C_3 (eines für den Morgen, eines für den Mittag und eines für den Abend). Ist das gleich viel in den beiden und in den drei Gläsern oder nicht? – Es ist dasselbe in dreien wie in zweien ... Nein, in dreien ist mehr. – Warum? – ... – (Man gießt B_1 und B_2 in A_1 zurück.) Und wenn du die drei ($C_1 + C_2 + C_3$) in dieses (A_2) zurückgießt, wie weit wird das reichen? (Er zeigt einen Stand, der höher ist als der in A_1.) – Und wenn man diese 3 in 4 Gläser schüttet (man gießt in $C_1 + C_2 + C_3 + C_4$), woraus sich allgemeine Senkung der Höhen ergibt), und wenn man alles zurückschüttet in das große (A_2), wie weit wird es gehen? – (Er zeigt noch höher.) – Und mit 5? – (Flüssigkeitsstand noch höher.) – Und mit 6? – Das hätte keinen Platz mehr im Glas."
PIE (5;0). „Ist hier (A_1) und da (A_2) gleich viel? – (Er prüft den Stand.) – Ja. – (Man gießt A_1 in $B_1 + B_2$.) Ist in diesen beiden zusammen ebensoviel zu trinken wie in dem anderen? – (Er prüft die Stände von B_1 und B_2, die höher sind als A_1.) Hier ist mehr. – Warum? – Oh, doch, es ist gleich viel. – Und wenn ich die beiden Gläser ($B_1 + B_2$) in diese drei ($C_1 + C_2 + C_3$) gieße, ist das ebensoviel? – In den dreien ist mehr. – Und wenn ich wieder in die beiden zurückgieße? – Dann ist hier ($B_1 + B_2$) ebensoviel wie da (A_2)."

Ein Beispiel des zweiten Typs:

FRIED (6;5) stellt fest: $A_1 = A_2$. Man gießt A_1 in $B_1 + B_2$. „Gibt es ebensoviel blauen wie roten Saft? – Ja. – Warum? – Weil sie ($B_1 + B_2$) kleiner sind (als A_2). – Und wenn man den roten Saft (A_2) auch in zwei Gläser ($B_3 + B_4$) schüttet (man gießt aber mehr in B_3 als in B_4), ist das ebensoviel? – Es gibt mehr roten als blauen Saft." ($B_3 + B_4$ erscheinen ihm also als mehr als $B_1 + B_2$.)

28

Einen Augenblick später zeigt man ihm A_1, zur Hälfte gefüllt, und A_2, nur ⅓ gefüllt: „Ist das gleich viel? — *Nein, hier* (A_1) *ist mehr.* — (Man gießt A_1 in mehrere B-Gläser.) — *Jetzt ist es ebensoviel* (in A_2 wie in $B_1 + B_2 \ldots$ usw.)." Aber schließlich erklärt Fried: „*Nein, das ändert sich nicht, weil es derselbe Saft ist.* (Also: $A_1 = B_1 + B_2 + B_3 + B_4$; $A_1 > A_2$.)"

Diese beiden Typen von Übergangsreaktionen sind beide wichtig und gestatten es, einen Einwand auszuschalten, der sich dem Leser sicher während der Lektüre von 2. aufgedrängt hat.

Anstatt die Entstehung des Invarianzbegriffs einer eigentlichen Quantifikation zuzuschreiben, die ihrerseits durch eine fortschreitende Koordinierung der betreffenden Relationen herbeigeführt wird, könnte man sich fragen, ob das Fehlen der Invarianz nicht einfach von einem Nichtverstehen der Frage nach der Gesamtquantität herrührt. Das Kind würde ohne weiteres Niveaus mit Niveaus oder Breiten mit Breiten vergleichen, ohne an die Gesamtheit der Flüssigkeit zu denken, aber das würde nicht beweisen, daß es dazu nicht imstande wäre. Nach dieser zweiten Deutung gäbe es dann also zwangsläufig in einem gegebenen Augenblick die plötzliche Entdeckung der Invarianz, sobald die Idee der Gesamtquantität aufgetaucht wäre. Das Kind würde ohne weiteres begreifen, daß die Flüssigkeit konstant bleibt, weil nichts fortgenommen oder hinzugetan wurde. Und tatsächlich, wenn Edi und viele andere Versuchspersonen mit ihm bei Beginn einer Befragung erklären, daß (A_2) und $(B_1 + B_2)$ „gleich viel" ist, hat man oft den Eindruck, daß der Unterschied zwischen ihnen und den in 2. erwähnten Kindern allein daher herrührt, daß sie die Frage anders auffassen. Die richtige Lösung würde also durch eine Art unmittelbarer Identifizierung gefunden, ohne daß es nötig wäre, einen komplexen Quantifikationsprozeß mitwirken zu lassen. Die diesem zweiten Stadium eigentümlichen Übergangs-Antworten machen es nun möglich, gerade diese zu einfache Deutung auszuschalten. Wenn gezögert wird, wenn bei geringen Unterschieden die richtige Antwort gegeben wird, bei größeren Veränderungen der Gesamtform aber die Invarianz ausbleibt, so offensichtlich deswegen, weil das Kind das Problem gut versteht, aber keineswegs von vornherein von der Invarianz der Gesamtquantität überzeugt ist.

Wie soll man nach dem Gesagten den von den Versuchspersonen dieses Stadiums erzielten Fortschritt deuten? Man kann feststellen, daß die in 2. als für den Übergang von der rohen Quantität zur eigentlichen Quantifikation als entscheidend erklärten Bedingungen allmählich erfüllt werden.

Zunächst einmal sucht das Kind die betreffenden Wahrnehmungsverhältnisse zu koordinieren und so in wirkliche, d. h. operatorische Relationen umzuwandeln. Man erinnert sich in der Tat daran, daß, wenn man dem

Kind des ersten Stadiums ein $1/4$ oder $1/5$ gefülltes Gefäß der Form A gibt und es auffordert, eine gleiche Quantität in dem (dünnen und hohen) Gefäß zu konstituieren, die Versuchsperson sich darauf beschränkt, in L eine Flüssigkeitssäule von gleicher Höhe wie in A einzufüllen, ohne der jeweiligen Breite der Gefäße Rechnung zu tragen. Die Versuchspersonen des zweiten Stadiums suchen nun im Gegenteil beiden Relationen gleichzeitig Rechnung zu tragen, aber merkwürdigerweise gelingt es ihnen nicht, und sie schwanken ohne Ende zwischen diesem Versuch einer Koordinierung und der Unterwerfung unter die Wahrnehmungstäuschungen. Diese Reaktion fruchtloser Koordinierungsversuche läßt sich bereits bei den am höchsten entwickelten Kindern des ersten Stadiums (bei den Übergangsfällen zwischen dem ersten und dem zweiten) beobachten, aber im Durchschnitt ist sie typisch für die hier behandelte Periode. Hierzu einige Beispiele, die bei einem dieser fortgeschrittenen Fälle des ersten Stadiums beginnen und zu eindeutigen Fällen des zweiten Stadiums führen.

LAC (5;6). „Dein Bruder Lucien hat diesen roten Saft (A = $1/5$). Du nimmst dir ebensoviel Saft wie er, in diesem Glas (L). – (Er füllt L bis über das Niveau von A.) *Nein. Ich habe zu viel.* (Er gießt zurück und erreicht $1/5$, d. h. dieselbe Höhe.) – Ist das ebensoviel? – *Nein.* (Er rückt L an A heran und fragt sich selbst:) *Wer hat am meisten?* – Ja, wer hat am meisten? – (Er zeigt auf das Glas A.) *Dieser, weil sein Glas größer ist.* – Aber du sollst ebensoviel haben wie Lucien. – (Er gießt etwas Flüssigkeit in L nach und vergleicht die beiden Höhen.) *Das ist zu viel.* (Er entleert L und fängt von vorne an. Er gewährt sich dasselbe Niveau wie in A und gießt dann eine winzige Menge nach, bis auf etwa $2/5$.) *Ach das ist zu viel!* (Um wieder Quantitätsgleichheit zwischen seinem Glas L und dem Glas A herzustellen, gleicht er nun die Höhen einander an.) – Du sagst, so ist es gleich viel zu trinken? – *Ja.* – (Jetzt gießt man A in L.) – (Sehr erstaunt:) *Ach, das ist mehr!"* Lac bleibt am Ende durchaus im ersten Stadium, obgleich er zu Beginn Reaktionen des zweiten Stadiums ankündigt.

EDI (6;4). Das Glas A ist $1/5$ voll. „Du solltest dir hier (in L) ebensoviel Saft hineintun, wie da (in A) drin ist. – (Er gießt ein bis zur gleichen Höhe.) – Ist das ebensoviel zum Trinken? – *Ja* – Ganz? – *Nein.* – Warum nicht? – *Dies* (A) *ist ein dickeres Glas.* – Was muß man tun, um gleich viel zu haben? – *Nachgießen.* (Er gießt L voll.) – Ist es jetzt richtig? – *Nein.* – Wer hat mehr? – *Ich.* (Er nimmt den Überschuß fort.) *Nein, Mama hat mehr* (in A). – (Er gießt nach, nimmt wieder etwas fort, usw., ohne befriedigt zu sein.)"

WIR (7;0). „Kannst du hier (in L) ebensoviel hineingießen, wie dort (in A) drin ist ($1/4$)? – *Ebensoviel* – (Er gießt ein bis zum selben Niveau.) – Ist das ebensoviel? – *Nein.* (Er gießt in L nach, bis zur Hälfte, und vergleicht dann die Höhen.) *Nein, das ist zuviel.* (Er stellt die Höhengleichheit wieder her.) – Wer bekommt am meisten zu trinken? – *Mama, weil das Glas* (A) *breiter ist.* (Er gießt in L nach.) – Habt ihr jetzt gleich viel? – *Nein, ich habe mehr.* (Er nimmt den Überschuß fort.) – Ist es jetzt gleich viel, oder hat jemand mehr? – *Mama, weil sie ein dickeres Glas* (A) *hat.* (Er schüttet in L nach.) *Nein, jetzt habe ich mehr.* (Er gießt zurück und stellt die Höhengleichheit wieder her.) *Nein, Mama hat mehr.* (Er findet keine befriedigende Lösung.)"

Man erkennt den Nutzen dieser Beobachtungen. In jedem der genannten Fälle beginnt das Kind wie im ersten Stadium damit, die Flüssigkeit in das enge Glas L bis zur selben Höhe wie in dem breiteren Glas A zu gießen. Aber im Gegensatz zu den früheren Versuchspersonen merkt es beim Vergleich der beiden gleich hohen Säulen, daß die eine breiter ist als die andere, und es erklärt dann, daß das erste Glas mehr Flüssigkeit enthält, weil es „dicker", „größer" usw. ist. Eine zweite Relation, die der Breite, wird also ausdrücklich neben der des Niveaus herangezogen und mit dieser letzteren „logisch multipliziert". Um die Gleichheit wiederherzustellen, gießt das Kind tatsächlich etwas Flüssigkeit in das Glas L, ein Verhalten, das die Wirklichkeit dieser Multiplikation von Relationen bezeugt. Allerdings, und dabei erscheinen in aller Klarheit die Schwierigkeiten dieser multiplikativen Operation, sobald das Niveau der Säule in dem engen Glase L das der Flüssigkeit in dem breiteren Glas A übersteigt, vergißt das Kind die Breiten und glaubt, das erste dieser Gefäße enthalte mehr als das zweite. Andererseits wird es, sobald es die Niveaugleichheit wiederherstellt, von neuem von der Ungleichheit der Breiten beeindruckt usw. Kurz gesagt, das Kind vergißt, wenn es die ungleichen Niveaus betrachtet, die Breiten, und wenn es die ungleichen Breiten betrachtet, vergißt es, was es soeben über die Niveaurelationen gedacht hat. Nur bei gleichen Niveaus versucht es also, die Höhen- und Breitenrelationen logisch miteinander zu multiplizieren, aber sobald ein Ansatz zu dieser Operation gemacht ist, gewinnt eine der beiden Relationen die Oberhand über die andere in einem Wechsel ohne Ende.

Allerdings ist klar, daß, selbst wenn die Operation der logischen Multiplikation der Relationen von den Kindern dieses Stadiums vollständig durchgeführt würde, diese keineswegs ausreichen würde, bis an die Invarianz der Gesamtquantität heranzuführen, außer wenn Höhe und Breite einfach ausgetauscht würden. Eine Wassersäule, die an Höhe zu- und an Breite abnimmt, kann in bezug auf eine andere Säule voluminöser, gleich oder weniger voluminös sein. Damit man von der Gleichheit überzeugt sei, muß eine extensive Quantifikation die intensive Graduation vervollständigen, d. h. man muß eine eigentliche Proportion und nicht nur eine qualitative Korrelation herstellen können zwischen dem, was an Höhe gewonnen, und dem, was an Breite verloren wird. Mit anderen Worten: Irgendeine Aufteilung muß die Herstellung von Relationen ergänzen.

Nun ist festzustellen, daß das Kind in engem Zusammenhang mit der Koordinierung logischer Art, von der soeben gesprochen wurde, gerade während des zweiten Stadiums gleichfalls zu verstehen beginnt, daß ein Ganzes mit sich selbst identisch bleibt, wenn es in zwei Hälften aufgeteilt wird. Das haben z. B. Edi und Pie (d. h. die Versuchspersonen des ersten

Typs), wie oben aufgeführt, behauptet, als A_1 in $B_1 + B_2$ umgefüllt wurde. Aber ebenso, wie die Multiplizierung der Relationen unvollständig bleibt, bleibt auch dieses Verständnis für die Aufteilung flüchtig und bruchstückhaft: Es genügt, B_1 und B_2 in $C_1 + C_2 + C_3$ umzugießen, um Edi und Pie zu veranlassen, nicht mehr an die Invarianz zu glauben. Sie sagen: „In dreien ist mehr." Und Edi treibt diese Ansicht bis zum Absurden, wenn er meint, es genüge, eine gleiche Quantität fortlaufend aufzuteilen, um ihren Gesamtwert unbegrenzt zu vermehren.

Zusammenfassend ist festzustellen, daß die Multiplizierung der Relationen und die Aufteilung Hand in Hand zu gehen scheinen, d. h., daß beide während dieses selben zweiten Stadiums auftauchen und sich entwickeln, um im Laufe dieser Entwicklung und in Folge der gleichen Beschränkungen steckenzubleiben. Welches ist also das Band, das diese beiden Arten von Operationen vereint? Das soll die Analyse des dritten Stadiums ergeben.

4. Drittes Stadium: Invarianz wird notwendig

Die Antworten, die dieses dritte Stadium kennzeichnen, behaupten auf Anhieb — oder fast auf Anhieb — die Invarianz der Flüssigkeitsquantitäten, und zwar unabhängig von Zahl und Art der durchgeführten Umfüllungen. In dem Augenblick nun, da das Kind diese Invarianz entdeckt, behauptet es sie als eine so einfache und so klare Tatsache, daß sie unabhängig von jeder Multiplikation der Relationen und von jeder Aufteilung zu sein scheint. Es ergibt sich also das Problem, ob diese Unabhängigkeit eine wirkliche oder nur eine scheinbare ist, um in diesem Falle die Zusammenhänge zu bestimmen, die zwischen den betreffenden Faktoren bestehen.

Zunächst die Tatsachen:

AES (6;6). Nachdem man A_1 und A_2 zu $3/4$ gefüllt hat, gießt man A_1 in P_1 (breit und niedrig): „Ist das noch genausoviel Saft, wie in dem anderen Glas war? — *Das ist weniger.* — (Man gießt A_2 in P_2.) Und bekommst du (es wird angenommen, daß A_2 sein Glas ist) gleich viel zu trinken? — *Oh, ja! Das ist gleich viel. Es scheint weniger zu sein, weil es größer* (breiter) *ist, aber es ist gleich viel.* — (Man gießt P_1 und P_2 in A_1 und A_2 zurück und gießt A_1 in $B_1 + B_2$.) Hat Roger jetzt mehr als du? — (Mit Sicherheit:) *Er hat soviel wie ich.* — Und du? Wenn ich deinen Saft in 4 Gläser gieße (A_2 in $C_1 + C_2 + C_3 + C_4$)? — *Immer noch gleich viel.*"

GEO (6;6). Sein zur Hälfte gefülltes Glas ist A_1, und A_2 wird, mit nur $1/3$ Füllung, Madeleine zugedacht. — „Wer hat mehr? — *Ich habe mehr.* — Gut. Madeleine will nun gleich viel haben. Sie verteilt ihren Saft auf zwei Gläser ($C_1 + C_2$) und sagt: Jetzt habe ich mehr oder jedenfalls ebensoviel wie du. —

Wer hat jetzt mehr? – (Er denkt nach:) *Immer noch ich.* – Dann gießt sie in 3 Gläser $C_1 + C_2 + C_3$. Wer hat jetzt mehr? – *Immer noch ich.* – Dann gießt sie den Saft in viele Gläser. (Man gießt C_1, C_2 und C_3 in A_2 zurück und verteilt den Inhalt von neuem aus A_2 auf 6 kleine Gläser C.) – Wer hat jetzt mehr? – *Madeleine hat mehr, weil man in die anderen Flaschen gegossen hat.* – Und wenn man alles (die 6 C) hier (in A_2) hineingießt, wie hoch wird das steigen? – (Er denkt nach:) *Nein, Madeleine hat weniger. Ich glaubte, sie hätte mehr, aber das ist nicht wahr.* – Kann das nicht mehr ausmachen? – *Nein.* – (Man gießt die C zurück in A_2 und füllt dann A_2 in 8 kleine Gläser.) Und jetzt? – *Nein, es ist immer gleich viel. Es ist die ganze Zeit dasselbe.*" – Schließlich stellt man zwei neue Gefäße A_3 und A_4 hin, die beide halb gefüllt sind, und gießt A_3 in $B_1 + B_2$: *„Sie hat ebensoviel.* – Bist du sicher, daß es so ist? – *Ja, man hat nur umgegossen.*"

BERT (7;2). „Das rote Glas (A_1, zu $^2/_3$ gefüllt) ist für Jacqueline, das blaue (A_2, zur Hälfte gefüllt) für dich. Wer hat mehr? – *Jacqueline.* – Du gießt nun das (A_2) in diese ($B_1 + B_2$, die nun voll sind). Wer hat mehr? – *Trotzdem Jacqueline.* – Warum? – *Weil sie mehr hat.* – Und wenn du das (B_1) in diese ($C_1 + C_2$) gießt? – *Trotzdem Jacqueline, weil sie viel hat.*" – Alle Umgießungen führen zu diesem selben Ergebnis: *„Jacqueline, weil ich vorher gesehen habe, daß sie mehr hatte.*" Jetzt: $A_3 = A_4$, dann A_3 in $C_1 + C_2$ gegossen: *„Es ist trotzdem gleich viel, weil ich vorher in der anderen Flasche gesehen habe, daß es gleich viel war.* – Aber wieso ist es noch ebensoviel? – *Sie gießen* (die eine) *aus, um sie in die anderen zu füllen!*"

EUS (7;2). A_1 ist zu $^2/_3$ und A_2 zur Hälfte gefüllt. Man gießt A_2 in ($C_1 + C_2 + C_3$): „Ist das jetzt ebensoviel? – *Nein, man gießt aus demselben Glas (A_2). So kann man nie ebensoviel machen.*" Darauf: $A_1 = A_2$; A_2 in B_1 und B_2, usw.: *„Es ist immer gleich viel, weil es immer aus derselben Flasche kommt.*"

Diese beiden Beispiele, die zur richtigen Antwort führen, genügen, um deutlich zu zeigen, welche der beiden in 3. unterschiedenen Hypothesen der wirklichen Entwicklung entspricht. Würde man nur die Antworten der beiden Kinder von 7 Jahren, Bert und Eus, betrachten, so möchte es scheinen, als genüge dem Kinde der Gesamt-Vergleich des Anfangs- und des Endzustandes der Umfüllungen, um es ihm möglich zu machen, die Invarianz, unabhängig von jeder Multiplikation der Relationen oder jeder Aufteilung, zu behaupten: „Es ist immer gleich viel", sagt Eus, „weil es immer aus derselben Flasche kommt." Auf einem bestimmten Niveau der Entwicklung scheint die Invarianz von einer analytischen Deduktion *a priori* herzurühren, die die Beobachtungen der Relationen ebenso wie den Versuch selbst unnötig macht. Wenn man allerdings die Antworten von Aes und Geo prüft, die noch einen Augenblick zögern, bevor sie die Gewißheit oder eine verallgemeinerte Gewißheit erreichen, sieht man den Mechanismus ihrer Konstruktion offen daliegen, und man wird veranlaßt, anzuerkennen, daß die Überlegung, die zur Behauptung der Invarianz führt, in ihrem Wesen aus einer Koordinierung der Verhältnisse besteht, und zwar unter ihrem doppelten Aspekt der logischen Multiplikation der Relationen, wie dem der mathematischen Komposition der Teile und der Proportionen.

Aes z. B. glaubt zunächst, daß der Inhalt eines Glases A, der in ein breiteres Glas P umgefüllt wird, eine geringere Quantität ergibt, aber er fügt sogleich hinzu: „Es scheint weniger zu sein, weil es größer (breiter) ist, aber es ist gleich viel." Mit anderen Worten gesagt, Aes stellt einen Irrtum richtig, indem er die Relationen von Höhe und Breite miteinander koordiniert. Ganz allgemein erhält man, wenn man den Versuchspersonen dieses Stadiums die Frage nach den Gläsern A und L vorlegt, Antworten, die, im Unterschied zu denen der vorigen Stadien, eine richtige Koordinierung der betreffenden Relationen bezeugen:

AES (6;6) füllt zwar zunächst in L (lang und dünn) eine Säule von gleicher Höhe wie in A, um eine gleiche Menge zu erzielen, aber bald danach verbessert er sich: „Ist das gleich viel? – *Ja, es ist dieselbe Höhe ... Oh, nein! Dieses* (L) *ist dünner und das* (A) *breiter.*" (Er füllt Flüssigkeit in L nach.)

GEO (6;6) füllt von vornherein das Glas L zu $^3/_4$, damit es dem Fünftel in Glas A gleichkommt: „Ist das so richtig? – *So ziemlich.* – Ist das ebensoviel zu trinken? – *Es ist gleich viel.* – Warum? – *Weil dies Glas hier* (L) *dünner ist und das dort* (A) *breiter ist.* – Was kannst du tun, um sicher zu sein, daß es ebensoviel ist?" (Man gibt ihm die Gläser.) – (Geo nimmt ein Glas A_2 und gießt die Flüssigkeit aus L hinein: es ist fast dieselbe Menge wie in A_1.)

BERT (7;2) gießt zunächst in L bis zum selben Stand wie in A und füllt dann Flüssigkeit nach. „*Weil das Glas kleiner ist, denkt man, es ist gleich viel, aber das ist nicht wahr.*"

EUS (7;2) gießt von vornherein in L eine höhere Flüssigkeitsmenge ($^3/_4$) als in A ($^1/_5$) und begründet das, indem er sagt: „*Dies Glas hier* (A) *ist niedriger, aber es ist ebensoviel wie dort* (L)."

ELA (7;0). „*In dieses Glas* (L) *muß man mehr füllen, weil es dünner ist*", und „*im anderen ist mehr Platz, weil es breiter ist.*"

Man sieht, wie es diesen Kindern, die übrigens alle soweit gelangt sind, die Invarianz der Quantitäten zu behaupten, ganz leichtfällt, bei diesem Versuch die Höhen- und Breiten-Relationen, die sich aus dem Vergleich der Gläser A und L ergeben, zu multiplizieren. Nun wurde aber (das sollte man unterstreichen) diese Frage nach den Verhältnissen von A zu L allen unseren Versuchspersonen vorgelegt, bevor die die Invarianz der Quantitäten betreffenden Befragungen stattfanden. Nicht die Entdeckung der Invarianz hat also die Fähigkeit, die Relationen zu multiplizieren, herbeigeführt, sondern es war umgekehrt. Das ist um so wahrer, als die vorliegende Frage im Durchschnitt etwas leichter ist als die nach der Invarianz im allgemeinen, d. h., daß die richtigen Antworten einen geringeren Fortschritt gegenüber denen, die die Invarianz behaupten, darstellen. Hierin liegt ein weiterer Grund anzunehmen, daß die Invarianz der Quantitäten, selbst wenn sie nach Art eines *a priori*-Urteils behauptet wird, eine viel komplexere Konstruktion voraussetzt, als es zuerst den Anschein hat.

Genügt aber die logische Multiplikation der Relationen, um die Entdeckung der Invarianz der Gesamtquantitäten sicherzustellen? Offensichtlich nicht, und der Augenblick ist gekommen, zu begründen, warum das nicht sein kann. Nachdem das Kind allein unter dem Gesichtspunkt der eindimensionalen Wahrnehmungsverhältnisse „rohe Quantitäten" abgeschätzt hatte, koordiniert es nun diese Verhältnisse miteinander und konstruiert auf diese Weise wohl eine multi-dimensionale Gesamtheit, aber es ist eine Gesamtheit, die „intensiv" bleibt und nicht für einen „extensiven" Meßvorgang geeignet ist, solange die Versuchspersonen nicht zusätzlich zu der logischen Multiplikation Überlegungen rein mathematischer Art anstellen.

Was ist in Wirklichkeit die logische Multiplikation der Höhen- und Breiten-Relationen? Nehmen wir eine Reihe von Gefäßen der Form A, die Flüssigkeiten mit jeweils steigenden Niveaus enthalten: $A_1 \uparrow a_1$, $A_2 \uparrow a_1$, A_3 ... usw. Wir werden dann sagen, daß das Kind diese Relationen zu addieren versteht, wenn es aus $A_1 \uparrow a_1$ A_2 und $A_2 \uparrow a'_1$ A_3 auf $A_1 \uparrow b_1$ A_3 zu schließen weiß. Die „Addition" der Relationen geschieht bei jeder Serienbildung, sobald man beispielshalber folgende Überlegung anstellt: Wenn $A_1 < A_2$ und wenn $A_2 < A_3$ ist, dann ist $A_1 < A_3$. Aber diese Operation kommt bei unseren Versuchen nur auf der praktischen Ebene vor, da die Niveaus unmittelbar der Wahrnehmung gegeben sind und auf diese Weise anschaulich aufgereiht werden, ohne daß Überlegungen erforderlich wären. Nehmen wir andererseits eine Reihe jeweils breiterer Gefäße L $\overset{a_2}{\leftrightarrow}$ B $\overset{a_2}{\leftrightarrow}$ A $\overset{b_2}{\leftrightarrow}$ P ... usw. Die eindimensionale Koordinierung derartiger Verhältnisse nennen wir gleichfalls Addition. Im Gegensatz hierzu sprechen wir von „logischer Multiplikation" der Relationen, wenn das Kind die Gefäße untereinander unter dem Gesichtspunkt dieser beiden Relationen *gleichzeitig* vergleicht. Wenn z. B. L eine höhere und dünnere Säule enthält als A, so ergibt sich L $\downarrow a_1$ $\overset{a_2}{\leftrightarrow}$ A oder A $\uparrow a_1$ $\overset{a_2}{\leftrightarrow}$ L usw. (Daraus ergibt sich, daß, wenn L $\downarrow a_1$ $\overset{a_2}{\leftrightarrow}$ A und A $\downarrow a'_1$ $\overset{a'_2}{\leftrightarrow}$ P ist, folglich L $\downarrow b_1$ $\overset{b_2}{\leftrightarrow}$ P usw.)

Derartige logische Multiplikationen von Relationen wirken nun zwangsläufig bei den Lösungen des Kindes mit, da dieses jenen beiden Dimensionen keinen Zahlenwert beimißt und sie so nicht arithmetisch miteinander multiplizieren kann. Darüber hinaus gestattet diese logische Operation der Versuchsperson, eine neue Relation zu begreifen, und zwar eben die der Gesamtquantität, die ein logisches Produkt der Höhe und Breite ist. Wenn man z. B. das zu $^1/_5$ gefüllte Glas A und das bis zum Rande gefüllte Glas P zeigt, wobei die zweite Flüssigkeitsmasse sowohl breiter als auch höher ist als die erste, wird kein Kind zögern, zu folgern, daß P

mehr Flüssigkeit enthält als A. (Wir schreiben: A $\overset{g}{\rightarrow}$ P.) Dann wäre
A $\uparrow b$ $\overset{l}{\rightarrow}$ P = A $\overset{g}{\rightarrow}$ P. Wenn Geo das zur Hälfte gefüllte A₁ mit dem ¹/₃
gefüllten A₂ vergleicht, zögert er nicht, zu folgern, daß bei gleicher Breite
die weniger hohe Säule eine geringere Menge anzeigt. Wir schreiben:
A₁ $\downarrow b$ $\overset{l}{\leftrightarrow}$ A₂ = A₁ $\overset{g}{\leftarrow}$ A₂. Kurz, die Multiplikation der Relationen erscheint als das notwendige Übergangsstadium zwischen der rohen oder
ein-dimensionalen Quantität und der extensiven Quantifikation, von der
weiter unten die Rede sein wird.
Diese elementaren Operationen könnten allerdings, soviel ist klar, nur zu
einfachen Aufreihungen oder „intensiven" Graduationen führen. Die einzigen erlaubten Schlußfolgerungen sind in der Tat folgende:

$$1° \uparrow b \times \overset{l}{\rightarrow} = \overset{g}{\rightarrow} \text{ oder } \downarrow b \times \overset{l}{\leftarrow} = \overset{g}{\leftarrow};$$

$$2° \updownarrow b \times \overset{l}{\rightarrow} = \overset{g}{\rightarrow} \text{ oder } \uparrow b \times \overset{l}{\leftrightarrow} = \overset{g}{\rightarrow};$$

$$\text{und } 3° \updownarrow b \times \overset{l}{\leftrightarrow} = \overset{g}{\leftrightarrow}.$$

Anders ausgedrückt: Wenn 1. die beiden Relationen im selben Sinne variieren und wenn 2. die eine gleichbleibt und die andere allein variiert oder
wenn 3. beide invariant bleiben, kann man wissen, ob die Gesamtquantität
zunimmt, abnimmt oder gleichbleibt. Wenn dagegen die Höhe zu- und
die Breite abnimmt oder umgekehrt, ist es unmöglich, ohne weiteres zu
wissen, ob die Gesamtquantität zu-, abnimmt oder gleichbleibt. Ganz
allgemein kann sich die Versuchsperson auf diese Weise zunehmende oder
abnehmende Reihen ausdenken, aber sie kann weder wissen, um wieviel
eine gegebene Quantität eine andere übertrifft, noch, ob die Gesamtquantität zu- oder abnimmt, wenn die Relationen, aus denen sie zusammengesetzt ist, im umgekehrten Sinne voneinander abweichen.
Der Begriff der Invarianz der Gesamtquantitäten, den die Kinder dieses
Stadiums erreichen, setzt aber nun gerade eine Quantifikation voraus,
die auf den Fall ausgedehnt wird, wo die elementaren Relationen im
gegensätzlichen Sinn variieren, und fordert infolgedessen auch die Entdeckung der „extensiven" Quantitäten. Um die Invarianz zu behaupten,
genügt es der Versuchsperson in der Tat nicht, zu wissen, daß die Gesamtquantität nicht variiert, wenn beim Umgießen von A₁ und A₂ die Höhe
und Breite der Säule gleichbleiben. Wenn man z. B. A₂ in L umfüllt, muß
sie darüber hinaus folgern, daß die Quantität gleichbleibt, obgleich die
Höhe zunimmt und die Breite abnimmt, d. h. A₂ $\rightarrow b$ $\overset{l}{\leftarrow}$ L = A₂ $\overset{g}{\leftrightarrow}$ L.
Diese Schlußfolgerung ist nun allerdings nicht möglich, wenn man sich
innerhalb der Grenzen der logischen Multiplikation der Relationen hält.
Wie kann also das Kind ohne numerische Gegebenheiten und ohne eigentliche Maße diese Grenzen überschreiten? Darin liegt die ganze Frage und

sogar, im allgemeinen, das ganze Problem des Übergangs von der intensiven zur extensiven Quantität.

Wenn man bis zu diesem Punkt gelangt ist, wird man zweifellos geneigt sein, darauf zu verzichten, die Invarianzurteile weiter zu analysieren und ohne weiteres mit Geo zu folgern, daß man „nur umgegossen hat", oder mit Eus, daß das „immer aus derselben Flasche kommt". Demnach gäbe es Invarianz durch einfache logische Identifizierung, ohne Mitwirkung irgendwelcher Mathematik. Man wird aber unserer Ansicht nach immer berechtigt sein, einer solchen Vereinfachung des Entwicklungsvorgangs folgende Frage entgegenzuhalten, die dann ohne Lösung bliebe: Warum muß das Kind bis zum dritten Stadium gelangen, um diese Identifizierung zu entdecken? Die Kleinen von 4 bis 5 Jahren wissen tatsächlich genausogut wie die Großen, daß man „nur umgießt" und daß das „aus derselben Flasche kommt", und dennoch variiert für sie die Quantität. Warum also können sie nicht den Endzustand mit dem Anfangszustand identifizieren, wenn sie das ohne Schwierigkeit mit 6 oder 7 Jahren tun? Der Grund ist, daß sich hier ein zweiter Prozeß einschaltet, der — was sehr interessant ist — sowohl synchron mit dem vorhergehenden verläuft als auch von ihm verschieden ist und dessen Beziehungen zu ihm sorgfältig untersucht werden müssen, denn sie beherrschen die gesamte Entwicklung der mathematischen Begriffe: Es ist das Hinzutreten des Begriffs der „Einheit", d. h. der extensiven Quantifikation in Gestalt entweder arithmetischer Aufteilung oder, was dasselbe ist, eigentlicher Proportionen. Betrachten wir zunächst ein konkretes Beispiel. Wenn Aes im Gefäß L ein Flüssigkeitsquantum zu erzielen sucht, das der Flüssigkeit gleichkommt, die sich in A befindet ($1/5$), so füllt er eine höhere Säule ein und folgert: „Das ist gleich viel . . ., weil es hier (in L) dünner und dort (A) breiter ist." Was heißt das? Wenn er sich auf die logische Multiplikation $(A \uparrow h \xrightarrow{l} L)$ beschränkte, könnte er nicht folgern: $A = L$ (oder $A \longleftrightarrow L$), außer wenn A und L einfach h und l austauschen. In seiner Überlegung liegt also mehr: Das Gespür für eine genaue Proportion derart, daß L, was es an Breite verliert, an Höhe gewinnt. Wenn wir die Höhe von A oder L hA und hL nennen und die Breite von A und von L als lA und lL bezeichnen, stellt die Versuchsperson Aes also eine neue Relation auf, die man folgendermaßen schreiben könnte:

$$\frac{h\mathrm{A}}{l\mathrm{A}} = \frac{h\mathrm{L}}{l\mathrm{L}}$$ oder auch, wenn man alles in Ausdrücke qualitativer Verhältnisse übertragen würde, in folgender Weise: $(A \uparrow h\mathrm{L}) \times (A \swarrow L) = (A = L)$. Das hieße: Die Höhe von A verhält sich zu seiner Breite wie die Höhe von L zu seiner Breite. Oder einfacher: Die Zunahme der Höhe von A zu L kommt der Verminderung der entsprechenden Breite gleich.

Wenn wir nun die Dinge in symbolische Formeln übersetzen, so deswegen
weil man auf diese Weise um so besser bemerkt, daß hier zwangsläufig
eine neue Operation hinzutritt. Auf dem Niveau des ersten Stadiums
beschränkt sich das Kind tatsächlich darauf, einfache oder ein-dimensionale
qualitative Unterschiede festzustellen: $A \rightarrow P$ oder $A \uparrow hL$, usw. Im
Verlaufe der folgenden Stadien, wenn es sich auf reine logische Multiplikationen der Relationen beschränkt, stuft es zusätzlich diese Unterschiede
ab, und zwar, je nachdem, ob es sich um eine oder mehrere Dimensionen
handelt, in „intensiven" Serienbildungen von zwei oder mehr Gliedern.
Abgesehen von dem Fall völliger Gleichheit ($A_1 = A_2$), enthalten aber
diese Serien nur asymmetrische Relationen von Unterschieden. Insofern
diese Unterschiede aufgereiht und folglich auch abgestuft werden können,
sichern sie durchaus eine intensive Quantifikation. Wenn sich aber zwei
Quantitäten nicht unter identischen Relationen von Höhe und Breite darstellen, gibt es keine Möglichkeit, sie einander gleichzusetzen. Anders ausgedrückt: Die Multiplikation der Relationen ist eine Aufreihung in mehreren Dimensionen, aber sie führt stets nur zu neuen Serienbildungen,
und es gibt keine Möglichkeit, aus dieser Operation die Wiederaufteilung
einer gegebenen Quantität in Einheiten abzuleiten, die als untereinander
gleich angesehen werden, obgleich sie voneinander verschieden sind. Im
Gegenteil: sowohl die Proportion $hA/lA \rightleftharpoons hL/lL$ oder $(A \uparrow hL) \times$
$(A \overset{l}{\leftarrow} L) - (A = L)$ wie die zahlenmäßige Aufteilung ($A_1 = B_1 + B_2$)
bringen eine Verschmelzung der asymmetrischen Differenzrelationen
($\uparrow$ oder $\leftarrow$) mit den Gleichheitsrelationen ($=$) mit sich, und diese Kombination der Gleichheiten und der Unterschiede, oder, kürzer gesagt, diese
Gleichsetzung der Unterschiede, bildet den Übergang von der intensiven zur extensiven Quantität und erklärt die Arithmetisierung der
logischen Multiplikation.
Versuchen wir, die Dinge in der Sprache tatsächlicher und psychologisch
wirklicher Operationen auszudrücken. Es ist zunächst klar, daß, wenn
man das Kind nur die verschiedenen Quantitäten A_1 und ($B_1 + B_2$) oder
P, L usw. miteinander vergleichen ließe, es über kein Mittel verfügte, ihre
Gleichheit oder Ungleichheit zu beurteilen. Die Gleichheit wird gewiß
nahegelegt durch die Maßnahme des Umgießens derselben Flüssigkeit von
einem Gefäß in ein anderes. Aber wir haben soeben gesehen, daß dieses
Umgießen nicht genügt, die Invarianz zu erklären, da eine Formver-
änderung von den Kindern als Ursache einer Quantitätsänderung angesehen wird. Im Gegensatz dazu führt das Umgießen zum Begriff der
Invarianz der Quantität, sobald sie durch folgende Operationen strukturiert wird: Nehmen wir an, der Behälter A sei leer. (Die Menge Null
wird als Q_0 bezeichnet.) Er wird $1/5$ gefüllt. Die eingefüllte Menge (wir

bezeichnen sie als A) unterscheidet sich daher von Q_0 durch eine gegebene Breite und Höhe $\uparrow a_1$ und $\overset{b_2}{\searrow}$ (also: $Q_0 \uparrow a_1 \overset{b_2}{\searrow} A$). Wenn man jetzt (in Wirklichkeit oder im Gedanken) A in L umfüllt, ist die Flüssigkeitsmenge in L um $\uparrow a'$ höher und um $\overset{a'}{\swarrow}$ schmäler. Wenn $A \uparrow a'_1 \overset{a'_2}{\swarrow} L$ ist, dann kennzeichnen die Beziehungen a'_1 und a'_2 also einfach die Unterschiede zwischen A und L.

Solange die Versuchsperson auf der Ebene der qualitativen oder intensiven Reihenbildung bleibt, kann sie durchaus zwei Niveau-Relationen ($Q_0 \uparrow a_1 A + A \uparrow a'_1 L = Q_0 \uparrow b_1 L$) oder Breitenrelationen ($Q_0 \overset{b_2}{\searrow} A + A \overset{a'_2}{\swarrow} L = Q_0 \overset{a_2}{\searrow} L$) oder alle beide zugleich untereinander koordinieren. Das bedeutet psychologisch, daß sie beim Vergleich der in A und in L enthaltenen Flüssigkeiten von vornherein sieht, daß L höher ist als A, daß Niveau in L also gleich $b_1 > a_1$ ist, d. h., daß es der von A (a_1) plus einer Differenz, die hinzukommt (a'_1), entspricht. Ebenfalls sieht sie beim Vergleich der Flüssigkeiten, daß L dünner ist als A, die Breite von L also gleich der von A (b_2) ist minus einer bestimmten Differenz (a'_2), also ($b_2 - a'_2$). Aber in den einfachen Vergleichen oder qualitativen (bzw. intensiven) Reihenbildungen besteht keine Möglichkeit, diese Beziehungen anders zu quantifizieren als in Gestalt von mehr oder weniger. Weder a_1 noch b_1 oder a'_1 besitzen einen Zahlenwert, ebensowenig wie a_2, b_2 oder a'_2. Das Kind sieht lediglich: $b_1 > a_1$, usw. Im Gegensatz hierzu behaupten wir, und das ist unsere ganze Hypothese, daß die Versuchsperson in einem gegebenen Augenblick begreift, daß die Unterschiede sich ausgleichen. Sie gelangt also zu der Gleichung $\uparrow a'_1 = \overset{a'_2}{\swarrow}$ (oder genauer: $a'_1 \times a_2 = a'_2 \times a_1$), und damit beginnt die extensive Quantifikation, weil jetzt zwei heterogene qualitative Verhältnisse (eine Niveau-Erhöhung $+ a'_1$ und eine Breitenverminderung $- a'_2$) als gleich begriffen werden, obgleich sie ihre Bedeutung als asymmetrische Differenz bewahren. So entsteht also die Proportion, durch Kombinierung der Gleichheit mit der asymmetrischen Relation.

Diese Proportion ist nun bereits in einem gewissen Sinn eine Teilung. Die Gleichung $+ a'_1 = - a_2$ anzunehmen bedeutet nicht nur, die Gesamtmenge als eine qualitative Gesamtheit zu begreifen, die ihren Wert bei jeder Umformung ändert, sondern das bedeutet, sie als in Einheiten zerlegbare Summe zu strukturieren. Selbst ohne das zwischen a'_1 und b_1 oder zwischen a'_2 und b_2 bestehende Zahlenverhältnis zu kennen, begreift die Versuchsperson zwangsläufig a'_1 und a'_2 in dem Maße, in dem sie $a'_1 = a'_2$ (oder $a'_1 \times a_2 = a'_2 \times a_1$) ansetzt, als zwei eigentliche Bruchteile und nicht mehr nur als zwei qualitative Differenzen. Das anzuwendende Kriterium ist folgendes: Arithmetische Teilung ist gegeben, wenn die Elemente eines Ganzen untereinander gleichgesetzt werden können, obgleich sie voneinander verschieden sind, während die Vereinigung von Unter-Relationen oder Unter-Klassen keine Gleichheit bewirkt, sondern nur eine Ko-Inklusion in das Ganze. Unter diesem Gesichtspunkt bedeutet nun die Setzung der Gleichung $a'_1 = a'_2$, daß die Niveau- oder Breitenunterschiede nach der Art der arithmetischen Teilung begriffen werden, und nicht nach der der einfachen logischen Addition (der Klassen oder der Relationen).

Aber es ergibt sich noch mehr. Die Gleichsetzung der Unterschiede, die wir soeben als Ursprung der extensiven Quantifikation erklärt haben, führt eben im Verlaufe dieses dritten Stadiums zu einer wirklich zahlenmäßigen Teilung, die sich zu der Entdeckung der Proportionen nicht nur synchron, sondern komplementär verhält. Für Aes z. B., dessen Antworten bezüglich der Mengen A und L eben wiederholt wurden, ist es selbstverständlich, daß A_1 bei seiner Umgießung in 2 B oder 4 C immer A_1 ergibt. Geo zögert zuzugeben, daß 6 C zusammen A_2 gleichkommen, aber er bestätigt es dann und verallgemeinert es zu 8 C, usw. Man erinnert sich nun daran, daß im Verlauf des ersten Stadiums ein Ganzes keineswegs als sich erhaltend begriffen wurde, sobald es einmal in 2 oder in 4 Bruchteile usw. zerlegt worden war, und daß während des zweiten Stadiums dieser Begriff nur bei geringen Aufteilungen beibehalten und bei zu weit getriebenen Unterteilungen aufgegeben wurde. Wie ist also die Entstehung dieser Relationen zu erklären?

Wenn A, verglichen mit der Menge Null (Q_0), gleich $Q_0 \uparrow b_1 \overset{b_2}{\to} A$ ist, ist es klar, daß B_1 und B_2, in die der Inhalt von A gegossen wurde, sich beide von A unterscheiden durch eine Verringerung des Niveaus $A \downarrow a'_1 B_1$ (und $A \downarrow a'_1 B_2$) oder der Breite $A \overset{a'_2}{\leftarrow} B_1$ (und $A \overset{a'_2}{\leftarrow} B_2$). Bezeichnen wir als $a_1 B_1$ die in B_1 wahrgenommene Höhe; als $a_1 B_2$ die in B_2; als $a_2 B_1$ die Breite von B_1 und als $a_2 B_2$ die von B_2. Bezeichnen wir andererseits als $a'_1 B_1$ den Höhenunterschied zwischen B_1 und A (und als $a'_2 B_2$ den von B_2 und A); als $a'_2 B_1$ den Breitenunterschied zwischen B_1 und A (und als $a'_2 B_2$ den von B_2 und A). Zu begreifen, daß $B_1 + B_2 = A$ ist, bedeutet also nicht nur, zu verstehen, daß $B_1 = B_2$ ist, d. h., daß $a_1 B_1 = a_1 B_2$ und $a_2 B_1 = a_2 B_2$ ist, sondern auch, daß B_1 dem Unterschied zwischen A und B_2 gleichkommt und daß B_2 dem Unterschied zwischen A und B_1 entspricht, also ($a'_1 B_1 \times a'_2 B_1 = a_1 B_2 \times a_2 B_2$) und ($a'_1 B_2 \times a_2 B_2 = a_1 B_1 \times a_2 B_1$). Psychologisch betrachtet, bedeutet das also, daß eine Hälfte nicht nur eine Einheit ist, die einer anderen Einheit gleichkommt, wenn beide miteinander vereinigt ein Ganzes bilden, sondern außerdem, daß die Hälfte gleich dem Unterschied zwischen dem Ganzen und der anderen Hälfte ist. Ohne diese zweite Bedingung könnte das Verhältnis zwischen der Hälfte und dem Ganzen nicht begriffen werden, und der Begriff des Ganzen würde sich nach der Teilung verflüchtigen. Die zahlenmäßige Teilung ist also in ihrem Wesen eine Gleichsetzung von Unterschieden wie die Proportion selbst; jedoch im Falle von $A = B_1 + B_2$ werden die beiden Hälften $B_1 + B_2$ als gleich begriffen, während im Falle von $A = L$ lediglich die Unterschiede (die differenzierenden Teile $a'_1 = a'_2$) einander gleichgesetzt werden, da die gemeinsamen Teile nicht in Betracht gezogen werden.

Als Schlußfolgerung ist also ersichtlich, wie einfach im Grunde jener Vorgang der Quantifikationen ist, den die Entdeckung der Invarianz der Mengen durch das Kind bezeugt. Die Versuchsperson beginnt zunächst damit — und bleibt dabei während des ersten Stadiums —, nur untereinander nicht koordinierte Wahrnehmungsverhältnisse qualitativer Gleichheit oder Differenz zu berücksichtigen, und sie konstituiert so jeweils die rohen Quantitäten und Qualitäten, die als solche nicht komponierbar sind. Dann beginnt im Verlaufe des zweiten Stadiums ein Prozeß logischer Koordinierung, der sich im dritten Stadium vollendet und dazu führt, die Gleichheiten zu klassifizieren und die Unterschiede (additiv und multiplikativ) aufzureihen, wobei diese Reihenbildung zur Konstituierung der intensiven Quantitäten führt. Schließlich wird das dritte Stadium gekennzeichnet durch die Konstituierung der extensiven Quantitäten, dank der Egalisierung der intensiven Differenzen und infolgedessen der Arithmetisierung der logischen Gruppierungen *.

---

* Um die Darlegung zu vereinfachen, beschränken wir uns hier darauf, die Entdeckung der Invarianz der Flüssigkeitsquantitäten durch die Proportion quantitativer Art zu erklären, die das Kind zwischen den Höhen- und den Breitenunterschieden der Wassersäulen herstellt, weil unsere Versuchspersonen sich auf diese Methode beschränken. Es versteht sich jedoch von selbst, daß man sich eine Invarianz rein logischer (und nicht arithmetischer) Art ausdenken könnte, in Fällen, wo die fortgenommenen Teile einzeln bezeichnet werden könnten, oder auch in Fällen, wo die Höhen- oder Breitenunterschiede sich durch einfache Substituierung kompensieren, wobei die Höhe zur Breite wird und umgekehrt.

Die Invarianz der diskontinuierlichen Quantitäten und ihre Beziehung zur zwei-eindeutigen und wechselseitigen Korrespondenz

Die vorausgegangen Versuche können alle mit diskontinuierlichen Quantitäten so wiederholt werden, daß das Kind es zugleich fertigbringt, sie global zu werten, wenn ihre Elemente beisammen, oder sie zu zählen, wenn sie voneinander getrennt sind. Perlenkollektionen besitzen diesen doppelten Vorteil. Wenn sie in den Gefäßen gesammelt sind, von denen im ersten Kapitel die Rede war, ermöglichen sie dieselben *Wertungen* (nach Höhe, Breite usw.) wie die Flüssigkeiten. Außerdem ermöglichen sie eine andere Mengenbildung, die den Kindern wohlbekannt ist: die Länge der durch ihre Aneinanderreihung gebildeten Ketten. So kann die Abschätzung dieser Länge in jedem Fall dazu dienen, die Quantifikation des Inhaltes der verschiedenen verwendeten Gefäße zu überprüfen. Andererseits können aber die Perlen, wenn sie einzeln betrachtet werden und an der Zusammensetzung dieser Gesamtmengen beteiligt sind, Korrespondenz-Operationen unterworfen werden. Es ist z. B. leicht, das Kind zu bitten, ein Gefäß mit Perlen zu füllen, die es eine nach der anderen hineingibt, jedesmal wenn der Versuchsleiter seinerseits eine Einheit in ein anderes Gefäß legt, und dann die Frage nach der Gleichheit der beiden so erzielten Quantitäten mit oder ohne Identität der Gefäßformen usw. aufzuwerfen.

Der Übergang von der Analyse der kontinuierlichen Quantitäten zu der Analyse der diskontinuierlichen Mengen ist also für uns nur eine einfache Gelegenheit zur Kontrolle. Außer dieser Überprüfung suchen wir in diesem Kapitel das Verhältnis zwischen Invarianz der Quantitäten und der Entwicklung der zwei-eindeutigen und wechselseitigen Korrespondenz, die bekanntlich einen der Ursprünge des Zahlbegriffs selbst darstellt, unter einem vorläufigen Gesichtspunkt zu betrachten. Wir können dann leichter das Problem der kardinalen und ordinalen Korrespondenz als solcher untersuchen.

Endlich sei festgestellt, daß die zu behandelnden Stadien mit denen des ersten Kapitels völlig parallel verlaufen.

1. Erstes Stadium: Fehlende Invarianz

Während des ersten Stadiums gibt es ebensowenig Invarianz der Perlengruppen wie der Flüssigkeitsquantitäten. Das Kind glaubt nicht nur an Veränderungen der globalen Quantität, wennn man eine beliebige Gruppe von einem Gefäß in ein anderes abweichender Form umfüllt, sondern es glaubt sogar, daß die aus den Perlen hergestellte Kette in den beiden Fällen nicht dieselbe Länge hat.

PORT (5;0). „Was liegt da? − *Kleine grüne* (A₂) *und rote* (A₁) *Perlen.* − Ist in diesen beiden Gläsern gleich viel? − *Ja.* − Wenn man eine Kette mit den roten und eine mit den grünen Perlen bildete, hätten sie dann dieselbe Länge? − *Ja.* − Warum? − *Weil die grünen und die roten Perlen dieselbe Höhe haben.* − Was geschieht, wenn man die Perlen dort (in L) hineinfüllt? − *Es ergibt sich mehr Höhe.* − Wird es ebensoviel an Perlen sein? − *Nein.* − Wo wird am meisten sein? − Da (in L). − Warum? − *Weil das Glas dünn ist.* − (Man gießt A₁ in L.) Aber gibt es da (in L) wirklich mehr Perlen als hier (in A₂)? − *Ja.* − Warum? − *Weil das Glas dünner ist und höher geht.* − Wenn ich alle Perlen ausgieße (man tut, als schütte man die roten Perlen von L auf die eine Seite, die grünen Perlen von A₂ auf die andere Seite des Tisches), gibt das ebensoviel oder nicht? − *Mehr rote Perlen.* − Warum? − *Weil das Gefäß dünn ist.* − Und wenn ich eine Kette mit den roten Perlen und eine Kette mit den grünen Perlen bilde, gibt das gleich große Ketten oder nicht? − *Die rote wird länger.* − Warum? − *Weil da* (in L) *mehr drin ist.* − (Man füllt die roten in A₁ zurück.) Und jetzt? − *Jetzt ist es wieder dieselbe Höhe.* − Warum? − *Weil man dahinein* (in A₁) *gefüllt hat.* − Gibt es mehr grüne oder mehr rote Perlen? − *Gleich viel.* − (Man gießt die roten aus A₁ in M.) − *Das ist höher.* − Aber das gibt gleich viel? − *Nein. Da* (in M) *ist mehr.* − Woher kommen die zusätzlichen Perlen? − *Von da* (aus A₁). − Und was geschieht, wenn ich die roten Perlen in dieses Glas (A₁) zurückfülle? − *Ebensoviel* (rote wie grüne Perlen).− Wenn ich mit diesem (M) und dem (A₂) eine Kette mache? − *Das gibt mehr rote Perlen.*−Und wenn ich das Glas (M) in das da (G) umfülle? − *Das gibt ebensoviel wie da* (A₁), *weil man in ein zu dickes Ding umfüllt.* − Wo wird mehr drin sein? − *Da* (in G) *wird weniger sein als da* (in M), *weil man das* (M) *dahinein* (in G) *schüttet, und das ist größer.* − (Man gießt die Perlen von M in G.) Wenn ich zwei Ketten mache, eine hiermit (mit den roten aus G) und eine andere damit (mit den grünen aus A₂), gibt das gleich große? − *Grün* (A₂) *wird sie größer als rot* (G). − Welche wird die längste? − *Die rote wird länger, weil man sie erst hier* (in M) *hatte, und weil man hier* (in M) *mehr hatte. Wenn Sie die grünen hierhinein* (in M) *schütten und nachher dahinein* (in G), *wird man sehen, ob es mehr grüne oder mehr rote gibt.* − Und wenn ich diese hier (grüne in A₂) in das (E) schütte, was geschieht dann? − *Das gibt eine kleinere Kette, weil man in ein kleineres Glas schüttet.* − Und wenn ich meine grünen Perlen hier (in A₂) nehme, um eine Kette zu machen, wenn ich die Kette messe und dann die Perlen hierhinein (in E) schütte, um nachher die Kette von neuem zu machen? − *Sie wird kürzer, weil man in ein ganz kleines Glas* (E) *schüttet.* − Aber gibt das mehr Perlen oder weniger Perlen oder ebensoviel? − *Weniger Perlen.* − (Darauf gießt man die grünen Perlen in E, ohne etwas zu sagen.) *Oh! Das gibt mehr!* − Und du dachtest? − *Daß es weniger gäbe.* −

Warum? – *Weil dies* (E) *kleiner als das* (M) *und höher als das* (G) *ist. Nein, es ist dünner.* – Gibt es mehr Perlen als vorher, oder weniger, oder gleich viel? – *Mehr Perlen, weil man umgeschüttet hat.* – Und wenn man eine Kette mit diesen Perlen fertigte, wäre sie ebensolang wie die andere? – *Länger!"* Andererseits bittet man Port, jedesmal, wenn er mit der linken Hand eine grüne Perle in A_2 füllt, mit der rechten Hand eine rote Perle in A_1 zu geben. Man unterbricht ihn nach einem Augenblick: „Hast du gleich viel in den beiden Gläsern? – *Ja.* – (Man gießt A_1 in B.) Ist das dasselbe? – *Nein, da* (in B) *ist weniger als da* (in A_2). – Warum? – *Weil man in ein kleines Glas geschüttet hat"*, usw.
GFE (5;0). A_1 enthält ebenso viele rote Perlen wie A_2 grüne: *„Das ist gleich viel.* – Höre zu: Wenn ich die roten Perlen auf einen Faden und die grünen auf einen anderen aufziehe, werden die Ketten dann gleich lang? – *Ja, sie werden beide gleich lang.* – (Man kündigt an, daß man die grünen in P schüttet.) Gibt das gleich viel? – *Nein, mehr grüne.* – Warum? – *Weil sie alle platt gedrückt werden: es gibt keine, die auf die andere paßt.* – (Man schüttet A_2 in P, und Gfe hält daran fest, daß es so mehr grüne in P gibt als rote in A_1.) – Und wenn man die roten hierhin schüttet (A_1 in L)? – *Mehr rote.* – Und wenn man eine rote und eine grüne Kette macht, werden sie gleich lang? – *Nein, diese* (rote) *wird länger, weil hier* (in L) *mehr ist."*
Dann bittet man Gfe, jedesmal wenn der Versuchsleiter eine dicke Bohne in V_2 legt, seinerseits eine in V_1 zu legen. „Wenn wir fertig sind, gibt das gleich viel oder nicht? – *Ja.* – (Man füllt V_1 in L.) Und jetzt? – *Hier* (in L) *ist mehr als da* (V_2). *Weil es höher ist. Hier* (L) *ist es langgezogen, und hier* (V_2) *liegt es.* – Aber was macht das aus? – *Das macht, daß mehr Bohnen da sind.* – Warum? – *Weil sie in einem anderen Glas sind.* – Und wenn man sie ißt, gibt das gleich viel? – *In diesem* (L) *mehr"*, usw.
ROC (5;0). Die roten Perlen sind in A_1 und die grünen in A_2. „Ist das gleich viel? – *Ja.* – Wenn man zwei Ketten macht ... usw.? – *Genauso lang.* – Warum? – *Weil es genausoviel Perlen sind.* – (Man schüttet die grünen aus A_2 in L.) – *Die grünen sind mehr.* – Wenn man zwei Ketten bildet? – *Die grüne ist länger, weil es mehr Perlen sind."*

Es ist unnötig, diese Beispiele zu vermehren. Einerseits bestätigen sie, was wir in bezug auf die Invarianz der Flüssigkeiten beobachtet haben. Es genügt, die Perlenmengen in Gefäße verschiedener Formen und Ausmaße umzufüllen, um das Kind sofort feststellen zu lassen, daß die Quantität der Perlen zunimmt oder abnimmt, und zwar bald wegen des von den Perlen erreichten Niveaus, bald wegen der Breite des Gefäßes, bald wegen der Zahl der Gefäße usw. Kurz gesagt, die Quantitäten werden wie im Falle der Flüssigkeiten zunächst einfach in ihrer Abhängigkeit von den nicht koordinierten Wahrnehmungsverhältnissen (rohe Quantitäten) gewertet, und diese anfängliche Inkohärenz erklärt zugleich die ständigen Widersprüche zwischen den aufeinanderfolgenden Urteilen des Kindes und das Fehlen jeglichen Invarianzkriteriums.
Andererseits aber gestatten es dieselben Tatsachen, nützliche Präzisierungen vorzunehmen. Solange es sich um kontinuierliche Quantitäten handelte, etwa um die für die Versuche des ersten Kapitels benutzten

Flüssigkeiten, konnte man sich fragen, ob die vom Kinde vermutete Varianz nicht von mehr physikalischen als eigentlich mathematischen Gründen abhinge, da die Flüssigkeiten so aufgefaßt werden könnten, als dehnten sie sich je nach der Form der Behälter aus oder zögen sie sich zusammen. Die Betrachtung der diskontinuierlichen Quantitäten fügt in dieser Beziehung nun ein neues Element hinzu: Je nach der Form, die eine Gruppe von Dingen annimmt, wenn sie von einem Behälter in einen anderen gelangt, wird angenommen, daß sie sich in ihren Elementen selbst vergrößert oder verringert, obgleich diese diskontinuierlich sind. So ergibt eine bestimmte Menge Perlen, die von A in L umgefüllt wird, eine längere Kette, wenn man diese von L aus bildet statt von A. Zweifellos zählt das Kind die Perlen nicht Stück für Stück, aber die Wertung der Quantität nach der Länge der Kette lenkt sicherlich die Aufmerksamkeit des Kindes auf die Tatsache, daß die Kollektion aus diskontinuierlichen Einheiten zusammengesetzt ist. Wenn das Kind also für ein und dieselbe Gruppe die Möglichkeit zuläßt, bald eine längere, bald eine kürzere Kette zu bilden, tritt Varianz im mathematischen Sinne des Ausdrucks in Erscheinung.

Darüber hinaus wurde gezeigt, daß man, um die Gleichheit der beiden zu vergleichenden Gruppen — und zwar nicht die insgesamt globale Gleichheit, sondern die Gleichheit Stück für Stück — besser fühlbar zu machen, jedesmal dann eine Perle in ein gegebenes Gefäß legen läßt, wenn man eine andere in das Parallelgefäß tut. Diese zwei-eindeutige und wechselseitige Zuordnung, die so einem praktischen Abzählen gleichkommt, genügt nun ebenfalls nicht zur Sicherstellung der Invarianz. Das Kind versteht sehr wohl, daß die beiden korrespondierenden Gruppen gleich sind, wenn sie in zwei Gefäßen derselben Form untergebracht sind, aber es genügt, A_2 oder V_2 in L umzufüllen, daß die in A_1 oder in V_2 enthaltene Gruppe nicht mehr der in L befindlichen gleichgeschätzt wird!

Man kann in dieser Hinsicht einen noch beweiskräftigeren Versuch durchführen: Elemente werden einzeln Stück für Stück, aber in verschieden geformte Gefäße niedergelegt. So prüft man, ob die Gleichwertigkeit sich gegenüber dem globalen Augenschein durchsetzt. Die Korrespondenz führt nun während dieses ersten Stadiums nicht einmal zu einer anfänglichen Gleichwertigkeit.

BAB (4; 6) legt jedesmal, wenn der Versuchsleiter es tut, eine Bohne auf den Tisch. — „Ist das gleich viel? — *Ja.*" Dann legt er jedesmal, wenn der Versuchsleiter eine Bohne in P legt, eine in L. Darauf sagt Bab bei jeder neuen Bohne spontan: *„Das ist ebensoviel."* Aber wenn man auf beiden Seiten zehn erreicht und L zur Hälfte gefüllt ist, ruft er aus: *„Ich habe viel. — Und ich? — Ich habe fast ganz voll. —* Ist das gleich viel? — *Ich viel! —* Und ich? — *Aber sieh! Du hast ein klein bißchen.* — Warum? — *Aber sieh doch!"* (Er zeigt auf die Niveaus.)

Dann legt Bab jedesmal, wenn der Versuchsleiter eine Perle in P legt, eine Perle in E: „Sieh gut zu, ob wir beide gleich viel haben. – (Bab ruft dann jedesmal laut die Zahl jeder Gruppe.) *Ich eine und du eine; ich zwei und du zwei; ich drei und du drei;* usw. bis zu sechs. (Das Glas E ist dann ganz gefüllt.) – Ist das gleich viel? – ... – (Konflikt zwischen dem Augenschein und der hergestellten Korrespondenz.) – Wenn man eine Kette mit deinen Perlen und eine Kette mit meinen bildete, wäre das dasselbe? – *Nein, meine ist länger.* – Aber wenn man alle deine und meine Perlen nähme? – *Nein, deine ist nicht so lang; du mußt dir dein Glas füllen, um eine ebensolange Kette zu haben.* – Zähl mal. – (Er zählt 1 . . . 6 in E und 1 . . . 6 in P.) – Nun? – *Du hast eine kleine Kette.* – Aber warum hast du viele? – *Sieh, bei dir ist es niedrig. Ich habe viele, ich habe es ganz voll.*"

COC (5;0) legt zuerst eine Bohne in A₁, jedesmal wenn der Versuchsleiter eine in das Glas A₂ legt, und sagt dann spontan: „*Das ist in beiden gleich.* – Wieso weißt du das? – *Weil man die beiden* (= die beiden korrespondierenden Bohnen) *hineintut . . . Nein, weil die beiden Gläser gleich sind.*" (Man erkennt den Rückgriff auf das Merkmal der Gesamtform, das als sicherer angesehen wird als das der Korrespondenz.) Das Kind wird dann aufgefordert, jedesmal eine Bohne in P zu legen, wenn der Versuchsleiter eine in L legt: „Gibt das gleich viel? – *Nein. Hier* (in L) *ist mehr.* – Warum? – *Weil das ganz klein* (= langgezogen) *und dies hier* (P) *dick ist.*"

Man sieht die Merkwürdigkeit der Verhaltensweisen dieses letzten Typs, die für das ganze erste Stadium höchst repräsentativ sind. Es ist klar, daß außer im Falle des Konflikts mit einem gegenteiligen Faktor die zweisinnig-einsinnige und wechselseitige Übereinstimmung zwischen den beiden Gruppen zur Gleichwertigkeit der übereinstimmenden Gruppen führen müßte. Das gelingt im Verlaufe des zweiten Stadiums, und dann gerät die Übereinstimmung in einen Konflikt mit dem Wahrnehmungsaugenschein, der durch die Beziehungen zwischen Höhen, Breiten usw. hervorgerufen wird. Aber auf der Bildungsstufe dieses ersten Stadiums ist die Mengenbildung so wenig vorangetrieben, daß die Übereinstimmung nicht einmal mit dem gegenteiligen Augenschein in Konflikt gerät und sich von vornherein der räumlichen Wahrnehmung unterordnet. Coc glaubt z. B. an die Gleichheit von A₁ und A₂ weniger, weil man darin gleichzeitig „die beiden" korrespondierenden Bohnen niederlegt, sondern „weil die beiden Gläser gleich sind", als sei das zweite Kriterium sicherer als das erste. Bab dagegen sagt wohl bei jedem neuen Hineingeben zweier korrespondierender Bohnen: „Das ist ebenso viel", aber er berücksichtigt diese Art von Wertung überhaupt nicht, sobald das Glas L halb gefüllt ist, und beschränkt sich darauf, die Niveaus zu betrachten. Er zählt sogar anschließend bei den in E und in P liegenden Perlen jedesmal bis 6 und folgert darum nicht minder, daß die mit den Perlen von E gemachte Kette länger wird, weil in E „viel, ganz voll" ist! Nicht nur die Korrespondenz Stück für Stück, sondern sogar, wie sich zeigt, das Abzählen selbst scheinen also dem Kind des ersten Stadiums viel weniger zuverlässige Quantifikationsverfahren zu sein als die unmittelbare Wertung, die den globalen Wahrnehmungsverhältnissen (rohe Quantitäten) zu verdanken ist. Die gesprochene Aufzählung, die die soziale Umgebung dem Kinde dieses Niveaus zuweilen aufzwingt, bleibt in der Tat völlig verbal und ohne operatorische Bedeutung. Bezüglich der Stück-für-Stück-Korrespondenz werden wir gerade in den folgenden Kapiteln sehen, wie sehr man sich täuschen würde, wenn man sie ohne weiteres als quantifizierende Operation ansehen wollte, während sie mit einem Status einfachen qualitativen Vergleichens beginnt.

2. Zweites Stadium: Beginn der Bildung permanenter Mengen

Wie im Falle der kontinuierlichen Quantitäten, kann man bei der Entwicklung des Invarianz-Begriffs auch in diesem Falle ein zweites Stadium unterscheiden, das durch die Zwischenlösungen gekennzeichnet ist, die auf halbem Wege zwischen der rohen Quantität ohne Invarianz und der eigentlichen Quantifikation liegen. Die Lage stellt sich im allgemeinen in folgender Weise dar: Einerseits wird das Kind veranlaßt, an die Invarianz zu glauben, sei es, weil die Gleichheit der beiden Gruppen dadurch überprüft wurde, daß sie zuvor in zwei gleiche Gefäße (A1 und A2) hineingetan wurden, sei es, weil die beiden Gruppen mit Hilfe einer zwei-eindeutigen und wechselseitigen Zuordnung gebildet wurden. Andererseits aber gerät diese Neigung zur Invarianz in Konflikt mit dem gegenteiligen Augenschein, d. h. mit einem Höhen- oder Breitenunterschied usw. Im Unterschied zu dem dem ersten Stadium eigentümlichen Verhalten lassen sich jedoch zwei Neuerungen feststellen. Zunächst entsteht ein wirklicher Konflikt, d. h., die Invarianzfaktoren unterwerfen sich nicht ohne weiteres den Alterationsfaktoren, sondern man beobachtet einen Kampf, dessen Wechselfälle zunehmend instruktiv werden. Anschließend, und zwar eben deswegen, koordinieren sich die Wahrnehmungsverhältnisse zu Relationen und verschmelzen so zu einem System, das imstande ist, die Invarianz zu bestätigen, obgleich es gleichzeitig die begleitenden Variationen berücksichtigt.

Zunächst zwei voneinander unabhängige Beispiele für die Erzielung der Stück-für-Stück-Übereinstimmung:

MARG (5;6). „Sind genausoviel Perlen (in A1 und in A2)? — *Ja.* — Und wenn man Ketten macht, usw.? — *Genauso lang.* — Warum? — ... — Und wenn ich umfülle (A1 in L)? — *Da* (in A2) *sind mehr.* — Warum? — *Weil das hier zunimmt.* (Sie zeigt auf die Verdünnung der Säule in L.) — In welchem ist mehr? — *In dem großen* (= dem breiten, A2). — Und wenn man zwei Ketten (mit L und A2) macht? – *Sie werden gleich lang.* – Und wenn man dies (L) in diese (M₁ + M₂) umfüllt? – *In den beiden kleinen gibt es mehr.* – Warum? – ... – Und wenn man eine Kette macht? – *Mit den beiden kleinen wird sie länger* (als mit A₂). – Und vorher, als die Perlen hier (in A₁ und A₂) waren? – *Die Ketten waren gleich lang.* – Und wenn ich dies (A₂) hierhin (in E₁ + E₂ + E₃ + E₄) tue, werden dann die beiden Ketten gleich lang (also 2 M und 4 E) sein? – *Nein, in den kleinen (4 E) wird sie länger.*"

ARI (5;6). A₁ und A₂: „*Das ist gleich viel.* – Und wenn man zwei Ketten macht? usw. – *Ebensolang.* – Und wenn umgefüllt wird (A₂ in L)? – *Da* (in L) *gibt es mehr.* – Warum? – *Weil das höher ist.* – Und wenn man zwei Ketten macht? – *Sie werden genauso lang.* – Und wenn man umfüllt (A₁ in 4 E)? *Da* (in 4 E) *gibt es mehr.* – Und wenn man eine Kette macht? – *Sie wird länger.*"

Wie wir bereits in bezug auf die kontinuierlichen Quantitäten (zweites Stadium) festgestellt haben, ist das Kind auf diesem Niveau imstande, eine gewisse Invarianz im Falle einer wenig wichtigen Veränderung anzunehmen. Aber im Falle einer beträchtlicheren Umwandlung bringt es dies nicht fertig. Auf diese Weise bleiben für Marg und Ari die beiden Ketten gleich lang, wenn man A in L umfüllt, aber das geschieht nicht mehr, wenn man die Perlen in 2 M oder in 4 E umfüllt. Darüber hinaus erlaubt uns die Prüfung der diskontinuierlichen Quantitäten, neue Tatsachen in die Debatte zu werfen. Eben wegen seines Zögerns, die Invarianz im Falle von Formveränderungen der Kollektion zuzugeben, wird das Kind die allein auf die Wahrnehmung der Höhen- oder Breitenverhältnisse gegründeten Wertungen und die aus der Vorstellung der Länge der Ketten sich ergebenden Wertungen voneinander trennen. Wenn z. B. Marg und Ari glauben, daß die Quantität sich von A nach L verändert, weil das Niveau der Anhäufung mit der Umgießung steigt, so glauben sie nicht weniger, daß die mit den Perlen aus L gebildete Kette dieselbe Länge bekommt wie die mit den Perlen aus A. Invarianz wird also festgestellt, wenn das Kind an die Aufreihung der diskontinuierlichen Glieder denkt, und Varianz, wenn es an das eine oder das andere Ausmaß der globalen Form denkt. Derartige Abweichungen zwischen den beigebrachten Wertungen sind von höchstem Interesse. Einerseits zeigen sie, wie sehr die Quantifikation verschiedenartige Operationen erfordert, die das Kind nur mit Mühe untereinander koordiniert. Andererseits scheinen sie in dem Maße, wie die auf die Vorstellung der Kette gegründeten Schätzungen richtiger sind als die anderen bei der Invarianz, das Eingreifen einer Zerlegung in Elemente anzuzeigen, und das ist jetzt zu prüfen und unter Zuhilfenahme des Verfahrens die Übereinstimmung herzustellen.

Zunächst einige Tatsachen:

TIS (5;1) legt eine Perle in V₁, jedesmal wenn der Versuchsleiter eine in V₂ legt: „Ist das gleich viel? – *Ja, weil ich jedesmal ebensoviel hineingetan habe wie Sie auch.* — Wenn man zwei Ketten macht? usw. — *Sie bekommen dieselbe Länge, weil viele Perlen da sind, und Sie haben auch viele Perlen.* — (Man gießt V₁ in L+M.) Ist das gleich viel? — *Bei Ihnen* (in L + M) *sind viele.* — Und du? — *Nicht viele.* — Und wenn man Ketten macht? usw. — *Deine wird länger, meine Kette wird weniger lang.* — Warum? — *Weil bei Ihnen mehr Perlen sind.* — Aber wie hat man die Perlen hineingetan? — *Jedesmal zwei.* — Warum habe ich mehr? — *Bei Ihnen sind zwei ganz große Säulen, sehen Sie.*" Bis hierher ist die Reaktion von Tis also kennzeichnend für das erste Stadium, aber wir werden jetzt den Übergang von dieser Anfangsreaktion auf die für das zweite Stadium typischen Konflikte sehen:

Tis legt eine Perle in L, jedesmal wenn der Versuchsleiter eine in P legt. Tis zählt jedesmal die Perle, die er hineinlegt, und gelangt so zu dem richtigen Ergebnis von 12 Perlen. Man hört auf, sobald L voll ist. Dann ruft Tis spontan: „*Ich habe mehr.* — Warum? — *Hier ist mehr drin.* — Und wenn man zwei Ketten macht? — *Die da* (L) *ist länger.* — Warum? — *Der Topf ist größer und dieser hier* (P) *kleiner* (er zeigt die Höhe). — Aber gibt es mehr Perlen? — *Bei Ihnen* (in L). — Warum? — *Er ist größer.* — Wie hat man die Perlen hineingelegt? — *Wir haben beide jedesmal eine hineingetan.* — Haben wir gleich viel, oder hast du mehr oder weniger? — *Beide gleich viel.* — Warum? — *Weil wir beide jedesmal eine hineingetan haben.* — Wie werden die beiden Ketten? — *Ihre wird lang und meine ebenso lang.* — Warum? — *Weil dies hier* (L) *groß und meine hier* (P) *klein ist. Sie haben viele Perlen.* — Und du? — *Nicht ganz so viele, aber trotzdem viele.*"

Man sieht, daß die Stück-für-Stück-Korrespondenz, sobald an sie erinnert wird, in Konflikt gerät mit der Wahrnehmung der Dimensionen, da der erste Faktor auf die Gleichheit zielt und der zweite auf den Unterschied, ohne daß Tis zu einer wirklichen Synthese gelangte.

VON (5;10) bringt es ebenfalls nicht fertig, die Gegebenheiten der Korrespondenz mit denen der Wahrnehmungsverhältnisse in Einklang zu bringen. Wenn man Stück für Stück 11 rosa Perlen in E und 11 blaue Perlen in P legt, erklärt er, es sei gleich viel, obgleich E voll ist. „Warum? — *Weil ich gezählt habe und weiß, daß es richtig ist.* — Und wenn man eine rosa und eine blaue Kette macht? — *Bei beiden ist derselbe Unterschied, es ist dieselbe Kettengröße.* — Wieso weißt du das? — *Ich habe gezählt. Es sind gleich viel Perlen.* — Aber warum ist es jetzt hier so?* (Man zeigt auf das Niveau von E.) — *Bei Ihnen* (E) *ist es rund, und es ist dünner, bei mir* (P) *ist es rund, und es ist größer.* (Handbewegung zeigt die Breite an.) — Also? — *Es ist gleich viel, weil ich gezählt habe. Ich habe dasselbe hineingelegt, ich habe immer so hineingelegt wie Sie* (= Übereinstimmung)."

Darauf legt Von eine Perle in G, jedesmal wenn wir eine in L legen. „*In beiden ist gleich viel.* — Warum? — *Man hat zur selben Zeit eine hineingelegt* (= Korrespondenz). — Und wenn man zwei Ketten macht? — *Beide gleich lang.* — Und warum ist L voll und das andere nicht? — *Weil dies hier* (L) *rund und lang ist und das da* (P) *rund und größer* (=breiter) *und weil man ebensoviel hineingetan hat.* — (Man füllt G um in ein Glas G_P, mit derselben Form, aber kleiner, das dadurch bis zum Rand voll wird.) Nun dies (L) und das (G_P)? — *Das ist gleich viel.* — Warum? — *Weil das* (G_P) *kleiner* (niedriger) *und flacher ist, und dies* (L) *länger und größer, und dann gibt es mehr.* — Was denn mehr? (G_P und L sind bis zum Rand voll, und Von trennt also nicht das Volumen der Gefäße von der Quantität der Perlen.) — *Mehr Perlen. Da* (in L) *sind mehr Perlen.* — Und wenn man zwei Ketten machte? — *Sie* (in L) *haben mehr; die blaue Kette* (aus L) *ist ganz lang.* — Und die rosa (aus G_P)? — *Kürzer, weil es weniger Perlen sind.*"

Diese Übergangsreaktionen des Kindes sind von großem Interesse, sowohl unter dem Gesichtspunkt der Quantifikation im allgemeinen als auch unter dem der Bedeutung der Korrespondenz selbst.

Man beobachtet in der Tat bei Tis, bei Von und bei all den für dieses Stadium kennzeichnenden analogen Fällen das Bestehen eines systematischen Konflikts zwischen einem Gleichheits- und Invarianz-Faktor und einem Differenz-Faktor. Jedes Kind, das in irgendein Gefäß X jedesmal ein Element hineinlegt, sobald der Versuchsleiter seinerseits ein Element in Y legt, wird in diesem Stadium zu der Schlußfolgerung veranlaßt, daß X = Y ist, selbst wenn die Formen dieser beiden Gefäße voneinander verschieden sind. Im Gegensatz dazu wird, wenn das Kind nachher das erzielte Ergebnis betrachtet und die korrespondierenden Gruppen verschiedene Formen aufweisen, sein Glaube an die Äquivalenz in Schach gehalten durch die auf die Wahrnehmungsverhältnisse begründete Wertung. In der Tat sieht sich das Kind, obgleich es selber kurz zuvor die Stück-für-Stück-Zuordnung durchgeführt hat, sobald es die gesamte Gruppe betrachtet, wie im Verlauf des ersten Stadiums genötigt, anzunehmen, daß jede Zunahme an Höhe (oder Breite usw.) eine Veränderung der Quantität als solcher mit sich bringt. Im Unterschied allerdings zu dem, was sich im ersten Stadium vollzog, während dessen die Wahrnehmungsfaktoren ohne weiteres den Glauben an die Äquivalenz der korrespondierenden Gruppen zunichte machten, besteht jetzt ein auswegloser Konflikt, da keine der beiden Tendenzen sich entschieden durchzusetzen vermag. Wenn das Kind die Perlengruppen betrachtet, glaubt es an die Ungleichwertigkeit, und wenn es sich an die Korrespondenz erinnert, durch die sie entstanden sind, glaubt es von neuem an ihre Äquivalenz-Gleichheit. Selbst wenn eine endgültige Entscheidung erreicht zu sein scheint, wie bei Tis, verrät die Ausdrucksweise („Sie haben viele ... ich nicht ganz so viele, aber trotzdem viele ...“) die Unsicherheit.

Wie wird diese Versuchsperson es fertigbringen, diese beiden einander entgegengesetzten Tendenzen miteinander zu versöhnen? Interessant ist, daß das Kind trotz des diskontinuierlichen Charakters der zu vergleichenden Gruppen, der durch die Stück-für-Stück-Korrespondenz ersichtlich wird, das Problem der Perlen auf genau dieselbe Weise löst wie das der kontinuierlichen Quantitäten. Es verwirklicht die Synthese der tatsächlich gegebenen Äquivalenz mit den scheinbaren Variationen durch eine Koordinierung der betreffenden Relationen, und diese Koordinierung beginnt gleichfalls in Gestalt einer einfach logischen Multiplikation, um sich dann sogleich fortzusetzen in einer Proportionierung. Diese doppelte Bewegung zeichnet sich ab seit Beginn dieses zweiten Stadiums; sie wird durchgeführt im Verlauf des dritten Stadiums.

Von z. B., der zunächst wegen der Korrespondenz an die Äquivalenz glaubt, erklärt die scheinbaren Quantitätsveränderungen, indem er erklärt, daß die Breite von P die Höhe von L kompensiert. Allerdings bleibt die Operation der Multiplikation von Relationen, die er andeutet, wenn er sagt: „Es ist dasselbe ... weil dies hier (L) rund und lang ist, und das da (P) rund und größer", in seinem Geist noch so anfällig, daß er, während er sie zum zweiten Male durchführt, vergißt, die Höhe von L zu der Breite des anderen Gefäßes in Beziehung zu setzen, und plötzlich folgert: „L ist länger, es ist größer, und dann gibt es mehr!"

3. Drittes Stadium: Invarianz und quantifizierende Koordinierung

Prüfen wir jetzt, wie die während des zweiten Stadiums sich abzeichnende intensive und extensive Quantifikation sich vollendet.

Zunächst einige Beispiele für Reaktionen auf Fragen nach einfacher Invarianz, unabhängig von der Korrespondenz:

LIN (6;0) stellt die Gleichheit von A_1 und A_2 fest. „Wenn ich dies (A_1) in das (L) gieße? − *Das bleibt gleich viel.* − Und wenn ich dies (L) in das (G) umgieße? − *Immer noch gleich viel.* − Wirklich? − *Sicher, weil hier in dem kleinen* (= dem dünnen = L) *mehr ist.*" (Er zeigt die Höhe; also kompensiert die Höhenzunahme die Verdünnung der Säule.)

JUP (5;6). „Wenn ich dies (A_2) in das ($M_1 + M_2$) gieße? − *Das ist gleich viel.* − Warum? − *Es gibt gleich viel Perlen.* − Wieviel Gläser? − *Zwei und eins.* − In den zweien ist nicht mehr? − *Nein, weil die zwei kleiner sind.* − Und wenn ich sie von hier ($M_1 + M_2$) nach da ($E_1 + E_2 + E_3 + E_4$) umfülle? − *Gleich viel.* − Und wenn man eine Kette aus denen (in A_1) und eine Kette aus denen (4 E) bildet? − *Gleich lang.* − Und wenn man dies (A_1) in das (G) umfüllt? − *Das ist gleich.*"

PEL (6;) dieselben Antworten: „*Es ist ebensoviel in den beiden kleinen Gläsern wie in einem großen Glas.*"

Der Unterschied zwischen diesen Antworten und allen denen, die wir bisher geprüft haben, liegt, wie ohne weiteres ersichtlich ist, in der Tatsache, daß das Kind nicht mehr zu überlegen braucht, um sich der Invarianz der Gesamtquantität zu vergewissern. Es ist dieser Tatsache a priori sicher. Es könnte also zunächst scheinen, die Invarianz der Menge ergebe sich ohne weiteres aus einer Feststellung globalen Identifikationsurteils, dem bis dahin die Wahrnehmungsfaktoren entgegenarbeiteten, das sich aber in seiner Einfachheit bestätigt, sobald man es von letzteren befreit. Die Argumentation dieser Versuchspersonen zeigt indessen ohne weiteres, daß die während des voraufgehenden Stadiums durchgeführten Koordinierungen von Relationen wesentlich bleiben, aber auf eine einzige Handlung zusammengezogen sind, anstatt sich Schritt für Schritt zu konstituieren. So sagt Lin einfach: „Im kleinen (L) ist mehr", um eine totale Invarianz zu begründen, deren er „ganz sicher" ist. Ebenso sieht Jup auf Anhieb, daß das zweigeteilte Ganze konstant bleibt, „weil die zwei kleiner sind." Will man die wirkliche Tragweite dieser entscheidenden Etappe der Quantifikation, die in der Entdeckung der Invarianz der Gesamtheiten besteht, erfassen, so ist es unbedingt erforderlich, die in den vorhergegangenen Antworten enthaltenen Koordinierungsoperationen noch genauer zu analysieren. Um das zu tun, genügt es nun nicht mehr, die Stück-für-Stück-Korrespondenz den Formveränderungen gegenüberzustellen, da der Äquivalenzfaktor sich in diesem Stadium von vornherein gegenüber dem anderen durchsetzt. Daher modifizieren wir etwas die vorher verwendete Technik. Wir legen dem Kind zwei Mengen verschiedener Form vor, ohne daß es die Möglichkeit hätte, sich von ihrer Gleichheit zu überzeugen. Wir erfragen seine Ansicht über diese Gleichheit, und dann, wenn die Hypothese einmal formuliert ist, wenden wir die Stück-für-Stück-Korrespondenz an, unter rückblickender Erklärung. Hierzu einige Beispiele:

SUM (6;10) vergleicht die Gefäße L und P (die jeweils 18 Perlen enthalten, jedoch ohne daß das Kind sie gezählt hätte, noch miteinander hätte korrespondieren lassen). „Glaubst du, daß das gleich viel ist, oder nicht? – ... – Wie fängt man es an, um das zu wissen? – *Hier* (in P) *ist mehr.* – Warum? – *Weil es weiter* (breiter) *ist. Hier* (in L) *kann man weniger hineintun."*
Man entleert L und P, und Sum legt in L eine Perle, jedesmal wenn der Versuchsleiter eine in P legt. „*Das ist ebensoviel!* – Warum? – *Dies* (P) *ist breiter, aber es ist nicht voll, und das ist dünner, aber es ist ganz voll.* – Woher weißt du, daß das gleich viel ist? – *Weil man es so zusammen hineingelegt hat."*
Dann gibt man Sum ein Glas G, das nur eine Schicht Perlen enthält, und bittet ihn, ebenso viele in L zu legen. Sum füllt L zu $^2/_3$ und sagt: „*Ich weiß nicht, wie ich das machen soll. Ich glaube, da* (in G) *ist mehr.* – (Man füllt L ganz.) – *Ich glaube, es ist ebensoviel.* – Warum? – *Dies* (G) *ist größer, aber wenn man es lang machen würde* (Sum macht die Bewegung, als wollte er G in die Höhe ziehen und die Perlen so senkrecht aufeinanderlegen), *so wäre es ebensoviel wie da* (in L)."
LEA (7;7) vergleicht L und P (16 Stück in jedem): „*Hier* (in L) *ist mehr, es ist höher.* – Also? – *Es ist weniger breit, aber es ist höher. Das* (P) *ist breiter, aber es ist kleiner, während, wenn man es füllte, das mehr Bohnen machen würde.* – Warum? – *Weil es breiter ist.* – Erkläre mir das. – *Wenn man es* (L) *halbierte und es da* (in P) *zusammentäte, wäre es immer noch weniger breit.* – Warum? – *Weil es sehr dünn ist."*
Man entleert L und P, um sie mit Stück-für-Stück-Korrespondenz zu füllen. – „*Das ist gleich viel.* – Warum? – *Weil man immer zur selben Zeit ein Stück hineingelegt hat.* – Aber da (in L) ist es höher, erkläre mir das! – *Wenn ich dies* (P) *in das* (L) *ausleerte, oder das* (L) *in dies* (P), *so wird es gleich viel.* – Warum? – *Wenn ich sie* (die Stücke von P) *in eine Säule legte, gäbe das gleich viel.* – Und dann? – *Dies* (P) *ist breiter, das faßt was* (Bewegung des Ausdehnens in die

Breite), *während hier* (L) *das Glas dünn ist, also faßt das nicht* (in der Breite), *aber das steigt.*"

DUR (7;8) füllt L, nachdem er geglaubt hat, es „macht mehr" als P, in Korrespondenz mit dem, was der Versuchsleiter in P legt. *„Beides ist gleich viel.* — Woher weißt du das? — *Weil man zur selben Zeit aufgehört hat; man hat zur selben Zeit angefangen und zur selben Zeit aufgehört.* — Aber dies (L) ist dünner? — *Es ist dünner, aber höher, und dies hier* (P) *ist niedrig, aber dicker.*"
Man bittet Dur, in G (= 4 E) eine Quantität hineinzulegen, die der von E (gefüllt) gleichkommt. Er zeigt auf etwa $^1/_3$ von G. „Woher weißt du das? — *Ich fülle in Gedanken, und ich sehe, wo das hinkommt.* — Wieso wo? — *Ich lege das Glas* (E) *hin, und dann sehe ich, daß das hier* (in G) *mehr macht, weil noch Platz übrigbleibt.*"
LER (7;8). Der gleiche Beginn, aber nach der Herstellung der Korrespondenz: *„Es gibt ebensoviel, weil man es zusammen so hineingelegt hat, also kann nicht in einem mehr sein als in dem anderen.* — Warum? — *Weil dies* (P) *in die Breite geht, und das* (L) *in die Höhe.*" Ebenso vergleicht er E und G und findet das Verhältnis zutreffend: „Wie hast du das herausgefunden? — *Mit dem Auge! Ich lege dies* (E) *hin, wenn ich es hinlege, sieht man, daß Platz übrigbleibt.*"
CHAI (7;8). *„Hier* (in L) *muß man eine um die andere Perle hineintun* (= die Perlen aufeinanderlegen), *weil es dünn ist, da* (in P) *kann man viel auf einmal in eine* (horizontale) *Reihe legen.*" Bezüglich der Gläser E und G sieht Chai voraus, daß die in E enthaltene Menge die Hälfte der Höhe von G erreichen wird. „Warum? — *Dies* (G) *ist zweimal so breit* (wie E), *also wenn ich einmal* (in E) *lege, macht das gerade eine* (horizontale) *Reihe, die Hälfte, und dann kann man noch eine Reihe hineinlegen.*"
GAR (8;2). *„Da* (in P) *ist es gedrückt, angehäuft.* — Also, was macht das? — *Dies* (P) *wird breit. Wenn ich das* (Inhalt L) *drückte, wäre es ebensoviel* (wie P)."
KOR (8;6). *„Das Glas da* (P) *ist breiter, an den Seiten geht mehr hinein, also steigt das langsamer* (als in L). (Zum Vergleich von G und E erklärt Kor auf Anhieb, daß G mehr enthält als E.) — Warum? — *Wenn man dies* (G) *dünner machen und in die Höhe bringen wollte, wäre es dünn wie das andere* (E), *aber höher.*" — Kor begleitet seine Überlegungen mit Bewegungen, die zeigen, wie man, wenn man die breite Säule von G zusammendrängte, zu einer engen Säule käme, die aber höher wäre als die von E.
GUI (9;0). *„Im kleinen Glas* (L) *liegt nur eine Bohne über der anderen* (vgl. Chai); *da* (in P) *ist mehr auf einmal: es gibt nur zwei Lagen, aber es ist ebensoviel* (wie in L)." Betreffs E und G: „Das geht viermal. — Woher weißt du das? — *Ich halbiere es, und noch einmal. Ich mache Viertel, ich mache jedes Viertel ganz voll, dann sehe ich, daß es viermal geht.*" Anderseits hält Gui G für größer als L, auf Grund folgender Überlegung: *„Ich habe dies* (G) *nach Linien aufgeteilt* (die letzte, die er zieht, um uns seinen Gedanken zu erklären, zeigt den Umfang von G in 4 Streifen zerlegt, die der Breite von L entsprechen), *und dann habe ich mit diesem* (L) *verglichen. Dann habe ich es so gemacht* (L hingelegt) *und dann mit einem Stück hiervon gemessen* (L in zwei ungleiche Teile geteilt, von denen einer der Breite von G entspricht)." Gui vergleicht also die Breite von G mit der Höhe von L. Bezüglich der Breite von L und der Dicke von G stellt er schließlich folgenden Vergleich an: *„Ich habe dies* (G) *so* (in 2 Lagen) *aufgeteilt, und ich habe gesehen, daß das* (eine Lage) *gerade richtig ist, wenn man dies* (L) *halbiert* (der Höhe nach)." — Also: eine halbe Säule von L kommt einer Lage von G gleich!

53

Diese verschiedenen Vergleichsverfahren – sämtliche spontan vom Kinde entdeckt – gestatten es gleichzeitig, die im Verlaufe des vorangegangenen Kapitels dargelegten Deutungen zu überprüfen und das Korrespondenz-Problem besser aufzuwerfen.

Bezüglich des ersten Punktes erinnern wir uns daran, daß das Kind, sobald es fähig ist, die Höhen- und Breitenunterschiede in einer „Multiplikation von Relationen", dem Ursprung intensiver Quantifikation, zu koordinieren, gleichfalls dazu gelangt, die Unterschiede auszugleichen oder sie gemeinsamen Maßen zu unterwerfen, die die Einheit mit sich bringen, und so eine extensive Quantifikation zu konstituieren. Aber im Falle der kontinuierlichen Quantitäten haben wir fast nur die umgekehrte Proportion beobachten können, die von den Versuchspersonen zwischen der Höhe zweier Wassersäulen und ihrer Breite hergestellt wird, oder die Aufteilung einer gegebenen Quantität auf zwei oder mehrere Glas-Einheiten. Auf Grund der Analyse der Elemente, an die das Kind durch die Technik der Stück-für-Stück-Korrespondenz herangeführt wird, haben die Reaktionen dieses Stadiums auf die Fragen nach der Invarianz und nach der Wertung diskontinuierlicher Quantitäten zweifellos zu Ergebnissen geführt, die sowohl ergiebiger als auch genauer sind im Hinblick auf diese Entstehung der extensiven Quantifikation.

Halten wir zunächst fest, daß alle voraufgegangenen Antworten ebenso wie die, die wir zu Beginn dieses Paragraphen zitiert haben, anfänglich von einer logischen Multiplikation der betreffenden Höhen- und Breitenrelationen ausgehen. Um den Widerspruch zwischen der zwei-eindeutigen wechselseitigen Korrespondenz der Elemente der beiden Gruppen – dem Ursprung der Äquivalenz – und den scheinbaren Veränderungen aufzuheben, setzt die Versuchsperson in der Tat ohne weiteres voraus, daß diese ein Ganzes bilden: Für Sum ist P „breiter, aber nicht voll", während L „dünner, aber ganz voll" ist; für Lea ist L „weniger breit, aber höher" usw., so daß auf diese Weise jede Relation mit der anderen und vor allem mit ihrem Gegenteil multipliziert wird.

Wie man jedoch in dem Fall, da die Versuchsperson L und P miteinander vergleicht, ohne zuvor die Äquivalenz der Inhalte dieser beiden Gläser festgestellt zu haben, klar erkennt, genügt eine solche Operation keineswegs, den Begriff einer konstanten Quantität oder die Gleichwertigkeit zweier Quantitäten zu konstituieren. Sie erlaubt lediglich, wenn man bereits auf andere Weise diese totale Gleichwertigkeit erfahren hat, zu folgern, daß einer Zunahme an Höhe eine Verringerung in der Breite entsprechen muß und umgekehrt. Darum greift das Kind grundsätzlich dann, wenn es schon an den Gedanken der Invarianz durch die Stück-für-Stück-Korrespondenz herangeführt worden ist und es sich lediglich darum handelt, die scheinbaren Veränderungen zu erklären, zur Multiplikation der Relationen, da diese es dann erlaubt, alle in Betracht kommenden Verhältnisse in einer intensiven Quantifikation zu koordinieren. Aber auf sich allein gestellt, genügt die Multiplikation in diesem Falle nicht zur Konstruktion der Invarianz. (Sie würde nur dann dazu gelangen, wenn die Höhen- und Breitenverhältnisse einfach ausgetauscht würden.) Vielmehr stellt das Kind, sobald es über jene Operation der Koordinierung der Unterschiede verfügt, die aus der Multiplikation der Relationen besteht, die Hypothese auf, daß die Unterschiede gleichgesetzt werden können. Und im Falle der hier untersuchten diskontinuierlichen Quantitäten drückt es diese Hypothese sogar mit der größten Klarheit aus. So ist für Sum die in G lagernde Menge gleich der in L, weil, „wenn man es lang machte, es ebensoviel wäre", oder anders ausgedrückt, weil der Breitenunterschied zwischen G und L genau ihrem Höhenunterschied entspricht. Ebenso stellte Lea fest, daß P „breiter" ist als L und daß es infolgedessen „etwas faßt", d. h., daß es die Höhe verringert, daß aber, „wenn man das in eine Säule legte, das gleich viel (dieselbe Höhe) gäbe". Gar (8;2) erklärt ebenfalls: „Wenn ich das (L) drückte (verbreiterte), wäre es ebensoviel (wie P)." Und Kor meint: „Wenn man das (G) dünner machen und es in die Höhe bringen wollte, wäre es dünn wie das andere (E), aber höher", usw. Kurz gesagt, sobald die wahrgenommenen Unterschiede operatorisch koordiniert sind, werden sie gemessen, und in Ermangelung zahlenmäßiger Gegebenheiten werden sie aneinander gemessen, wobei jede Breitenzunahme ausgeglichen oder mit der gleichzeitigen Höhenverringerung verglichen wird oder umgekehrt.

Daß nun diese Proportion, die derart den Beginn der extensiven Quantifikation darstellt, auf gleicher Stufe mit der arithmetischen Teilung verläuft, wie wir es im Verlaufe des vorhergegangenen Kapitels angenommen haben, ist bei den meisten Versuchspersonen dieses Stadiums klar ersichtlich. Für Lea z. B. enthält L weniger als P (wenn P voll ist), weil, „wenn man L halbierte und man die beiden Hälften (in P) zusammentäte, es immer noch weniger breit wäre". Chai zerlegt seinerseits die Höhe von G in zwei Lagen, die er beide an E angleicht, usw. — Kor, der älter ist, zeigt, wohin diese Zerlegungen in Ermangelung jeglicher Auszählung der Elemente führen können.

Ganz im allgemeinen stellt man fest, daß diese Proportionen, diese Gleichsetzungen von Unterschieden und diese zahlenmäßigen Aufteilungen sich in Abhängigkeit von den inversen Operationen entwickeln, deren Handhabung das Kind eben durch die Tatsache erlernt, daß es die bisher als einfache Wahrnehmungsverhältnisse begriffenen Umwandlungen „operatorisch" macht. Wenn Lea z. B. erklärt: „Wenn ich dies (P) in das (L) oder das (L) in dies (P) ausleerte, so wird es gleich viel", so drückt er die jeder logischen und mathematischen Operation eigentümliche Reversibilität aus, und diese Reversibilität erlaubt es, Angleichungen und Zerlegungen zu konzipieren. Dur zeigt das mit größter Genauigkeit: „Ich fülle in Gedanken, und ich sehe, wo das hinkommt", und: „Ich lege das Glas E (in G) hin, und dann sehe ich, daß das hier mehr macht, weil noch Platz übrigbleibt." (Vergleiche auch die Fälle von Ler, Gar und besonders Gui.)

Wenn wir jetzt diesen Prozeß mit dem Konflikt zwischen der Stück-für-Stück-Korrespondenz und den wahrgenommenen Beziehungen vergleichen, begreifen wir, warum dieser Konflikt erst in diesem dritten Stadium durch den Sieg der Korrespondenz über die Wahrnehmung beendet wird. Man kann sich in der Tat die Lage folgendermaßen vorstellen: Auf jeder Ebene und vom ersten Stadium an wird das Kind natürlich veranlaßt zu glauben, daß zwei Mengen, die einander Stück für Stück entsprechen, äquivalent sind. Nur wenn man die Form der einen verändert oder wenn ihre Form sich als von der der ersten verschieden herausstellt — und zwar wegen der Gefäße, in die man sie jeweils hineingelegt hat —, wird dieser Glaube an die Äquivalenz, wie wir im Verlaufe der beiden ersten Stadien gesehen haben, durch den entsprechenden Wahrnehmungsanschein erschüttert. Während des ersten Stadiums gibt es keinen Konflikt, weil die wahrgenommenen Beziehungen sich ohne weiteres gegenüber der Äquivalenz durchsetzen. Während des zweiten Stadiums sind die mitwirkenden Faktoren gleich stark. Während des dritten Stadiums endlich hat die Äquivalenz ohne weiteres den Vorrang vor den wahrgenommenen Verhältnissen. Sobald sie Stück für Stück korrespondieren, werden zwei Kollektionen als äquivalent aufgefaßt, unabhängig von der Art ihrer Formveränderungen, da die wahrgenommenen Beziehungen dann, wie wir soeben gesehen haben, untereinander koordiniert sind. Welches aber sind die Beziehungen zwischen der Stück-für-Stück-Korrespondenz und dieser Koordinierung der Verhältnisse?

Bisher haben wir die Dinge in einer einseitigen Weise dargelegt, indem wir die fortschreitende Koordinierung der Relationen so betrachteten, als erlaube sie einfach dem Kinde, die Formveränderungen der Mengen unter dem doppelten Gesichtspunkt der intensiven und der extensiven Quantifikation zu berücksichtigen und so diese Veränderungen mit der invarianten Äquivalenz dieser korrespondierenden Kollektionen auszusöhnen, wobei die Korrespondenz also als die anfängliche Ursache dieser Invarianz aufzufassen ist. Aber eine Schwierigkeit bleibt bestehen, und zwar eine beträchtliche: Wie kommt es, daß man das dritte Stadium abwarten muß, bis die Stück-für-Stück-Korrespondenz die dauerhafte Äquivalenz der

Mengen mit sich bringt, während sie in den beiden ersten Perioden nicht ausreicht, sich gegenüber dem Wahrnehmungs-Anschein durchzusetzen? Man kann darauf sicher antworten, daß beim ersten Stadium mangels Koordinierung die Wahrnehmungsverhältnisse dem Geist eine derartige Wahrscheinlichkeit der Veränderung oder der Ungleichheit aufdrängen, daß die Äquivalenz als nur vorübergehend aufgefaßt wird. Aber während des zweiten Stadiums besteht bereits eine Koordination der Verhältnisse, und dennoch genügt diese beginnende Koordinierung nicht, die Äquivalenz über den Wahrnehmungs-Anschein triumphieren zu lassen, da die Stück-für-Stück-Korrespondenz außerstande bleibt, eine dauerhafte Äquivalenz hervorzurufen. Wie ist also diese geringe Wirksamkeit der Stück-für-Stück-Korrespondenz zu deuten?

In Wirklichkeit wäre es möglich, daß die Koordination der Relationen sogleich bei der Korrespondenzbildung selbst wirksam würde und daß auf diese Weise die betreffenden Mechanismen in dieser Entwicklung ein Ganzes bildeten, das viel besser integriert wäre, als es bisher scheinen konnte. Man kann sich in der Tat fragen, ob die zur dauerhaften Äquivalenz führende Korrespondenz dieselbe Operation ist wie die Stück-für-Stück-Zuordnung von korrespondierenden Gruppen ohne dauerhafte Äquivalenz. Wenn man durch andere Versuche dazu gebracht würde, diese beiden Arten von Korrespondenzen voneinander zu trennen, wäre es natürlich, daß die ganz auf Wahrnehmung gestellte Korrespondenz des ersten Stadiums von vornherein den scheinbaren Veränderungen untergeordnet wird und daß allein die dem dritten Stadium eigentümliche Korrespondenz sich in einer Koordinierung der betreffenden Verhältnisse fortsetzt, weil sie diese bereits mit sich bringt. Das Zwischenstadium wäre dann nur ein Stadium des Organisierens der Korrespondenz selbst. Die zwei folgenden Kapitel sollen auf diese Frage antworten.

ZWEITER TEIL

Kardinale und ordinale Stück-für-Stück-Korrespondenz

KAPITEL III

Provozierte Korrespondenz
und die Gleichsetzung korrespondierender Mengen

Die Analyse der Anfänge der Quantifikation hat uns veranlaßt, das Problem der Korrespondenz aufzuwerfen. Zwei Quantitäten vergleichen bedeutet in der Tat entweder ihre Dimensionen zu proportionieren oder ihre Elemente einander Stück für Stück zuzuordnen. Das zuletzt genannte Verfahren erscheint nun, seit Cantor, als konstituierend für die ganze Zahl selbst, da es das einfachste und unmittelbarste Maß für die Gleichheit der Mengen liefert. Wie Brunschvicg gezeigt hat, erfolgte die Entdeckung dieser Operation in bezug auf die Reflexion deshalb so spät, weil sie in bezug auf die Konstruktion tatsächlich primitiv ist: Sowohl das Zehnfingerrechnen als auch der Stück-für-Stück-Tausch zeigen die Bedeutung der Korrespondenz für die Synthese der Zahl.

Wenn allerdings die Stück-für-Stück-Korrespondenz wohl als das Werkzeug erscheint, das der Geist verwendet, um die untereinander zu vergleichenden Gesamtheiten zu zerlegen, so genügt sie in ihrer ursprünglichen Form (bzw. ihren ursprünglichen Formen) jedoch nicht, den korrespondierenden Gruppen die eigentliche Äquivalenz zu verleihen, d. h. dieselbe kardinale „Potenz" oder den kardinalen Wert im Sinne einer Konstante, die aus der Korrespondenz als solcher hervorgeht. Wie wir in der Tat während des voraufgegangenen Kapitels gesehen haben, besteht zu Beginn entweder eine Korrespondenz, die durch Wahrnehmungsfaktoren in Schach gehalten wird, die sie daran hindern, dem Begriff dauerhafter Äquivalenz korrespondierender Gruppen zum Durchbruch zu verhelfen — oder es besteht eine Entwicklung der Korrespondenz als solcher, von der einfachen globalen Korrespondenz der Gesamtfiguren, die deren Quantifikation lediglich vorausgeht, bis zur wirklich quantifizierenden Korrespondenz, die die notwendige Quelle der Äquivalenz und infolgedessen der kardinalen Invarianz ist. Dieses Problem der eventuellen Entwicklung der Korrespondenz gilt es jetzt zu untersuchen.

Zunächst sind unter einem rein psychologischen und nicht logischen Gesichtspunkt zwei Arten von Situationen zu unterscheiden, in denen das Kind veranlaßt wird, die Stück-für-Stück-Korrespondenz zu entdecken oder anzuwenden. Einerseits gibt es Fälle, in denen das Kind aufgefordert wird, eine bestimmte Quantität gegebener Dinge abzuschätzen, mit Hilfe gleichartiger Dinge, die es ihnen zuordnet. Wenn z. B. ein Spieler 4 oder 6 Kugeln auf den Boden legt, legt sein Partner ebenso viele hin, und selbst wenn er nicht zählen kann, wird es ihm leicht gelingen, eine äquivalente Gruppe zusammenzubringen. Diese Korrespondenz zwischen homogenen Dingen wirft das ganze Problem der Kardination auf. Wir heben dessen Analyse daher für das Kapitel IV auf, in dem das Entstehen der spontanen Korrespondenz im allgemeinen behandelt wird. Andererseits aber gibt es eine noch einfachere Situation, mit deren Untersuchung wir hier beginnen wollen: die Korrespondenz zwischen heterogenen, aber qualitativ komplementären Dingen, eine sozusagen durch die äußeren Umstände selbst provozierte Korrespondenz. Das Kind kann z. B. während einer Mahlzeit aufgefordert werden, in jeden Eierbecher ein Ei zu stecken, zu jedem Fläschchen ein Glas zu stellen oder in jede Vase eine Blume zu stecken, usw. Vor allem muß in diese Kategorie der Stück-für-Stück-Tausch aufgenommen werden, z. B. der wiederholte Tausch einer Blume oder eines Bonbons gegen einen Groschen, usw. Wir beschränken unsere Untersuchung in diesem Kapitel auf diese Situationen „provozierter Korrespondenz", mit dem alleinigen Ziel, festzulegen, ob die vom Kinde selbst oder mit seiner Hilfe herbeigeführte Stück-für-Stück-Zuordnung zwangsläufig in seinem Geist den Gedanken an eine dauernde Äquivalenz der korrespondierenden Mengen mit sich bringt. Da wir zu zeigen versuchen werden, daß das nicht zutrifft, können wir bei der Auswahl der Beispiele nicht vorsichtig genug sein, und daher beginnen wir mit der Analyse dieser elementaren Verhaltensweisen und behalten uns für das folgende Kapitel die Untersuchung der Korrespondenz im allgemeinen vor.

Der Gedankengang dieses Kapitels ist folgender: Zuerst untersuchen wir die Korrespondenz zwischen n Gläsern und n Flaschen (von 6 bis 10). Da dieser erste Versuch nicht zum Begriff dauernder Äquivalenz führt, gehen wir in 2. zur Analyse der Korrespondenz zwischen Blumen und Vasen über, die noch leichter herzustellen ist, da die Blumen in die Vasen gesteckt und nicht daneben gelegt werden. Da das Ergebnis dasselbe ist, überprüfen wir die Verhältnisse mit Hilfe einer noch einfacheren Relation, d. h. mit der Relation zwischen Eierbechern und Eiern. Tatsächlich faßt jeder Eierbecher nur ein Ei, während das Verhältnis zwischen der Zahl der Gläser und Flaschen oder der Blumen und Vasen willkürlich bleibt. Da die Reaktionen sich als konstant erweisen, gehen wir dann in 3. zur Untersuchung des Stück-für-Stück-Tausches ohne verbale Aufzählung und in 4. mit verbaler Aufzählung über. Wir werden dann sehen, daß letztere das Ergebnis der Versuche 1 bis 3 nicht verändert.

1. Stück-für-Stück-Korrespondenz zwischen Gläsern und Flaschen

Man stellt auf den Tisch 6 kleine Flaschen von 2–3 cm Höhe (aus dem Puppengeschirr) in einer Reihe nebeneinander und zeigt auf ein Tablett mit einigen Gläsern. „Siehst du, das sind kleine Flaschen. Was braucht man, um daraus zu trinken? — Gläser. — Gut. Da stehen die Gläser. Du stellst auf dieses Tablett genug, ebensoviel Gläser, wie Flaschen da sind, ein Glas für jede Flasche." Das Kind stellt selber die Korrespondenz her, indem es vor jede Flasche ein Glas stellt. Wenn es sich durch zu viel oder zu wenig täuscht, fragt man: Glaubst du, daß das gleich viel ist?, bis es sein Maximum geleistet hat. Irrtum ist übrigens nur bei den Kindern des ersten Stadiums (4–5 Jahre) möglich, von denen gleich die Rede sein wird. Man kann die Korrespondenz erleichtern, indem man die Flaschen in die Gläser entleeren läßt: Jede Flasche füllt genau ein Glas. Sobald die Korrespondenz erzielt ist, rückt man die sechs Gläser dicht zusammen und fragt von neuem: „Sind das gleich viel Gläser und Flaschen?" Wenn das Kind „nein" sagt, fährt man fort: „Wo ist mehr?" und: „Warum ist da mehr?" Dann stellt man die Gläser wieder in eine Reihe und rückt die Flaschen auf einen Haufen zusammen usw., während man jedesmal die Fragen wiederholt.

Wir ordnen die erzielten Ergebnisse nach drei folgendermaßen gekennzeichneten Stadien:

I. Weder Stück-für-Stück-Zuordnung noch Äquivalenz;

II. Stück-für-Stück-Zuordnung, aber keine dauernde Äquivalenz;

III. Zuordnung und dauernde Äquivalenz.

I. *Erstes Stadium: Weder genaue Korrespondenz noch Äquivalenz*

Wir gruppieren also in diesem Stadium alle Kinder, die nicht von vornherein zur Stück-für-Stück-Korrespondenz gelangen, sondern nach einer einfachen globalen Korrespondenz verfahren, die sich allein auf die Wahrnehmung der Länge der Reihen gründet. Es ist klar, daß bei diesen Versuchspersonen das Fehlen dauernder Äquivalenz der korrespondierenden Gruppen vom Fehlen der Stück-für-Stück-Korrespondenz herrührt, da die Länge der Reihen je nach dem Zwischenraum zwischen den einzelnen Gegenständen variiert.

BON (4;0). „Du siehst alle diese Fläschchen. Was fehlt noch, wenn man trinken will? — *Gläser*. — Gut. Hier sind viele Gläser. (Man stellt sie auf den Tisch.) Du stellst nun diese Gläser hierhin, aber nur ein Glas für jede Flasche. — (Er nimmt die 12, rückt sie aber so dicht zusammen, daß die 6 Flaschen eine etwas längere Reihe bilden.) — Wo ist am meisten? — *Da* (die Flaschen). — Nimmst du jetzt ein Glas für jede Flasche? — (Er reiht die 12 Gläser in eine Reihe von derselben

Länge wie die locker aufgestellten Flaschen.) — Ist das gleich viel? — *Ja.* — (Man rückt die Flaschen auseinander.) Ist das gleich viel an Gläsern und an Flaschen? — *Ja.* (Er rückt jedoch die Gläser leicht auseinander.) — (Man vergrößert erneut den Abstand zwischen den Flaschen.) — *Hier ist wenig* (die 12 Gläser), *hier ist viel* (die 6 Flaschen)."

GOL (4;0). Er gießt zunächst den Inhalt jeder Flasche in ein Glas. Bei der vierten Flasche angelangt, ruft er, da er bemerkt, daß es ihm nicht gelingen wird, die 6 Flaschen den 12 Gläsern korrespondieren zu lassen, spontan aus: *"Es sind nicht viel Flaschen da.* — Dann kannst du also Gläser fortnehmen. — (Er hat schließlich 7 Gläser für 6 Flaschen, da er erstere ein wenig zusammenrückt.) Ist das gleich viel an Gläsern und Flaschen? — *Ja.* — (Wir stellen ein Glas vor jede Flasche, und so sieht man ein Glas ohne korrespondierende Flasche.) — *Man muß noch eine Flasche dazugeben.* — (Man gibt sie ihm.) Und jetzt geht es? — (Er richtet es so ein, daß die erste Flasche dem zweiten Glas korrespondiert und so fort bis zur siebten Flasche, die kein korrespondierendes Glas hat.) *Nein, da fehlt ein Glas, und da ist ein Glas, das keine Flasche hat.* — Also, was braucht man? — *Eine Flasche und ein Glas.* — (Man gibt sie ihm, aber er stellt sie einander gegenüber und verfehlt die Korrespondenz bis zum Ende.)"

CAR (5;2). "Mach, daß jede Flasche ihr Glas hat. — (Das Kind, das alle Gläser genommen hatte, nimmt eine bestimmte Anzahl fort und läßt 5 übrig, die es den 6 Flaschen korrespondieren zu lassen versucht, indem es sie auseinanderrückt, um eine Reihe von gleicher Länge zu bilden.) Ist das gleich viel an Gläsern und Flaschen? — *Ja.* — Genau? — *Ja.* — (Daraufhin rückt man die 6 Flaschen vor die 5 Gläser, so daß die beiden Reihen nicht mehr dieselbe Länge haben.) Ist das gleich viel an Gläsern und Flaschen? — *Nein.* — Warum? — *Es sind wenig Flaschen.* — Gibt es mehr Gläser oder mehr Flaschen? — *Mehr Gläser.* (Er rückt sie ein wenig zusammen.) — Ist das gleich viel an Gläsern und Flaschen? — *Ja.* — Warum hast du das gemacht? — *Weil es so wenig wird.*"

Diese Fälle machen uns bekannt mit einem Stadium, das der eigentlichen Korrespondenz vorausgeht. Während dieses Stadiums erfolgt die Wertung durch einen globalen Vergleich der Längen (oder Dichten usw.) der betrachteten Gruppen. Das Beispiel von Car ist in dieser Hinsicht besonders klar. Dieses Kind ist tatsächlich der Ansicht, eine Reihe von 5 auseinandergerückten Gläsern sei größer an Zahl als eine Reihe von 6 zusammengerückten Flaschen, aber andererseits denkt es, wenn es die erste Reihe zusammendrängt, daß es "wenig wird", so daß diese Reihe mit der Reihe aus 6 Flaschen äquivalent wird. Daraus ergibt sich von selbst, daß die Äquivalenz zweier Gruppen nicht von Dauer sein kann, da sie von veränderlichen Faktoren abhängt, wie z. B. von der Länge der Reihe.

II. Zweites Stadium: Stück-für-Stück-Korrespondenz, jedoch ohne dauernde Äquivalenz der korrespondierenden Gruppen

Im Gegensatz hierzu sind die Kinder, die wir jetzt in einigen Beispielen zeigen wollen, völlig imstande, von vornherein die Stück-für-Stück-Korrespondenz der Flaschen und Gläser herbeizuführen. Wenn sie jedoch im Augenblick der visuellen Korrespondenz zwischen den beiden Reihen erklären, es gebe ebensoviel Gläser wie Flaschen, so glauben sie nicht mehr an diese Äquivalenz, sobald man die Paare korrelativer Elemente voneinander trennt, indem man die Elemente einer der beiden Gruppen auseinander- oder zueinanderrückt.

HOC (4;3). „Hier, das sind Flaschen in einem Café. Du bist der Kellner und mußt Gläser aus dem Schrank nehmen. Zu jeder Flasche gehört ein Glas." Er stellt genau ein Glas vor jede Flasche und läßt die übrigen Gläser beiseite. „Ist das gleich viel? – Ja. – (Dann rückt man die Flaschen auf einen Haufen zusammen.) „Ist das gleich viel an Flaschen und Gläsern? – Nein. – Wo ist mehr? – Es gibt mehr Gläser." Dann stellt man die Flaschen wieder den Gläsern gegenüber, genau Stück für Stück, und danach rückt man die Gläser auf einen Haufen zusammen: „Ist das gleich viel an Gläsern und Flaschen? – Nein. – Wo ist am meisten? – Mehr Flaschen. – Warum gibt es mehr Flaschen? – Eben darum (mit Bestimmtheit)."

MOG (4;4). Er nimmt auf Anhieb 9 Gläser für die 6 Flaschen, läßt sie dann Stück für Stück korrespondieren, indem er die drei übrigen Gläser fortnimmt, und sagt spontan: „Nein, das war nicht richtig. – Und jetzt ist es gleich viel? – Ja. – (Man rückt die Gläser zusammen und die Flaschen ein wenig auseinander.) Ist das gleich viel an Gläsern und Flaschen? – Nein. – Wo sind mehr? – Bei den Flaschen."

GIN (4;11). „Du sollst auf dieses Tablett genau ein Glas für jede Flasche stellen. – (Er nimmt alle.) – Glaubst du, daß das gleich viel ist? – Nein. – Dann nimm fort, was zu viel ist. – (Er nimmt die Stück-für-Stück-Korrespondenz allein mit dem Auge vor und läßt 6 Gläser auf dem Tablett, aber ohne zu zählen!) Ist das gleich viel? – Ja. – Dann stelle sie hin, um zu sehen, ob es richtig ist. – (Er stellt sie genau vor die Flaschen.) So. – Ist das gleich viel? – Ja. – (Man rückt die Gläser auf einen Haufen zusammen.) Ist das gleich viel? – Nein. – Wo ist mehr? – Es gibt mehr Flaschen. – Warum? – Weil hier mehr sind. (Er zeigt auf die 6 aufgereihten Flaschen.) – (Man rückt die Gläser auseinander und stellt die Flaschen auf einen Haufen.) Ist das gleich viel? – Nein. – Wo ist mehr? – Hier (die Gläser)."

GAL (5;1). Er läßt 6 Gläser 6 Flaschen korrespondieren. Man rückt die Gläser zusammen: „Ist das gleich viel an Gläsern und Flaschen? – Nein, das (die Flaschen) ist mehr, und das (die Gläser) ist weniger. – (Nun die Umkehrung.) – Jetzt gibt es mehr Gläser. – Warum? – Weil die Flaschen zusammen- und die Gläser alle auseinandergerückt sind. – Zähle die Gläser! – 1, 2 ... 6. – Zähle die Flaschen! – 1, 2 ... 6. – Also ist es gleich viel? – Ja. – Warum hast du gesagt, es ist nicht gleich viel? – Weil die Flaschen ganz klein sind."

MÜL (5;3). Er stellt die genaue Zuordnung zwischen den Flaschen und Gläsern her, nachdem er auf Anhieb geurteilt und 2 Gläser zuviel genommen hatte. „War das gleich viel? – *Nein, es gab zu viel Gläser.* – Und jetzt? – *Ja, es ist gleich viel.* – (Man rückt die Gläser zusammen und die Flaschen auseinander.) Ist das gleich viel? – *Nein, weil es größer ist.* – Kannst du zählen? – *Ja.* – Wieviel Gläser gibt es? – *Sechs.* – Und Flaschen? – *Sechs.* – Also gibt es gleich viel an Flaschen und Gläsern? – *Da ist mehr, wo es größer ist.*"

OS (5;10). Er stellt sofort eine Zuordnung her: „Ist das gleich viel an Gläsern und Flaschen? – *Ja, ich habe gezählt.*" Man rückt die Gläser auf einen Haufen: „Ist das gleich viel an Gläsern und Flaschen? – *Nein.* – Warum? – *Weil hier* (Flaschen) *viel und hier wenig ist.* – (Man rückt die Flaschen zusammen und die Gläser auseinander). – Ist das jetzt gleich viel? – *Nein.* – Warum? – *Weil hier* (Gläser) *viel und hier wenig ist.*"

FU (5;9). Er gießt den Inhalt der 6 Flaschen in 6 Gläser und stellt diese vor die leeren Flaschen: „Gibt es gleich viel an Flaschen wie an Gläsern? – *Ja.* – (Man stellt die Flaschen in einem Haufen vor die Gläser.) Ist das gleich viel? – *Nein.* – Wo ist mehr? – *Es gibt mehr Gläser.* – (Man tut das Gegenteil.) Und jetzt? – *Es gibt mehr Flaschen.* – Was kann man tun, um gleich viel zu haben? – *Man muß die Gläser so schieben* (Bewegung des Auseinanderrückens), *nein, man muß die Gläser dazunehmen.*"

FRA (6;3). Gleiche Reaktion: Wenn man die Gläser zusammenrückt, gibt es mehr Flaschen und umgekehrt: „*Es gibt mehr, weil es mehr auseinandergerückt ist.*" Wenn man ihn am Ende auffordert: „Mach es so, daß es gleich viel gibt", stellt er die Korrespondenz durch räumlichen Stück-für-Stück-Kontakt her.

Dies sind die Reaktionen des zweiten Stadiums. Man stellt zunächst fest, daß alle diese Kinder imstande sind, die Stück-für-Stück-Korrespondenz herzustellen. Allerdings, und das ist das Phänomen, das wir unterstreichen wollten, genügt es, die anschauliche oder visuelle (d. h. durch den optischen und räumlichen Kontakt zwischen jeder Flasche und jedem Glas entstehende) Korrespondenz zu zerstören und die eine Gruppe von Gegenständen in einem Haufen aufzustellen, während die andere in einer Reihe mit Zwischenräumen bleibt, um die quantitative Äquivalenz und sogar die qualitative Korrespondenz in den Augen des Kindes verschwinden zu lassen. Alles geht so vor sich, als hinge für das Kind die Quantität weniger von der Zahl ab (einem Begriff, der nach dieser Hypothese also verbal bliebe, selbst wenn die Versuchsperson richtig zählt) oder von der Stück-für-Stück-Korrespondenz zwischen diskontinuierlichen Objekten, als von dem globalen Aspekt der Gruppe und besonders von dem Raum, den die Reihe in Anspruch nimmt. Selbst Mül z. B., der zählen kann, schätzt, daß „da mehr ist, wo es größer ist", selbst wenn er feststellt, daß die auf einem Haufen stehenden Gläser 6 Einheiten umfassen, d. h. ebenso viele wie die in einer Reihe aufgestellten Flaschen.

Doch vielleicht könnte man sagen, daß es sich hier um ein Mißverständnis der Worte handelt: Auch wenn das Kind zugäbe, daß die Zahl der Flaschen und Gläser dieselbe bleibt, wenn man eine der beiden Gruppen gehäuft zusammenstellt, würde es dennoch antworten, daß auf einer Seite „mehr ist", aber einfach deswegen, weil es den Gedanken ausdrücken will, daß sich die Form der Gruppe gewandelt hat und der in Anspruch genommene Raum größer ist. Wegen dieses Einwandes und weil es schwierig ist, mit Worten die Möglichkeit eines Mißverständnisses auszuschließen, vervielfältigen wir die Situationen und Beispiele in diesen beiden Kapiteln. Nach der Untersuchung können wir dann unter den beiden Deutungen wählen.

Dennoch ist es bereits jetzt erforderlich, einige Bemerkungen einzuflechten. Vor allem: Wenn es auch schwierig ist, Ausdrücke zur Bezeichnung der quantitativen Äquivalenz zu finden, die zwischen 4 und 6 Jahren richtig verstanden werden, haben wir andererseits keinen Beweis dafür, daß ein Kind von 5 Jahren, wie z. B. Mül, die Ausdrücke „sechs Gläser" oder „sechs" allgemein in demselben Sinne gebraucht wie wir. Wir sehen lediglich, daß Mül auf 6 Gegenstände die ersten 6 Zahlennamen anzuwenden weiß, d. h., daß er Worte und Gläser einander ebenso korrespondieren zu lassen versteht wie Gläser und Flaschen. Beweist das aber, daß diese verbale Aufzählung unter dem Gesichtspunkt des Kindes eine bessere Quantifikation ausdrückt als der in Anspruch genommene Raum und daß die Belegung der Dinge mit Zahlen in einem wirklichen numerischen Sinn auf die Frage „wieviel"? antwortet? Wir haben offensichtlich kein Recht, das zu behaupten, denn es wäre möglich, daß die Korrespondenz zwischen den Zahlennamen und den Dingen auf diesem Niveau eine bloß verbale Korrespondenz bliebe, ohne daß das Kind in der Lage wäre, zu den Begriffen zu gelangen, die für die Konstituierung des Zahlbegriffs selbst notwendig sind und die definiert werden durch die Permanenz und Äquivalenz der Mengen, unabhängig von der Disposition der sie zusammensetzenden Einzelteile. Das aus der Sprache bezogene Argument läßt sich also leicht umdrehen, und es wäre wenig vorsichtig, daraus andere Schlüsse zu ziehen als die einfache Feststellung einer Diskordanz zwischen der Zuteilung von Namen (von „Ziffern") und der visuellen Anschauung.

Sodann, wenn das Kind eine quantitative Variation ausdrücken will, beschränkt es sich nicht immer darauf, zu sagen: „es ist mehr" oder „es ist weniger", was auf eine rein räumliche Bewertung ohne Bedeutung für die diskontinuierlichen Quantitäten schließen lassen könnte, sondern oftmals (z. B. Hoc, Mog, Gin, Fu usw.) präzisiert es: „es gibt mehr Gläser" oder „es gibt mehr Flaschen". Os sagt: „Hier ist viel und hier ist wenig." Gal, der sich, im Gegensatz zu Mül, schließlich von der Äquivalenz der Gruppen überzeugen läßt, als er entdeckt, daß sie dieselbe Zahl 6 haben, läßt uns den Zusammenhang wohl verstehen: Der ursprüngliche Ausdruck „das ist größer" wird übersetzt in: „es gibt mehr Gläser", und zwar deswegen, weil die Gläser, sobald sie zusammengerückt sind, „ganz klein sind". Was kann nun diese letztere Behauptung anderes besagen, als daß das Kind eine Verringerung der Quantität selbst erwartete und daß es, da es entgegen seiner Erwartung dieselbe Zahl findet, diese experimentelle Permanenz der Zahl 6 mit der Verringerung des in Anspruch genommenen Raumes dadurch in Einklang bringt, daß es den Wert der geschätzten Elemente selbst verringert.

Drittens — und das scheint uns das entscheidende Argument zu sein — zeigt das Erreichen der richtigen Antwort deutlich, was das Kind bis dahin gedacht hat. Wir werden in der Tat sehen, wie das Kind im dritten Stadium entdeckt und ausdrücklich erklärt, daß die Tatsache des Zusammen- oder Auseinanderrückens der Elemente an ihrer Zahl nichts ändert, und das eben stellt den diesem höheren Niveau eigentümlichen Fortschritt dar, vor dessen Erzielung also die im beanspruchten Raum herbeigeführten Modifikationen dem Kinde so erscheinen, als beträfen sie die Quantifikation der Elemente selbst.

III. Drittes Stadium: Stück-für-Stück-Korrespondenz und dauerhafte Äquivalenz der korrespondierenden Gruppen

Die beiden folgenden Beispiele richtiger Antworten erlauben uns, diesen Vergleich mit den Lösungen der unteren Stufen durchzuführen:

PEL (5;6). Er fängt damit an, 5 Gläser und 6 Flaschen einander gegenüberzustellen, und fügt dann ein Glas hinzu: „Ist das gleich viel? — Ja. — Und jetzt? (Man rückt die Gläser zusammen.) — Ja, es ist dasselbe an Gläsern. — Warum? — Das hat nichts geändert. — Und so? (Man rückt die Flaschen zusammen und stellt die auseinandergerückten Gläser in einer Reihe auf.) — Ja, es ist gleich viel."
LAU (6;2). Er läßt 6 Gläser 6 Flaschen korrespondieren. Wir stellen die Gläser auf einem Haufen zusammen: „Ist das noch dasselbe? — Ja, es ist dasselbe an Gläsern. Sie haben sie nur so zusammengerückt, aber es sind gleich viel. — Und jetzt? Gibt es mehr Flaschen (auf einem Haufen) oder mehr Gläser (auseinandergerückt)? — Es ist immer dasselbe. Sie haben (die Flaschen) nur zusammengestellt."

Man sieht, daß für diese Kinder die einmal in eindeutige und wechselseitige Korrespondenz gebrachten und derart im Augenblick dieser Korrespondenz gleichwertig gemachten Mengen so bleiben, gleich welcher Art die Anordnung ihrer Elemente sei. Das zeigt Lau in klarster Weise an, als wolle er den Unterschied, der ihn von den Kindern des vorhergehenden Stadiums trennt, kennzeichnen: Die Gläser behalten dieselbe Zahl, wenn man sie „nur zusammenrückt", usw. Kurz gesagt: der Sinn dieser Antworten ist der, daß die Quantitäten äquivalent bleiben, wenn man den beanspruchten Raum verändert, was hinreichend zeigt, daß für das Kind die Frage gerade darin lag, zu wissen, ob sich die Zahl mit der Anordnung verändere. Auf diese Weise wird die Operation der Herstellung zwei-eindeutiger und wechselseitiger Korrespondenz, die über das bloß anschauliche oder optische Vergleichen hinausgeht, konstituiert.

Es ist jetzt also möglich, die Bedeutung der drei Stadien zu erklären, die diese Konstruktion kennzeichen, oder doch zum mindesten die Hypothesen aufzustellen, die im Verlauf der folgenden Versuche zu überprüfen sind.

Die Bedeutung des ersten Stadiums ist klar ersichtlich: Um Gruppen von Gegenständen abzuschätzen, begnügt sich das Kind mit einer Art von Gesamtvergleich oder Global-Verhältnis ohne Stück-für-Stück-Korrespondenz und durch einfache räumliche Bewertung (Länge der Reihen usw.). Auch das dritte Stadium ist völlig klar: zwei-eindeutige und wechselseitige Korrespondenz bei dauernder Äquivalenz der korrespondierenden Gruppen.

Infolgedessen scheint es zur Deutung des zweiten Stadiums zu genügen, den kontinuierlichen Übergang zwischen den beiden anderen wiederherzustellen, was genau darauf hinausläuft, die Reaktionen der Kinder dieser Stufe so hinzunehmen, wie sie sind, ohne ihren Gedanken in höhere Begriffe übertragen zu wollen. Die quantitative Äquivalenz zweier Mengen zeigt sich ihnen in einer Stück-für-Stück-Korrespondenz, die aber sozusagen Wahrnehmungs- oder Anschauungs-Charakter besitzt, also einen zwischen den korrespondierenden Elementen wahrgenommenen Kontakt voraussetzt. Der Kontakt ist im vorliegenden Fall visueller Natur, könnte aber auch ein akustischer oder Tast-Kontakt usw. sein. Infolge eben dieser Einschränkung genügt es, daß die Dinge ihren Stück-für-Stück-Kontakt verlieren, um die Korrespondenz zu unterbrechen, und dann hat das Kind zur Bewertung der beiden Gruppen nur noch das Kriterium des voraufgegangenen Stadiums, also das globale und räumliche Kriterium. So drückt Mül es aus, der immerhin bis sechs zählen kann: „Da ist mehr, wo es größer ist."

Was bedeutet also der Ausdruck „es gibt mehr" bei einem Kind, das im übrigen weiß, daß sechs Gläser und sechs Flaschen da sind? Allgemein gesprochen: Was will das Kind sagen mit Ausdrücken wie „Es gibt mehr Gläser" oder „Hier ist viel, und hier ist wenig"? Es wäre absurd, den Kindern den Gedanken zu unterschieben, die Zahl der Dinge selbst verändere sich, da unsere ganze Deutung gerade darauf hinausläuft, zu sagen, daß sie diesen Begriff der Zahl noch nicht besitzen. Andererseits und infolgedessen kann das nicht einfach bedeuten, daß der Raum sich vergrößert hat, während die Zahl dieselbe geblieben ist, und zwar aus demselben Grunde, weil die Idee der Zahl noch nicht konstruiert wurde. Die einzige Möglichkeit, diesen Zusammenhang zu deuten, besteht also darin, eine Art Undifferenziertheit zwischen Zahlbegriff und beanspruchtem Raum anzunehmen, also, um es zu wiederholen, eine globale und noch nicht analytische Wertung, da die einzige dem Kind zur Verfügung stehende analytische Wertung die visuelle oder Wahrnehmungs-Korrespondenz ist. Das drückt Fu sehr gut aus, wenn er erklärt, daß man, um die Korrespondenz zwischen sechs gedrängten Gläsern und sechs locker aufgestellten Flaschen wiederherzustellen, die Gläser auseinanderrücken oder andere hinzunehmen muß — als ob die beiden Lösungen einander gleichkämen.

Auf diese Weise werden zwei Probleme aufgeworfen. Das erste ist das des Übergangs von der globalen Quantifikation (durch Wahrnehmungs-Verhältnisse der Länge oder des beanspruchten Raumes) zur Stück-für-Stück-Korrespondenz anschaulicher Art; das zweite ist das der Umwandlung dieser anschaulichen Korrespondenz in eine operatorische Korrespondenz mit dauerhafter Äquivalenz. Neue Tatsachen sind jedoch erforderlich, bevor hierüber mit Nutzen diskutiert werden kann.

2. Korrespondenz zwischen Blumen und Vasen oder Eiern und Eierbechern

Es versteht sich, daß die Äquivalenz der korrespondierenden Gruppen um so dauerhafter ist, je größer die Kohäsion der miteinander Stück für Stück korrespondierenden Gegenstände ist. Eine Blume in eine Vase oder ein Ei in einen Eierbecher zu stecken stellt also in den Augen des Kindes eine engere Verbindung zwischen den korrelativen Elementen her als einfach ein Glas neben eine Flasche zu stellen. Der in ein Gefäß zu füllende Inhalt ergänzt das Gefäß mehr, als ein Glas die vor ihm stehen bleibende Flasche ergänzt. Das Kind hat also weniger Mühe, zu verstehen, daß die Quantität der Blumen oder Eier der der Vasen oder Eierbecher gleichbleibt, sobald man die Blumen oder Eier herausgenommen und auf einen Haufen gelegt hat.

Dieser Umstand ist in zweifacher Hinsicht bedeutsam. Erstens stellt er ein zusätzliches Argument zugunsten der Richtigkeit unserer Deutungen dar: Wenn dieselben Kinder auf dieselben Fragen besser antworten, sobald die Korrespondenz konzentrierter, anschaulicher erscheint, so deswegen, weil es kein verbales Mißverstehen gibt und weil die Korrespondenz, je nach dem Inhalt der gestellten Probleme, mehr oder weniger quantifiziert. Zweitens erlaubt dieser Unterschied in der Leichtigkeit der Antworten es uns, diese besser zu analysieren, als wenn das Nichtverstehen des Kindes allgemein wäre.

Folgendes Verfahren wurde angewendet: Bei Blumen und Vasen beginnt man damit, die Aufmerksamkeit des Kindes durch ein kleines Spiel zu erwecken: „Was steckt man in diese Vasen? — Blumen. — Dann muß man in den Garten gehen und Blumen holen, für jede Vase eine Blume, dasselbe (oder: „ebensoviel") an Blumen wie an Vasen. " Man legt dem Kind eine bestimmte Zahl Blumen vor, mehr Blumen als Vasen, und man beobachtet die Art, wie es die Korrespondenz herstellt: Es kann entweder vor jede Vase eine Blume legen oder sie auch in einer mehr oder weniger gedrängten, aber gleiche Länge behaltenden Reihe anordnen. Danach wird es gebeten, dies zu überprüfen, indem es in jede Vase eine Blume steckt. Nachdem so die Stück-für-Stück-Korrespondenz erreicht ist, nimmt man die Blumen wieder an sich, fügt sie zu einem Strauß (oder die Vasen auf einem Haufen) zusammen und fragt wie zuvor, ob von beiden noch ebensoviel vorhanden sei. Bei Eiern und Eierbechern wird dasselbe Verfahren angewendet: Die Versuchsperson muß ebenso viele Eier vorbereiten, wie sie Eierbecher sieht; dann nimmt man, wenn sie die Eier zum Zweck der Überprüfung hineingesteckt hat, die Eier wieder heraus und legt sie wieder zusammen, um zu sehen, ob die Äquivalenz von Dauer ist. Außerdem erscheint es angebracht, die Eier zunächst ganz dicht bei den Eierbechern und dann in einem gewissen Abstand zusammenzulegen, um zu sehen, ob der optische Kontakt tatsächlich in der Beurteilung der Äquivalenz eine Rolle spielt.

I. Erstes Stadium: Global-Vergleich ohne Stück-für-Stück-Korrespondenz und ohne dauerhafte Äquivalenz

Im folgenden einige Beispiele jener Kinder, die sich, um zwei gleiche Quantitäten zu erzielen, damit begnügen, eine Blumenreihe zu bilden, die ebensolang ist wie die Reihe der Vasen.

FUM (4;4). Er nimmt zunächst die Blumen eine nach der anderen und sieht Zug um Zug jede Vase an. Er kann aber dieses Verfahren über einige Einheiten hinaus nicht fortsetzen und begnügt sich sodann mit einer globalen Schätzung. „Ist das gleich viel? – Ja. – Möchtest du's sehen? – (Er steckt die Blumen in die Vasen und stellt fest, daß 3 fehlen.) Da fehlen drei Blumen. (Er gibt sie hinzu.) – Und jetzt? Ist es gleich viel? – Ja. – Paß auf, wir nehmen jetzt die Blumen einen Augenblick heraus und wechseln das Wasser. (Man rückt die Vasen zusammen und die Blumen auseinander.) Gibt es jetzt gleich viel an Vasen und an Blumen? – Es gibt mehr Blumen. – Versuche es einmal. – (Er rückt die Vasen auseinander.) Nein, es ist ebensoviel. – (Man rückt erneut die Vasen zusammen.) – Es gibt mehr Blumen. – Warum? – Weil hier eine Blume ist. (Er zeigt auf eine Blume, die nicht mehr einer Vase gegenüberliegt.) – Glaubst du, daß alle Blumen hineingehen? – Ich glaube, diese (d. h. die beiden, die über die Reihe der Vasen hinausragen) muß man wegnehmen. Ich will sie schnell hineinstecken. (Er versucht es und stellt fest, daß die beiden Blumen fehlen, die er fortgenommen hat. Er gibt sie wieder hinzu.) – Wir wollen das Wasser wechseln, ja? (Man nimmt wieder die Blumen heraus und rückt sie zusammen.) Wenn man diese Blumen wieder in die Vasen hineintut, wird es dann gleich viel oder nicht? – Ich glaube, es ist gleich

viel. Nein, es gibt zu viel Vasen. – Also machst du es selber, damit es paßt? –
(Er rückt die Vasen zusammen!) – Glaubst du, daß es so geht? – *Ich glaube,
so geht es gut.*"
GUI (4;4) reiht 13 zusammengedrängte Blumen gegenüber 10 auseinandergerückten Vasen auf, obgleich er diese von 1 bis 10 gezählt hat. Da die Reihen
gleich lang sind, denkt Gui, es gebe „gleich viel" an Blumen und an Vasen. – „Du
kannst also die Blumen in die Vasen stecken? – *Ja.*" Er tut es, und drei Blumen
bleiben übrig. Man nimmt die Blumen heraus und legt sie vor den Vasen auf
einen Haufen. „Ist es gleich viel an Blumen und Vasen? – *Nein.* – Wo ist mehr? –
Es gibt mehr Vasen. – Und wenn man die Blumen in die Vasen zurücksteckt, gibt
es dann eine Blume in jeder Vase? – *Ja.* – Warum? – *Weil es genügend gibt.* –
(Man rückt die Vasen zusammen und die Blumen auseinander.) Und jetzt? –
Es gibt mehr Blumen", usw.

Zum Thema Eier und Eierbecher folgen drei Beispiele für die Reaktionen
dieses Stadiums, wobei die primitivsten Reaktionen (ebensowenig wie die
von Fum angesichts der Blumen) nicht einmal bis zu der Vorstellung
einer notwendigen Rückkehr zur Ausgangssituation gelangen:

FRA (4;3). „Nimm genug Eier für die Eierbecher, nicht mehr und nicht weniger,
ein Ei für jeden Becher. – (Das Kind legt eine Reihe von derselben Länge an,
die aber viel zuviel Eier enthält.) – Ist das gleich viel an Eiern und Bechern? –
Ja. – Dann stecke die Eier hinein, um zu sehen, ob es stimmt. – (Er tut es.) – War
es gleich viel? – *Nein.* – Und jetzt? – *Ja.* (Er nimmt die überzähligen fort.) –
Dann nehmen wir jetzt alle Eier heraus. (Man legt sie auf einen Haufen vor die
Becher.) Ist das jetzt gleich viel? – *Nein.* – Warum? – *Es gibt mehr Becher.* –
Gibt es genug Eier für die Becher? – *Ich weiß nicht.* – (Man rückt die Becher
zusammen und breitet die Eier aus.) Sieh her! Und jetzt? Gibt es gleich viel an
Eiern und Bechern? – *Nein, es gibt mehr Eier.* – Gibt es genug Becher für diese
Eier? – *Nein. Ich weiß nicht.*"
ZU (4;9). Er beginnt ebenfalls damit, vor die Becher eine gedrängte, aber ebenso
lange Reihe von Eiern zu legen. Dann steckt er die Eier in die Becher und nimmt
die überzähligen fort. Danach nimmt er selber die Eier heraus, die er auf einen
Haufen vor den Bechern hinlegt. – „Ist das gleich viel an Eiern und Bechern? –
Nein, es gibt viele Becher und weniger Eier. – Gibt es genug Eier für die
Becher? – *Nein.*" Dann nimmt man alle Eier fort und legt (für 7 Becher) nur
4 wieder hin, in sehr lockerer Reihe. „Gibt es genug Eier für diese Becher? –
Ja. (Die Länge der Reihen ist dieselbe.) – Stecke sie selber hinein, um zu
sehen. – (Er steckt sie hinein und scheint sehr überrascht, daß welche fehlen.) –
Und gibt es jetzt gleich viel? (Man hat die 4 Eier fortgenommen und vor die
7 Becher eine ebenso lange, aber aus 12 Eiern gebildete Reihe gelegt.) – *Ja.* –
Vollständig? – *Ja.* – Wenn man sie in die Becher steckt, bleiben dann einige
übrig? – *Nein, sie gehen alle hinein.* – Versuch's mal. – (Er ist wieder sehr überrascht.) *Es bleiben noch welche übrig.*" – Bei nur drei Eiern, die sehr weit voneinander liegen, für 7 Becher antwortet Zu wohl: *„Es bleiben leere Becher übrig."*
Aber bei 5 weit voneinander entfernten Eiern glaubt er wieder, daß genaue
Korrespondenz besteht!

Man sieht, daß diese Kinder nicht von selbst zu der Stück-für-Stück-
Korrespondenz gelangen und sie nicht einmal entdecken würden, wenn sie
nicht dazu gezwungen würden, und zwar durch jene Relationen zwischen

Behälter und Inhalt, die zwischen Vasen und Blumen und zwischen Bechern und Eiern bestehen. Bezüglich der Äquivalenz der beiden Mengen ist festzustellen, daß sie völlig auf dem Wahrnehmungsvergleich der Reihenlängen beruht. Es genügt in der Tat, die Einzelstücke einer der beiden Gruppen zusammen- oder auseinanderzurücken, um sie als der anderen nicht mehr gleichwertig erscheinen zu lassen. So geht Fum, nachdem er je eine Blume in eine Vase gesteckt hat, soweit, zu glauben, daß diese Blumen, sobald sie einmal herausgenommen und auseinandergelegt sind, nicht mehr Stück für Stück mit den Vasen korrespondieren, und deshalb sogar einige fortzunehmen, um die Korrespondenz wiederherzustellen. Ebenfalls geht Zu in der Einschätzung nach dem in Anspruch genommenen Raum soweit, sich nacheinander vorzunehmen, 4, 12 und 5 Eier in die 7 Becher zu stecken, während er es nicht für möglich hält, ihnen die 7 Eier korrespondieren zu lassen, die er selber hineingesteckt, dann herausgenommen und in einer gedrängten Reihe niedergelegt hat. Das sind erstaunliche Verhaltensweisen, die zeigen, wie weit in diesem ersten Stadium die Nicht-Unterscheidung zwischen diskontinuierlicher Menge und erforderlichem Raum geht. Auf dieser Stufe zweifelt das Kind selbst dann, wenn die Stück-für-Stück-Entsprechung durch die Macht der Dinge hergestellt wurde, sobald der Wahrnehmungsaugenschein einer der beiden korrespondierenden Gruppen verändert wurde, an der Möglichkeit einer Rückkehr zu dieser Korrespondenz mit Hilfe einer Zurückführung auf die Ausgangslage. Wenn das Kind, wie z. B. Gui, an eine mögliche Rückkehr zu dieser Ausgangslage glaubt, versteht es sich von selbst, daß sich dies erklären läßt durch eine einfache Erinnerung an die zuvor wahrgenommene Korrespondenz, ohne daß hierdurch bewiesen würde, daß die Äquivalenz inzwischen fortgedauert hätte. Gui glaubt in der Tat, daß es „mehr Blumen gibt", wenn man die Vasen zusammenrückt und umgekehrt.

II. Zweites Stadium: Stück-für-Stück-Korrespondenz, jedoch anschaulicher Art und ohne dauernde Äquivalenz

Die Kinder dieses zweiten Stadiums unterscheiden sich von denen des ersten dadurch, daß sie imstande sind, ohne weiteres die Stück-für-Stück-Korrespondenz herzustellen, aber sie schließen trotzdem noch nicht auf eine Äquivalenz, die unabhängig von der räumlichen Verteilung der Einzelstücke von Dauer wäre. Im folgenden einige Beispiele für Blumen und Vasen:

DAL (4;6). Er nimmt, nachdem er die 10 Vasen geprüft hat, 9 Blumen und glaubt, mit dem Blick die richtige Korrespondenz gefunden zu haben. An der siebten Vase angelangt, sieht er voraus, daß er nicht genügend Blumen hat, und nimmt noch eine. Sobald die Blumen in die Vasen gesteckt sind, nimmt man sie heraus, um sie auf einen Haufen zu legen: „Ist das das gleiche an Blumen und

Vasen? – *Nein.* – Warum? – *Es gibt mehr Vasen.* – Und jetzt? (Man tut das Gegenteil.) – *Es gibt mehr Blumen.*"
SIM (5;7). Er steckt eine Blume in jede Vase. Man zieht sie heraus und legt sie auf einen Haufen: „Ist das gleich viel an Blumen und Vasen? – *Nein.* – Warum? – *Es gibt mehr Vasen.* – Gibt es genug Blumen für die Vasen? – *Ja.* – (Man tut das Gegenteil.) Und jetzt? – *Es gibt mehr Blumen.* – Gibt es genug Vasen für die Blumen? – *Ja.* – Also ist es gleich viel? – *Nein, hier* (Vasen) *ist mehr, weil es auseinandergerückt ist.*"

Beispiele für Eier und Eierbecher:

SIM (5;7). Er läßt 6 Eier 6 Eierbechern entsprechen und steckt sie dann hinein. Man nimmt sie heraus und rückt die Eier auseinander: „Ist das gleich viel an Eiern und Bechern? – *Nein.* – Wo ist am meisten? – *Hier* (Eier). – Wenn man in jeden Becher wieder eins von diesen Eiern hineinstecken will, wird das gehen? – *Ja ... Ich weiß nicht.*"
DUM (5;8). Er läßt gleichfalls 6 Eier 6 Bechern korrespondieren und steckt sie selber hinein. Wenn man die Eier herausnimmt und auf einen Haufen vor die Becher legt, meint Dum, es sei nicht mehr dasselbe. – „Warum?" – *Weil man ,so' gemacht hat* (Bewegung des Zusammenrückens). – Gibt es genug Eier für die Becher? – *Nein.* – (Man rückt die Becher zusammen und die Eier auseinander.) Und jetzt geht es? – *Nein, weil es mehr Eier gibt.*"

Diese wenigen Fälle genügen, das Bestehen eines zweiten Stadiums zu bestätigen, das zwischen dem der spontanen Nicht-Korrespondenz und dem der dauerhaften Äquivalenz liegt: Es gibt eine unmittelbare Stück-für-Stück-Korrespondenz, aber sie bleibt anschaulich, denn es genügt, die Konfiguration der Menge zu verändern, um die Äquivalenz aufhören zu lassen. Wenn andererseits gewisse Versuchspersonen dieses Stadiums die Rückkehr zur Anfangslage für möglich halten, fassen sie diese nicht als notwendig auf. Sim z. B. ist sich betreffs der Eier und Becher nicht mehr sicher, obgleich er behauptet, daß die zusammen- oder auseinandergerückten Blumen jeweils eine korrespondierende Vase finden werden. Ja noch mehr: Selbst wenn das Kind die mögliche Rückkehr zum Anfangszustand zugibt, schließt es daraus nicht auf die Invarianz der Äquivalenz in der Zwischenzeit. So ist derselbe Sim der Meinung, daß es „mehr Blumen gibt" als Vasen, wenn diese gedrängt stehen, obgleich man je eine Blume in jede Vase zurückstecken könnte, und wenn wir fragen: „Also ist es gleich viel?" präzisiert er: „Nein, hier ist mehr, weil es auseinandergerückt ist." Man könnte nicht besser aufzeigen, daß sich die Quantifikation für das Kind auf dieser Stufe weder auf die Zahl reduziert (die meisten dieser Versuchspersonen können bis 10 zählen) noch auf die zwei-eindeutige und wechselseitige Korrespondenz, sondern auf eine anschauliche Korrespondenz, die an die wahrnehmbare Konfiguration der analysierten Menge gebunden ist.

III. Übergangs-Antworten zwischen dem zweiten und dritten Stadium und Antworten des dritten Stadiums: Operatorische Korrespondenz mit dauernder Äquivalenz

Die Bedeutung der jetzigen Versuche liegt darin, daß sie ein wenig leichter sind als diejenigen mit Gläsern und Flaschen und man deswegen Übergangsfälle findet, die zwar dieses Problem nicht zu lösen vermögen, wohl aber allmählich dazu gelangen, das Problem der Vasen und Eierbecher zu lösen. So wird es möglich, den Mechanismus der richtigen Lösung besser zu analysieren.

Im folgenden einige Beispiele dieser Übergangsfälle:

DU (5;8) bleibt in bezug auf den Versuch mit Gläsern und Flaschen im zweiten Stadium. Die Blumen bringt er in genaue Korrespondenz zu den Vasen, und wenn man sie herausnimmt, um sie auf einen Haufen zu legen, sagt er zunächst: „*Es gibt mehr Vasen.*" Wenn man die umgekehrte Operation vornimmt, sagt er entsprechend: „*Es gibt mehr Blumen.*" Dann aber geben wir Du einen neuen Strauß Blumen von anderer Farbe: „Du sollst davon auch je eine in eine Vase stecken. — (Er tut das; darauf nimmt man sie heraus und legt sie vor den Vasen zusammen.) Und jetzt? Ist das noch gleich viel an Blumen und Vasen? — *Ja.* — Warum? — *Weil man sie alle dort* (in die Vasen) *hineingesteckt hatte.*" Wenn man aber dann die Vasen zusammenrückt und die Blumen in einiger Entfernung davon auseinanderlegt, fällt er wieder in seinen Irrtum zurück.
MOU (5;8) sagt ebenfalls, daß es immer ebensoviel Vasen wie Blumen gibt, wenn letztere zusammengerückt werden. Im Gegensatz dazu hält er, wenn die Vasen zusammengerückt werden, diese für zahlreicher: „*Es gibt mehr.*"
OS (5;10) bleibt gleichfalls bezüglich der Gläser und Flaschen im zweiten Stadium. Bei den Blumen schwankt er auch zwischen den Lösungen des zweiten und dritten Stadiums. Er zählt zunächst 10 Vasen, dann zählt er 10 Blumen, indem er sie Stück für Stück in die Vasen steckt. Man nimmt sie heraus und legt sie nahe bei den Vasen dicht zusammen: „Ist das gleich viel? — *Ja, weil es zehn* (Vasen) *sind und hier* (Blumen) *zehn gibt.* — (Man rückt die Vasen zusammen und die Blumen in einiger Entfernung auseinander.) Und jetzt? — *Nein. Hier* (die Vasen) *ist wenig.* Schau, da sind jetzt rosa Blumen. Nimm davon gleich viel für die Vasen. (Diese stehen wieder in einer Reihe.) — (Er zählt leise, während er sie in die Vasen steckt.) — (Man nimmt die rosa Blumen heraus und breitet sie auf der anderen Seite der Vasen aus, während die blauen Blumen auf der Seite des Kindes liegen geblieben waren.) — Ist das gleich viel an rosa und blauen Blumen? — *Ja, hier gibt es 10 und da 10.* — Und gleich viel an rosa Blumen und Vasen? — *Nein.*"

Es folgen noch einige ähnliche Reaktionen, wie sie bei Eiern und Eierbechern beobachtet wurden. (Zu beachten ist zusätzlich die Tatsache, daß das Kind in mehreren Fällen an die Äquivalenz glaubt, wenn eine der beiden Gruppen in unmittelbarer Nähe der anderen zusammengedrängt wird, während das Gefühl der Äquivalenz mit der Enfernung nachläßt!)

GAL (5;1), dessen Antworten im zweiten Stadium in 1. gezeigt wurden, läßt ohne weiteres 7 Eier mit 7 Bechern korrespondieren. Wenn man die Eier herausnimmt, um sie vor den Bechern zusammenzurücken, glaubt er immer noch an die Äquivalenz: „Warum sagst du, es ist gleich viel? — *Eben darum.* — (Man legt die Eier in einiger Entfernung auseinander.) Ist es noch ebensoviel? — *Nein.* — Warum? — *Weil es hier lose und da zusammen ist* (weil die Eier außerhalb der Becher auseinandergebreitet und in den Bechern zusammengedrängt sind). — Wenn man sie aber wieder hineinsteckte, wäre es gleich viel an Eiern und Bechern? — *Ja.“*

OS (5;10) zählt dieselbe Zahl Eier und Becher. Man nimmt die Eier heraus und legt sie gedrängt vor die Becher: „Ist das gleich viel? — *Ja.* — (Man legt sie in einiger Entfernung auseinander.) Ist das gleich viel? — *Nein.* — Wo ist mehr? — *Es gibt mehr Eier.* — Gingen alle Eier in die Becher? — *Ja.“*

Man erkennt die Bedeutung dieser Übergangsfälle. Ganz allgemein bezeichnen sie den Beginn der Freilegung der operatorischen Korrespondenz im Verhältnis zur optischen oder anschaulichen Korrespondenz. So z. B. Du: Nachdem er die Äquivalenz geleugnet hat, als die Stück-für-Stück-Korrespondenz nicht mehr sichtbar war, begreift er nach und nach, daß die nahe bei den Vasen zusammengedrängten Blumen ebenso zahlreich sind wie die Vasen, und zwar aus dem ausgezeichneten Grunde, daß man „sie alle dort hineingesteckt hatte“, d. h. daß die Blumen zuvor in den Vasen enthalten waren. Aber er kann die Überlegung nicht umkehren, wenn man dieselben Blumen auseinanderlegt, und er hält sie für zahlreicher, weil sie weiter entfernt sind. Mou billigt der Quantität der Blumen dieselbe Konstanz zu, hält aber die Vasen für zahlreicher, wenn man sie zusammenrückt. (Zu bemerken ist, daß nicht mehr der benutzte Raum, sondern die Dichte hier die Rolle des Quantitäts-Kriteriums spielt.) Os bietet ein außergewöhnliches Beispiel. Er vermag die Zahl der Vasen und der Blumen zu identifizieren, wenn man erstere zusammenrückt, aber nicht, wenn man die Blumen auseinanderrückt; und darüber hinaus ist er imstande, die Zahl der rosa und blauen Blumen zu identifizieren, die beide auseinandergelegt sind, aber nicht die der auseinanderliegenden rosa Blumen und die der zusammengedrängten Vasen. Der Grund hierfür liegt offensichtlich darin, daß die bei den Vasen zusammengedrängten Blumen ihn daran erinnern, daß sie alle darin waren, während die zerstreuten Blumen diese Eigenschaft in Ermangelung eines optischen Kontaktes verlieren. Das zeigt sich in dem einfacheren Falle, wenn Os an die Äquivalenz der Eierbecher und der Eier glaubt, sobald diese nahe bei jenen zusammengerückt werden, jedoch nicht mehr daran glaubt, sobald eine gewisse Entfernung dazwischenliegt. Ebenso zeigt Gal deutlich, wie er, wenn er an die mögliche Rückkehr der Eier in die Becher denkt, den Glauben an die Äquivalenz bewahrt, ihn aber verliert, wenn die Eier zu weit entfernt sind. Kurz gesagt, das Kind fängt an, sich von der Wahrnehmung zu befreien, um eine Korrespondenz mit rein intellektuell ermittelter Äquivalenz herzustellen. Wenn die Eier zusammengedrängt werden, aber nahe bei den Bechern bleiben, kann die Konfiguration der beiden Gruppen noch so sehr geändert werden, der optische Kontakt reicht aus, die Korrespondenz ins Gedächtnis zurückzurufen, und das Kind gibt die Äquivalenz zu. Wenn aber die Eier in einer gewissen Entfernung voneinander und infolgedessen von den Bechern auseinandergerückt werden, wird die Äquivalenz zerbrochen, weil die Korrespondenz-Operation noch nicht genügend von der Wahrnehmung befreit wurde.

Bei den eindeutigen Fällen des dritten Stadiums ist diese Operation jedoch endlich von der Anschauung befreit, und das Kind erreicht eben dadurch die Reversibilität und die Äquivalenz:

FET (5;5) reiht zehn Blumen vor den Vasen auf und steckt sie dann hinein. Man nimmt sie heraus und legt sie auf einen Haufen: „Ist das noch gleich viel? – *Ja.* – Und so (in der Entfernung auseinandergelegt)? – *Ja.* – Warum? – *Weil sie da drin waren.*"
BET (5;8). Nachdem er, ohne zu zählen, die Korrespondenz hergestellt hat, rückt man die Blumen in der Entfernung zusammen: „Ist das ebensoviel? – *Ja.* – Warum? – *Weil das geht.* (= Man kann sie da hineinstecken.)"
Wenn die Eier vor den Bechern zusammengedrängt sind: „Ist das noch ebensoviel? – *Ja.* – Warum? – *Weil es so ist* (Bewegung des Zusammendrängens). – Und jetzt (Eier verteilt und Becher zusammengerückt)? – *Ja.* – Warum? – *Wenn Sie die auseinandergerückten Eier hineinstecken, ist es gleich viel.*"
PIT (6;11) zeigt die gleichen Reaktionen. Auch wenn die Eier verteilt sind, bleiben sie den Bechern äquivalent, *„weil alle in die Becher hineingehen"*.

Wenn man diese so einfachen Antworten liest, fragt man sich, wie es möglich ist, daß das Kind so lange gezögert hat, die dauernde Äquivalenz der korrespondierenden Gruppen zu begreifen. Der Unterschied zwischen diesen und den vorher genannten Versuchspersonen ist jedoch wesentlich. Er bezeichnet den Primat der eigentlichen Operation über die Wahrnehmung.

Bis hierhin gründete sich in der Tat die einzige Quantifikation, deren das Kind fähig war, auf Transformationen räumlichen und wahrnehmbaren Charakters, während die Stück-für-Stück-Korrespondenz selbst nicht quantifizierend wirkte. Anders ausgedrückt: Die vom Kinde wahrgenommenen Qualitäten veranlassen während der ersten Stadien nur einfache quantitative Verhältnisse (mehr oder weniger „groß", „lang", „klein", „zusammengerückt" usw.) ohne eigentliche Operationen. Diese Qualitäten werden tatsächlich nicht untereinander koordiniert oder multipliziert: Das Kind sieht z. B., wenn man die Einzelstücke einer Reihe auseinanderrückt, nicht mehr, daß man deren Zahl je Längeneinheit vermindert und daß man, wenn man sie zusammenrückt, diese relative Zahl vergrößert. So beurteilt das Kind während des ersten Stadiums die Quantität nur nach der mehr oder weniger großen Länge der Reihe, ohne diese Relation mit der des „Gegenüberstehens" zu multiplizieren, d. h. ohne Korrespondenzen, selbst solche anschaulicher Art, zu konstituieren, wobei die Stück-für-Stück-Korrespondenz sich auf dem Niveau der Anschauung eben definieren läßt als Resultante aus der Multiplizierung der Verhältnisse des „gleichen Abstandes" (zwischen N_1 und N_2 und zwischen N'_1 und N'_2; zwischen N_2 und N_3 und zwischen N'_2 und N'_3 usw.) mit den Verhältnissen des „Gegenüberstehens" (zwischen N_1 und N'_1; zwischen N_2 und N'_2 ... usw.). Auf dem Niveau des zweiten Stadiums ist das Kind zu dieser Koordinierung fähig geworden, aber lediglich auf rein anschaulicher Ebene, d. h., es vermag eine Korrespondenz herzustellen, wenn die korrelativen Elemente einander gegenüberstehen. Im Gegensatz hierzu genügt es, die Anordnung einer der beiden Gruppen zu ändern, sei es durch Zusammenrücken, sei es durch Auseinanderrücken ihrer Elemente, um die Versuchsperson zu veranlassen, nicht mehr an die Äquivalenz zu glauben. Das liegt daran, daß die quantifizierende Korrespondenz außer der einfachen Wahrnehmungskorrespondenz (selbst wenn diese qualitativ genau ist) eine höhere gedankliche Operation, die Gleichsetzung der Unterschiede, erfordert, d. h. eine Koordinierung der örtlichen Verschiebungen in der Weise, daß sie sich kompensieren, indem sie reversibel werden. Solange das Kind nicht zu dieser letzten Multiplikation gelangt, die mathematischer und nicht mehr nur qualitativer Art ist, führen die von ihm herbeigeführten Korrespondenzen nicht zu einer dauernden Äquivalenz. Aus diesem Grunde besteht selbst dann, wenn die Kinder, die die zusammengedrängten Blumen für weniger zahlreich halten als die Vasen, mit denen sie korrespondiert haben, zugeben, daß man sie eine nach der anderen in die Vasen zurückstecken könnte, noch keine logisch reversible Operation, sondern nur die einfache Voraussicht einer empirischen Umkehr, und zwar wegen des Fehlens jener Koordinierung der Relationen, die allein eine solche Umkehr zwangsläufig machen würde. Im Verlaufe des dritten Stadiums wirkt eben diese Multiplizierung, und zwar dank der Tatsache, daß das Kind entdeckt, daß jede räumliche Veränderung in der Verteilung der Elemente durch eine inverse Operation wettgemacht werden kann. Das wird von Fet und Bet ausgedrückt, wenn sie, um die Äquivalenz, die sie bei den gedrängten oder verteilten Blumen und den Vasen behaupten, zu rechtfertigen, einfach erklären: Das ist ebensoviel, „weil sie da drin waren" oder „weil das (dahinein) geht" oder „wenn Sie die auseinandergerückten Eier hineinstecken, ist es gleich viel" und „alle gehen in die Eierbecher". Diese Gründe, die für die Kinder der voraufgegangenen Stadien keinerlei Wert besitzen, erlangen ihre Bedeutsamkeit in der Tat erst, wenn die Reversibilität verstanden wird, und zwar verstanden als Quelle der Äquivalenz. So wird ersichtlich, wie sich der Primat der Operation über die Wahrnehmungs-

Intuition aus der fortschreitenden Reversibilität des Gedankens ergibt: Die Wahrnehmung ist ihrem Wesen nach nicht reversibel, aber in dem Maße, wie sie sich in Relationsurteile auflöst, sind die derart gewonnenen reversiblen Operationen imstande, sie zu beherrschen und auf diese Weise die anschauliche Korrespondenz durch eine operatorische und quantifizierende Korrespondenz zu ersetzen, die, im Gegensatz zum Augenschein der unmittelbaren Wahrnehmung, die zwangsläufige und dauerhafte Äquivalenz der korrespondierenden Gruppen sicherstellt.

3. Stück-für-Stück-Tausch von Groschen und Waren

Nachdem wir die sozusagen statische Korrespondenz zwischen komplementären nebeneinandergelegten oder ineinandergesteckten Gegenständen untersucht haben, ist es unbedingt erforderlich, jene dynamische Zuordnung zu untersuchen, die der Stück-für-Stück-Tausch darstellt. Wir beginnen mit einer Analyse, der ein Verfahren zugrunde liegt, das einfach das der vorhergehenden Versuche fortsetzt. Man sagt dem Kind, daß man mit ihm Kaufmann spielen wolle und gibt ihm einige Groschen, daß es Blumen, Bonbons usw. kaufen kann, wobei ausgemacht wird, daß jeder Gegenstand einen Groschen kostet. Zunächst kann man voraussehen lassen, wie viele Dinge das Kind kaufen kann (wobei als Methode wieder entweder der Vergleich oder die Stück-für-Stück-Korrespondenz bzw. die Zählung selbst verwendet wird. Darauf nimmt man den Stück-für-Stück-Tausch vor, und endlich untersucht man, ob für das Kind Äquivalenz zwischen den Groschen und den gekauften Gegenständen besteht oder nicht. Da aber diese Korrespondenz-Methoden auf jene Methoden hinauslaufen, die im nächsten Kapitel untersucht werden, und das Problem, das uns hier interessiert, das der Äquivalenz korrespondierender Gruppen ist, werden wir vor allem dieses Problem analysieren.

I. Erstes Stadium: Vergleich und Fehlen der Äquivalenz nach Stück-für-Stück-Tausch

Die Kinder sind auf diesem ersten Niveau natürlich alle bereits imstande, ihre Groschen Stück für Stück richtig gegen die vorgeschlagenen Dinge auszutauschen. Aber einerseits sind sie unfähig, durch Korrespondenz die Quantität der Elemente, die sie gegeneinander austauschen müssen, vorherzusehen, und andererseits ziehen sie nicht den Schluß, daß die ausgetauschten Mengen einander äquivalent sind. Hierfür drei Beispiele:

GUI (4;4) legt 5 Blumen für 6 Groschen hin, dann tauscht er Stück für Stück 6 Groschen gegen 6 Blumen (wobei er eine Blume aus der Vorratsschachtel nimmt). Die Groschen liegen in einer Reihe, die Blumen auf einem Haufen: „Was haben wir gemacht? — *Wir haben getauscht.* — Ist das nun gleich viel an Blumen wie an Groschen? — *Nein.* — Ist auf einer Seite mehr? — *Ja.* — Wo? — *Dort* (Groschen). — (Man tauscht von neuem, legt aber die Groschen auf einen Haufen und die Blumen in eine Reihe.) — Ist das gleich viel an Blumen und Groschen? — *Nein.* — Wo ist viel? — *Hier* (Blumen). — Und da (Groschen)? — *Weniger.*"
MIC (4;4) vermag ebensowenig von vornherein Blumen und Groschen korrespondieren zu lassen. Man tauscht Stück für Stück 6 gegen 6, wobei die Blumen aufgereiht und die Groschen zusammengedrängt sind: „Ist das gleich viel? — *Nein, es gibt mehr Blumen.* — Warum? — *Weil die Blumen weiter auseinanderliegen.*"
DUC (4;6) gelangt ebenfalls nur zu einer globalen Vor-Schätzung. Dann tauscht man 6 Blumen gegen 6 Groschen, wobei diese verstreut liegen: „Haben wir ebensoviel Blumen wie Groschen? — *Nein, es gibt mehr Groschen.* — (Man gibt das Geld zurück und fängt von neuem an zu tauschen, wobei man fortgesetzt die Groschen aufeinanderhäuft.) Und jetzt? — *Nein, es gibt mehr Blumen.*"

Es erübrigt sich, diese Fälle zu kommentieren, bevor man die des zweiten Stadiums geprüft hat, die ebenso wie diese das Fehlen des Glaubens an Äquivalenz zeigen.

II. *Zweites Stadium: Anfängliche Korrespondenz und Stück-für-Stück-Tausch, aber keine dauernde Äquivalenz*

Der einzige Fortschritt, den die zweite Stufe zeigt, besteht also in der mit Hilfe visueller Korrespondenz hergestellten richtigen Abschätzung dessen, was man austauschen muß, damit der Stück-für-Stück-Tausch gelingt. Trotz dieser Voraussicht aber und trotz der experimentellen Bestätigung, die dieser Tausch bewirkt, glaubt die Versuchsperson jetzt nicht mehr als in den vorhergehenden Fällen an die zwangsläufige Äquivalenz der ausgetauschten Gruppen:
NIC (4;1) zählt 10 Blumen und 10 Groschen, zählt sie aber nicht zu einer einzigen Kardinalzahl zusammen: „Also, wie viele Groschen hast du? — *Eins, zwei, drei, vier ... zehn* (Aufzählung nach dem Gedächtnis). — Also, nun kaufe! — (Er gibt einen Groschen für eine Blume, usw. bis zu 10, aber wir haben die Groschen in einer Reihe aneinandergereiht, während die Blumen in seiner Hand bleiben.) — Ist das gleich viel an Blumen und Groschen? — *Es gibt mehr Groschen.* (Er stellt dann aber spontan die Korrespondenz her, indem er vor jeden Groschen eine seiner Blumen legt.) *Ach ja, es ist gleich viel!* — (Man legt die Blumen auf einen Haufen.) Und jetzt? — *Es gibt mehr Groschen.* — (Man legt die Groschen auf einen Haufen und reiht die Blumen auf.) Und jetzt? — *Nein, weil es viele Blumen gibt.*"
LID (4;5) legt 4 Groschen für 4 Blumen hin: „Ist das gleich viel an Groschen und Blumen? — *Ja, es ist gleich viel.* — Gut. Also jetzt kaufst du Blumen. Hier sind deine (sechs) Groschen. Für jede Blume gibst du einen Groschen. — (Wir

tauschen 6 Blumen gegen 6 Groschen, die jetzt aufgereiht sind, während die Blumen in seiner Hand liegen.) Ist das gleich viel an Blumen und Groschen? — *Ja, ebensoviel ... Nein, nicht ebensoviel. Hier ist mehr.* (Er zeigt auf die Blumen.) — Kann man vor jeden Groschen eine Blume legen? — *Nein, es gibt zu viel Blumen.* (Er versucht, und es gelingt ihm, die genaue Korrespondenz zu finden.) *Ja, es ist gleich viel.* — Wir fangen noch einmal an, ja? (Man tauscht von neuem, wobei man die Groschen auseinanderrückt, während die Blumen gehäuft bleiben.) Geht das? — *Zu viel Blumen. Du wirst es sehen.* (Er stellt die Korrespondenz her und ist vom Ergebnis sehr überrascht.)"

PAR (5;2). „Für jede Blume zahlst du einen Groschen. Wieviel Blumen kannst du hierfür (1 Groschen) kaufen? — *Eine.* — Und hierfür (3 Groschen)? — *Drei Blumen für drei, weil es drei Groschen sind.* — Gut, nun wollen wir das alles kaufen. (Er tauscht 6 Groschen gegen 6 Blumen, wobei diese aneinandergereiht und die Groschen aufgehäuft sind.) — Ist das gleich viel? — *Nein.* — Warum? — *Weil es mehr Blumen gibt.* — Wenn ich diese Blumen mit diesen Groschen (also mit den 6 Groschen, die das Kind uns Stück für Stück gegeben hat) kaufen wollte, wäre das möglich? — *Nein, ja.* — Also ist das ebensoviel? — *Nein, es gibt mehr Blumen.* — Und wenn ich vor jede Blume einen Groschen lege? (Man tut das bei den beiden ersten Blumen, um es begreiflicher zu machen.) — *Nein, es bleiben Blumen übrig.*"

FUR (5;9) tauscht 7 Groschen gegen 7 Blumen, nachdem er die Korrespondenz 5 zu 5 richtig hergestellt hat. Die Blumen bleiben in seiner Hand, und die Groschen sind aufgereiht: „Ist das gleich viel? — *Nein, es gibt viele Groschen und nicht viele Blumen.* — (Man reiht die Blumen aneinander, rückt sie aber etwas näher zusammen als die Groschen.) Ist das gleich viel? — *Nein, es gibt mehr Groschen. Einer ist zu viel.* — Wir wollen sehen. Zähle die Blumen! — *Sieben.* — Und nun zähle die Groschen! — *Eins ... sieben.* — Also ist es gleich viel? — *Nein, es bleiben welche übrig.* — Wir wollen mal sehen. (Man nimmt den Stück-für-Stück-Tausch wieder auf, und dieser gelingt.) Also ist es dasselbe? — (Er schweigt, offensichtlich in seiner Überzeugung erschüttert.) — Wenn man die Groschen und die Blumen (die jetzt weiter auseinandergerückt sind) zählte, müßte man dann länger zählen, oder wäre es ebensolang? — *Man hätte an den Blumen länger zu zählen.*"

AUD (6;7). „Wir spielen Blumenverkäufer. Hier sind deine Groschen. — (Er zählt richtig.) *Acht Groschen.* — Jede Blume kostet einen Groschen. Wieviel kannst du kaufen? — *Acht.* — (Man führt den Stück-für-Stück-Tausch durch. Aud behält die Blumen in der Hand. Die Groschen sind aufgereiht.) Ist das gleich viel an Blumen und Groschen? — *Nein. Hier* (Groschen) *ist mehr.* — Warum? — *Es liegt auseinander.* — Kann man eine Blume auf jeden Groschen legen? — *Ja.* — Also ist es gleich viel? — *Nein. Hier* (Groschen) *gibt es mehr, weil es auseinanderliegt.*"

Diese Fälle scheinen uns mit hinreichender Deutlichkeit zu zeigen, daß der Stück-für-Stück-Tausch keineswegs genügt, den Kardinalbegriff zweier äquivalenter Gesamtheiten in dauerhafter Weise sicherzustellen.

Stellen wir zunächst einmal fest, daß man bezüglich der Äquivalenz selbst keinen Unterschied zwischen den Reaktionen des ersten und des zweiten Stadiums beobachtet. Es ist nun, insgesamt betrachtet, durchaus nicht außergewöhnlich, daß Gui, Mic und Duc (im ersten Stadium), die vor dem Stück-für-Stück-Tausch nicht imstande sind, einige Dinge einigen anderen zuzuordnen und die die Quantitäten nach dem beanspruchten Raum bewerten, auch nach dem Stück-für-Stück-Tausch noch nicht wissen, daß die beiden gegeneinander ausgetauschten Gruppen zwangsläufig äquivalent bleiben. Daß aber Nic, der spontan die Korrespondenz herstellt, um zu sehen, ob die Groschen und die eingetauschten Blumen äquivalent sind — daß Lid, der in den voraufgehenden Versuchen 4 Groschen richtig mit 4 Bonbons korrespondieren zu lassen vermag — daß Par, der den Tausch drei gegen drei in Zahlenausdrücken vorhersagt usw., daß diese Kinder nicht imstande sind, die Äquivalenz der ausgetauschten Gruppen anzunehmen, sobald der Stück-für-Stück-Tausch einmal beendet ist, das ist wirklich aufschlußreich.

Die merkwürdigsten Fälle in dieser Hinsicht sind die von Par und besonders von Fur und Aud, und zwar wegen der Anwendung des lauten Zählens. So kündigt Par vor Beginn eines jeden Versuches an, daß man 3 Blumen mit drei Groschen kaufen kann; sobald man aber die Blumen auseinanderrückt, gibt es keine Äquivalenz mehr. Fur macht es noch besser: angesichts von 7 beieinanderliegenden Groschen und 7 auseinanderliegenden Blumen zählt er die Groschen und die Blumen und stellt so die Zahlen-Identität der beiden Gruppen fest, weigert sich aber, ihre Äquivalenz zuzugeben: „Nein, es gibt mehr Groschen, einer ist zuviel." Ebenso zählt Aud 8 Groschen, kündigt an, er werde 8 Blumen kaufen, nimmt den Tausch vor und leugnet die Äquivalenz: „Das gibt mehr, weil es auseinanderliegt." Man sieht, wie die Wahrnehmung der räumlichen Qualitäten selbst über das laute Zählen triumphiert. Daher werden wir diese Frage unter 4. wieder aufgreifen.

Bezüglich des Problems der Rückkehr zum Anfangszustand haben wir, sobald das Kind bestritt, daß die gegen Groschen getauschten Blumen den Groschen an Zahl gleich sind, gefragt, ob man eine Blume vor oder auf jeden Groschen legen bzw. wieder legen könne. Man stellt fest, daß fast alle Versuchspersonen dieses Stadiums das noch bestreiten. Lid sagt: „Es gibt zu viel Blumen, du wirst es sehen." Par sagt: „Nein, es bleiben Blumen übrig." Lediglich Aud gibt den Tatbestand zu, ohne aber daraus die Äquivalenz zu erschließen, obgleich er nahe daran ist.

III. *Übergangsantworten und drittes Stadium: Momentane, dann dauernde Äquivalenz*

Zunächst zwei Übergangsantworten zwischen dem zweiten und dritten Stadium:

PIT (6;11). Man tauscht 10 Blumen gegen 10 Groschen. Pit behält die Blumen in der Hand; die Groschen sind aufgereiht: „Ist das gleich viel an Blumen und Groschen? — (Stillschweigend reiht Pit gegenüber jedem Groschen Blumen auf, um zu kontrollieren.) *Ja, es gibt so viele Blumen wie Groschen.* — (Man rückt die Groschen auseinander und legt die Blumen auf einen Haufen.) Ist es gleich viel? — *Nein, hier* (die Groschen) *ist mehr.* — Und jetzt (Blumen verteilt, Groschen gehäuft)? — *Nicht gleich viel. Es gibt viele Blumen.* (Er stellt spontan die Korrespondenz wieder her.) *Ach, ja! Es ist gleich viel.* — Aber zuvor sagtest du, es gibt mehr Blumen? — *Ja, aber es war so!* (Bewegung des Zusammenrückens der Groschen.)"

FRAN (6;3) zählt ohne weiteres die 10 Groschen, die man ihm gibt: „Also, wieviel Blumen kannst du kaufen, wenn jede Blume einen Groschen kostet? — *Zehn.* — (Man führt den Tausch durch, wobei die Blumen in seiner Hand bleiben und die Groschen ausgebreitet sind.) Ist das gleich viel an Blumen und Groschen? — *Ja.* — Warum? — *Weil es gleich viel ist.* — (Man nimmt erneut den Tausch vor. Die Groschen sind auseinandergerückt.) Ist es gleich viel? — *Ja.* — (Man rückt die Groschen zusammen und die Blumen¹ auseinander.) Und jetzt? — *Nein.* — Warum? — *Da ist mehr.* (Er zeigt auf die zusammenliegenden Groschen.) — Kann man jeden Groschen mit einer Blume zudecken? — *Ja.* — Also? — *Es ist gleich viel.*"

Diese beiden Beispiele der Erzielung richtiger Antworten sind höchst lehrreich, insbesondere die spontanen Überprüfungen bei Pit, der sichtlich gegen den wahrnehmbaren Augenschein ankämpft, und zwar mit Hilfe von Operationen, an die er abstrakt nur mit Mühe zu glauben vermag. Fran gelangt schließlich bis zu dieser Abstraktion, d. h. bis zur Beweglichkeit der Operation als solcher.

Im folgenden endlich einige richtige Antworten:

GIN (4;1) zählt seine 10 Groschen und sieht voraus, daß er 10 Blumen bekommt. Nach dem Tausch sagt er: *„Es ist gleich viel"*, ganz gleich, um welche Anordnungen es sich handelt, aber ohne Gründe anzugeben.

DU (5;8), nach dem Stück-für-Stück-Tausch bis zehn (wobei die Blumen in seiner Hand bleiben und die Groschen verstreut liegen): „Ist das gleich viel an Groschen und Blumen? — *Ja.* — Warum? — *Weil es ganz zu Ende ist* (d. h., weil die beiden ausgetauschten Gruppen zur selben Zeit erschöpft sind). — (Man rückt die Blumen auseinander und die Groschen zusammen.) Und jetzt ist es auch gleich viel? — *Ja.* — Warum? — *Weil man alles beendet hat.*"

LER (5;8), nach dem Tausch, wobei die Blumen in seiner Hand geblieben sind: „Ist das gleich viel? — *Ja.* — Warum? — *Weil das da hinpaßt.* (Er legt spontan eine Blume zu jedem Groschen.)"

CLAN (5;8), dieselbe Lage: „Ist das gleich viel? — *Ja.* — Ganz? — *Ja.* — Warum? — *Weil ich Ihnen meine Groschen gegeben habe.*"

Man sieht, daß die Äquivalenz für diese Kinder einleuchtend und logisch notwendig geworden ist. Die Gründe, die dieses Postulat rechtfertigen, sind interessant wegen ihres operatorischen Charakters: Für Bet ist es die Möglichkeit einer einseitigen und wechselseitigen Zuordnung, also die Rückkehr vom Tausch zur sichtbaren Korrespondenz; für Du und Clan ist es der Tausch selbst, begriffen als gleichzeitige Erschöpfung beider Gruppen: „Ich habe Ihnen meine Groschen gegeben" oder: „weil man alles beendet hat".

Zusammenfassend läßt sich sagen, daß der Versuch mit dem Stück-für-Stück-Tausch genau dieselben Ergebnisse zeitigt wie der mit der statischen oder sichtbaren Korrespondenz der Gegenstände. Hier liegt ein wertvolles Ergebnis für das Verständnis des Korrespondenz-Begriffes: Der berühmte Vorgang des Stück-für-Stück-Tausches, in dem so viele Autoren den Anfang der Kardination gesucht haben, führt allein und als solcher nicht zur zwangsläufigen Äquivalenz der ausgetauschten Gruppen. Um zu diesem Ergebnis zu gelangen, muß der Stück-für-Stück-Tausch ebenso wie die anschauliche Korrespondenz zuvor operatorisch werden, d. h. begriffen werden als ein reversibles System von Lageveränderungen oder Relationen.

4. Stück-für-Stück-Tausch mit lautem Zählen

An den Fällen Par, Fur, Aud haben wir gesehen, daß das laute Zählen nur einen schwachen Einfluß auf das Äquivalenz-Gefühl auszuüben scheint, das sich aus der Stück-für-Stück-Korrespondenz ergibt − oder nicht ergibt. Bereits im Verlauf der vorhergegangenen Abschnitte haben wir häufig Gelegenheit gehabt, auf den Mangel an Zusammenhang zwischen der auswendiggelernten Zählung und den effektiven Operationen, deren das Kind fähig ist, hinzuweisen.

Der Augenblick ist gekommen, die Dinge systematisch zu prüfen. Wir stellen zunächst fest, bis wie weit das Kind ohne Schwierigkeit zu zählen versteht. Dann stellen wir den vorhergegangenen Versuch mit dem Stück-für-Stück-Tausch an, wobei wir eine Zahl von Gegenstandspaaren wählen, die unter der Grenze des lauten Zählenkönnens der Versuchsperson liegt. Dann bitten wir sie, die Dinge, die sie erhalten hat, zu zählen, und verstecken unter unserer Hand die Groschen, die sie uns beim Tausch gegeben hat (damit sie diese nicht zählen kann). Wir bitten sie dann einfach, zu raten, wieviel Münzen so versteckt sind.

So haben wir, ohne daß das laute Zählen irgend etwas ändert, dieselben Stadien wiedergefunden wie bei den vorhergehenden Verfahren:

I. *Erstes Stadium: Globaler Vergleich und fehlende Äquivalenz trotz Stück-für-Stück-Tausch*

Zum Beispiel:

RAS (3;6) kann nur bis 4 oder 5 zählen. Wir geben ihm 2 Groschen und bitten ihn, uns „ebensoviel an Bonbons" zurückzugeben. Er gibt 5, dann 2. Für 3 Groschen gibt er 4 Bonbons usw. Wir tauschen dann 4 Groschen gegen 4 Bonbons, Stück für Stück. Wenn wir die Bonbons verstecken, glaubt er, daß keine mehr übrig sind, nachdem man 3 unter der Hand hervorgeholt hat; dann glaubt er im Gegenteil, daß noch einer übrig ist, nachdem man den vierten herausgeholt hat.

BER (3;11) zählt richtig bis 5, vermag aber kaum zwei Gruppen von mehr als 2 oder 3 Stück miteinander korrespondieren zu lassen. Wir tauschen Stück für Stück 3 Groschen gegen 3 Bonbons und geben die 3 Groschen her. Wir ziehen einen hervor und sagen: „Bleiben noch welche übrig? – *Ja.* – Wie viele? – ... – Und jetzt (es bleibt 1)? – *Nein.* – Und jetzt (der letzte ist draußen)? – *Ja.* – Wie viele? – *Es bleibt ein Groschen.*" – Beim Stück-für-Stück-Tausch von 2 Groschen gegen 2 Bonbons antwortet Ber richtig, aber von 3 und 4 an werden die Antworten wieder willkürlich. Schließlich tauschen wir Stück für Stück 4 Groschen gegen 4 Bonbons und fragen: „Wie viele Bonbons habe ich dir gegeben? – *Eins, zwei, drei, vier.* – Und wie viele Groschen habe ich in meiner Hand? – ... – Wieviel glaubst du? – *Weiß nicht.*"

II. *Zweites Stadium: Richtige Korrespondenz, aber ohne dauernde Äquivalenz trotz Stück-für-Stück-Tausch*

Der einzige Unterschied zwischen diesem und dem vorigen Stadium bezieht sich also auf Korrespondenz-Versuche vor dem eigentlichen Tausch.

MARD (5;6). „Siehst du, ich kaufe dir Bonbons. Ich lege hier meine Groschen hin (7 in einer Reihe). Gib mir ebenso viele Bonbons, wie Groschen daliegen. – (Er zählt) *1, 2, 3 ... 7.* – Und Groschen? – *1, 2, 3 ... 7.* – Sehr gut. Und wie viele Bonbons (wieder unter der Hand versteckt) hast du mir gegeben? – ... – Wie viele Bonbons hast du mir für einen Groschen gegeben? – *Einen.* – Sehr gut. Und für zwei Groschen? – *Zwei.* – Sehr gut. Und für drei Groschen? – *Drei.* – Sehr gut. Und wie viele Groschen liegen da? – *1, 2, 3 ... 7.* – Sehr gut. Und wie viele Bonbons hast du mir gegeben? Wie viele Bonbons sind hier? (Man deckt sie einen Augenblick auf und bedeckt sie dann wieder.) – *1, 2, 3, 4, 5.*"

Neuer Versuch: „Sieh, da sind Groschen (5 in einer Reihe). Wie viele sind es? – *1, 2, 3, 4, 5.* – Sehr gut. (Man nimmt sie wieder an sich.) Wenn ich dir nun einen Groschen gebe, gibst du mir einen Bonbon. (Man tauscht Stück für Stück, bis zu 3.) Wie viele Groschen hast du? – *1, 2, 3.* – (Noch zwei Tauschgeschäfte.) Und wie viele Groschen hast du jetzt? – *1 ... 5.* – Gut. Und wie viele Bonbons habe ich? (Man verdeckt die 5 Bonbons) – ... *9.*"

CAUCH (5;6) vermag ebenfalls Stück für Stück die Bonbons mit den Groschen korrespondieren zu lassen, und zwar, wenn jene in einer Reihe liegen, bis zu 15, 17, usw. Er kann bis 10 zählen und darüber hinaus die Groschen, die man ihm vorhält. Aber aus einem Stück-für-Stück-Tausch von 8 Groschen gegen 8 Bonbons schließt er nicht auf irgendeine zwangsläufige Äquivalenz: „Wie viele

Bonbons habe ich dir gegeben? – (Er zählt.) *8.* – Gut. Wie viele Groschen (verdeckt unter der Hand) hast du mir gegeben? – *10.*"

PER (6;0) läßt 7 Bonbons 7 Groschen entsprechen, tauscht sie dann mit uns Stück für Stück: „Wie viele Groschen hast du? – (Er zählt.) 7. – Und wie viele Bonbons (unter der Hand verborgen) hast du mir gegeben? – ..." Wir fangen bei 5 wieder an: „Wie viele Groschen hast du? – 5. – Und wie viele Bonbons hast du mir gegeben? – ... 7." Dritter Versuch: Per zählt 10 Groschen und glaubt, 9 Bonbons erhalten zu haben, usw.

Derartige Tatsachen sind leicht zu deuten. Im Augenblick des Stück-für-Stück-Tausches weiß das Kind wohl, daß Äquivalenz besteht: Mard z. B. weiß, daß er für einen Groschen einen Bonbon gibt, für 2 zwei, für 3 drei usw. Aber im Gegensatz hierzu genügt es, daß der Tausch abgeschlossen und eine der beiden Gruppen nicht mehr sichtbar ist, um die Versuchsperson zu veranlassen, nicht mehr daran zu glauben, daß jene Gruppe der andern, die er vor seinen Augen hat, äquivalent ist. Die so erzielten Reaktionen sind also genau die gleichen wie die der entsprechenden Stadien, die in den voraufgegangenen Paragraphen untersucht wurden: Das laute Zählen scheint also unterhalb einer bestimmten Verständnisschwelle, die den Beginn des dritten Stadiums kennzeichnet, den Mechanismus des zahlenbildenden Denkens in keiner Weise umzuformen.

III. *Übergangsantworten und drittes Stadium: Vorübergehende und dann dauernde Äquivalenz*

Wenn der Stück-für-Stück-Tausch wie in dem zuvor angewendeten Verfahren von lautem Zählen begleitet wird, findet man zuweilen im Augenblick des Erreichens der richtigen Antwort interessante Fälle, in denen das Kind, um die Äquivalenz festzulegen, die Zahl der Tausche aufzählt, ohne aber dadurch zu erreichen, daß den korrespondierenden Mengen selbst eine Zahl zugewiesen wird:

MAD (5;6) tauscht Stück für Stück 7 Groschen gegen 7 Bonbons: „Wie viele Bonbons hast du? – *1, 2 ... 7.* – Und wie viele Groschen hast du mir gegeben? – *1, 2 ... 7.*" – Wenn Mad aber die Teile nicht im Augenblick des Tausches zählt, bleibt sie auf dem vorigen Niveau: Bei 5 Stück für Stück gegen 5 Groschen eingetauschten Bonbons schätzt Mad: „*Es gibt 5 Bonbons.* – Und wie viele Groschen gibt es unter meiner Hand? – *Vier*", usw.

FERD (6;0) tauscht gleichfalls 5 Bonbons gegen 5 Groschen und wertet die beiden Gruppen richtig, indem er die Folge der Zahlen wiederholt: „*1 ... 5*". Später aber, wenn wir das Kind fragen, wie viele Groschen versteckt sind, kommt er nicht auf den Gedanken, die vor ihm aufgereiht liegenden 7 Bonbons zu zählen.

Es ist klar, daß ein solches Verhalten einen Fortschritt gegenüber dem vorhergehenden darstellt und zur Erzielung einer wirklichen Äquivalenz der betrachteten Gruppen führt. Die Äquivalenz, zu der Mad und Ferd gelangen, ist jedoch in Wirklichkeit nur die der kurz zuvor durchgeführten Operationen selbst, d. h. der Handlungen, Bonbons und Groschen zu verlegen. In dem Maße also, wie ein Kind sich an die Aufzählung dieser Stück-für-Stück-Tausche hält, gelangt es zu dem Gedanken, daß die Korrespondenz von Dauer ist. In dem Maße aber, wie es versucht, die kardinale Gesamtheit der Operationen selbst zu abstrahieren, die die Korrespondenz herzustellen erlaubt haben, gelangt es noch nicht zur zwangsläufigen Äquivalenz*.

Im folgenden endlich einige Beispiele von Versuchspersonen, die imstande sind, aus dem Stück-für-Stück-Tausch den Gedanken der dauernden Äquivalenz zu entwickeln (also: klare Fälle des dritten Stadiums):

SIM (6;6). Wir tauschen Stück für Stück 6 Groschen gegen 6 Bonbons. „Wieviel Groschen hast du? — *Sechs.* — Und wie viele Bonbons? — *Sechs.* — Bist du dessen sicher? — *Sicher.* — Warum? — ...“
FAR (6;6) tauscht 8 Groschen gegen 8 Bonbons: „Wie viele Bonbons sind es? — *Acht.* — Und wie viele Groschen? (Wir heben die Hand, und man sieht die gehäuften Groschen.) — 8. — Sicher? — *Ja.*“ Gleiches Ergebnis mit 11, usw.

So verläuft also die Entwicklung der Äquivalenz-Urteile, die von lautem Zählen begleitet werden. Es ist demnach nicht übertrieben, zu sagen, daß dieser verbale Faktor beim eigentlichen Fortschritt der Korrespondenz und der Äquivalenz kaum eine Rolle spielt. Man findet bei dem zuletzt genannten Versuch dieselben Stadien wieder wie in 1.—3., und zwar bei merklich gleichen Altersstufen. Zweifellos kann das laute Zählen im Augenblick, da die Korrespondenz quantifizierend wird und so zur Entstehung von Anfängen der Äquivalenz führt, den Entwicklungsprozeß beschleunigen. Als solche aber führen die Zahlennamen ihn nicht herbei, und das ist alles, was wir zeigen wollten.

Nachdem diese Analyse des Verhältnisses der Korrespondenz zur Äquivalenz hiermit beendet ist, wäre es nun angebracht, es zu erklären. Um aber so weit zu kommen, muß man vorher die Entwicklung der Korrespondenz als solcher, d. h. ihres Mechanismus selbst, untersuchen, und zwar in ihrer spontanen, nicht mehr in ihrer provozierten Form. Das werden wir im folgenden Kapitel versuchen, wobei wir uns bemühen festzustellen, wie das Kind die Quantitäten wertet, wie es bei dieser Gelegenheit die Stück-für-Stück-Korrespondenz entdeckt und wie es sie benutzt im Falle der Korrespondenz zwischen homogenen und nicht mehr qualitativ komplementären Gegenständen.

---

* A. Rey („L'Educateur", Mai 1931, p. 151) hat ebenfalls Kinder beobachtet, die die Operation zählen, während sie diese ausführen, ohne daß deswegen bereits alle zum Gedanken der Äquivalenz gelangen.

KAPITEL IV

Spontane Korrespondenz
und Bestimmung des kardinalen Wertes der Mengen*

Während des vorhergehenden Kapitels haben wir versucht, zu zeigen, daß es verschiedene Korrespondenz-Typen gibt, die sich zumindest durch ihr jeweiliges Verhältnis zur Äquivalenzidee voneinander unterscheiden: während der höhere Typus bezeichnet werden kann als „quantifizierende Korrespondenz", weil er zum Begriff der zwangsläufigen und dauernden Äquivalenz der korrespondierenden Mengen führt, gehören die niederen Typen einer anschaulichen Art an, weil die Äquivalenz der Gruppen nur dann erkannt wird, wenn ihre Korrespondenz durch optischen (oder akustischen usw.) Kontakt wahrgenommen wird und zerfällt, sobald sie nicht mehr im gleichen Wahrnehmungsbereich gegeben ist.

Es ist jetzt, vor der Fortsetzung dieser Untersuchung, angebracht, den Mechanismus der Korrespondenz selbst zu analysieren, die nicht mehr in ihren Ergebnissen, sondern in ihrer spontanen Entwicklung betrachtet wird, d. h. in Situationen, in denen das Kind gezwungen wird, selber die Korrespondenz zu erfinden und in der ihm geeignet erscheinenden Weise zu verwenden. Es gilt also, bei den Kindern ein festes und ungezwungenes Bemühen zu beobachten, den kardinalen Wert (= die Anzahl) irgendeiner Kollektion festzustellen, damit ermittelt werden kann, welches die verwendeten Korrespondenz-Typen sind und welche Methoden der Stück-für-Stück-Zuordnung voraufgehen oder unmittelbar folgen.

In dieser Beziehung ist nichts zweckdienlicher als die Korrespondenz zwischen homogenen Gegenständen, die so geartet sind, daß das Kind eine gleiche Quantität finden kann, wenn man ihm irgendeine Menge als Vorbild gibt. Sicherlich ähnelt ein solches Problem denen, die wir im vorhergehenden Kapitel behandelt haben, weil das Kind, noch bevor man ihm die Fragen nach der Äquivalenz stellte, aufgefordert wurde, selber die Zahl der Gegenstände zu wählen, die mit ihren komplementären Elementen korrespondieren sollten. Erstens aber werden wir hier keine Gegenstände als Material benutzen, die qualitativ so komplementär sind, daß sie die Korrespondenz nahelegen, sondern Dinge derselben Natur, und darin liegt möglicherweise bereits ein Unterschied. Zweitens aber, und vor allem, lautet das dem Kind vorgelegte Problem nicht mehr:

---

* In Zusammenarbeit mit Mlle. *Zoé Trampidis* und *Mme. Refia Mehmed-Semin.*

„Stelle ein A vor (oder: in) jedes B" (z. B. ein Ei in jeden Eierbecher), oder: „Gib ein A für jedes B" (z. B. einen Groschen für jede Blume). Das Problem lautet vielmehr: „Hier ist eine bestimmte Quantität von Dingen; nimm ebensoviel", ohne daß die Frage die Korrespondenz bereits naheliegen würde. Anders ausgedrückt: Während die voraufgegangenen Probleme die Korrespondenz als Aufgabe stellten, so daß lediglich deren Ergebnisse zu analysieren waren, ist die Frage, die wir jetzt untersuchen wollen, ein einfaches Problem der Bewertung oder der Messung der Quantität (des kardinalen Wertes einer Gruppe), das keine Methode aufzwingt, sondern eben dazu dient, festzustellen, welche Methode das Kind auswählt.

Nach dieser Erläuterung sei gezeigt, welche Verfahren wir angewendet haben. Zunächst haben wir dem Kind nacheinander eine Reihe von Figuren vorgelegt und es einfach gebeten, ebenso viele Spielmarken herzugeben, wie sich in jeder Figur befinden. Wenn, wie wir bereits im voraufgegangenen Kapitel angedeutet haben, die Herstellung der Korrespondenz sich aus dem qualitativen Vergleich ergibt, ist es unerläßlich, zuerst zu analysieren, wie der Vergleich zweier in beliebigen Figuren angeordneten Gruppen sich quantifiziert. Zu diesem Zweck zeigen wir den Versuchspersonen folgende fünf Arten von Figuren: I. „Schlecht strukturierte" Gesamtformen, z. B. eine Anhäufung von 15 willkürlich angeordneten Spielmarken (die einander aber weder berühren noch überdekken); II. Reihen, also Gesamtfiguren, die strukturiert, aber nicht geschlossen sind, z. B. eine schräg angeordnete Folge von Spielmarkenpaaren; III. Figuren mit geschlossener Gesamtform, die aber noch nicht von der Zahl der Bestandteile abhängen, wie z. B. ein Kreis aus 9 Münzen, ein Haus aus 19 Münzen oder auch zwei Linien, die sich im rechten Winkel schneiden und aus 3 bzw. 4 Münzen bestehen; IV. Figuren geschlossener (und bekannter) Form, die durch die Zahl der Marken bestimmt werden, z. B. ein Quadrat aus 9 Münzen (3 an jeder Seite und 1 in der Mitte), ein Kreuz aus 4 Münzen oder ein rechtwinkliges Dreieck aus 6 Münzen (3 an jeder Seite); V. Figuren, die ebenfalls durch die Zahl der Münzen bestimmt werden, aber eine komplexere, dem Kind nicht vertraute Form besitzen, z. B. ein Rhombus aus 13 Münzen usw. Man muß sich natürlich davor hüten, wenn man die Münzen auf diese Weise darbietet, die Existenz der Figur zu unterstreichen; denn sonst würde der Versuch nur noch das Kopieren der Figur und nicht mehr die Wertung der Zahl betreffen. Man sagt also einfach: „Du siehst diese Münzen. Also lege hier ebenso viele (oder: „dasselbe") hin wie dort."

Zweitens zeigt man dem Kind eine Reihe von 6 Bohnen, die in gerader Linie und in je 1—2 cm Entfernung voneinander liegen. Man erklärt, das seien Bonbons oder Groschen, die man einem kleinen Bruder gegeben habe, und die Versuchsperson solle ebenso viele für sich selber nehmen. Man sieht dann, daß dieses zweite Verfahren, das an die des vorhergehenden Kapitels erinnert, in Wirklichkeit nur einen Sonderfall des ersten darstellt.

Die mit Hilfe dieser beiden Arten von Versuchen erzielten Ergebnisse lassen sich in drei Typen aufteilen, deren Mittelstufen sich mit genügend großem Abstand absetzen, um die Existenz dreier Stadien anzuzeigen, die denen der beiden vorhergehenden Kapitel entsprechen. Während eines ersten Stadiums beschränkt sich das Kind auf einen globalen Vergleich, der ohne den Versuch genauer Quantifikation die Gesamtform der Modellfigur nachahmt; im Falle der linearen Reihen bildet das Kind eine Reihe von gleicher Länge, aber verschiedener Dichte nach. Während eines zweiten Stadiums ist genaue Bewertung und demzufolge Stück-für-Stück-Korrespondenz erforderlich, jedoch ohne Invarianz im Falle einer Deformation der Figur. Während eines dritten Stadiums endlich gibt es genaue Korrespondenz und dauernde Äquivalenz.

1. Die Reproduktion der Figuren

I. Erstes Stadium: Qualitativer Globalvergleich

Bekanntlich hat W. A. Lay* genau untersucht, wie die mit 3, 4, 5 usw. Gegenständen gebildeten verschiedenartigen Figuren (Dreiecke, Vierecke usw.) vom Kinde unter dem Gesichtspunkt der Wahrnehmung der Zahl differenziert werden. Die Zahl 4 z. B. ist leichter zu erkennen, wenn die Gegenstände an den vier Ecken eines Quadrates angeordnet sind, als wenn sie willkürlich hingelegt werden, usw. Bekannt ist auch der Nutzen, den A. Descoeudres** und O. Decroly*** aus diesen Forschungen für die Entwicklung der Zählung gezogen haben. So interessant jedoch diese Untersuchungen auch sein mögen, wir verwenden hier nicht dieselben Gesichtspunkte. Während jene Autoren das behandeln, was man als Perzeption der Zahl zu bezeichnen übereingekommen ist, d. h. die Anwendung der bereits ausgearbeiteten numerischen Schemata auf die in ein und demselben Feld wahrgenommenen diskontinuierlichen Objekte, untersuchen

---

* W. A. Lay: Führer durch den Rechenunterricht, gegründet auf didaktische Experimente. Leipzig (Nemnich) 1907, 2. Aufl.
** A. Descoeudres: Le Développement de l'Enfant de 2 à 7 ans. Delachaux & Niestlé, 1920.
*** O. Decroly: Etudes de Psychogenèse, Lamertin 1932.

wir im Gegenteil das, was man kennzeichnen könnte mit dem Ausdruck „zahlenbildende oder quantifizierende Operationen", d. h. die elementaren Operationen der Korrespondenz, der Egalisation usw., die die Logik des Zahlbegriffs selbst konstituieren. Kurz gesagt: Wir vernachlässigen die Probleme der Wahrnehmung, um uns den Problemen der Genese der Operationen als solchen zu widmen. Unter diesem Gesichtspunkt dient uns die Analyse der Nachbildung der Figuren nur als Einführung in die Untersuchung des Mechanismus der Korrespondenz. Daher werden wir nicht jede einzelne dieser verschiedenen Figuren für sich betrachten, sondern gleichzeitig die Gesamtheit der mit Hilfe dieser ersten Verfahren erzielten Reaktionen beschreiben:

Die Eigentümlichkeit der Kinder des ersten Stadiums liegt darin, daß sie noch nicht die Notwendigkeit einer quantitativen Wertung empfinden, da ihnen genaue Begriffe der Kardinalzahl fehlen, und daß sie, um die gegebenen Gruppen zu quantifizieren, sich auf Vergleiche beschränken, die zwar qualitativ sind (in Gestalt von + oder − oder =), aber global, und zwar derart, daß die miteinander verglichenen Qualitäten jeweils als inklusiv angesehen werden, ohne untereinander koordiniert zu sein.

Zunächst nun einige Beispiele für nicht-strukturierte Agglomerationen:

PA (4;6) läßt einer Gruppe von 15 Elementen einen kleinen Haufen Spielmarken korrespondieren, von denen er jeweils eine Handvoll genommen hat und die er möglichst analog zu verteilen sucht: „Ist das gleich viel? − *Nein.* − Warum? − *Hier ist mehr.* (Der Haufen, den er eben zusammengelegt hat, enthält tatsächlich 2 Elemente mehr.) − Also? − (Er nimmt keine Spielmarken fort, sondern schiebt die, die zu nahe beieinanderliegen, auseinander, um eine Konfiguration zu erzielen, die der des Modells ähnlicher ist.) − Ist das ebensoviel an Spielmarken? − *Nein, ja, ich habe ebensoviel hingelegt."*

HUG (5;0) sagt über eine Agglomeration von 15 Spielmarken: *„Ich weiß nicht, wie viele das sind. Ich weiß nicht, wie ich das machen soll* (d. h. wie ich ebenso viele finde). − Versuche es! − (Er häuft einige Spielmarken aufeinander, die er anschließend auseinanderlegt, um die Ähnlichkeit mit dem Modell zu erreichen.) − Ist das gleich viel? − *Ja.* − Wie viele liegen da (im Modell)? − *Das weiß ich nicht.* − Also woher weißt du, daß es gleich viel ist? − *Ich habe zweimal nachgesehen* (das Modell und die Kopie). *Es stimmt."*

Bezüglich der Reihen (den Fall der linearen Reihen behandeln wir erst in den folgenden Paragraphen) bemühen sich die Versuchspersonen dieses ersten Stadiums gleichfalls, die Gesamtform ebenso wie die Dimensionen des Modells wiederzugeben, kümmern sich aber noch ebensowenig um die Einzelheiten der Anordnung der Elemente:

MÜL (4;1) reproduziert die schräge Reihe von Paaren mit einer Reihe von gleicher Form und annähernd gleicher Länge, jedoch mit gedrängteren Elementen (5 Paare statt 4) und glaubt, *„das gibt das gleiche an Spielmarken".*

LI (4;9) legt zunächst, um dieselbe schräge Reihe von Paaren nachzubilden, 5 Spielmarken schräg hin, von denen sie 4 mit Hilfe von 4 anderen verdoppelt: „Ist das gleich viel? − *Ja.* − Warum? − (Sie macht eine Handbewegung, um die schräge Richtung anzuzeigen.) – Sind das ebensoviel? – *Ja.* (Sie betrachtet das Modell und stellt fest, daß ihre Kopie etwas kürzer ist. Sie fügt zwei Spielmarken hinzu. So besteht ihre Folge also aus 11 Spielmarken anstelle der 8 des Modells, ist aber von gleicher Länge). – Wo ist mehr? – *Dort* (Hinweis auf die Kopie). – Ich will ebensoviel. – (Sie nimmt die zwei Spielmarken fort, was 9 im Verhältnis zu 8 ergibt, aber die Modellreihe nimmt eine größere Länge ein. Daher rückt Li ihre Spielmarken auseinander, um deren Reihe zu verlängern.) – Ist das gleich viel? – *Ja.*"

Bezüglich der geschlossenen Figuren gelingt es den Kindern in diesem ersten Stadium, jene genau zu reproduzieren, deren Gesamtform eine festgelegte Zahl von Elementen voraussetzt, wenn das Kind diese Form gut kennt (Kategorie IV); sobald aber diese Form wenig bekannt ist (Kategorie V) oder keine festgelegte Zahl von Elementen mit sich bringt (Kategorie III), wird die Wiedergabe numerisch nicht mehr genau:

MÜL (4;1) konstruiert z. B. einen Kreis aus 14 Spielmarken, um ebensoviel Elemente zu haben, wie sich in einem Kreis von 10 Marken befinden. Ebenso konstruiert er für einen Kreis aus 6 strahlenförmig angeordneten Streichhölzern einen solchen aus 12 Hölzern: „Ist das genau das gleiche an Streichhölzern? – *Ja.* – Wo sind denn diese? (Man zeigt auf einige in der Kopie besonders eng gedrängte Hölzer.) – *Da* (irgendwelche Hölzer im Modell)."
Für den rechten Winkel aus 6 Spielmarken (mit den Seitenlängen aus 4 und 3 Elementen) entwirft Mül dreimal nacheinander Winkel aus 4 Marken (3 bzw. 2 auf den Seiten): „Ist das gleich viel an Spielmarken? – *Nein. Ich weiß nicht.* – Versuche es! – (Er konstruiert daraufhin einen Winkel aus 8 Marken.) – Ist das genau gleich viel? – *Ja.* – Wer hat mehr? – *Ich.* – Also nimmst du die weg, die zu viel sind? – (Er nimmt 2 fort und verändert den Abstand der Marken, damit dieser den Abständen im Modell gleichkommt.) – Ist das ebensoviel? – *Ja.* – Wer hat mehr? – *Ich.* (Das ist nicht richtig, denn jetzt liegen 6 und 6 da. Mül legt nun die beiden Marken wieder hin, die er fortgenommen hatte.)" – Ebenso konstruiert Mül für ein Haus aus 6 Spielmarken eines aus 13, nimmt dann 1 fort, „damit es stimmt", usw.

Bei den Figuren, deren Form von der Zahl der Elemente abhängt (Kategorie IV), gelingt Mül ein Quadrat aus 4 und ein Dreieck aus 6 Spielmarken; er verfehlt aber das Kreuz am Quadrat aus 5 Marken. (Er legt 6 Marken hin.) Ebenso scheitert er am Quadrat aus 9 Marken: Er stellt aufmerksam die Korrespondenz her zwischen den an den 4 Ecken liegenden Marken, legt aber eine Spielmarke zuviel in die Zwischenräume. Schließlich wird der Rhombus aus 13 Spielmarken (Kategorie V) in Form einer unbestimmten vierseitigen Figur aus 15 Elementen kopiert.

MAR (4;6) gelingt bei den Figuren, deren Form von der Zahl der Einzelstücke abhängt, das Kreuz aus 5, das Quadrat aus 4 und sogar das Dreieck aus 6 Marken, aber er verfehlt das Quadrat aus 9 Marken. Er entwirft wohl ein Quadrat, aber es umfaßt 15 Marken. Bei den Figuren der Kat. III wird der Kreis aus 9 ebenso wie der rechte Winkel usw. mit einer jeweils größeren Zahl reproduziert.

Die Reaktionen während dieses ersten Stadiums sind von großem Interesse hinsichtlich der Psychologie des Zahlbegriffes. Man möchte zunächst annehmen, daß diese Kinder überhaupt nicht das Bedürfnis nach quantitativer Wertung empfinden und daß sie sich darauf beschränken, so gut es geht, die Modell-Figur nachzubilden, ohne Bemühung um etwas anderes als die qualitative Ähnlichkeit. Indessen wäre es übertrieben, die Dinge so zu deuten. Selbst wenn es vorkommt, daß die Versuchsperson während der Ausführung der Kopie-Figuren die ihr erteilte Anweisung vergißt, „ebenso viele Spielmarken herzugeben", wird diese doch sehr wohl verstanden, wenn man die Kontrollfragen stellt: „Ist es ebensoviel?" „Wo ist mehr?" usw. So antwortet Pa bei dem Haufen I: „Hier ist mehr." So erkennt Li die Ungleichheiten und versucht, sie zu korrigieren, usw. Nur haben die Ausdrücke „mehr Marken" oder „weniger Marken" eine ganz andere Bedeutung für das Kind dieses Stadiums als für uns und erhalten eben noch nicht den Sinn einer kardinalen Wertung (= Auszählung).

Eine kardinale Wertung setzt in der Tat, gleichviel ob man zum Zahlbegriff mit Hilfe einer Korrespondenz-Operation oder mit Hilfe einer einfachen Addition von Einheiten gelangt, für uns entweder eine Betrachtung dieser Einheiten in bezug auf die korrespondierenden Elemente voraus oder eine Betrachtung in bezug auf die Elemente, mit denen diese Einheiten vereinigt sind. Das Eigentümliche der Reaktionen dieses Stadiums besteht nun im Gegenteil gerade darin, daß die Wertung lediglich auf die globalen Qualitäten der betrachteten Gruppen gegründet wird, wobei diese Qualitäten nur durch Vergleiche mit „mehr" oder „weniger" quantifiziert werden, und zwar ohne daß die Vergleiche untereinander koordiniert würden. Anders ausgedrückt: Die einzige Quantifikation, deren das Kind in diesem Stadium fähig ist, wird bei diesem Versuch ebenso wie in denen der Kapitel I und II hergestellt durch Verhältnisse zwischen Qualitäten in der Form von „mehr" oder „weniger", d. h. durch rohe Quantitäten. Die Qualitäten, die am häufigsten genannt werden, sind: mehr oder weniger lang (Mül und Li bei den Reihen von Paaren), mehr oder weniger breit (Mül bei dem Kreis), mehr oder weniger gedrängt (Pa bei der Agglomeration von 15 Spielmarken) usw.

Allerdings, anstatt die verschiedenen quantitativen Verhältnisse (rohe Quantitäten) der von ihm selbst wahrgenommenen globalen Qualitäten zu koordinieren, bringt das Kind, wenn es eines dieser Verhältnisse im Verlaufe eines Vergleichs zwischen Modell und Kopie verwendet, es nur fertig, ein einziges auf einmal ins Auge zu fassen. So hält Mül seine schräg gelegte Reihe von Paaren für übereinstimmend mit dem Modell, weil sie dieselbe Länge aufweist, und vernachlässigt die Dichte der Elemente (die in seiner Kopie viel gedrängter sind). So hält Par seine Gruppe für zahlenmäßig größer als die Modell-Agglomeration, weil sie gedrängter ist, und beschränkt sich also darauf, seine Spielmarken auseinanderzurücken, ohne eine einzige fortzunehmen usw. Gleichfalls glaubt Mül, daß ein aus 12 Streichhölzern gebildeter Kreis dieselbe Quantität von Elementen enthält wie ein Kreis aus 6 Streichhölzern, weil er denselben Durchmesser aufweist, wobei er sich nicht um die Dichte der Elemente kümmert, usw.

Im Unterschied jedoch zu den vorhergegangenen Versuchen erlaubt uns dieser festzustellen, daß diese Nicht-Koordinierung der quantitativen Verhältnisse (d. h. also der Verhältnisse zwischen Qualitäten) in Wirklichkeit nur im Augenblick der Überlegung, d. h. der ausdrücklichen Vergleichsurteile, erscheint. In der Tat beginnt das Kind durchaus mit einer Koordinierung der wahrgenommenen Qualitäten, aber diese Koordinierung ist noch nicht operatorisch und infolgedessen noch nicht logisch: sie bleibt völlig anschaulich, d. h. an die Wahrnehmung gebunden, und bleibt beschränkt auf das Bemühen um globale Ähnlichkeit der Kopie mit dem Modell. Daher beschränkt sich das Kind bei seinem Versuch, ebenso viele Spielmarken zu geben, wie man ihm anbietet, darauf, in groben Zügen die Figur oder die Konfiguration der Modell-Gruppe zu reproduzieren. Gerade weil es aber nicht imstande ist, diese Figur dadurch zu analysieren, daß es deren Qualitäten in logisch koordinierbare und mit Hilfe reversibler Operationen wieder zusammensetzbare Relationen zerlegt, bleibt diese Kopie global und approximativ. Mit einem Wort: die Gesamtform, d. h. die gesamte Oberfläche, ergänzt durch eine mehr oder weniger unbestimmte strukturelle Ähnlichkeit, ist also für das Kind auf diesem Niveau das äußerste Kriterium der kardinalen Wertung, und es verfügt nicht über die Möglichkeit einer Analyse der Einzelheiten. Wenn diese Gesamtform den Zahlbegriff mit sich bringt und dieser der Versuchsperson hinreichend bekannt ist (Kategorie IV), ergibt sich darüber hinaus Stück-für-Stück-Korrespondenz, aber diese wird abgeleitet von der qualitativen Ähnlichkeit und begründet sie nicht. Tatsächlich ist keine Korrespondenz mehr möglich, sobald die globale Form unabhängig von der Zahl (Kategorien I—III) oder wenig bekannt ist.

Kurz gesagt, als allgemeinstes Merkmal dieses Stadiums kann die Irreversibilität der Reaktionen begriffen werden. Der reine Wahnehmungscharakter der durch Kinder dieser Bildungsstufe erfolgenden Wertungen drückt sich in der Tat in einfachen Verhältnissen zwischen Qualitäten aus, die untereinander nicht vergleichbar sind und deren Synthese nur global sein kann. Was bleibt also anderes festzustellen als die Tatsache, daß diese synkretistische Anschauung noch nicht ergänzt wird durch die

Operationen, die imstande wären, die durch die Analyse voneinander getrennten Bruchstücke wieder miteinander zu verschmelzen? Gerade diese operatorische oder logische Fähigkeit verleiht nun aber dem Urteil seine reversible Beweglichkeit, und darum bedeutet das Fehlen einer Komposition, das die in diesem Stadium verwendeten Verhältnisse roher Quantität kennzeichnet, nichts anderes als eine noch fundamentale Irreversibilität des Denkens. Untereinander nicht vergleichbare Verhältnisse konstituieren in der Tat noch keine Operationen, und letztlich erklärt dieser nicht-operatorische, d. h. nicht reversible Aspekt der Wertungen des ersten Stadiums deren Unvermögen, eine eigentliche Kardination zu bewirken.

II. *Zweites Stadium: Qualitative Korrespondenz anschaulicher Art*

III. *Drittes Stadium: Operatorische (qualitative und numerische) Korrespondenz*

Legen wir zunächst den Sinn der verwendeten Ausdrücke fest: Als *qualitativ* bezeichnen wir eine lediglich auf die Qualitäten der korrespondierenden Elemente gegründete Korrespondenz: Mit den Eckpunkten eines Rhombus oder eines Dreiecks korrespondieren z. B. die Eckpunkte der Kopie, unabhängig von der Frage, ob das Kind sie zählt oder versteht, daß es „ebensoviel" sind (genau so, wie mit den Teilen eines Gesichtes die eines anderen Gesichtes korrespondieren). Die *numerische* oder quantifizierende Korrespondenz ist im Gegensatz hierzu jene, die von den Qualitäten der Teile abstrahiert und diese als ebenso viele Einheiten ansieht: So korrespondieren z. B. n blaue Spielmarken mit n roten Spielmarken, unabhängig von ihrer Anordnung. Als *anschaulich* bezeichnen wir andererseits jede Korrespondenz, die sich allein auf Wahrnehmungen stützt (oder gegebenenfalls auf repräsentative Bilder) und die infolgedessen außerhalb des aktuellen Wahrnehmungsbereiches (oder der klaren Erinnerung) nicht erhalten bleibt. Die *operatorische* Korrespondenz wird, im Gegensatz hierzu, durch Relationen intellektueller Art gebildet, und ihr unterscheidendes Merkmal ist infolgedessen sowohl ihre von der aktuellen Wahnehmung unabhängige Invarianz als auch die Mobilität ihrer Komposition, mit einem Wort ihre „Reversibilität". Eine qualitative Korrespondenz kann also anschaulich sein (wenn sie an zwei einander ähnliche Figuren gebunden ist) oder operatorisch (wenn sie zwei verschiedenartige Figuren korrespondieren läßt, während die numerische Korrespondenz notwendigerweise operatorisch ist (abgesehen von den drei oder vier ersten Zahlen).

Nach dieser Klarlegung stellen wir fest, daß das zweite Stadium (qualitative Korrespondenz anschaulicher Art) das erste auf kontinuierlichste Weise fortsetzt: In dem Maße, wie die Kopie der Modellfiguren genauer wird, führt sie zu einer Stück-für-Stück-Korrespondenz, die eine größere Genauigkeit zu erreichen vermag. Allerdings ist diese Korrespondenz eben wegen der Tatsache, daß sie aus dem Wahrnehmungsvergleich hervorgeht, trotz des Anscheins nicht von vornherein numerisch und bleibt selber zugleich qualitativ und anschaulich. Von diesem Sachverhalt kann man sich leicht überzeugen, indem man die Konfiguration der korrespondierenden Gruppen verändert: Die Äquivalenz wird dann sofort von der Versuchsperson bestritten. Diese anschauliche Korrespondenz ohne dauernde Äquivalenz erlaubt es uns also, ein zweites Stadium zu unterscheiden, das sich sowohl vom ersten abhebt durch den systematischen Gebrauch der Korrespondenz wie vom dritten durch die Tatsache, daß diese Korrespondenz noch keineswegs ein Grund für zwangsläufige Äquivalenz ist. Außerdem ist festzuhalten, daß, im Unterschied zu den Versuchspersonen des ersten Stadiums, die im allgemeinen damit beginnen, daß sie einen Haufen Spielmarken auf den Tisch legen, um anschließend eine das Modell nachahmende Figur anzuordnen (wobei sie die für erforderlich oder überzählig gehaltenen Einzelstücke hinzufügen oder fortnehmen), die Kinder im zweiten Stadium gewöhnlich von vornherein nach einem Korrespondenzverfahren suchen, indem sie eine Spielmarke um die andere nehmen und mit ihrer Hilfe die Teile des Modells nachbilden.

Zunächst einige Beispiele für Agglomerationen (Kategorie I):

HA (4;5) betrachtet zunächst aufmerksam den Haufen von 15 Spielmarken, legt dann Stück für Stück 16 Marken hin, indem er Abschnitt für Abschnitt die Konfiguration des Modells nachahmt, wobei er die Korrespondenz mit Hilfe der Augen herstellt (allerdings mit einem Irrtum hinsichtlich einer zweimal gezählten Marke): „Ist das ebensoviel? — *Das* (die Kopie) *ist dicker. Ich nehme etwas weg.* (Er nimmt die überzählige Marke fort.) — Ist es ebensoviel? — *Ja.* — Bist du sicher? (Man rückt daraufhin die Elemente des Modells etwas auseinander.) Ist das das gleiche an Spielmarken? — *Ja ... nein.* (Er fügt dem Modell weitere Marken hinzu, um die neue Konfiguration der Kopie nachzuahmen.)"
Nun legen wir Ha 13 Spielmarken vor, wobei wir einige durch Annäherung von dreien oder zweien gruppieren, dem Ganzen aber eine erkennbare Gesamtkonfiguration verleihen, und fordern Ha auf, ebenso viele Streichhölzer herzugeben, wie Spielmarken daliegen: „Gib ebenso viele Streichhölzer her. — (Ha ordnet 11 Streichhölzer so an, daß er einige Einzelfiguren mit zweien oder dreien reproduziert.) — Sind es ebenso viele? — *Da* (bei den Marken) *ist wenig, da* (bei den Hölzern) *ist viel.* — Mach, daß es bei beiden gleich viel gibt. — 3. (Ha rückt also die Marken auseinander.)"
Endlich legt man Ha 8 Streichhölzer vor: „Gib ebenso viele Spielmarken her. — *Ich kann das Muster nicht machen.* — Versuch es trotzdem." Ha rückt die Hölzchen ein wenig auseinander und nimmt dann Stück für Stück 14 Marken, wobei

er versucht, das Schema der Figur nachzubilden. Die Korrespondenz scheitert also, sobald die Heterogenität der Gegenstände das genaue Nachbilden der Figur verhindert, während das Kopieren von genauer Stück-für-Stück-Korrespondenz begleitet wird, sobald nur Spielmarken verwendet werden.

BA (4;9) legt seine Spielmarken Stück für Stück hin, wobei er der Reihe nach alle ansieht, die sich in der Anhäufung der 15 Münzen befinden. „Ist das gleich viel? — *Ja.* — Bist du sicher? — *Ja.* — Zeigst du mir, wieso du das weißt? — (Er zeigt mit dem Finger auf die korrespondierenden Elemente.) *Dies und dies*, usw." Ebenso gelingt es ihm, die Korrespondenz zwischen Spielmarken und Streichhölzern herzustellen, indem er die Figuren nachbildet! Sobald man aber die Konfiguration der Figuren verändert, auch ohne Streichhölzer hinzuzufügen, ist er der Äquivalenz nicht mehr sicher.

Beispiele für Reihen von Paaren (Kategorie II):

MIN (5;0) vermag ohne weiteres Reihen von 4 Paaren oder mehr nachzubilden, sobald man aber die Spielmarken auseinanderrückt, wird die Äquivalenz nicht mehr zugegeben. Wenn es sich andererseits darum handelt, Streichhölzer den Spielmarken zuzuordnen, gelingen ihm nur approximative Korrespondenzen, z. B. 10 Hölzchen zu 8 Münzen: „Ist das das gleiche? — *Ja.* — Zähle nach! — (Er zählt richtig 8 und 10.) — Also ist es das gleiche? — *Ja.*" Es besteht also kein genaues Verhältnis seines lauten Zählens zu der quantitativen Wertung. Diese wird bei qualitativer Äquivalenz der zu vergleichenden Korrespondenz (Spielmarken und Spielmarken) durch Korrespondenz hergestellt bzw. durch eine Mischung von Korrespondenz und globalen Relationen in Anspruch genommenen Raumes, sobald es sich darum handelt, Spielmarken und Hölzchen zu vergleichen.

GIS (5;5) zeigt ebenfalls eine interessante Dissoziation zwischen dem Bereich des lauten Zählens und dem der faktischen Operationen. Im verbalen Bereich zählt Gis richtig bis 27 und deutet Stück für Stück auf die vor ihr aufgereihten Spielmarken. Nach 27 besteht keine Koordinierung mehr zwischen den Marken, auf die sie zeigt, und den Zahlen, die sie ausspricht; trotzdem fährt sie aber nach dem Gedächtnis fort bis 54. Diese verbale Aufzählung entspricht allerdings keiner systematischen Kolligation, nachdem einmal die ersten Zahlen überschritten sind, denn wenn sie auch richtig sagt: 12 ist mehr als 8 und 10 ist mehr als 7, so behauptet sie im Gegensatz hierzu: 9 ist mehr als 13 und 19 ist mehr als 21: „Wo ist am meisten (angesichts der Spielmarken, die sie eben gezählt hat)? — *19.* — Warum? — *Weil es davon viele gibt.* — Und da? — *21.* — Also? — *Das ist weniger, weil es nicht viele gibt.*"

Es ist nun interessant festzustellen, daß Gis im Bereich der faktischen Operationen genau dem zweiten Stadium angehört: genaue Korrespondenz, aber qualitativ und ohne dauernde Äquivalenz. Sie läßt z. B. 4 Paare genau mit 4 Paaren (oder mehr) korrespondieren, glaubt aber nicht mehr an die Äquivalenz, sobald man die Spielmarken auseinanderlegt.

Bezüglich der zu den Kategorien III bis V gehörenden Figuren sind die Reaktionen genau dieselben: genaue Kopie mit Stück-für-Stück-Korrespondenz, jedoch ohne Invarianz und ohne dauernde Äquivalenz, sobald man die Konfiguration einer der beiden Gruppen verändert:

97

NIL (5;0) legt zunächst 2 Einzelstücke zuviel hin, wenn er ein Kreuz aus 9 Spielmarken kopiert, verbessert sich aber spontan, indem er nachträglich auf die korrespondierenden Einzelteile tippt. Ohne weiteres bildet er das Quadrat aus 9 Marken, ein Haus aus 11 und besonders einen Kreis aus 10 Marken richtig nach. Dieser Kreis wird kopiert unter Respektierung des Durchmessers. Wenn man Nil fragt, ob das wohl „dasselbe" sei, bezeichnet er mit dem Finger die Stück-für-Stück-Korrespondenzen. Dann legt man jedem Einzelteil des Modell-Kreises eine Spielmarke gegenüber, so daß man einen konzentrischen Kreis größeren Durchmessers mit Stück-für-Stück-Korrespondenz konstruiert: „Gibt es genug Marken, um vor jede Spielmarke eine zu legen? — *Ja*. — Warum? — *Es ist gleich viel*." Sobald aber der große Kreis vollendet ist, glaubt Nil nicht mehr an die Äquivalenz: „Ist das gleich viel an Spielmarken? — *Nein*. — Warum? — *Weil es größer ist*."

BA (4;9) gelingt es, abgesehen von ein oder zwei, übrigens vorübergehenden, Irrtümern, die Figuren vom Typus III, so etwa den Kreis aus 9, einen rechten Winkel aus 11 Spielmarken usw. und die Figuren vom Typus IV (das Quadrat aus 9 Marken usw.) nachzubilden. Außerdem versteht er es, mit den Spielmarken Streichhölzer in verschiedenen Kombinationen korrespondieren zu lassen, indem er stets die wahrgenommene Figur reproduziert. Für die Figur V (Rhombus aus 13 Marken) legt Ba (richtig) in die Mitte eine Reihe aus 5 und darunter (richtig) ein Dreieck aus 4 Marken. Darüber legt er nur zwei Stück statt vier: „Ist das ebensoviel? — *Ja*. — Wieso weißt du das? — (Er tippt dann mit dem Finger auf jedes Glied des Modells und jede korrespondierende Spielmarke der Kopie. An der Spitze angekommen, ruft er aus): *Ich habe mich getäuscht; ich habe es schlecht gemacht*. (Er korrigiert sich ohne weiteres.)"

Trotz dieser Erfolge glaubt Ba aber nicht an die zwangsläufige Äquivalenz, wenn man die Anordnung einer der beiden Gruppen, die er eben einander zugeordnet hat, ändert. Es genügt z. B., einen rechten Winkel aus 12 Spielmarken, den er nach oben angelegt hat, auf die lange Seite zu legen, um ihn zu veranlassen, nicht mehr daran zu glauben, daß dieser Winkel dem nach oben gerichteten gleichwertig ist.

Das sind also die Reaktionen des zweiten Stadiums, Reaktionen, deren Allgemeingültigkeit festzustellen ist: Es besteht Stück-für-Stück-Korrespondenz, jedoch unter ständiger Berufung auf die qualitativen Besonderheiten der Figuren, ohne welche die Versuchsperson keine Äquivalenz der beiden Gruppen mehr begreift. Es ist ohne weiteres ersichtlich, welche Probleme sich ergeben: einerseits das der Entstehung der qualitativen Korrespondenz auf der Grundlage der während des ersten Stadiums wirksamen globalen Relationen; andererseits das Problem der Erkenntnis, warum die Stück-für-Stück-Korrespondenz qualitativer Art nicht von vornherein numerisch ist und warum sie in diesem Versuchsbereich ebensowenig wie in den anderen zum Begriff der zwangsläufigen und dauernden Äquivalenz führt. Um jedoch diese Probleme zu lösen, erscheint es angebracht, zuvor die Reaktionen des dritten Stadiums und die Tatsachen, die sich auf die einfachen Reihen beziehen, zu untersuchen.

Während des dritten Stadiums wird in der Tat die Korrespondenz frei von der anschaulichen Figur, und man sieht, daß spontane Kontroll-operationen in Gestalt von Dissoziationen der Gesamtheiten und Reihen-bildungen auftreten. Dadurch wird die Korrespondenz operatorisch, sei es qualitativ, sei es numerisch. – Zunächst einige Beispiele bezüglich der Agglomerationen in den Kategorien I und II:

HEN (5;0), angesichts eines Haufens von 11 Spielmarken: „Nimm ebenso viele. – (Er nimmt 14 Stück für Stück oder zwei und zwei.) – Ist das gleich viel? – (Er prüft durch Korrespondenz.) Nein. – (Er nimmt drei fort.) – Und jetzt? (Seine 11 Spielmarken sind planlos hingelegt, ohne Ähnlichkeit mit dem Modellhau-fen.) – Ja. – (Man verstreut die Bestandteile des Modells.) Und jetzt? – Immer noch.“

CHA (6;0) gibt angesichts eines Haufens von 12 Einzelstücken Stück für Stück 11 Spielmarken, ohne eine Figur zu bilden, und zwar unter Herstellung der Korrespondenz zu den Einheiten des Modells durch Augenkontakt, und fügt dann spontan eine Marke hinzu. Wenn man die Einzelstücke des Modells auseinander-rückt, bleibt die Äquivalenz erhalten. Bei den vier aufgereihten Paaren zeigen sich dieselben Reaktionen: Die Versuchsperson nimmt ohne weiteres 8 Spielmar-ken, die einfach aneinandergereiht werden, ohne daß die Figur reproduziert würde.

Beispiele für die Figuren der Kategorien III bis V:

FAV (5;6) gelingen ohne weiteres die Figuren III–IV, wobei er noch die Form kopiert, aber die Äquivalenz der Gruppen im Falle von Änderungen in der Disposition zugibt. Bei einer Figur des Typus V kopiert Fav zunächst das Modell; dann zählt er laut: „3 müssen noch hinzugetan werden“ usw. Dann gerät er in Verwirrung, verzichtet sowohl auf die visuelle Kopie wie auf das laute Zählen und verfährt, was für dieses Stadium sehr charakteristisch ist, nach einer „belie-bigen“ Entsprechung: Er dissoziiert die Einzelstücke des Modells und reiht sie zwei und zwei in doppelter horizontaler Reihe auf. Er sieht auf diese Weise sofort, daß ihm ein Stück fehlt, und fügt es hinzu.
MAW (6;0) gelingt es ebenfalls fehlerlos, komplexe Figuren vom Typus V wie-derzugeben, bei der Kontrolle aber vertraut er nur der Korrespondenz. „Ist das gleich viel? – (Er zählt 12 und 13.) Eine ist zu viel. (Er nimmt zu Unrecht eine Marke fort, da er sich einfach beim Zählen getäuscht hat.) – Warum ist dann aber hier ein leerer Platz (bei der fortgenommenen Marke)?“ Maw tut nun das-selbe wie Fav: Er zerstört seine eigene Figur und legt die Münzen in eine Reihe, dann stellt er mit dem Finger die Korrespondenz mit den an ihrem Platz geblie-benen Teilen der Modellfigur her. Da sieht er, daß eine Spielmarke fehlt, die er endlich hinzufügt.
Ebenso zählt er, wenn er 22 Spielmarken mit 22 Zündhölzern, die in einer kom-plexen Figur angeordnet sind, korrespondieren läßt, mit leiser Stimme die Höl-zer: „Sind es ebenso viele? – Ja. – Wieviel? – Ich weiß nicht. (Er hat die letzte Kardinalzahl vergessen.) – Woher weißt du also, daß es gleich viel ist? – Jedes-mal, wenn ich ein Streichholz hingelegt habe, habe ich eine Spielmarke genom-men (= mit dem Finger darauf getippt). – Und woher weißt du, daß du dich nie geirrt hast? – (Daraufhin legt er alle Gegenstände in eine Reihe und legt ein Streichholz auf jede Spielmarke.)“

Es versteht sich von selbst, daß Fav und Maw an die dauernde Äquivalenz der korrespondierenden Gruppen glauben, weil sie von sich aus die Figuren auseinanderlegen, um deren Gleichheit nachzuprüfen.

Deutlichere Verhaltensweisen ließen sich nicht finden, um aufzuzeigen, daß der vom Kinde den Korrespondenz-Operationen zugesprochene Wert der Gewißheit voraufgeht, die dem lauten Zählen innewohnt. Es gibt also wirklich ein der operatorischen Korrespondenz eigentümliches Stadium, mit dem Gefühl für die zwangsläufige (qualitative und numerische) Äquivalenz der korrespondierenden Gruppen und mit Invarianz der Quantitäten. Dieses Stadium schaltet sich also ein zwischen der einfachen anschaulichen Korrespondenz und der Korrespondenz zwischen den Dingen und den verbalen Zahlen oder dem lauten Zählen. Auf letzteres, dessen richtiger Gebrauch mit der Ersetzung jeder praktischen Korrespondenz ein viertes Stadium charakterisieren würde, braucht hier nicht näher eingegangen zu werden, da der Gegenstand dieses Buches die Untersuchung der Konstituierung des Zahlbegriffs ist und da das laute Zählen erst dann eine wirklich numerische Bedeutung erlangt, wenn die Operationen im praktischen Bereich logisch konstituiert worden sind. Beispiele, wie wir sie bei Fav und Maw gesehen haben, genügen in Verbindung mit all den anderen bereits gezeigten Beispielen, das Gesagte zu beweisen.

2. Die einfachen Reihen

I. *Erstes Stadium: Globaler Vergleich und Wertungen, die sich auf den belegten Raum oder die Dichte der Glieder gründen*

Vor dem Versuch, aus den bisher dargelegten Tatsachen eine allgemeine Schlußfolgerung zu ziehen, scheint es uns nützlich, auf die Analyse der Korrespondenz zwischen einfachen Reihen zurückzukommen. Allerdings soll diese Untersuchung nicht jene des Kapitels III verdoppeln; dort hat es sich nur darum gehandelt, zu ermitteln, inwiefern die Stück-für-Stück-Korrespondenz auch dann, wenn sie zwischen Dingen stattfindet, die qualitativ komplementär sind, nicht genügt, zwangsläufige und dauernde Äquivalenz der korrespondierenden Gruppen herzustellen. Im Gegensatz dazu heißt es jetzt, der Korrespondenz innerhalb der Gesamtheit der kardinalen Wertung einen Platz zuzuweisen, d. h., sie zu untersuchen an Hand homogener Objekte, wobei man die Kinder einfach bittet, zwei Mengen gleichen Wertes zu konstituieren. Wenn andererseits diese Wertungs-Verfahren uns in den vorhergegangenen Abschnitten bereits deutlich begegnet sind, erscheint es dennoch angebracht, das Problem zu vereinfachen und zu prüfen, ob unsere Ergebnisse im Falle einfacher linearer Reihen und nicht mehr komplexer Figuren bestehen bleiben.

Diesen doppelten Gesichtspunkt berücksichtigen wir also, um die Korrespondenz zwischen einfachen Reihen zu untersuchen, und zwar mit Hilfe des zweiten Verfahrens, das in der Einleitung dieses Kapitels dargelegt wurde.

Das erste der bei Gelegenheit der einfachen Reihen beobachteten Stadien erscheint nun von vornherein als Parallele zu dem in 1. beschriebenen ersten Stadium: wenn man das Kind auffordert, ebenso viele Bohnen (oder Groschen, Bonbons usw.) zu geben, wie sich in der als Modell dienenden Reihe befinden, gründet die Versuchsperson, anstatt nach der Stück-für-Stück-Korrespondenz oder der Analyse der diskontinuierlichen Einheiten zu verfahren, ihre Wertungen nur auf eine der beiden globalen Qualitäten dieser Reihe, entweder die benötigte Länge oder die Dichte der Glieder, ohne aber diese beiden Verhältnisse miteinander zu koordinieren. Im folgenden einige Beispiele für das erste Verfahren:

DON (4;1) hat eine Schwester, Myriam. Mutter gibt also Myriam alle Groschen zum Karussellfahren. „Du nimmst ebenso viele Groschen wie Myriam, gleich viel an Groschen. – (Don nimmt eine Handvoll Groschen, zufällig 5, legt sie aber dann so auseinander, daß die Kopiereihe länger ist als die Muster-Modellreihe.) *Aber das ist größer, das ist nicht gerecht!* – Warum? Ist einer von euch beiden reicher oder habt ihr gleich viel? – *Ja, ich bin reicher.* – Also mache es richtig. – (Er legt alles in die Schachtel zurück; dann nimmt er 4 Groschen wieder heraus, die er beim Hinlegen zusammenrückt, dann einen weiteren, den er ebenfalls heranrückt.) *Oh, das wird aber kleiner* (seine Reihe). *Man muß noch welche dranlegen.* (Er fügt an jedem Ende einen Groschen hinzu, woraus sich eine Reihe von 7 Groschen von gleicher Länge wie die Modellreihe ergibt.) – Ist das ebensoviel, oder wird einer von euch beiden auf diese Weise reicher? – *Es ist genau gleich viel.*“

CHAR (4;4) fängt ebenfalls damit an, 11 Knöpfe in einer dichten Reihe aufzureihen, damit sie den lose aufgereihten Knöpfen des Modells gleichkommen; dann nimmt er, da seine Reihe die andere übertrifft, die 3 Endglieder fort und erreicht so die gleiche Länge. „Ist das ebensoviel? – *Ja.* – Völlig? – *Ja.* – (Man rückt die 6 Glieder der Modellreihe auseinander und die 8 seiner Reihe zusammen.) Und jetzt? – *Da* (die 6) *ist mehr.*“

BOQ (4;7). „Lege hier ebenso viele Bonbons hin wie da. Dies (6) ist für Roger. Du mußt gleich viel für dich nehmen. – (Er reiht in einer dichten Reihe 10 Bonbons, ohne aber bereits die Länge der Modellreihe zu erreichen.) – Ist das ebensoviel? – *Noch nicht.* (Er fügt noch einige hinzu.) – Und jetzt? – *Ja.* – Warum? – *Weil es „so" ist.* (Er zeigt auf die Längen.) – (Man rückt die 6 Bonbons des Modells auseinander.) Wer hat mehr? – *Roger.* – Warum? – *Weil das bis dahin reicht.* – Was muß man tun, um ebensoviel zu haben? – *Noch etwas hinzutun.* (Er fügt 1 Bonbon hinzu.) – (Man rückt diese 7 Bonbons zusammen und seine auseinander.) – *Jetzt habe ich mehr.*“

Am Ende der Befragung bieten wir Boq zwei Reihen Bonbons an; die eine besteht aus 3 losen Bonbons, die andere aus 4 gedrängten, so daß also die erste Reihe etwas länger ist als die zweite: „Wo ist am meisten? – *Dort* (die 3). – Warum? – *Das ist eine längere Reihe.*"
ARC (4;9). „Deine Mutter gibt Luc diese (8) Bonbons. Du sollst auch welche haben, aber genausoviel. – (Arc reiht nun 13 Bonbons eng aneinander, jedoch mit großer Sorgfalt, damit diese Reihe dieselbe Länge habe wie die des Modells.) – Hast du ebensoviel? – *Ja.* – Und jetzt? (Man rückt die 8 Bonbons des Luc ein wenig auseinander.) – *Nein, Luc kann mehr essen.*"
RIL (5;2) legt 9 Groschen hin, damit sie einer Reihe von 6 gleichkommen. „So. – Bist du ebenso reich wie Daniel, oder hast du mehr? – *Alle beide haben gleich viel.* – (Man rückt die 9 Groschen dieses Kindes noch mehr zusammen und die des Daniel ein wenig auseinander.) Wer kann mehr kaufen? – *Daniel.*"
LER (5;3) legt 8 Groschen gedrängt vor die Reihe aus 6 Groschen; dann findet er, wenn man die 6 Groschen auseinanderrückt, daß das mehr ergibt als die 8, „weil das hier länger ist".

Außer dieser Methode der Wertung nach beanspruchtem Raum oder nach der Länge der Reihen findet man auch, aber seltener, Fälle von Urteilen, die sich auf die Dichte der Glieder gründen, d. h. auf die mehr oder weniger gedrängte Lagerung der Groschen, Bohnen oder Spielmarken. Hierzu einige Beispiele:
DON (4;1) legt einen Augenblick nach Vornahme der oben beschriebenen Bewertungen 7 gedrängte rote Spielmarken unter 6 blaue: „Ist das gleich viel? – *Ja.* – (Man rückt die Modellreihe zusammen und seine Reihe ein wenig auseinander.) – Und jetzt? – *Ich* (mit 7 roten) *habe mehr, weil das länger ist. Ach nein! Myriam* (mit 6 blauen) *hat mehr. – Warum? – Weil das eng zusammen ist: das gibt viel.*"
LIN (5;3) sagt ebenfalls ein- oder zweimal, obgleich er gewöhnlich die Menge mit Hilfe der Länge wertet, daß 6 gedrängte Spielmarken mehr ergeben als *n* lose Marken, „weil das länger ist".

Wenn auch das Ergebnis dieser Messungen nach der Dichte im Gegensatz steht zu den Messungen, die sich auf die Länge der Reihe gründen, so ist doch klar, daß das Prinzip dasselbe ist: Eine global wahrgenommene Qualität ist das Kriterium der Wertung, und nicht die Zahl oder die Stück-für-Stück-Korrespondenz.
Wir sehen uns also zurückverwiesen auf die in 1. aufgeworfenen Probleme, jedoch unter derart vereinfachten Bedingungen, daß sie leicht lösbar werden: Welches ist einerseits die Natur dieser der Stück-für-Stück-Korrespondenz voraufgehenden Quantifikation, und warum ist andererseits eine solche Korrespondenz noch nicht möglich auf der Stufe des ersten Stadiums?
Bezüglich der ersten Frage finden wir genau die Schlußfolgerungen wieder, die wir während der Kapitel I und II und in 1. dieses Kapitels ziehen konnten: Die elementaren Quantitäten (oder „rohen Quantitä-

ten") sind nichts anderes als die Verhältnisse, die sich als „mehr", als „gleich" oder als „weniger" ausdrücken lassen, die unmittelbar zwischen den gegebenen Qualitäten wahrgenommen, aber noch nicht komponiert werden. So sind Gesamtlänge und Dichte der Glieder die jeder Reihe von Gegenständen (unabhängig von den Qualitäten der Dinge selbst) innewohnenden beiden Qualitäten. Nun ist es aber unmöglich, zwei beliebige Reihen miteinander zu vergleichen, ohne die Qualitäten der einen zu denen der anderen in Beziehung zu setzen, d. h., ohne daß eine der beiden Reihen als länger, kürzer oder gleich lang, bzw. gedrängter, loser oder gleich dicht erschiene. Allein diese Verhältnisse also, die ebenso primitiv oder elementar sind wie die verglichenen Qualitäten selbst, werden von den Kindern dieses Niveaus für ihre präkardinalen Wertungen herangezogen. Wenn Don z. B. erklärt: „Ich habe mehr, weil das länger ist", oder wenn Ler über 6 lose Groschen, die mit 8 gedrängten verglichen werden, urteilt: „Das ist mehr, weil es länger ist", so übertragen sie unmittelbar die Länge der Reihen in Ausdrücke quantitativer Wertung. Zweifellos würden, wenn es sich darum handelte, eine größere Zahl nebeneinanderliegender Reihen miteinander zu vergleichen oder solche Verhältnisse abstrakt zu addieren, die Schwierigkeiten früher oder später beginnen. (Bezüglich der Serienbildung siehe Kapitel V und VI.) Solange es sich aber um unmittelbar wahrnehmbare Verhältnisse handelt, reichen sie aus zu einer elementaren Wertung. Andererseits leuchtet es ein, daß die Versuchsperson ebenfalls imstande ist, zwei Reihen unter dem Gesichtspunkt der die Glieder voneinander trennenden Intervalle miteinander zu vergleichen. Sie sieht durchaus, daß diese in der einen Reihe „mehr (oder weniger) gedrängt" sind als in der anderen, und vermag ebenfalls diese praktische Wahrnehmung in elementare qualitative Verhältnisse zu übertragen. So heißt es bei Don: „Weil es eng ist, gibt es viel." Für Lin gibt es mehr, „weil das länger ist". Gleichfalls wird die Dichte (siehe Kapitel III) herangezogen von Mou, von Lid (3., Abschnitt II), von Fran (3., Abschnitt III) usw., und zwar als Kriterium größerer Quantität. Diese beiden Verhältnisse der Gesamtlänge oder Dichte bilden also, jedes für sich genommen, einen Anfang dessen, was später die kardinale Wertung wird, da die beiden so miteinander verglichenen Qualitäten selber von Anfang an von der Quantität nicht zu trennen sind, weil sie in ihren jeweiligen Verhältnissen wahrgenommen werden.

Zu fragen ist allerdings, ob diese elementaren quantitativen Verhältnisse von vornherein eine rationale Struktur besitzen oder ob sie einfache praktische Schemata konstituieren, die, obgleich sie durch ihr Funktionieren die Vernunft ankündigen, vorlogisch bleiben, weil sie jeder eigentlichen Operation vorausgehen. Es leuchtet ein, daß die zweite Lösung die richtige ist, weil diese im Entstehen begriffenen Quantitäten keine Invarianz besitzen. Für das rationale Bewußtsein behält eine Reihe aus *n* losen Gliedern denselben kardinalen Wert *n*, wenn sich die Länge dieser Reihe verkürzt, und zwar um ebensoviel, wie die Elemente einfach zusammengerückt werden. Die Relation zwischen der Länge der Reihe und den Intervallen ihrer Glieder bestimmt also die Invarianz der Menge, während die beiden Verhältnisse der Gesamtlänge und der Dichte variabel sind. Diese Koordinierung oder logische Komposition der beiden hier wirksam werdenden Verhältnisse vermag nun das Kind in diesem Stadium nicht zu bewerkstelligen, und daher gibt es noch keine Invarianz der Gruppen und nicht einmal die Stück-für-Stück-Korrespondenz.

Wir sind also jetzt imstande, die zweite der soeben aufgeworfenen Fragen anzuschneiden: Warum ist die Stück-für-Stück-Korrespondenz im Verlaufe des ersten Stadiums nicht möglich? Es ist natürlich erforderlich, zwei Fragen voneinander zu unterscheiden: je nachdem es sich um die dem zweiten Stadium eigentümliche anschauliche Korrespondenz handelt oder um die dem dritten Stadium angehörende (qualitative oder numerische) operatorische Korrespondenz. Wenn nun diese letztere das Eingreifen besonderer Operationen voraussetzt, von denen wir in der Folge sprechen werden, so erklärt sich die anschauliche Korrespondenz, wenn sie qualitativ genau ist, bereits aus einer elementaren Multiplizierung der Relationen, und daraus wird ersichtlich, warum sogar eine solche Korrespondenz, die noch nicht über zwangsläufige und dauernde numerische Äquivalenz verfügt, während des ersten Stadiums nicht vorstellbar ist: weil nämlich die Längen- und Dichte-Verhältnisse der Reihen auf diesem Niveau noch nicht miteinander komponierbar sind.

In der Tat muß man, sobald man sowohl die Gesamtlänge der zu vergleichenden Reihen als auch die Dichte der Glieder (d. h. die Länge ihrer Intervalle) berücksichtigt, die betreffenden Gesamtheiten nicht mehr als einfache Einheiten auffassen (z. B. als mehr oder weniger lange Reihen oder als mehr oder weniger dichte Ketten), sondern als Mengen, die aus Teilen oder Individuen zusammengesetzt sind. Solange jedoch eine der beiden Relationen für sich allein betrachtet wird, bildet die Gruppe nur ein unauflösliches Ganzes und kann nur zu globalen Wertungen Anlaß geben. Wenn z. B. Boq drei in Abständen gelegte Bonbons vier gedrängt liegenden vorzieht, weil das „eine längere Reihe ist", so wird deutlich, daß er die Glieder als solche ebenso wie deren Intervalle vernachlässigt, und wenn Don nach einer Überlegung gleicher Art („6 gedrängte blaue Spielmarken sind mehr als 7 rote in Abständen") zu dem anderen Kriterium gelangt: „weil das eng zusammen ist, gibt das viel", wird nicht minder deutlich, daß er die jeweiligen Längen der Reihen vernachlässigt und also ebensowenig deren Glieder als solche miteinander zu vergleichen vermag. Nur wenn zwei Reihen zugleich dieselbe Länge und dieselbe Dichte aufweisen, bringt ihre Äquivalenz ihre Korrespondenz mit sich und überwindet die Wertung. Die Korrespondenz erscheint so als Ausdruck einer wirklichen Konstruktion, und zwar gleich nach der Erreichung des Niveaus der anschaulichen, qualitativen Korrespondenz selbst, d. h. vor jeder numerischen (und operatorisch-qualitativen) Korrespondenz, weil die Operation dann einfach erleichtert oder zur Hälfte ersetzt wird durch die Wahrnehmung der Figuren.

Woraus besteht eine solche Konstruktion? Zunächst aus einer Dekomposition, die die Komposition selbst ermöglicht. Alle globalen Verhältnisse der Gesamtlänge und der Dichte einer Reihe miteinander zu verschmelzen bedeutet in der Tat, zunächst zu verstehen, daß die Gesamtlänge von der Summe der Intervalle gebildet wird, die jedes Element vom folgenden trennen, und daß infolgedessen bei einer dichten oder gedrängten Reihe die Intervalle zahlreicher und kürzer sind, während bei einer weniger dichten Reihe die Gesamtlänge dieselbe bleiben kann, indes die Intervalle weniger zahlreich und länger sind. Zweitens setzt die Konstruktion, auf der die Korrespondenz beruht, in dem Maße, wie zwei Reihen miteinander verglichen werden, eine multiplikative Komposition von Relationen voraus: Die beiden Reihen korrespondieren räumlich miteinander, wenn sie zugleich dieselbe Länge und dieselbe Dichte besitzen, d. h., wenn jedes Glied der einen Reihe unter eines der anderen gelegt werden kann.

In dieser Hinsicht gibt es nichts Entscheidenderes als das Zögern der fortgeschrittensten Kinder dieses Stadiums sowie den Prozeß der Entdeckung der Korrespondenz bei denen, die auf diese Weise schließlich am Ende der Befragung die Grenze des zweiten Stadiums erreichen. Wenn sie, nachdem sie wie die vorhergehenden Versuchspersonen ihre Reihen nur unter dem Gesichtspunkt der Länge bewertet haben, die Dichte zu beachten beginnen, schwanken sie einen Augenblick zwischen diesen beiden möglichen Gesichtspunkten, aber dann suchen sie, gestört durch diese Alternation und die Widersprüche, die sie mit sich bringt, beide Gesichtspunkte zugleich zu berücksichtigen. Hierdurch werden sie zwangsläufig dazu gebracht, die Glieder der zu vergleichenden Serien selbst, ebenso wie die Intervalle, die sie aufgliedern, in räumliche Korrespondenz zu bringen. Hierzu ein Beispiel:

STU (5;11) sucht eine Reihe von 6 Bohnen nachzubilden. Sie nimmt einige (8) und reiht sie auf. *„Das ist mehr. — Wieso? — Man sieht es an der Reihe.* — (Man rückt die 8 zusammen und die 6 auseinander.) — *Nein, dort* (6) *ist mehr.* —

Warum? – *Da* (8) *ist es kürzer. Man hat sie zusammengedrängt.* – Aber es sind weniger? – *Ja.* – (Dann zeigt man zwei Reihen, eine aus 6 gedrängten Bohnen und eine lose Reihe aus 4 Bohnen.) Wo gibt es mehr? – *Da* (6). – Warum? – *Weil es mehr gibt* (= gedrängt ist). – (Man zeigt zwei Reihen aus 6 Bohnen, die eine gedrängt, die andere lose.) Und da? – *Dort* (lose), *weil es länger ist, gibt es mehr Bohnen.* – (Man zeigt erneut zwei Reihen, von denen die kürzere mehr Bestandteile enthält.) Und jetzt? – *Dort* (die kurze), *weil da viel ist.* – (Man legt die 6 Bohnen vom Anfang wieder hin.) Gib dasselbe an Bohnen. – (Stu stellt nun die genaue Korrespondenz her und überschreitet so die Grenze, die das erste Stadium vom zweiten trennt.)"

Man sieht, wie es dank der kleinen Zahlen 4 und 6 genügte, Stu zu zeigen, daß eine gedrängte Reihe mehr Bestandteile enthalten kann als eine längere, um das Kind zu dem Versuch zu veranlassen, die Verhältnisse der Länge und der Dichte miteinander zu kombinieren, und es ihm so zu ermöglichen, die gezeigten Mengen zu zerlegen und schließlich die Stück-für-Stück-Korrespondenz zu entdecken. Das führt uns zur Untersuchung der folgenden Stadien.

II. Zweites Stadium: Wertung nach anschaulicher Korrespondenz ohne dauernde Äquivalenz

III. Drittes Stadium: Operatorische Korrespondenz mit zwangsläufiger Äquivalenz

Wir haben eben die Hypothese aufgestellt, daß die qualitative Korrespondenz ohne weiteres aus einer logischen Koordinierung der betreffenden Verhältnisse hervorgeht, also in dem besonderen Fall der Reihen aus den Relationen zwischen Gesamtlänge und Dichte (Intervalle zwischen den Gliedern). Jetzt ist es angebracht, einerseits die Dinge in bezug auf das zweite Stadium (das Stadium der qualitativen Korrespondenz anschaulicher Art) zu überprüfen und andererseits den Übergang zwischen dieser Korrespondenz ohne dauernde Äquivalenz und der eigentlichen operatorischen (qualitativen und numerischen) Korrespondenz mit zwangsläufiger und dauernder Äquivalenz der korrespondierenden Gruppen zu erklären. Wenn man die Kinder des zweiten Stadiums auffordert, ebenso viele Glieder herzugeben, wie sich in der Modell-Reihe befinden (6), reagieren sie, indem sie ohne weiteres (oder beinahe sofort) eine optische und räumliche Korrespondenz zwischen der Kopie-Reihe und der Modell-Reihe herstellen. Wie aber bereits zur Genüge mit Hilfe der Versuche des Kapitels III gezeigt wurde, hören sie auf, an die Äquivalenz zu glauben, sobald die Korrespondenz nicht mehr unmittelbar wahrgenommen wird:

JON (4;5). „Nimm dir ebensoviel wie das da (6 Bohnen). – (Er legt 7 Bohnen eng hin und stellt dann genau die Korrespondenz her.) – Ist das gleich viel? –

Ja. – (Man lockert die Kopie-Reihe auf.) – *Ist das ebensoviel?* – *Nein.* – Hat einer mehr? – *Ich.* – Mach es so, daß ihr dasselbe zu essen habt! – (Er rückt seine Bohnen zusammen.) – *Ist es ebensoviel?* – *Ja.* – Warum? – *Weil ich geschoben* (= zusammengerückt) *habe.*"

PRET (4;11) ist imstande, die genaue Korrespondenz herzustellen, nachdem er zuerst eine Bohne zuviel hingelegt hat; wenn man aber die Elemente der Modell-Reihe zusammenrückt, sagt er: *"Da ist mehr, weil da eine längere Reihe ist. Man braucht dieselbe Reihe, dann ist es gleich viel.* – Wie macht man das? – (Er stellt die optische Korrespondenz wieder her.)"

Beim umgekehrten Versuch zeigen sich die gleichen Reaktionen:

HUB (5;3) beginnt mit dem Hinlegen von 9 Bonbons gegenüber den 6 des Modells, und zwar in einer Reihe von gleicher Länge: *"So stimmt's.* – Ist das ebensoviel? – *Ich bin nicht sicher.* – Wo gibt es mehr? – *Dort* (gedrängte Neuner-Reihe). – Was ist zu tun? – (Sie legt 6 Bonbons den 6 des Vorbildes gegenüber und nimmt die überzähligen fort.) – (Man rückt die 6 des Musters zusammen.) Ist das ebensoviel? – *Nein.* – Gibt es hier (im Muster) ebenso viele wie dort? – *Nein, da* (in der Kopie) *gibt es mehr.* – Gibt es auf einer Seite mehr zu essen als auf der anderen, oder ist es gleich viel? – *Ich esse mehr.* – Also mache dasselbe. – (Sie nimmt 2 Bonbons fort, stellt dann die Stück-für-Stück-Korrespondenz her und legt dann die 2 Bonbons wieder hin, sobald sie merkt, daß sie fehlen!)"

PER (5;7) richtet ohne weiteres eine Kopie-Reihe von 6 Bonbons in Korrespondenz mit dem Modell ein. Man rückt die Bonbons des Modells zusammen. *"Ich habe am meisten.* – Warum? – *Weil es eine längere Reihe ist.* – (Nun die Umkehrung.) – *Jetzt ist da am meisten, weil es eine lange Reihe ist.*" Aber einen Augenblick später sagt Per das Gegenteil: *"Gibt es hier* (lockere Reihe) *mehr zu essen? – Nein. – Warum nicht? – Weil es lang ist. – Und da* (gedrängt)? – *Da gibt es mehr, weil da ein Haufen* (= zusammengedrängt) *ist.* – Ist in einem Haufen mehr als in einer großen Reihe? – *Ja.*" – Danach kommt Per auf den Primat der Länge zurück; dann stellt er die visuelle Korrespondenz wieder her und sagt: *"Jetzt ist beides gleich viel.*"

PLUS (5;7) verfährt ebenfalls nach Korrespondenzen, um eine dem Modell gleiche Gruppe zu finden, zieht aber 3 lose gereihte Bonbons 4 gedrängten vor, weil "es mehr gibt". Um die Gleichheit zwischen 6 gedrängten und 6 aufgelockerten Elementen wiederherzustellen, rückt er einfach die gedrängten auseinander.

Man sieht, wie sehr diese Versuchspersonen des zweiten Stadiums die am Ende von 3. skizzierte Hypothese über die Entstehung der qualitativen Korrespondenz bestätigen. Wie elementar in der Tat auch diese Art von Korrespondenz sein mag, solange sie auf einer nur anschaulichen Ebene verwirklicht wird, stellt sie darum nicht minder eine komplexe Relation dar, die ein System von Vergleichungen mit sich bringt, d. h. von logischen "Multiplikationen" (und gegebenenfalls Divisionen oder "Abstraktionen"). So muß die Versuchsperson, um die Seiten oder die Winkel zweier nebeneinander liegender Rhomben miteinander zu vergleichen, diese Figuren zerlegen (gegebenenfalls unter Abstrahierung von ihren Größen oder ihrer Orientierung), um die Ähnlichkeiten bezgl. der relativen Positionen der Seiten allein oder der Winkel allein herauszuarbeiten. Dieses Spiel mit koordinierten Relationen (z. B. „Die obere Spitze des linken Rhombus korrespondiert mit der oberen Spitze des rechten Rhombus.") übertrifft, soviel ist klar, das Niveau der undifferenzierten und global wahrgenommenen Verhältnisse, die das voraufgegangene Stadium kennzeichneten. Im Falle unserer beiden Bonbonreihen führt, wie in 3. zu erkennen war, die Konjunktion der Relationen, die die Länge der Reihe und die Dichte dieser Reihen ausdrücken, zur Korrespondenz. Solange das Kind die Quantität nur nach der Länge oder nur nach der Dichte der betrachteten Reihen beurteilt, kann keine Korrespondenz zustande kommen. Die oben genannten Versuchspersonen bringen es im Gegensatz hierzu fertig, eine Kopie-Reihe zu entwerfen, die zugleich dieselbe Gesamtlänge und dieselbe Dichte (d. h. dieselben Intervalle zwischen Gliedern) aufweist wie die Modell-Reihe, wobei diese doppelte Gleichheit gesichert ist durch die Tatsache, daß jedes Element der Kopie einem bestimmten Glied des Modells gegenübergestellt wurde. Das sind genau die Merkmale, die die für das gegenwärtige Stadium charakteristische Korrespondenz definieren. So erklärt Hub, die wie die Kinder des ersten Stadiums zunächst zu viele Bonbons unter die Modell-Reihe legt (ebenso wie Jon, Pret usw.), daß sie sich der Äquivalenz „nicht sicher" ist, und sie findet dann das Korrespondenz-Verfahren, indem sie ihre Bonbons auseinanderrückt und auf diese Weise das Dichte-Verhältnis mit dem der Gesamtlänge koordiniert. Wenn man andererseits eine der beiden Reihen gelockert oder zusammengerückt hat, um die Äquivalenz beurteilen zu lassen, und die Kinder nun auffordert, selber diese Äquivalenz wiederherzustellen, an die sie nicht mehr glauben, so zeigen die Kinder dieses Stadiums eine andere Reaktion als die des ersten: Während jene sich im allgemeinen darauf beschränken, Elemente hinzuzufügen oder fortzunehmen, um dieselbe Länge oder dieselbe Dichte wiederherzustellen, sehen wir im Gegensatz dazu Jon die locker gereihten Bohnen zusammenrücken und die Gleichheit rechtfertigen mit den Worten: „Das ist ebensoviel, weil ich geschoben habe." Ebenso stellen Pret und Per, Plus und Hub (diese, nachdem sie 2 Bonbons fortgenommen und dann wieder hingelegt hat) die Äquivalenz wieder her, indem sie die optische Korrespondenz rekonstruieren, d. h. von neuem die Dichte mit der Länge der Reihen koordinieren.

Allerdings, und damit stoßen wir wieder auf das ganze Problem des vorhergehenden Kapitels, wenn das Kind von dem Augenblick an, da es gleichzeitig an die Länge der Reihen wie an ihre Dichte (d. h. an die Intervalle zwischen den Bonbons) denkt, damit beginnt, die Stück-für-Stück-Korrespondenz durchzuführen, ist es nicht weniger klar, daß diese Korrespondenz nicht von vornherein zu einer dauernden Äquivalenz der korrespondierenden Gruppen führt, sobald man deren Konfiguration verändert, und infolgedessen auch nicht zum Begriff ihrer quantitativen Konstanz.

Der Augenblick ist also gekommen, dieses Ausbleiben der Äquivalenz oder der Invarianz zu erklären, und zwar in dem besonderen Fall der Mengen diskontinuierlicher Stück für Stück miteinander korrespondierender Dinge. Wie kommt es, daß die Äquivalenz nur so lange andauert, wie die Korrespondenz (durch optischen Kontakt usw.) wahrgenommen wird, und daß sie verschwindet, sobald die perzeptive Korrespondenz aufhört? Wenn die Stück-für-Stück-Korrespondenz aus einer Komposition der beiden Relationen von Länge und Dichte hervorgeht, warum führt diese Koordinierung nicht ohne weiteres zur zwangsläufigen und dauernden Äquivalenz? Um das zu begreifen, ist es erforderlich, zwei zueinander übrigens parallel laufende Fragen zu unterscheiden: die nach der allgemeinen oder externen Koordinierung und die nach der internen Natur der Operationen.

Unter dem ersten dieser beiden Gesichtspunkten ist es klar, daß wir hier einem kontinuierlichen Koordinierungsprozeß gegenüberstehen, dessen Etappen allerdings die Existenz sukzessiver Strukturationsebenen bezeugen. Zunächst gibt es die elementaren und globalen Wahrnehmungsverhältnisse, die sich aus der Wahrnehmung der Längen oder des mehr oder weniger dichten Aspektes der Reihen usw. ergeben. Zweitens werden diese Koordinierungen, sobald die bis dahin globalen und untereinander nicht koordinierbaren Wahrnehmungsverhältnisse sich mit Hilfe von Reihenbildungen und logischen Multiplikationen zu koordinieren beginnen, zunächst auf einem anschaulichen und noch perzeptiven Niveau, d. h. halboperatorisch, durchgeführt und erreichen noch nicht ohne weiteres das Niveau der reversiblen oder von der Wahrnehmung völlig befreiten Operation. Gerade das vollzieht sich während des gegenwärtigen Stadiums. Die Verhältnisse der Gesamtlänge und der Dichte werden wohl vom Kinde gleichzeitig ins Auge gefaßt, weil die Kopie-Reihe zugleich dieselbe Länge und dieselbe Dichte besitzt wie die Modell-Reihe, da jedes Bonbon der einen Reihe jedem Stück der anderen Reihe gegenüberliegt. Diese im Entstehen begriffene Koordinierung reicht jedoch noch nicht über das Niveau der Wahrnehmung hinaus, d. h., sobald die Wahrnehmungsfigur, die es ermöglicht hat, die Korrespondenz herzustellen, verändert wird, schwindet nicht nur diese (was natürlich ist, denn wir werden in der Folge sehen, daß sie im besonderen Falle, um sich zu behaupten, numerische und nicht nur qualitative Operationen voraussetzen würde), sondern darüber hinaus schwindet ebenso jede Koordinierung zwischen der Länge und der Dichte. Tatsächlich sagt das Kind, wenn man eine der beiden Reihen auseinander-

oder zusammenrückt, nicht: „Das ist kürzer, dafür gedrängter, also kann man es nicht mehr wissen." Es wählt im Gegenteil zufällig eines der beiden Kriterien und beurteilt die Gesamtquantität allein nach diesem Kriterium. Das Beispiel Pers ist in dieser Hinsicht sehr bedeutsam. Dieses Kind ist, obgleich es zwischen der Modell-Reihe und der Kopie-Reihe eine Stück-für-Stück-Korrespondenz herzustellen weiß, verwirrt, sobald man die Glieder der beiden Reihen auseinanderrückt. Es schwankt dann von neuem zwischen den beiden betreffenden Relationen der Beziehungen, Gesamtlänge oder Dichte, um bald zu sagen, daß die 6 locker gelegten Bonbons zahlreicher sind als die 6 gedrängten, „weil es eine lange Reihe ist" — bald das Gegenteil, „weil da ein Haufen ist". Das ist der Beweis dafür, daß Per, obwohl er imstande ist, diese beiden Relationen auf der Wahrnehmungsebene zu koordinieren, was ihm ermöglicht, eine Stück-für-Stück-Korrespondenz zwischen den Reihen herzustellen, nicht fähig ist, sie so weit aneinanderzubinden, daß diese Koordinierung die Anschauungsebene überwindet und ein System wirklicher „Operationen" herstellt.

Von diesem zweiten Niveau an sehen wir aber einen Beginn der operatorischen Koordinierung anbrechen, die sich im Verlauf des dritten Stadiums vollendet. In der Tat, wenn, was dieses gesamte Buch zu beweisen strebt, eine Operation eine reversible Aktion ist, so ist es klar, daß die Reaktionen von Jon, Pret, Per, Plus usw., von denen wir soeben gesprochen haben, und die darin bestehen, die Glieder zusammen- oder auseinanderzurücken, um die Gleichheit wiederherzustellen, bereits die Konstituierung der wirklichen Operationen darstellen.

Wenn wir nun von der externen Analyse dieser Koordinierungen zur logischen oder internen Analyse übergehen, stellen wir folgenden Parallelismus fest: zum ersten Niveau, also dem der untereinander nicht koordinierten Wahrnehmungsverhältnisse, gehören die globalen Relationen, „mehr oder weniger lang" oder „mehr oder weniger gedrängt", die die Reihen als solche charakterisieren und nicht die Einzelheiten der Verhältnisse, die jedes Stück mit jedem anderen verbinden. Die sich herausbildende Koordinierung zwischen diesen beiden Arten von Relationen, die während des zweiten Stadiums allein auf der Anschauungsebene hergestellt wird, ist sowohl additiver (Seriation) Art als auch multiplikativer Art (Korrespondenz), was genau den Operationsanfängen entspricht, die wir anläßlich des zweiten Stadiums der Invarianz der Quantitäten (Kap. I u. II) beschrieben haben. Einerseits ist in der Tat die Dichte der Reihe nichts anderes als die (wahrgenommene oder vorgestellte) Folge der Intervalle, die jedes Element vom folgenden trennen, und die Summe dieser Längen ist identisch mit der Gesamtlänge der Kette; Gesamtlänge und Dichte koordinieren heißt also einfach, erstere in Segmente zu zerlegen, deren Summe die Dichte definiert. So wird eine additive Seriation (eine Addition von Relationen) konstituiert. Andererseits bedeutet zwei Reihen durch visuellen oder räumlichen Kontakt Stück für Stück einander zuzuordnen soviel wie zwei Serien zu konstituieren, die zugleich dieselbe Länge und dieselben Intervalle besitzen, d. h., deren Glieder einander genau gegenüberstehen. Das bedeutet also, die Relationen „in bestimmter Horizontal-Entfernung" mit den Relationen „oberhalb eines Gegenstandes" zu multiplizieren. Was das Kind entdeckt, wenn es die Stück-für-Stück-Korrespondenz mit Wahrnehmungscharakter herstellt, ist also der Beginn der Seriation und der Multiplikation der qualitativen Positions-Relationen, aber es ist noch nicht mehr. Wenn die Dichte oder die Gesamtlänge einer der beiden Reihen geändert wird, glaubt die Versuchsperson nicht mehr an die Korrespondenz, weil sie dann begreifen müßte, daß die Verschiebungen einander kompensieren, und weil sie so Unterschiede ausgleichen müßte, was ein höheres Niveau als das der einfachen qualitativen Gruppierung voraussetzt. Alles, was das Kind zu tun vermag, ist, die reine Gleichheit zweier Reihen wiederherzustellen, aber es leitet aus dieser empirischen Rückkehr zur Ausgangslage noch nicht den Begriff einer jederzeit möglichen operatorischen Reversibilität ab.

Im dritten Stadium sehen wir dagegen die Korrespondenz frei werden von ihren räumlichen oder rezeptiven Begrenzungen, und wir sehen, daß sie erhalten bleibt, gleich welcher Art die Umstellungen auch sein mögen, die man den Einzelteilen auferlegt. Anders ausgedrückt: die einmal festgestellte Äquivalenz wird begriffen als zwangsläufig fortdauernd, trotz der möglichen Transformationen der Konfiguration der korrespondierenden Gruppen. Die Stück-für-Stück-Korrespondenz wird so wirklich quantifizierend und drückt von nun an die numerische Gleichheit und nicht nur die qualitative Äquivalenz aus. Hierfür einige Beispiele:

FET (5;5). „Nimm ebensoviel wie dies (6 Groschen). Er reiht 6 Groschen unterhalb der Modell-Reihe an, ordnet aber seine Groschen von vornherein in einer sehr viel engeren Folge als die des Modells, also ohne räumlichen Kontakt zwischen den Gliedern der beiden Reihen; die ursprüngliche Reihe ragt sogar auf beiden Seiten über die Kopie hinaus. „Hast du ebensoviel? – Ja. – Seid ihr beide gleich reich? – Ja. – (Dann rückt man die Groschen des Modells zusammen und seine eigenen auseinander.) Und jetzt? – Gleich viel. – Völlig? – Ja. – Warum ist das gleich viel? – Weil man sie näher gebracht (= zusammengerückt) hat."
CRAN (5;8) legt angesichts von 6 auseinanderliegenden Bohnen zunächst eine Bohne unter jede des Modells. Dann rückt man die Bohnen der Kopie-Reihe zusammen: „Ist das ebensoviel? – Ja. – Gleich viel zu essen? – Ja. – Woher weißt du das? – Ich sehe es." Immerhin, sobald es sich darum handelt, in Zahlen die vor ihm liegenden Quantitäten zu bewerten, gibt Cran über 6 hinaus keine sichere Antwort.

111

LAN (6;2) nimmt, um eine Reihe von 6 Streichhölzern nachzubilden, 4 in seine Hand, ohne zu zählen, aber unter Herstellung der Korrespondenz nach dem Augenschein. Wenn er bis zu diesem Punkt gekommen ist, legt er den Zeigefinger auf das vierte Streichholz des Modells, nimmt noch zwei, legt dann seine 6 Streichhölzer vor die Modell-Reihe, aber auf einen Haufen und ohne räumlichen Kontakt. Wir verteilen dann seine 6 wieder in eine Reihe und rücken die anderen zusammen in ein senkrecht gelegtes Bündel: „Ist das gleich viel? — *Sicher*. — Warum? — *Weil die da* (seine eigenen) *zuerst auf einem Haufen lagen und Sie sie jetzt so* (aufgelockert) *hingelegt haben. Vorher waren die da* (im Modell) *auseinander, und jetzt haben Sie sie zu einem Haufen zusammengelegt.*"

Der Gegensatz zwischen diesen Kindern und denen des vorigen Stadiums ist eindeutig. Zunächst suchen diese Versuchspersonen nicht zwangsläufig, nicht einmal in dem Augenblick, da sie Stück-für-Stück-Korrespondenz durchführen, den Wahrnehmungskontakt zwischen den verschiedenen Elementen. So richtet Fet von vornherein eine Kopie-Reihe ein, die dichter gedrängt ist als das Vorbild, und so legt Lan seine Streichhölzer auf einen Haufen vor die 6 aufgereihten Streichhölzer. Vor allem aber, und zwar parallel zu dieser Verlagerung in bezug auf die aktuelle Wahrnehmung, wissen diese Kinder die aufeinanderfolgenden Konfigurationen der korrespondierenden Gruppen miteinander zu verbinden, indem sie deren Relationen richtig koordinieren. Fet z. B. bedient sich, um zu beweisen, daß die Groschen des Modells denen seiner Kopie stets äquivalent sind, desselben Argumentes, das die kleinen Kinder heranzogen, um das Gegenteil zu beweisen: „weil man sie einander näher gebracht hat". Diese Begründung kann nur einen Sinn haben: Seine Groschen näher zusammenrücken, ohne irgendwelche fortzunehmen oder hinzuzufügen, heißt, die Gesamtlänge vermindern, aber die Dichte verstärken. Das Kind wird also fähig, sowohl die Längen- als auch die Dichte-Relationen zu berücksichtigen, und zwar nicht nur in dem Fall, in dem die zu vergleichenden Reihen einander ähnlich sind, sondern auch (und darin liegt der Fortschritt gegenüber dem vorhergehenden Stadium) in den Fällen, wo die Reihen gleichzeitig in der Länge und in der Dichte voneinander abweichen. Anders ausgedrückt: wenn man die Gesamtlänge der Reihen und ihre Dichte als zwei verschiedene Relationen betrachtet, wie es das Kind selber tut, bevor es sie koordiniert, oder wenn man die Dichte definiert nach den mehr oder weniger großen Längen der Intervalle, die die Einzelstücke der Serie voneinander trennen (d. h. nach Längen, die an der Wahrnehmung des Merkmals „gedrängt" oder „aufgelockert" zu erkennen sind), kann man sagen, daß das dritte Stadium die Vollendung der qualitativen Multiplikation dieser beiden Relationen bezeichnet. Diese Multiplikation deutet sich zwar bereits im zweiten Stadium an, aber die einzigen Operationen, zu denen das Kind damals fähig war, bestanden einerseits darin, zwei Reihen zu konstruieren, die miteinander korrespondieren, weil sie an Länge und Dichte jeweils gleich sind, und andererseits ein Urteil darüber abzugeben, daß 1. eine sowohl längere wie dichtere Reihe größer an Zahl (bzw.: kürzer und lockerer = geringer an Zahl) ist als eine andere, oder daß 2. bei gleicher Länge eine dichtere Reihe der Zahl der Glieder nach größer (oder weniger dicht und kleiner) ist, und daß 3. bei gleicher Dichte eine längere Reihe der Zahl nach größer (bzw.: wenn kürzer, der Zahl nach kleiner) ist. Allerdings, angesichts einer zugleich kürzer und dichter gewordenen Reihe, die indessen kurz zuvor mit der anderen noch korrespondiert hatte, verzichtet das Kind des zweiten Stadiums darauf, beide Relationen zugleich zu berücksichtigen, und es erklärt, eine der beiden Reihen sei größer an Zahl, entweder weil sie länger oder weil sie dichter ist. Im Gegensatz hierzu, und zwar zum ersten Mal, verallgemeinert das Kind des dritten Stadiums die Multiplikations-Operation dieser beiden Relationen und begreift, daß eine zugleich kürzere und dichtere Reihe einer anderen zahlenmäßig gleichkommen kann.

Die Dichte- und die Längen-Verhältnisse sind also von nun an multiplizierbar, und zwar unabhängig von der aktuellen Wahrnehmung, oder vielmehr, indem sie jede gegebene Wahrnehmung in das System aller möglichen Wahrnehmungen einbeziehen. Die Befreiung in bezug auf die unmittelbare Wahrnehmung ist also in Wirklichkeit eine Freisetzung der Wahrnehmung im allgemeinen, weil sie jede Wahrnehmung der augenblicklichen Konfiguration der betrachteten Mengen einordnet in ein kohärentes System von Transformationen, das beherrscht wird von der Logik der Relationen und worin jede Komposition einer möglichen Wahrnehmung dieser Mengen entspricht.

Diese Freisetzung kennzeichnet den Beginn der eigentlichen Operationen, und es wird wieder einmal deutlich, daß diese Operationen infolgedessen der fortschreitenden Reversibilität des Denkens zu verdanken sind. Die von Lan verwendete Formel zur Kennzeichnung der Relationen, die die beiden nacheinander wahrgenommenen Zustände der korrespondierenden Mengen vereinen, ist in dieser Hinsicht bemerkenswert. Man kann sie folgendermaßen ausdrücken: (Haufen → Reihe) = (Reihe → Haufen). Anders ausgedrückt: Die beiden Mengen bleiben äquivalent, weil ihre Transformationen nur reversible Positionsveränderungen sind, d. h. Operationen zu verdanken sind, die man umkehren kann.

Schließlich aber ist es wichtig, festzustellen, daß die einfache logische Multiplikation der qualitativen Relationen nicht ausreicht, der numerischen Korrespondenz mit dauernder Äquivalenz Rechnung zu tragen, ebensowenig wie diese Art von Operation allein imstande war, das Kind bei den Versuchen der Kapitel I und II zur Invarianz der kontinuierlichen und diskontinuierlichen Quantitäten zu führen. Tatsächlich gestattet es die Multiplikation der Länge zweier Reihen mit ihrer Dichte nur dann, auf die Korrespondenz zu schließen, wenn die beiden Arten von Relationen gleich sind. Wenn in einer der beiden Relationen Gleichheit besteht und in der anderen nicht oder wenn eine der beiden Reihen zugleich länger und dichter ist als die andere, kann man daraus ableiten, welche reicher an Gliedern ist. Wenn aber eine der Reihen zugleich dichter und kürzer ist als die andere, kann man danach weder ohne weiteres auf die Korrespondenz noch auf die Nicht-Korrespondenz schließen. Das könnte man nur wenn die vorhandenen Gegenstände individuell qualifiziert wären.

Wenn das Kind im dritten Stadium behauptet, daß die einmal zwischen zwei Reihen hergestellte Korrespondenz sich stets wiederfindet, weil es zu ihrer Wiederherstellung genügt, die Glieder in ihre Anfangslage zurückzuversetzen, so ist diese Behauptung zweifellos nur die Verallgemeinerung der qualitativen Multiplikation und kann einfach folgendes bedeuten: Da die qualitative Korrespondenz die Operation ist, die es erlaubt, die Glieder zweier Reihen gleicher Länge und gleicher Dichte einander gegenüberzustellen, ist es stets möglich, diese Korrespondenz zu rekonstruieren, wenn sie aufgelöst wurde. Zweifellos deutet sich diese operatorische Reversibilität schon während des zweiten Stadiums an, aber den Charakter der Notwendigkeit und Allgemeinheit gewinnt sie erst im dritten Stadium. Wenn jedoch die Versuchsperson behauptet, daß die Korrespondenz fortdauert, auch wenn die qualitative Ähnlichkeit der beiden Reihen zerstört wurde, oder wenn sie behauptet, daß es auch ohne (topographisch) ähnliche Konstruktion der beiden Reihen möglich ist, eine zwei-eindeutige und wechselseitige Korrespondenz zwischen den beiden Gruppen herzustellen, so wird deutlich, daß es sich um eine andere Operation handelt, die aus der qualitativen Korrespondenz hervorgegangen ist, aber über sie hinausreicht, weil sie „beliebig", d. h. unabhängig von den anschaulichen Bedingungen des Raumes und der Zeit, geworden ist. Es ist nun sehr interessant, festzustellen, daß sich im Falle der Korrespondenz wie im Falle der Relationen, die sich aus der Invarianz der Quantitäten ergeben, der Übergang von der qualitativen zur arithmetischen Operation sich aus der Egalisation der Differenzen erklärt, also aus der impliziten oder expliziten Einführung des Begriffs „Einheit".

Zugeben, daß eine kurze, aber dichte Reihe Stück für Stück mit einer längeren und loseren Reihe korrespondiert, bedeutet in der Tat, zwei für die Konstituierung des Zahlbegriffs wesentliche Wahrheiten begreifen. Bis dahin waren die Glieder der korrespondierenden Reihen vom Kind als durch ihre anschaulichen Qualitäten räumlichen Charakters definiert angesehen worden. (Im Falle von Händeklatschen würde dasselbe für den zeitlichen Bereich gelten, usw.) Also wurden sie definiert als: der erste Groschen links in der oberen Reihe, der Groschen rechts davon, usw. Wenn nun die Korrespondenz so aufgefaßt wird, als bestünde sie unabhängig von diesen Positionen, so läuft das darauf hinaus, zu sagen, daß diese Einzelteile einfache Einheiten werden, die alle äquivalent sind, und dann beruht die Korrespondenz nur noch auf den Begriffen gleicher Einheiten, die sich voneinander nur durch ihren relativen Platz in der Aufzählung unterscheiden. Besser ausgedrückt: die Korrespondenz reduziert sich so auf die Idee einer einzigen, auf zwei Gruppen homogener Einheiten angewendeten Aufzählungs-Ordnung. Wenn wir zweitens die Intervalle, die diese Einheiten voneinander trennen, betrachten, stellen wir denselben Mechanismus fest. Bis zum dritten Stadium begriff das Kind die Stück-für-Stück-Korrespondenz zwischen zwei Reihen von Elementen nur dann, wenn einerseits die Gesamtlängen und andererseits die Dichten, d. h. die Intervalle, ebenfalls gleich waren. Von nun an erkennt das Kind im Gegensatz hierzu, daß die Korrespondenz auch dann fortbesteht, wenn man eine der Reihen zusammenrückt. Das bedeutet, daß die Gesamtlängen-Differenz durch die Intervall-Differenzen kompensiert wird. In beiden Fällen, d. h., ob man Überlegungen anstellt über die Glieder selbst, die als homogen gewordene Einheiten betrachtet werden, gleich welcher Art ihre raum-zeitlichen Qualitäten sein mögen, oder ob man die Urteile der Kinder analysiert, nach deren Ansicht eine gedrängte Reihe derselben auseinandergerückten Reihe äquivalent bleibt — die Entdeckung der „beliebigen" oder eigentlich arithmetischen Korrespondenz setzt stets in bezug auf die Operation der einfachen qualitativen Logik eine neue Operation voraus, und zwar die der Egalisation der Differenzen, oder konkreter: die Aneinanderreihung von Einheiten, die in jeder Beziehung als gleich angesehen werden, außer eben in bezug auf die relative und momentane Position, die jede in der Reihe einnimmt.

3. Schlußfolgerungen

Die in diesem Kapitel enthaltenen Tatsachen stimmen gut untereinander und mit denen des vorhergehenden Kapitels überein. Sie führen nun zur Entwerfung eines Gesamtbildes der Stadien der Korrespondenz und geben uns eben dadurch die Möglichkeit, den Versuch einer allgemeinen Erklärung dieser sukzessiven Quantifikationsverfahren zu unternehmen.
Rufen wir zunächst mit wenigen Worten in Erinnerung, in welcher Form das Problem sich allmählich im Verlaufe unserer Untersuchung präzisiert hat. Nachdem wir in den Kapiteln I und II festgestellt hatten, daß weder

die kontinuierlichen Quantitäten noch die diskontinuierlichen Kollektionen ohne weiteres für das Kind invariant bleiben, wenn ihre wahrnehmbare Konfiguration verändert wird, haben wir uns gefragt, ob die Stück-für-Stück-Korrespondenz in ihren vertrautesten Formen, wie z. B. der Korrespondenz zwischen Inhalten und Behältern oder dem Stück-für-Stück-Tausch, genügt, die Invarianz, d. h. im vorliegenden Falle die zwangsläufige und dauernde Äquivalenz der miteinander korrespondierenden Gruppen, zu sichern. Das Kapitel III hat uns dazu gebracht, diese Frage negativ zu beantworten: Es besteht nicht nur ein Niveau der Wahrnehmungskorrespondenz, das durch das Abbrechen der Äquivalenz (sobald der Kontakt zwischen den korrespondierenden Einzelteilen aufgehoben ist) gekennzeichnet wird, sondern diese Reaktionen der Nicht-Äquivalenz stellen außerdem den Restbestand eines ersten Stadiums dar, während dessen die Stück-für-Stück-Korrespondenz, selbst wenn sie durch die äußere Situation auferlegt wird, in ihrem Prinzip nicht begriffen wird, da die Äquivalenz abgeschätzt wird nach globalen Relationen benötigten Raumes oder unmittelbar wahrgenommener Dimensionen. Es war also angebracht, die Untersuchung der spontanen Quantifikationsverfahren, die das Kind anwendet, um den kardinalen Wert der Mengen oder diskontinuierlichen Quantitäten zu bestimmen, direkt anzugehen; zu diesen gehört gerade die spontane Korrespondenz (Gegenstand dieses Kapitels IV).

Durch einfaches Veranlassen der Reproduktion verschiedenartiger Figuren (s. unter 1.) oder linearer Reihen (2.) haben wir nun eine Aktivität bei unseren Versuchspersonen auszulösen vermocht, die eine unmittelbare Fortsetzung der Aktivitäten im täglichen Leben darstellt, und diese Aktivität hat sich als reich an spontanen Verfahren gezeigt, die in regelmäßiger Ordnung aufeinander folgen: Globale Wertung, Korrespondenz ohne dauernde Äquivalenz und endlich numerische Korrespondenz mit zwangsläufiger Äquivalenz. Daraus ergaben sich drei Probleme: Warum empfindet das Kind zu Anfang nicht das Bedürfnis, die globalen Gesamtheiten, die es als solche abschätzen zu können glaubt, zu zerlegen? Wie erscheint die erste Form der Dekomposition oder qualitativen Korrespondenz anschaulicher Art? Und endlich: Welches sind die Bedingungen für die Umformung der operatorisch gewordenen qualitativen Korrespondenz in numerische Korrespondenz?

Wir besitzen übrigens ein erklärendes Schema, das bei den Reihen (2.) bereits angedeutet wurde, aber es ist nun erforderlich, es zu verallgemeinern. Um das zu tun, unterscheiden wir die psychologische Analyse, die kausaler und genetischer Natur ist (I), und die Analyse der logischen Konstruktion der Operationen (II). Diese beiden Arten von Interpretationen erscheinen aber, wie leicht einzusehen ist, als parallel gerichtet.

I. Alle voraufgegangenen Experimente, gleich, ob es sich darum handelte, Gruppen nachzubilden, die als einfache Agglomerationen, als offene oder geschlossene Figuren oder als einfache lineare Reihen erschienen, haben uns gezeigt, daß das Kind auf einem ersten Niveau (im Mittel bis zu $4^{1}/_{2}$ bis 5 Jahren) die diskontinuierlichen Quantitäten oder Gruppen wertet, als ob es sich um kontinuierliche Quantitäten, d. h. um räumliche Größen, handelte. Es gründet also seine quantitativen Urteile nur auf die Gesamtform der Gruppe und auf globale Verhältnisse wie ± lang, ± breit, ± gedrängt usw.

Eine derartige Anfangsreaktion kann man auf zweierlei Weise erklären: entweder durch die Tatsache, daß das Kind nicht das Bedürfnis empfindet, die Gesamtheiten, die es wahrnimmt und zu werten sucht, zu zerlegen, oder dadurch, daß es zu einer solchen Dekomposition nicht fähig ist. Es versteht sich aber von selbst, daß Bedürfnis und Fähigkeit einander psychologisch sehr nahestehen. Verhalten wir uns trotzdem so, als ob sie voneinander verschieden wären. Daß das Kind zunächst von nichtanalysierten Gesamtheiten ausgeht, d. h., daß es nicht bei der Vereinigung von Elementen beginnt, die als solche betrachtet wurden, sondern daß es bei Gesamtheiten anfängt, die ohne weiteres als globale Gesamtheiten in Erscheinung treten, und daß das Kind nicht das Bedürfnis verspürt, sie zu zerlegen, solange die Fehlschläge seiner Versuche es nicht dazu zwingen — das stimmt völlig überein mit dem, was man von der Psychologie des Denkens auf einem solchen Niveau weiß*. Ebenso ist das Kind, das man auffordert, „ebenso viele" Spielmarken herzugeben, wie sich in irgendeiner Sammlung befinden, keineswegs durch seine intellektuelle Struktur darauf vorbereitet, diese Bemühung als Vereinigung von Einheiten, also $1+1+1...$ usw., zu betrachten, was bedeuten würde, daß es bereits den allgemeinen Begriff der ganzen Zahl besäße. „Ebensoviel" oder, wie es sagt, „gleich viel" (wörtlich: „la même chose beaucoup" = dasselbe viel) bedeutet also einfach eine dem Modell in bezug auf dessen Gesamtqualitäten ähnliche Gruppe. Wenn es aber nicht das spontane Bedürfnis nach Dekomposition empfindet, ist es dann dazu wenigstens fähig? Auf diese Frage scheinen uns die voraufgegangenen Versuche eine entscheidende Antwort gegeben zu haben.

In der Tat, wenn das Kind mit der von ihm selbst hergestellten Kopie nicht von vornherein zufrieden ist oder wenn wir die Konfiguration einer der beiden Figuren verändern, wird deutlich, daß die Versuchsperson noch

---

* Wir haben früher (in: „Le Langage et la Pensée chez l'Enfant") gezeigt, daß der von Decroly als „global" und von Claparède als „synkretistisch" bezeichnete Charakter der Wahrnehmungen beim Kinde das gesamte Denken des Kleinkindes kennzeichnet.

nicht im Besitz irgendeines Werkzeuges ist, das es ihm erlaubt, die elementaren Verhältnisse, durch die das Modell zusammengefügt wird, zu koordinieren, und daß sie diese infolgedessen auch noch nicht zu zergliedern vermag. Selbst wenn die Figur, die zur Nachbildung des Modells entworfen wurde, in sich die verschiedenen Qualitäten der Länge, Breite und Dichte sowie die Hauptkomponenten der Form (Winkel, Agglomerations-Regionen, äußerste Position der Reihen usw.) vereinigt, hören diese verschiedenen globalen Verhältnisse auf, untereinander koordinierbar zu sein, sobald die Figur verändert wird. Mit anderen Worten: das einzige Prinzip der Synthese, das dem Kind des ersten Niveaus zur Verfügung steht, ist die Gesamtform selbst, und zwar als eine auf die globale Wahrnehmung gegründete Anschauung, ohne irgendwelche „Operationen", die es erlaubten, die verstreuten Stücke dieser Wahrnehmungsintuition wieder zusammenzufügen, wenn diese zerbricht. Darum scheinen die Versuchspersonen des ersten Niveaus, sobald in den Gegebenheiten des globalen Vergleichs eine Änderung eintritt, ihre Wertungen nur auf ein einziges Kriterium zu gründen, sei es die Länge der Reihen, sei es die Breite der Figuren oder die Dichte usw., wobei aber keines dieser Verhältnisse imstande ist, sich anschließend mit den anderen zu koordinieren. Es ist nicht erforderlich, hier die Tatsachen zu wiederholen.

Könnte man nun nicht sagen, daß im Akt des Kopierens selbst eine Koordinierung der globalen Qualitäten, also wenigstens eine angedeutete Dekomposition, stattfindet, da das Modell in großen Zügen nachgebildet wird? Aber die Kopie ist eben nur global richtig. Die von der Zahl der Elemente abhängigen geschlossenen Figuren werden wohl wiedergegeben, weil sie eine „Gestalt" (deutsches Wort im Text!) von „guter Form" besitzen. Aber weder die Agglomerationen noch die Reihen, weder die offenen noch selbst die geschlossenen Formen mit willkürlicher Zahl werden richtig kopiert. Vor allem die linearen Reihen werden nur nach ihrer Gesamtlänge, unabhängig von der Dichte, gewertet.

Kurz gesagt, auf dem elementaren Niveau gibt es keine mögliche Synthese außerhalb der Gesamt-Wahrnehmungsform, und wenn diese aus irgendeinem Grunde zerlegt werden müßte, bestünde die einzige Analyse, deren das Kind fähig wäre, darin, unabhängig voneinander eine bestimmte Zahl von globalen Verhältnissen ins Auge zu fassen, aber noch keine zwischen den Elementen, da der Begriff der Einheit noch nicht in Erscheinung tritt. Man kann also sagen, daß die Methode der globalen Vergleichung es gestattet, im großen zwei Gruppen miteinander zu vergleichen, die dieselbe Gesamtform besitzen, denselben Raum einnehmen und verwandte Dichten besitzen, daß sie ihrer Aufgabe aber nicht mehr gerecht wird, sobald diese Merkmale dissoziiert sind. Wenn das Kind zwei Gruppen global identifiziert hat, genügt es, die Elemente der einen auseinanderzurücken, um es nicht mehr an die Äquivalenz glauben zu lassen. Es begreift nicht, daß das Ganze identisch bleibt, wenn die Gesamtform und damit die Disposition der Teile sich ändert. Es gibt in der Tat noch kein Ganzes, sondern nur Wahrnehmungs-Gesamtheiten. Es gibt also keine Invarianz der Gruppe als solcher, weil die in der Gesamtwahrnehmung zusammengestellten elementaren Verhältnisse nicht koordiniert, sondern lediglich nebeneinandergestellt werden.

Die Methode des globalen Vergleiches ist also nicht nur unbestimmt, sondern statisch und unbeweglich, weil sie an bestimmte besondere Wahrnehmungs-Zustände der zu vergleichenden Gruppen gebunden ist, ohne daß ein operatorischer Mechanismus es erlaubte, diese verschiedenen aufeinanderfolgenden Zustände in einer dynamischen Gesamtheit oder in einem System von Relationen miteinander zu verbinden. Was dieses erste Stadium oder den Ausgangspunkt dieser Entwicklung letztlich am besten definiert, ist also eine noch fast vollständige Irreversibilität des Gedankens. Zweifellos sind die vom Kinde aufgestellten globalen qualitativen Verhältnisse, wie z. B. „länger" usw. imstande, jeweils ein inverses Verhältnis hervorzurufen, wie z. B. „weniger lang" usw. Da aber diese Verhältnisse weder in qualitative oder numerische Einheiten zerlegbar sind noch untereinander koordiniert werden können, sondern nur in einem nicht-strukturierten Ganzen zusammengestellt werden können, vermögen sie noch kein reversibles System zu konstituieren, und daraus ergibt sich das Überwiegen der Wahrnehmungs-Intuition über die Operationen, weil es noch keine möglichen Operationen gibt.

Mit der zweiten Methode, die die Verhaltensweisen des zweiten Stadiums kennzeichnet und aus Vergleichen von Figuren und aus qualitativen Korrespondenzen anschaulicher Art besteht, wird ein Fortschritt erzielt, aber dieser ist noch nicht so umfassend, wie es zunächst den Anschein haben könnte: Er betrifft die Genauigkeit, mit der Formen und Qualitäten analysiert werden, und bewirkt infolgedessen eine tiefergehende Ausarbeitung der anschaulichen Gegebenheiten. Auf dem Niveau der globalen Vergleiche sind die einzigen beachteten Einzelheiten jene, die zur Verwirklichung der Gesamtformen erforderlich sind (Winkel, äußerste Positionen der Reihen usw.). Von nun an aber gibt es keine bevorzugten Einzelheiten mehr. Alle Teile der Gesamtheit werden wahrgenommen und verglichen. Daher werden sie nicht mehr nur zusammengestellt, sondern analysiert, d. h., das Kind trägt den verschiedenen Kriterien Rechnung und fängt an, sie zu koordinieren. Je nachdem es den Akzent auf die Länge, die Breite, die Dichte usw. legt, gelangt es zu verschiedenartigen Wertungen, die Folge sind Unschlüssigkeit und Hemmnisse, die zur Koordinierung zwingen.

119

Unter dem Gesichtspunkt, der uns hier beschäftigt, führt dieser Erfolg der miteinander kombinierten Analyse und Synthese bei der Reproduktion der verschiedenen geometrischen Konfigurationen der Kollektionen (und zwar im Gegensatz zu dem Synkretismus der Gesamtformen auf dem ersten Niveau) zur Konstitution einer neuen halb-operatorischen Methode oder vielmehr zur Entwicklung eines Schemas, das im globalen Vergleich bereits enthalten ist, sich auf diesem Niveau aber davon loslöst und sich festigt. Das heißt: dieser Erfolg führt zur qualitativen Korrespondenz anschaulicher Art. Psychologisch gesehen, ist die Herstellung der Korrespondenz nichts anderes als die Systematisierung der Ähnlichkeits- oder Vergleichsurteile. Das Kind nimmt in der Tat die Einzelheiten einer Figur nur durch die Ähnlichkeit oder den Unterschied zu den Einzelheiten der verglichenen Figur wahr. Daraus ergibt sich die Korrespondenz-Setzung von Winkeln, Seiten, Hohlformen und Vollformen, kurz aller analogen Teile, und nicht mehr nur bestimmter kennzeichnender Einzelheiten und Gesamtformen. Diese qualitative Korrespondenz oder „Vergleichung der Teile" gestattet es der Versuchsperson, alle Figuren in 2. und nicht mehr nur diejenigen, deren Form von der Zahl der Elemente abhängt, nachzubilden; und selbst wenn sie bei der Reproduktion bestimmter zu dichter Anhäufungen versagt, bildet sie eine neue und sehr viel bessere Methode des Reproduzierens der Gruppen.

Allerdings ist diese zweite Methode, wenn auch präziser als die erste, doch kaum beweglicher. Sie gestattet nur Vergleiche bestimmter bevorzugter und statischer Zustände der betrachteten Gruppen, eben jener Zustände, in denen diese Figuren angelegt sind. Man erinnere sich z. B. des Falles Ba (S. 98), wo das Kind zögert, zwei Gruppen von 12 in ähnlichen Rechtecken angeordneten Spielmarken miteinander zu identifizieren, weil sich eines der Rechtecke in die Höhe, das andere in die Breite erstreckt, oder des Falles Nil (S. 98), wo das Kind sich weigert, die Korrespondenz zwischen den Spielmarken zweier konzentrischer Kreise anzuerkennen, obgleich jedes Element des großen Kreises einem bestimmten Element des darin beschriebenen Kreises gegenübergelegt worden war. Freilich führt der genaue Vergleich der Figuren zu einer größeren Zahl der Möglichkeiten als der globale Vergleich, da man die Figuren unendlich verändern kann, während die Gesamtformen wenig zahlreich sind. Unter dem Gesichtspunkt der Koordination der Relationen und der Invarianz der Quantität aber ist der Fortschritt gering, da es genügt, die Spielmarken zu verlagern und die Figur, die sie bilden, ein wenig zu verändern, um ihre Summe in den Augen des Kindes zu verändern.

In Wirklichkeit beginnen zwar die Längen-, Breiten- und Dichte-Relationen usw., die jede Figur kennzeichnen, sich zu koordinieren, aber auf einer noch völlig praktischen oder anschaulichen Ebene. Das Koordinierungsinstrument dieser verschiedenen Kriterien oder Verhältnisse ist noch nicht die Operation als solche, es ist immer noch die Figur selbst. Um die Figur, die es entwirft, der Modellfigur zuordnen zu können, muß das Kind zugleich Dimensionen, Formen, Dichte usw. berücksichtigen. Der Fortschritt in bezug auf das erste Stadium besteht darin, daß es wohl Koordination aller dieser Relationen bei der Konstruktion der Figur selbst gibt. Sobald man aber andererseits diese Figur transformiert, ist das Kind zu einer abstrakten oder operatorischen Koordinierung der betreffenden Verhältnisse nicht fähig und bleibt also der Anschauung der Figur als dem einzigen Vereinheitlichungsprinzip verhaftet. Infolgedessen genügt es, ein Viereck umzudrehen, den Durchmesser eines Kreises zu vergrößern oder die Elemente einer Reihe auseinanderzurücken, um die Versuchsperson in diesem Stadium zu veranlassen, nicht mehr an die Konstanz oder an die Korrespondenz zu glauben und von neuem seine Schätzung auf ein einziges Kriterium (die Länge usw.) zu stützen und die anderen Kriterien zu vergessen. Es bleibt folglich eine an das erste Stadium erinnernde Nicht-Koordinierung bestehen.

Kurz gesagt, die zweite Methode ist nur die Fortsetzung der ersten. Sie ist genauer, ergiebiger, etwas beweglicher, aber immer noch auf die sinnenhafte Anschauung beschränkt und noch nicht zu wirklich operatorischen und logischen Dissoziationen und Kompositionen fähig. Genauer kann man sagen, sie sei halb-operatorisch, weil sie auf der Ebene der Praxis oder der Wahrnehmungserfahrung bereits zur Verwirklichung der qualitativen Korrespondenz führt, was eine auf die Anschauung begründete Koordinierung der betreffenden Relationen voraussetzt. Es ist nun sehr aufschlußreich, festzustellen, daß dieser halboperatorische Charakter von einem Fortschritt in der Reversibilität des Denkens begleitet wird. Die Reversibilität ist ja der psychologische Ausdruck der Operation. In der Tat: auch wenn die Kinder auf diesem Niveau noch nicht glauben, daß eine transformierte Figur mit ihrer ursprünglichen Form korrespondiert und ihr in bezug auf die Zahl der Elemente äquivalent ist, so geben sie doch zu, daß man von der geänderten Form wieder zur Ausgangsform gelangen kann. So beschränken sie sich darauf, die Elemente dieser gedrängten Reihe wieder aufzulockern, anstatt neue hinzuzufügen, wenn sie eine lose Reihe mit Hilfe einer zusammengedrängten Reihe, die ursprünglich mit ihr korrespondiert hatte, nachbilden wollen. Es ist jedoch klar, daß diese Reversibilität unvollständig bleibt, da die betreffenden Relationen sich im Falle der Veränderung der Figuren nicht mehr zu komponieren vermögen und da die Konstanz noch nicht hergestellt ist. Die Relationen stellen also immer noch kein reversibles Gesamtsystem her, was erneut zu der Feststellung führt, daß die Operationen noch schlecht von der Anschauung gelöst sind.

Mit der dritten Methode wird im Gegensatz hierzu ein entscheidender Fortschritt verwirklicht. Die Korrespondenz führt zur dauernden und zwangsläufigen Äquivalenz, d. h. zur Erkenntnis, daß die korrespondierenden Gruppen äquivalent bleiben, unabhängig von ihrer Form oder der Disposition der Elemente. Stellen wir zunächst fest, daß dieser Fortschritt auf ganz kontinuierliche Weise erzielt wird, durch eine fortschreitende Befreiung von der Figur oder der Wahrnehmungsanschauung. Es genügt in der Tat, daß sich die qualitative Korrespondenz, d. h. die Korrespondenz der jeweiligen Teile zweier Figuren, nur wenig von ihrer genauen Form befreit, um die betreffenden Stücke zu austauschbaren Einheiten werden zu lassen und die Korrespondenz auf diese Weise einen „beliebigen" oder numerischen Charakter annehmen zu lassen. Diese Befreiung aber setzt eine dauerhafte Koordinierung der betreffenden Relationen voraus, ohne daß es noch nötig wäre, auf jene vereinheitlichende Anschauung zurückzugreifen, die die aktuelle Figur darstellt – oder genauer: sie setzt eine Korrespondenzbildung der aufeinanderfolgenden Anschauungen voraus, die bis dahin für nicht-reduzierbar oder nicht-koordinierbar gehalten wurden.

Der grundlegende Faktor dieser Entwicklung scheint uns gegeben zu sein in der völligen Mobilität und Reversibilität des Handlungstypus, der in den Konstruktionen des Kindes zutage tritt. Die durchgeführte Operation wird in der Tat nicht mehr unmittelbar absorbiert von dem erzielten anschaulichen Ergebnis. Sie löst sich davon ab, d. h., die Aktion vermag rückwärts abzulaufen. Jede Transformation kann durch die inverse Anordnung derart ausgeglichen werden, daß eine beliebige Anordnung eine beliebige andere herbeiführen kann und umgekehrt. So verfährt das Kind, anstatt sich auf eine Figur zu beziehen, von der es sich nicht mehr befreit, mit Hilfe von unaufhörlichen Rekapitulationen der Stück-für-Stück-Korrespondenzen, und diese Rekapitulationen stellen zum ersten Mal die wirkliche Dekomposition der Gesamtheiten und die wirkliche Koordinierung der betreffenden Verhältnisse dar. Anders ausgedrückt: Die durchgeführten Aktionen bilden von nun an ein umfassendes System, dessen Reversibilität Quelle der Konstanz ist, und dieses System ist das Prinzip einer Verallgemeinerung der qualitativen Korrespondenzen oder einfach logischen Koordinierungen von Relationen und zugleich auch das Prinzip der numerischen oder „beliebigen" Korrespondenz, die jedes Element als eine von ihren Qualitäten unabhängige Einheit betrachtet, die also den anderen Einheiten gleichkommt und sich von jenen nur durch ihre momentane Position in der Reihenbildung unterscheidet.

II. Dieser psychologischen Entwicklung, die von der globalen Wahrnehmung zur Operation übergeht, dank einer fortschreitenden Reversibilität der Aktionen und des Denkens, entspricht eine logische Strukturierung der Urteile, die vom einfachen ungegliederten Bericht bis zur zwei-eindeutigen und wechselseitigen „beliebigen" Korrespondenz reicht, über eine Reihe von Transformationen, deren große Züge wir jetzt nachzeichnen möchten, um die internen oder logisch-arithmetischen Rückwirkungen des eben beschriebenen treibenden Prozesses zu zeigen.

Die logische Konstruktion der Korrespondenz, die das Kind im Verlaufe der in den Kapiteln III und IV analysierten drei Hauptstadien durchgeführt hat, kann — und das ist sehr interessant — genau in den Rahmen jener Quantifikation wieder eingefügt werden, die wir bei Gelegenheit der Invarianz der kontinuierlichen und diskontinuierlichen Quantitäten (Kapitel I und II) beschrieben haben. Der „rohen Quantität" entspricht die globale Wertung, der „intensiven Quantität" die qualitative Korrespondenz und der „extensiven Quantität" die numerische Korrespondenz, wobei es sich von selbst versteht, daß die die qualitative Korrespondenz hervorrufenden logischen Multiplikationen erst im Verlaufe des zweiten Stadiums einsetzen, und zwar nur auf einer anschaulichen oder halboperatorischen Ebene, und daß sie im Verlaufe des dritten Stadiums verallgemeinert werden, in enger Verbindung mit den Multiplikationen, die den Ursprung der numerischen Korrespondenz bilden.

Auf dem Niveau der globalen Quantifikation sahen wir zunächst, daß die einzigen vom Kinde beim Vergleich zweier Gesamtformen hergestellten Verhältnisse solche der Form sind: ± lang, ± breit, ± gedrängt usw. Wie wir nun immer wieder gezeigt haben, gelingt es dem Kinde nicht, eines dieser Verhältnisse zu isolieren und zur selben Zeit auch die anderen zu berücksichtigen. Unter dem Gesichtspunkt der logischen Operationen bedeutet das also, daß es noch keine mögliche Multiplikation dieser Verhältnisse untereinander gibt, d. h., daß das Kind z. B. eine Reihe nicht als ebenso lang und zu gleicher Zeit als gedrängter ansieht als eine andere. Andererseits sind derartige Verhältnisse ebensowenig zerlegbar in Segmente, deren Summe sie darstellten. So ist das Dichte-Verhältnis für die Versuchsperson nur eine globale Qualität, die auf den Wahrnehmungs-Augenschein und nicht auf ein System mehr oder minder kurzer oder ausgedehnter Intervalle zurückzuführen ist. Das Kind sagt z. B., daß ein Haufen dicht gedrängt sei, aber es legt eine Reihe von 8 Spielmarken unter eine Reihe von 6, ohne die jeweiligen Intervalle zu berücksichtigen. Diese Verhältnisse bedingen also ebensowenig eine additive Reihenbildung. Da sie weder logisch addiert noch miteinander multipliziert werden können, sind derartige Verhältnisse keine „Relationen". Sie drücken einfach die in den Vergleichen als „mehr", „weniger" oder „gleich" wahrgenommenen Qualitäten aus. Sie sind also das, was wir in unseren Analysen in den Kapiteln I und II als „rohe" Quantitäten oder als Verhältnisse zwischen „rohen Qualitäten" bezeichnet haben.

Wie verfährt nun, nach dem Gesagten, das Kind, um diese globalen Verhältnisse in eigentliche Relationen umzuwandeln und um dank ihrer die qualitative Korrespondenz zu konstruieren? Wie wir angesichts jedes neuen Versuches festgestellt haben, beginnt diese Konstruktion mit dem zweiten Stadium, aber lediglich auf der Anschauungs-Ebene, um sich erst im Verlaufe des dritten Stadiums zu vollenden. Diese zweite logische Etappe, die dem entspricht, was wir in den Kapiteln I und II als „intensive Quantität" bezeichnet haben, wird gekennzeichnet durch folgende Operationen — mögen diese nun halb-operatorisch oder anschaulich bleiben (zweites Stadium) oder sich in abstrakten Operationen vollenden (drittes Stadium) durch eine additive Reihenbildung und durch eine Multiplikation der additiven Reihen, da die Korrespondenz eben in dieser Multiplikation besteht.

Wie wir bei den linearen Reihen zu zeigen versucht haben (unter 2.), ist es für das Kind, wenn es zu einer richtigen Korrrespondenzbildung gelangen will, unerläßlich, sowohl die Länge als auch die Dichte zu berücksichtigen, d. h., einerseits die Gesamtlänge der Reihe in Segmente zu zerlegen, die aus den Intervallen zwischen den Elementen bestehen, aus denen diese Reihe zusammengesetzt ist, und andererseits der Kopie-Reihe nicht nur dieselbe Länge, sondern auch dieselbe Dichte, d. h. also dieselben Intervalle, zu verleihen, indem es jedesmal ein Element unter eines der Elemente der Modell-Reihe legt. Diese beiden komplementären Operationen der Dekomposition in Segmente und der reproduzierenden Kompositionen stellen nun gerade die additive Reihenbildung und die Multiplikation von Relationen dar, von denen soeben gesprochen wurde.

Die additive Reihenbildung der Relationen besteht darin, festzulegen, daß die Gesamtlänge der Reihe, bezeichnet als l, bestimmt wird durch die Summe der Intervalle, die jedes Element vom folgenden trennen, also $l = a + a' + b' \ldots$, wobei a das Intervall zwischen erstem und zweitem Element, a' das Intervall zwischen zweitem und drittem Element usw. ist. Vielleicht wird man einwenden, es sei auf dem Niveau des zweiten Stadiums noch nicht bewiesen, daß das Kind eine beliebige geometrische Länge l aus addierten Reihen-Segmenten zusammengesetzt auffasse. Das ist aber ein ganz anderes Problem, das hier nicht hineinspielt, weil die betrachteten Intervalle a, a', b' usw. einfach Positionsrelationen sind und weil das Kind gerade dadurch, daß es die qualitative Korrespondenz herstellt, zeigt, daß es diese Positionen der Elemente berücksichtigt.

Die Multiplikation der Relationen, die es gestattet, die qualitative Korrespondenz selbst herzustellen, besteht darin, wenn eine derart durch die Position ihrer Elemente (also durch die Gesamtlänge l und die Intervalle $l = a + a' + b'$ ...) definierte Reihe gegeben ist, eine andere Reihe zu bilden, die genau dieselbe Länge und dieselben Intervalle aufweist. Da jene andere Reihe unterhalb oder neben usw. der ersten Reihe gebildet werden kann, steht sie zu dieser in einer beliebigen Relation (z. B. $\downarrow x$ = „oberhalb von" oder $\uparrow x$ = „unterhalb von").
Qualitative Korrespondenz besteht also dann, wenn zwei Reihen $l_1 = a_1 + a'_1 + b'_1$ ... usw. und $l_2 = a_2 + a'_2 + b'_2$ ... durch die Relation $\downarrow x$ miteinander multipliziert werden, so daß sich ergibt:

$$a_1 = \downarrow x \overset{a_2}{\rightarrow} \uparrow x; \; a'_1 = \downarrow x \overset{a'_2}{\rightarrow} \uparrow x; \text{ usw. oder abgekürzt } a_1 = a_2 ;$$
$$a'_1 = a'_2 \ldots \text{ usw. Also:}$$

$$\cdot \overset{a_1}{\rightarrow} \cdot \overset{a'_1}{\rightarrow} \cdot \overset{b'_1}{\rightarrow} \ldots \text{ usw.}$$
$$\downarrow x \quad \downarrow x \quad \downarrow x$$
$$\overset{a_2}{\rightarrow} \cdot \overset{a'_2}{\rightarrow} \cdot \overset{b'_2}{\rightarrow} \ldots \text{ usw.}$$

Es ist leicht zu erkennen, daß das Kind im zweiten Stadium gerade diese Operation in anschaulicher Weise durchführt. Um eine Reihe von Spielmarken mit einer äquivalenten Gruppe korrespondieren zu lassen, entwirft es eine ähnliche Reihe, indem es ein Stück unter jedes der Modell-Reihe legt. Es multipliziert so die Positionsrelationen a_1; a'_1; b'_1 usw. der Modell-Reihe mit der Relation $\downarrow x$ = „oberhalb von".
Andererseits glaubt es, sobald die Positionen in einer der beiden Reihen geändert sind, nicht mehr an die Äquivalenz, da es nur erst diese topographische Ähnlichkeit und nicht die numerische Korrespondenz als solche berücksichtigt hat.
Man könnte dasselbe statt in Bezeichnungen für Relationen in solchen für individuelle oder zusammengesetzte Klassen ausdrücken, die durch ihre Anschauungs-Qualitäten räumlichen Charakters, d. h. von neuem durch die jeweiligen Positionen ihrer Elemente, definiert werden (und man könnte zweifellos dieselben Ergebnisse im Bereich der zeitlichen Qualitäten feststellen, z. B. im Falle der Korrespondenz zwischen aufeinanderfolgenden Taktschlägen).
Es sei eine Gruppe M_1 gegeben, gebildet aus A_1, der Anfangs-Spielmarke ganz links; A'_1 der Spielmarke rechts von A_1; B_1, der Vereinigung von A_1 und A'_1; B'_1, der Spielmarke rechts von A'_1; C_1, der Vereinigung von A_1 und A'_1 und B'_1 usw. Die Gruppe M_1 qualitativ der Gruppe M_2 entsprechen zu lassen bedeutet, M_2 in derselben Art aufzuteilen (also A_2 = Spielmarke links; A'_2 = Spielmarke rechts von A_2 usw.), darüber hinaus aber sie in der Weise zu zerlegen, daß man jedesmal Klassen von

Paaren bilden kann (A₁ + A₂); (A'₁ + A'₂) usw., in denen A_1 oberhalb von A_2 liegt; A'_1 oberhalb von A'_2 usw. Man erhält folgendes Bild:

$$A_1 \xrightarrow{a_1} A'_1 \xrightarrow{a'_1} B'_1 \xrightarrow{b'_1} C'_1 \cdots$$
$$\downarrow x \quad \downarrow x \quad \downarrow x \quad \downarrow x$$
$$A_2 \xrightarrow{a_2} A'_2 \xrightarrow{a'_2} B'_2 \xrightarrow{b'_2} C'_2 \cdots$$

das sich entweder in der Ausdrucksweise der Relationen oder in der der Klassen qualifizierter Elemente lesen läßt.

Es wäre jetzt leicht aufzuzeigen, daß die vom Kind zwischen den in 1. (II, III) genannten verschiedenartigen Figuren hergestellten qualitativen Korrespondenzen denselben Prinzipien unterworfen sind. Sie lassen sich alle gleichermaßen zurückführen auf Ähnlichkeiten von Relationen oder auf Multiplikationen von Klassen und bringen so die zwischen den Formen oder zwischen den durch ihre Position bestimmten Elementen wahrgenommenen anschaulichen Ähnlichkeiten zum Ausdruck. Es ist jedoch nicht erforderlich, diese Demonstration im einzelnen durchzuführen.

Dafür ist jedoch zu betonen, daß einerseits das Kind des zweiten Stadiums nicht imstande ist, die vorgenannten Operationen bis zu ihren äußersten Konsequenzen voranzutreiben, angesichts der Tatsache, daß es sie lediglich auf einer anschaulichen, also halb-operatorischen Ebene durchführt und daß dieses selbe Kind andererseits, selbst wenn es im dritten Stadium aus diesen Operationen alles herausholt, was sie logisch beinhalten, jetzt aus ihnen nicht direkt den Begriff der dauernden numerischen Äquivalenz der korrespondierenden Gruppen abzuleiten vermag, denn diese Operationen bringen noch nicht den Zahlbegriff mit sich.

Zwei Reihen von Elementen in qualitative Korrespondenz bringen bedeutet in der Tat, diese Elemente einander nach denselben Intervallen und derselben Gesamtlänge gegenüberzustellen. Nennen wir die Gesamtlänge der ersten Reihe l_1 und die der zweiten l_2. Es kann sich ergeben: $l_2 > l_1$; $l_2 < l_1$ oder $l_2 = l_1$, was unmittelbar an der qualitativen Wahrnehmung der Reihen ohne Intervention irgendeiner Maßeinheit zu erkennen ist. Nennen wir die Dichte der ersten Reihe d_1 und die der zweiten d_2. Wenn $d_2 = d_1$ ist, so bedeutet das, daß jedes Glied der zweiten Reihe einem, und zwar einem einzigen Stück der ersten Reihe gegenüberliegt. Wenn $d_2 > d_1$ ist, so bedeutet das, daß mindestens einige Intervalle der zweiten Reihe kürzer sind als die der ersten (wobei andere gleich lang sein können); und wenn $d_2 < d_1$ ist, so bedeutet das, daß wenigstens einige Intervalle der zweiten Reihe länger sind als die der ersten (wobei andere gleich lang sein können). Bezeichnen wir schließlich die Anzahl der Elemente der beiden Reihen als n_1 und n_2, so bedeutet $n_1 = n_2$, daß in beiden Reihen gleich viel

Glieder vorhanden sind; $n_2 > n_1$ bedeutet, daß in der ersten weniger vorhanden sind, und $n_2 < n_1$ bedeutet, daß in der zweiten Reihe weniger vorhanden sind. Halten wir fest, daß weder die Relationen d noch die Relationen n den eigentlichen Zahlbegriff einschließen, sondern lediglich die Begriffe „mehr" oder „weniger" oder „Gleichheit der Korrespondenz", d. h. nur die „intensiven" Begriffe, deren sich unsere Versuchspersonen in diesem Stadium bedienen. Wenn das feststeht, lassen sich logisch aus der Multiplikation der Relationen folgende Schlußfolgerungen ziehen.

(1) $(l_1 = l_2) \times (d_1 = d_2) = (n_1 = n_2)$

(2) $(l_1 > l_2) \times (d_1 > d_2) = (n_1 > n_2)$ und $(l_1 < l_2) \times (d_1 < d_2) = (n_1 < n_2)$

(3) $(l_1 = l_2) \times (d_1 > d_2) = (n_1 > n_2)$ und $(l_1 = l_2) \times (d_1 < d_2) = (n_1 < n_2)$

(4) $(d_1 = d_2) \times (l_1 > l_2) = (n_1 > n_2)$ und $(d_1 = d_2) \times (l_1 < l_2) = (n_1 < n_2)$

(5) $(l_1 < l_2) \times (d_1 > d_2) = (n_1 \gtreqless n_2)$ oder $(n_1 = n_2)$ und $(l_1 > l_2) \times (d_1 < d_2) = (n_1 \gtreqless n_2)$ oder $(n_1 = n_2)$

Nun ist es klar, daß das Kind im zweiten Stadium wohl imstande ist, aus der Anschauung heraus die ersten vier dieser Kompositionen zu begreifen. Die erste ist in der Tat nur der Ausdruck der qualitativen Korrespondenz; die zweite drückt lediglich die Tatsache aus, daß eine Reihe, wenn sie zugleich länger und dichter ist als eine andere, mehr Glieder enthält; die dritte drückt aus, daß größere Dichte bei gleicher Länge mehr Glieder bedingt, und die vierte, daß eine längere Reihe bei gleicher Dichte zahlenmäßig größer ist. Keine dieser Multiplikationen erfordert also eine abstrakte Operation, da ihr Ergebnis bei der Wahrnehmung selbst evident ist. Im Gegensatz hierzu ist das Kind im zweiten Stadium unfähig, die Komposition 5 zu begreifen, die immerhin durch die vorhergehenden bedingt ist: Wenn eine Reihe zugleich kürzer und dichter ist als eine andere, kann sie zahlenmäßig größer, geringer oder gleich groß sein. Man wird vielleicht einwenden, daß die Indetermination in diesem Falle das Verstehen verhindert. Man könnte jedoch die Relation 5 in folgender Weise schreiben, die keine Indetermination mehr aufweist:

(6) $(n_1 = n_2) \times (l_1 > l_2) = (d_1 < d_2)$ und $(n_1 = n_2) \times (l_1 < l_2) = (d_1 > d_2)$ oder

(6a) $(n_1 = n_2) \times (d_1 > d_2) = (l_1 < l_2)$ und $(n_1 = n_2) \times (d_1 < d_2) = (l_1 > l_2)$

D. h. also, daß, wenn zwei Reihen dieselbe Quantität von Gliedern aufweisen, die längere zwangsläufig weniger dicht ist und umgekehrt. Wie kommt es also, daß das Kind im zweiten Stadium, das die Komposition 1 bis 4 völlig begreift, diese Multiplikationen 6 und 6a nicht begreift, obgleich es jedesmal, wenn man eine Reihe vor ihm zusammendrängt oder auseinanderrückt, damit es beide miteinander vergleiche, die Äquivalenz $n_1 = n_2$ gerade durch die Stück-für-Stück-Korrespondenz herstellt? Hier sind die beiden soeben aufgezeigten Umstände zu berücksichtigen. Zunächst verfährt das Kind im zweiten Stadium nur nach der Wahrnehmungs-Intuition und noch nicht nach wirklich reversiblen Operationen. Wenn man nun aber auf der Anschauungs-Ebene verharrt, stellt man fest, daß die Qualitäten l und d der Reihen variabel sind, weil man jede beliebige Reihe verlängern oder verkürzen, lockern oder zusammendrängen kann. Warum sollte also nicht auch das Verhältnis n variieren, wenn l und d sich wandeln? Das Kind bleibt bei seinem anschaulichen oder perzeptiven Gesichtspunkt völlig kohärent, wenn es ohne Diskussion diese mögliche Variation annimmt, und eben das hindert es daran, die Komposition 6 vorzunehmen. Darin aber hört es auf, logisch zu sein, und zwar in Ermangelung eines operatorischen Mechanismus, wenn es angesichts einer zusammengedrängten Reihe nicht begreift, daß die Verminderung von l die Vermehrung von d mit sich bringt. Anstatt mit der Komposition 5 auf die Indetermination zu schließen, trennt es l von d und folgert zu Unrecht, daß die Quantität n nur von der Länge l oder nur von der Dichte d abhängt. Wenn die Versuchsperson aber in das dritte Stadium gelangt, d. h., wenn sie dank der völligen Reversibilität der Transformationen die Operation von der Anschauung befreit, gelingt es ihr, diese Schwierigkeit zu überwinden, und sie verallgemeinert dann das System der qualitativen Korrespondenz, soweit diese imstande ist, die logischen Multiplikationen 5 und 6 ebenso durchzuführen wie die von 1 bis 4. Anders ausgedrückt: sie begreift das inverse Verhältnis von d und l, das ihr bis dahin entging, weil es eben die Grenzen der Wahrnehmungs-Anschauung überschreitet. Wie entdeckt sie aber die Konstanz von n? Hier sind zwei Dinge zu unterscheiden. Handelt es sich nur um die extensive Struktur einer (multiplikativen) Klasse, z. B. „alle blauen Spielmarken, die mit den roten korrespondieren" (also um das, was wir mit dem Verhältnis $\pm n$, also „mehr oder weniger zahlreich", bezeichnet haben)? In diesem Falle ist es klar, daß die Verallgemeinerung der logischen Multiplikationen genügt, die Konstanz der Gruppen zu bewirken, und zwar auf Grund der operatorischen Reversibilität der qualitativen Korrespondenz. Die Korrespondenz kann hergestellt oder aufgelöst werden, d. h., man kann die beiden Gruppen (oder die beiden Reihen von Relationen mit einer dritten, die sie beide miteinander vereint) multiplizieren und dann von dieser dritten abstrahieren, aber die beiden ersten bleiben immer „mit der dritten ko-multiplizierbar", was eine bestimmte Art von Konstanz oder Äquivalenz hervorruft. (Diese

Äquivalenz oder Konstanz bedeutet letztlich nichts anderes, als daß keine einzelne Spielmarke in den beiden korrespondierenden Gruppen verlorengehen kann.) Wenn z. B. eine Folge von blauen Spielmarken Stück für Stück unter eine Folge von roten gelegt werden kann, mag man noch so sehr abstrahieren von dieser Korrespondenz — es ist immer möglich, sie wieder herzustellen, und unter diesem Gesichtspunkt bleiben die beiden Reihen ko-multiplizierbar mit der Relation „oberhalb von", was ihre Äquivalenz unter diesem besonderen Gesichtspunkt sichert*.

Allerdings ist diese Konstanz der Klassen oder der Relations-Reihen noch nicht die Konstanz der Zahl, und die Äquivalenz, von der eben gesprochen wurde, ist nicht die numerische Gleichheit. Angenommen: drei blaue Spielmarken liegen angeordnet als Dreieck. Zwischen diesen Marken und drei roten Marken besteht qualitative Korrespondenz, wenn man letztere ebenfalls in einem Dreieck anordnet. Wenn man die roten Spielmarken in einer Reihe anordnet, bleibt bestehen, daß man sie wieder als Dreieck hinlegen könnte, und unter diesem Gesichtspunkt, aber nur unter diesem, bleiben sie den blauen Marken äquivalent. Es handelt sich also hier um eine spezielle Äquivalenz, die man mit den Worten „sie sind mit derselben Konfiguration ko-multiplizierbar" ausdrücken könnte. In jedem Fall bewahren sie dieselbe Klassen-Extensions-Struktur, und das begreift das Kind im dritten Stadium, wenn es, wie z. B. Lan, sagt, daß zwei Gruppen, die miteinander korrespondiert haben, „dasselbe" sind, weil man ebensoleicht eine Reihe aus einem Haufen wie einen Haufen aus einer Reihe herstellen kann. Aber man kann noch einen Schritt weitergehen und zugeben, daß die drei aufgereihten Spielmarken auch weiterhin mit den drei im Dreieck befindlichen Marken und jeder beliebigen Gruppe von drei Spielmarken korrespondieren, welche Form sie auch annehmen möge. Das begreifen die Versuchspersonen des dritten Stadiums ebenfalls gut, weil sie oft ihre Korrespondenzen herstellen, ohne sich um die Form der Gruppen oder die raum-zeitliche Qualität der Elemente zu kümmern.

So erreichen wir die dritte Stufe der logischen Konstruktion der Korrespondenz: die der eigentlichen numerischen oder „beliebigen" Korrespondenz, die parallel verläuft mit „extensiven Quantitäten" in Kap. I und II und zeitlich zusammenfällt mit der Vollendung der Operationen logischer Multiplikation, d. h. mit der Entdeckung der Konstanz der Extensions-Klassen und der Relationsreihen.

---

* Setzt diese erste Form der Konstanz, d. h. die der Extension der Klassen oder der Folgen von Relationen, selber den Begriff der Zahl voraus, um sich zu konstituieren? Logisch kann man von einem Begriff zum anderen übergehen; psychologisch erscheinen die beiden Begriffe gleichzeitig, und alles scheint auf eine wechselseitige Aktion hinzudeuten. (Vgl. Kapitel VII und VIII.)

Um den Übergang von der qualitativen zur numerischen Korrespondenz verständlich zu machen, ist es leichter, in der Ausdrucksweise logischer Klassen zu beginnen. Gegeben sind die drei blauen Spielmarken, von denen eben gesprochen wurde. Diese mögen betrachtet werden als die Elemente dreier individueller Klassen: A_1 wird definiert als die Klasse der Spielmarke, die die linke Ecke bezeichnet (wenn das Dreieck auf seiner Basis liegt); A'_1 ist die Marke der Dreiecks-Spitze; B'_1 ist die Marke der rechten Ecke, und C'_1 sei hinzugefügt als eine in der Mitte des Dreiecks liegende Marke. (Sobald man die individuellen Klassen miteinander vereint, erhält man $A_1 + A'_1 = B_1$, d. h. die an den Enden der linken Seite des Dreiecks liegenden Spielmarken; $A_1 + A'_1 + B'_1 = C_1$ oder $B_1 + B'_1 = C_1$ sind die Marken der drei Ecken des Dreiecks, und $C_1 + C'_1 = D_1$ sind alle Marken, die die betreffende Figur bilden.) Wenn man nun diesen blauen Marken eine Gruppe roter zuordnet, die dieselben Qualitäten haben, erhält man $A_2 =$ die Spielmarke, die die linke Ecke eines neuen Dreiecks bezeichnet, $A'_2 =$ die Marke an der Spitze; $B'_2 =$ die rechte Ecke und $C'_2 =$ die Marke in der Mitte (ebenfalls mit der Möglichkeit, B_2, C_2 und D_2 zusammenzusetzen). Es versteht sich von selbst, daß jede beliebige Marke imstande ist, A_1 oder A'_1 usw. darzustellen. Sobald sie aber in der Figur liegt, wird sie durch ihre absolute Position definiert, d. h. durch die räumlichen Qualitäten, deren Träger sie ist, solange sie diese Position innehat. Von nun an kann man A_1 nicht mit A'_2, A'_1 nicht mit A_2 oder A'_1 nicht mit C'_2 usw. korrespondieren lassen. Die Korrespondenz wird ausschließlich definiert durch die Äquivalenz der Qualitäten. Schließlich wirkt die Ordnung bei der Definition der totalen Klassen D_1 und D_2 nicht mit. Man könnte bei der Spielmarke in der Mitte oder rechts usw. beginnen (und sie A_1; A'_1 usw. nennen), das würde nichts ändern, denn nicht diese Ordnung definiert sie, sondern die Qualitäten, deren Träger sie in der Figur sind. Das ist also die vom Kinde gebrauchte qualitative Korrespondenz, die übrigens auch der Erwachsene selber häufig verwendet (wie z. B. der Anatom beim Vergleich der Glieder zweier Skelette).

Wenn sich nun die Versuchsperson, anstatt mit Hilfe der roten Marken die von den blauen gebildete Figur nachzubilden, darauf beschränkt, sie aufzureihen, aufzuhäufen oder willkürlich vor sich hinzulegen, gibt es sicherlich noch Stück-für-Stück-Korrespondenz, aber sie wird einem neuen Typus angehören: Jede Marke wird nicht mehr als Trägerin von Qualitäten angesehen werden, die ausreichen, sie von den anderen zu unterscheiden, sondern als eine den anderen Einheiten gleiche Einheit. Nehmen wir an, diese roten Spielmarken seien aufgereiht: A_2 stellt dann nach Belieben A_1 oder A'_1 oder B'_1 dar; A'_2 stellt gleichfalls irgendein Stück aus D_1 dar, abgesehen von dem, was bereits mit A_2 korrespondiert, usw. usf.

Von nun an erhält die Vereinigung von $A_2 + A'_2 + B'_2 + C'_2 = D_2$ den Sinn der Zahl 4 und nicht den der Klasse der im Dreieck angeordneten Spielmarken. $A_2 + A'_2 = B_2$ bedeutet die Zahl 2 und nicht mehr die Klasse der an den beiden Enden der linken Seite liegenden Spielmarken. Ja noch mehr: jede beliebige Vereinigung zweier Teile, $A'_2 + B'_2$ ebenso wie $A_2 + A'_2$ oder $B'_2 + C'_2$, läßt dieselbe Klasse B entstehen, die bedeutet: „2 Elemente unabhängig von ihren Qualitäten".

Wenn aber die „beliebige" oder numerische Korrespondenz, im Gegensatz zur qualitativen Korrespondenz, von den besonderen und differentiellen Qualitäten aller Spielmarken abstrahiert, d. h. wenn sie nicht mehr nach der absoluten Position, die sie in einer gegebenen Figur (Dreieck, Reihe usw.) einnehmen, definiert werden – wie unterscheidet man sie dann voneinander? Einfach durch ihre Reihenfolge innerhalb des Zuordnungsvorgangs (oder der Reihenbildung). Aber diese Ordnung ist eine völlig relative, die von einer Operation zur anderen variiert (und die wir daher als „stellvertretend" [„vicariant"] bezeichnen können). Um z. B. ebenso viele rote Spielmarken zu vereinigen, wie blaue in einer komplexen Figur vorhanden sind, zeigt ein Kind mit dem Finger auf jede blaue Marke, in einer beliebigen Reihenfolge, vorausgesetzt, daß es nicht zweimal auf dieselbe Marke zeigt, und fügt jedesmal den vorhergehenden eine rote Marke in linearer Reihe hinzu. Ein anderes Kind häuft die roten Marken aufeinander; ein drittes nimmt einfach jedesmal ein Element aus der Reserve zu seiner Rechten, um es willkürlich links hinzulegen, usw. Die einzige anerkannte Ordnung ist also die des Fingerzeigens selbst, aber diese Ordnung ist notwendig, damit die Korrespondenz zum Ziele führe.

Kurz gesagt, es ist leicht zu erkennen, unter welchen Bedingungen sich die Arithmetisierung der Stück-für-Stück-Korrespondenz vollzieht. Die Korrespondenz hört auf qualitativ zu sein und wird numerisch, sobald die Elemente untereinander als gleich (= in jeder Hinsicht äquivalent) aufgefaßt werden und sobald die unterscheidenden Merkmale, die sie innerhalb derselben Gruppe einander gegenüberstellen, ersetzt werden durch den einzigen Unterschied, der mit ihrer Gleichheit vereinbar ist, d. h. ihre relative Position in der Reihenfolge der Korrespondenzbildung. Wiederum ist also die Gleichsetzung der Unterschiede Ursprung der Einheit und damit der Zahl.

Wenn wir nun die parallele Entwicklung auf dem Gebiet der Relation untersuchen, so finden wir denselben Mechanismus der Arithmetisierung: $\overset{l_1}{\rightarrow}$ sei die Gesamtlänge einer Reihe und $\overset{l_2}{\rightarrow}$ die Länge der ihr entsprechenden Reihe; $\overset{a'_1}{\rightarrow}$; $\overset{a'_1}{\rightarrow}$; $\overset{b'_1}{\rightarrow}$ $+ \ldots$ usw. seien die Intervalle, die die Dichte der ersten Reihe ausdrücken und deren Summe der Gesamtlänge gleich ist:

$a_1 + a'_1 + b'_1 + \ldots = l_1$. Ebenso sei $a_2 + a'_2 + b'_2 + \ldots = l_2$. Wenn $l_1 = l_2$, $a_1 = a_2$ und $a'_1 = a'_2$ ist, versteht es sich von selbst, daß Korrespondenz vorhanden ist, und das entdeckt bereits das Kind des zweiten Stadiums auf Grund der bloßen Anschauung. Im Gegensatz dazu nimmt die Gesamtlänge ab, während die Dichte zunimmt, sobald man die zweite Reihe zusammendrängt und also $l_1 > l_2$, $a_1 > a_2$, $a'_1 > a'_2$ ist usw. In diesem Falle wird das Kind im zweiten Stadium verwirrt und verneint, daß noch Korrespondenz vorhanden ist. Wie verfahren nun die Versuchspersonen im dritten Stadium, die die Äquivalenz trotz dieser Transformationen behaupten? Unter einem rein qualitativen Gesichtspunkt kann man nur auf eine einzige Tatsache verweisen: auf die Möglichkeit, den anfänglichen Zustand durch Auflockerung der zweiten Reihe wiederherzustellen. Aber das Kind behauptet mehr: es hält daran fest, daß die Korrespondenz selbst im zusammengedrängten Zustand fortbesteht, d. h. also, daß es an die Stelle der qualitativen die mathematische Korrespondenz rückt. Es behauptet: (weniger lang) $\times$ (dichter) = (dieselbe Zahl). So wird die Verringerung der Gesamtlänge der Reihe genau kompensiert durch die Vermehrung der Dichte, also durch die Verringerung der Länge der Intervalle. In der Tat, wenn wir ansetzen: $l_1 - l_2 = x$ und $a_1 - a_2 = y$; $a'_1 - a'_2 = y'$; $b'_1 - b'_2 = y'' \ldots$ usw., so ergibt sich: $x = y + y' + y'' \ldots$ usw. Das bedeutet, daß die Multiplikation der qualitativen Relationen von nun an vervollständigt wird durch eine übergeordnete Operation in Gestalt der Egalisierung der Differenzen. Wenn dem so ist, verlieren die absolute Gesamtlänge der Reihe und die Länge der Intervalle jede Bedeutung. Allein das invariante Verhältnis der beiden zueinander wird für die Versuchsperson bedeutsam. Von nun an wird jedes Intervall eine den anderen gleichwertige Einheit, weil, wenn $a = a' = b' \ldots$ usw. ist, die Relation dieselbe bleibt. Und jedes Intervall bedeutet einfach $+ 1$ in bezug auf das Anfangs-Glied, wobei die Zahl der Glieder auf diese Weise konstant bleibt. Kurz gesagt: sobald zu den reinen Koordinierungen von Qualitäten die Egalisation der Differenzen hinzukommt, ergibt sich dadurch numerische Komposition und Intervention des Begriffs Einheit.

So zeigt sich: Jede Überlegung, stütze sie sich auf die Elemente als solche (die Klassen) oder auf die Relationen, leitet dann, wenn sie von den qualitativen zu den numerischen Zuordnungen hinüberführt, einen Prozeß ein, der über die qualitative Logik hinausreicht: die Konstruktion von Einheiten, die untereinander gleich und dennoch seriabel sind, eine Konstruktion, die mit Hilfe der Egalisation der Differenzen durchgeführt wird. Eine Klasse ist in der Tat eine Vereinigung von Gliedern (Individuen oder Unter-Klassen), die unabhängig von ihren Unterschieden für äquivalent gehalten werden. Die Spielmarken einer Reihe bilden z. B. eine Klasse, der die Enden ebenso angehören wie die übrigen Marken. Und wenn man zwei Klassen zu einer einzigen vereinigt, kann man es nur tun, indem man die Unterschiede vernachlässigt, die diese komponierenden Klassen voneinander trennen. So sind rote und blaue Spielmarken unabhängig von ihrer Farbe gleichermaßen Spielmarken. Eine asymmetrische Relation (die sich als „mehr" oder als „weniger" ausdrückt) ist im Gegensatz hierzu der Ausdruck einer Differenz und nicht mehr einer Äquivalenz. Wenn z. B. die Marke B rechts und in einem bestimmten Intervall von der Marke A liegt, werden A und B als voneinander verschieden aufgefaßt. Und wenn man zwei asymmetrische Relationen zu einer einzigen zusammenfaßt, addiert man die Differenzen: Wenn B sich in einem bestimmten Intervall $\xrightarrow{a}$ rechts von A befindet, und wenn C in einem bestimmten Intervall $\xrightarrow{a'}$ rechts von B liegt, so befindet sich C in einem Intervall $\xrightarrow{b}$ rechts von A, wobei $b = a + a'$ ist und wo b sowohl $b > a$ als auch $b > a'$ ist und die beiden Differenzen so zu einer größeren Differenz addiert werden. Die symmetrischen oder Gleichwertigkeits-Relationen sind gerade jene, die die Glieder derselben Klasse miteinander vereinigen und in dieser Hinsicht nichts Neues mit sich bringen. Keine dieser qualitativen Kompositionen bietet also die Möglichkeit, eigentliche Einheiten zu definieren: Zwei zu einer Gesamtklasse vereinigte Klassen bilden nicht zwei Einheiten, weil sie nur dank ihrer gemeinsamen Qualitäten vereinigt werden, und zwar ohne daß die Qualitäten, die sie voneinander unterscheiden, bei der Definition der Gesamtklasse mitwirkten. Zwei zu einer Gesamtrelation vereinigte asymmetrische Relationen bilden ebensowenig zwei Einheiten, denn obgleich die Gesamtrelation alle Differenzen, die durch jede komponierende Relation $(b = a + a')$ ausgedrückt werden, addiert, sind diese beiden partiellen Differenzen einander nicht äquivalent (a ist nicht = a'). Die Konstruktion der Zahl dagegen besteht (das hat uns soeben die Analyse der „beliebigen" Korrespondenz gezeigt) in der Gleichsetzung der Unterschiede, d. h. in der Vereinigung der Klasse und der asymmetrischen Relation zu einem völlig operatorischen Ganzen. Die aufgezählten Glieder sind dann untereinander sowohl äquivalent (und in dieser Hinsicht haben sie Anteil an der Klasse) als auch voneinander verschieden durch ihre Reihenfolge in der Aufzählung (und insofern haben sie Anteil an der asymmetrischen Relation). Da diese Differenzen außerdem nur mit der bloßen Aufeinanderfolge zusammenhängen, sind sie untereinander völlig äquivalent (a ist also = a', weil $a = +1$ und $a' = +1$), woraus sich die Tatsache ergibt, daß es in einer beliebigen qualitativen Serie (z. B. der Serie der durch die soeben besprochenen Intervalle voneinander getrennten Spielmarken) genügt, jede elementare Relation als den anderen äquivalent zu erachten, um dieser Serie einen numerischen Charakter zu verleihen.

KAPITEL V

*Seriation, qualitative Ähnlichkeit und ordinale Korrespondenz**

Die verschiedenen Formen von Korrespondenz und Äquivalenz, die wir in den Kapiteln III und IV untersucht haben, besitzen ebensosehr ordinalen wie kardinalen Charakter, aber bisher wurde nur der kardinale Aspekt betrachtet. Der Augenblick ist also gekommen, die Frage der Reihenbildung, der Korrespondenz zwischen zwei Reihen asymmetrischer Relationen (oder der „qualitativen Ähnlichkeit") und der ordinalen Korrespondenz (oder der numerisch gewordenen Ähnlichkeit) zu untersuchen. Die Elemente zweier Gruppen Stück für Stück miteinander korrespondieren zu lassen bewirkt *a priori* noch kein Primat der kardinalen Zahl über die ordinale. Man kann in der Tat vertreten, wie wir es in den Schlußfolgerungen des vorhergehenden Kapitels getan haben, daß zur Erzielung genauer Korrespondenz, d. h. dafür, daß jedes Glied gezählt, aber nur einmal gezählt wird, die Anordnung der verschiedenen Glieder in einer Reihe erforderlich ist, so daß es möglich wird, jedes Glied von allen anderen Gliedern zu unterscheiden. Wenn es sich um beliebige, aus gleichen Elementen zusammengesetzte Gruppen handelt und selbst wenn diese außer durch ihre Position nicht voneinander zu unterscheiden sind, kann man die Glieder in jeder beliebigen Ordnung aufreihen, vorausgesetzt, daß es überhaupt eine gibt und daß diese es ermöglicht, jedes Glied zu zählen, und zwar jedes nur einmal. Das haben wir im vorigen Kapitel als „stellvertretende" Ordnung bezeichnet, und das bedeutet, daß von zwei Elementen eines das erste und das andere das zweite sein kann oder umgekehrt, vorausgesetzt, daß es immer ein erstes und ein zweites gibt. In einem solchen Falle ist es berechtigt, von der Ordnung zu abstrahieren, und dann gewinnt die Korrespondenz eine vor allem kardinale Bedeutung, weil sie es erlaubt, unabhängig von der befolgten Ordnung die Äquivalenz zwischen diesen Mengen herzustellen. Im Gegensatz hierzu kann die Zuordnung von stärkerem ordinalem Interesse sein — und wir sprechen dann abgekürzt von ordinaler Korrespondenz, obgleich jede Korrespondenz zwischen finiten Summen natürlich stets eine korrelative kardinale Bedeutung besitzt, wenn die Elemente der betreffenden Gruppen sich voneinander unterscheiden durch Merkmale, die zur Reihenbildung geeignet sind, und wenn die so innerhalb einer Gruppe aufgestellten Rangordnungen mit

---

* In Zusammenarbeit mit Zahara Glikin.

den in den anderen Gruppen auf Grund derselben Merkmale aufgestellten Rangordnungen korrespondieren; die so aufgestellte Reihenfolge ist dann keine stellvertretende mehr. Man denke sich z. B. eine Reihe von Männchen, die an ihrer jeweiligen Größe erkennbar sind, und eine Reihe von Spazierstöcken verschiedener Länge: Man kann die Stöcke und die Figuren nach ihren jeweiligen Größen korrespondieren lassen, und diese Korrespondenz der Rangordnung ist leicht wiederzufinden, wenn die Einzelstücke der beiden Gruppen einmal miteinander vermengt worden sind. Daraus ergeben sich drei mögliche Operationen: die einfache qualitative Reihenbildung, die qualitative Korrespondenz zwischen zwei Reihenbildungen (Ähnlichkeit) und die numerische (ordinale) Korrespondenz zwischen den beiden Reihen.

Wir werden uns also fragen, welcher Art das Verhalten des Kindes angesichts dieser drei Operationen ist. Wird der Anschauungs-Charakter der miteinander korrespondierenden Reihen eine stabilere Korrespondenz gestatten? Werden diese Korrespondenzen vor allem dauerhaftere kardinale Äquivalenzen ergeben? Oder, wenn das nicht der Fall ist, wird das Kind wenigstens vorstoßen bis zu einer Art ordinaler Invarianz oder Permanenz der Rangordnung, d. h. bis zum Verständnis der Tatsache, daß einem innerhalb der Gruppe A gegebenen Rang stets ein bestimmter Rang in der Gruppe B entspricht, auch wenn man die Glieder mischt? Es zeigt sich, daß die Probleme, denen man bei der ordinalen Korrespondenz begegnet, zu denen, die wir bei der kardinalen Korrespondenz besprochen haben, vollkommen parallel gerichtet sind, und das trifft um so mehr zu, als — was wir darzulegen versuchen werden — die Reaktionen dieselben sind und weil die Fortschritte der Ordination sich auf die der Kardination stützen und umgekehrt.

1. Versuchs-Technik und allgemeine Ergebnisse

Wir nehmen zehn Holzpuppen, die aus einem Brett von gleichbleibender Dicke herausgeschnitten wurden und sowohl auf ihre Füße gestellt wie horizontal angeordnet werden können. Sie sind derart abgestuft, daß jede von den benachbarten merklich abweicht und daß die größte mindestens doppelt so lang ist wie die kleinste. Andererseits nehmen wir 10 Spazierstöckchen, die gleichfalls verschieden lang sind, wenn auch in weniger rascher Proportion, und so mit den zehn Puppen korrespondieren. Außerdem halten wir zur Kontrolle 10 Bälle aus Modellierton bereit, die ebenfalls abgestuftes Volumen besitzen und Rucksäcke darstellen, deren Größe dem Format der Holzpuppen angepaßt ist.

Die erste Frage gilt dem Herausfinden der Korrespondenz zwischen den Puppen und den Stöcken oder den Bällen, wenn die verschiedenen Gruppen ungeordnet sind. Man erzählt dem Kind eine Art Wandergeschichte, die die Korrespondenz motiviert, ohne aber ausdrücklich auf die Größe anzuspielen: „Ordne die Puppen und die Spazierstöcke so an, daß jede Puppe rasch ihren Stock finden kann." Man läßt natürlich nicht nach, bis das Kind das Prinzip der Serien-Korrespondenz begriffen hat.

Sobald die beiden Reihen einander entsprechend aufgebaut sind, transformiert man sie unter den Augen des Kindes in folgender Weise: Während die beiden Reihen parallel gelassen werden, rückt man die Puppen aneinander, die Bälle oder die Spazierstöcke dagegen so auseinander, daß die korrespondierenden Glieder der Puppenreihe und der Stockreihe sich nicht mehr gegenüberliegen. Dann fragt man, während man mit dem Finger auf eine beliebige Puppe zeigt: „Mit welchem Stock geht diese Puppe spazieren?" Man stellt diese Fragen, indem man sich entweder an die Reihenfolge der Puppen und Stöcke hält oder von einem Gegenstand zum anderen springt, wobei man sich nach den Antworten des Kindes richtet.

Die dritte Frage betrifft folgenden Sachverhalt: Nachdem man mehrere Versuche dieser Art durchgeführt hat, kehrt man eine der beiden Reihen in sich um, z. B. die der Stöcke, und zwar so, daß zwar beide Reihen parallel bleiben, aber das kleinste Glied der einen dem größten Glied der anderen gegenüberliegt und umgekehrt. Man stellt dann dieselben Fragen wie bei dem vorhergehenden Problem.

Bei der vierten Frage wirft man die Glieder einer der beiden Reihen durcheinander, während die andere in der Reihenfolge bleibt, oder (je nach dem Niveau des Kindes) bringt man beide Reihen gleichzeitig durcheinander und fordert die Versuchsperson auf, herauszufinden, welcher Ball oder welcher Spazierstock einer der Puppen entspricht oder umgekehrt.

Schließlich kann man das Begriffsvermögen des Kindes mit Hilfe einer fünften Frage feststellen: Wir vermischen die Bestandteile der beiden Reihen und bezeichnen dann eine bestimmte Puppe (z. B. die 6.) und sagen: „Jetzt gehen die Puppen spazieren, aber nicht alle, sondern nur die, die größer (oder kleiner) sind als diese hier. Such' die Spazierstöcke der Puppen heraus, die fortgehen, und die der anderen, die zu Hause bleiben."

Diese fünf Fragen, die zweckmäßigerweise während der Befragung unterschieden werden, lassen sich in bezug auf die Systematisierung der erzielten Ergebnisse auf drei Probleme zurückführen: 1. das Problem der Konstruktion der Reihen-Korrespondenz oder -Ähnlichkeit (Frage 1); 2. das Problem der Festlegung der Reihen-Korrespondenz, wenn diese nicht mehr unmittelbar wahrgenommen wird, und infolgedessen das Problem des Übergangs zur ordinalen Korrespondenz (Fragen 2 und 3); 3. das Problem der Wiederherstellung der ordinalen Korrespondenz, wenn die anschaulichen Reihen zerbrochen worden sind (Fragen 4 und 5). Die Lösung jedes dieser drei Probleme durchläuft nun drei Stadien, die fast gleichzeitig verlaufen und sich, was sehr interessant ist, ebenfalls synchronisieren mit den Stadien der kardinalen Korrespondenz sowie den Stadien, die wir im folgenden Kapitel in bezug auf die Relationen zwischen Ordination und Kardination aufstellen werden.

Die Herstellung der Reihen-Korrespondenz durchläuft in der Tat drei Etappen: erst globaler Vergleich ohne genaue Reihenbildung und ohne spontane Stück-für-Stück-Korrespondenz, dann progressive und auf die Anschauung gründende Reihenbildung und Korrespondenz und endlich unmittelbare und operatorische Reihenbildung und Korrespondenz.

In bezug auf die Festlegung der Korrespondenz nach leichter Veränderung der anschaulichen Reihen (Fragen 2 und 3) stellt man gleichfalls drei Stadien fest, die mit den vorhergehenden übereinstimmen. Während eines ersten Stadiums findet das Kind die Korrespondenz zwischen einer bestimmten Puppe und deren Spazierstock oder Rucksack nicht wieder, sobald die beiden Glieder einander nicht mehr gegenüberliegen. Während eines zweiten Stadiums versucht das Kind entweder zu zählen oder es nimmt Zuflucht zu einer neuen Stück-für-Stück-Korrespondenz, die erleichtert wird durch die halbanschauliche Disposition der zu vergleichenden Reihen. In beiden Fällen aber begeht es verschiedene systematische Irrtümer, deren bemerkenswertester die Verwechslung des gesuchten Ranges mit dem des vorhergehenden Gliedes ist. Während eines dritten Stadiums endlich findet das Kind die Korrespondenz, indem es die ordinalen Begriffe den kardinalen zuordnet.

Auch bei der Wiederherstellung der Korrespondenz, nachdem eine der beiden Reihen oder beide Reihen aufgelöst wurden (Fragen 4 und 5), findet man ebenfalls drei Stadien, die unsere Kenntnis der obengenannten vervollständigen. Während des ersten Stadiums ist das Kind nicht imstande, von sich aus die Reihe oder die Reihen zu rekonstruieren, und es entscheidet über die Korrespondenz nach dem Augenschein und willkürlich. Während eines zweiten Stadiums zählt das Kind, aber ohne die Ordnung zu beachten, oder es verwechselt den gesuchten Rang mit dem des vorhergehenden Gliedes. Schließlich bringt es das Kind in einem dritten Stadium fertig, die richtige Korrespondenz zu finden, indem es die Reihenbildung der Kardination zuordnet.

Angesichts der Vielgestaltigkeit der zu analysierenden Tatsachen lohnt es die Mühe, jedes dieser drei Probleme für sich zu untersuchen, anstatt nach allgemeinen Stadien vorzugehen, da sich deren Einheit genügend aus dem Gesamtbild ergibt, das wir soeben entworfen haben.

2. Die Konstruktion der Reihen-Korrespondenz
(qualitative Ähnlichkeit)

Eines der interessantesten Probleme, die die Herstellung der Reihen-Korrespondenz aufwirft, ist zweifellos folgendes: Ist es für die Versuchsperson leichter, eine einzige Reihe von Gegenständen herzustellen, die z. B. wie im vorliegenden Fall nach der Reihenfolge ihrer zunehmenden Größe angeordnet sind, oder zwei korrespondierende Reihen zu bilden, wobei jeder Bestandteil der ersten Reihe nicht nur zu den größeren und kleineren Teilen seiner eigenen Reihe, sondern auch zu allen Teilen der parallelen in Beziehung steht? Man könnte denken, es sei leichter, eine einzige Reihe ohne äußere Korrespondenz herzustellen, da eine Reihe bereits eine Vielzahl addierter Verhältnisse voraussetzt, deren Komplexität sich im Falle zweier paralleler Reihen verdoppelt, wenn die Korrespondenz wirklich aus einer logischen Multiplikation und nicht nur aus einer additiven Komposition hervorgeht. Andererseits aber könnte man nach einem Vergleich mit der kardinalen Korrespondenz ebensogut annehmen, daß jede Korrespondenzbildung für die Versuchsperson ein Mittel der Analyse darstellt und daß auf diese Weise die Konstruktion zweier „ähnlicher" Reihen psychologisch leichter sein kann als die Konstruktion einer einzigen.

Die sehr instruktive Antwort, die die Tatsachen in dieser Hinsicht gegeben haben, besagt, daß die Konstruktion einer einzigen Reihe oder die Herstellung einer Stück-für-Stück-Zuordnung zwischen zwei Reihen auf dasselbe hinausläuft, da die Zuordnung der für eine einzelne Reihe erforderlichen Verhältnisse den gleichen Schwierigkeitsgrad aufweist wie die Zuordnung selbst. Die von uns anzuführenden Beispiele zeigen in der Tat, daß das Kind auf dem Niveau, auf dem es noch nicht imstande ist, die Puppen und Rucksäcke einander zuzuordnen, sie ebensowenig richtig in isolierten Reihen anzuordnen vermag und daß, sobald die Reihenbildung möglich ist, die Korrespondenz es auch ist.

Zunächst einige Beispiele eines ersten Stadiums, in dem weder Reihenbildung noch spontane Korrespondenz zu beobachten sind:

GUI (4;6) ordnet zunächst selber die Puppen in folgender Weise an: 2, 7, 1, 6, 9, 5, 8, 3, 4, 10. „Kannst du sie in die Reihenfolge bringen, zuerst die ganz große, dann die ein wenig kleinere, dann die kleinere usw. bis zur ganz kleinen? – *Ja.* (Er ordnet 7, 6, 1, 10, 2, 9, 8, 4, 5.) – Welchen Ball bekommt diese Puppe (10)? – *Diesen* (10). – Gut, und diese (1)? – *Diesen* (1). – Gut, kannst du dann die Puppen in der Reihenfolge so anordnen, daß man leichter ihre Bälle findet? Lege hierhin die kleinste, dann die größere usw. bis zur ganz großen! – (Er legt 1, 3, 2, 4, 5, 6, 10, 9 und läßt 8 und 7 beiseite, er will sie später zwischen 5 und 6 einschieben.)"

Wir helfen ihm dann, die richtige Reihe herzustellen, indem wir das Ganze auf-

lösen und über jede einzelne Puppe mit ihm reden, bis zum richtigen Ergebnis. „Jetzt gibst du ihnen die Bälle! Du mußt die kleinen den Kleinen und die größeren den Größeren geben usw., bis zum Ende. Welche Bälle gibst du denen da (1 und 10)? — *Diese* (1 und 10). — Richtig. Also weiter. — (Darauf legt er der richtigen Reihe der Puppen 1–10 folgende Reihe von Bällen gegenüber, jeden Ball zu einer Puppe: 1, 5, 6, 7, 8, 9, 4, 3, 2, 10.) — Aber werden diese Puppen nicht weinen, weil man ihnen zu kleine Bälle gegeben hat? — (Er nimmt auf einmal die Bälle 4, 3 und 2 fort und versucht, sie einzuschieben, aber er verschiebt die ersten Bälle, die er dann in der Reihenfolge 1, 3, 4, 2, 5 … wieder hinlegt.) — Ist das gleich viel an Puppen und Bällen? — *Ja*. — Wie viele Bälle? — (Er zählt.) *10*. — Und Puppen? — (Er muß noch einmal zählen!) *10.*"
Für die folgenden Versuchsbeschreibungen werden Abkürzungen verwendet: P = Puppe, S = Spazierstock, B = Ball.
VAL (5;6). „Zeige den Spazierstock dieser Puppe (P 10). — (Er zeigt S 10.) — Und für diese (P 1)? — (Er zeigt S 1.) — Gut. Und für die anderen Puppen? — … — Ordne die Puppen. — (7, 9, 6, 5, 2, 3, 1, 10, 8, 4.) — Welcher Stock paßt zu dieser (P 8)? — *Dieser* (S 6). — Und zu P 4? — (Er zeigt auf S 4.) — Wie muß man sie ordnen, um sie gut zu finden? — … — Ordne die Puppen: die ganz große hier, dann die ein wenig kleinere, die kleinere usw. bis zur kleinsten. — (10, 9, 7, 4, 6, dann 10, 9, 6, 7, 4, 8, 5, 2, 3, 1.) — Versuche einmal, die ganz große hinzulegen. Du siehst, das (10) ist richtig. Dann die, die ein bißchen kleiner ist! Du siehst, das (9) ist auch richtig. Dann ein bißchen kleiner. Ist das (7) richtig? usw. — (Val erreicht auf diese Weise 10, 9, 8, 7, 6, 5. Den Rest aber legt er als 3, 1, 2, 4, dann als 4, 1, 2, 3, dann als 4, 2, 3, 1.) — Ist das (2, 3) richtig? — *Nein*. (Er stellt richtig.) — Jetzt zeige für jede Puppe deren Spazierstock. — (Er legt 9, 10, 8, 7, 4.) — Ist das richtig? — (Er tauscht 9 gegen 10 aus.) — Und dies (4)? — (Er schiebt 5 ein.) — … — usw."
CLAN (5;8) versucht, die Korrespondenz herzustellen, und zwar ohne voraufgegangene Reihenbildung einer der beiden Reihen allein: P 6 zu B 10 und P 1 zu B 1. „Wo ist die größte Puppe? — (Er legt P 9 zu B 10, dann P 3 zu B 4, P 2 zu B 2, verbessert B 10 zu P 10 und B 9 zu P 9; P 4 zu B 6 usw.) — Was macht man, um zu wissen, ob jede ihren Ball hat? — (Er ändert ein wenig, ohne aber eine Reihe zu bilden.) — Und wenn du nun die ganz große hinstellen würdest, dann eine kleinere, usw? — (Clan bemüht sich daraufhin, eine Reihe zu bilden, hat aber dieselben Schwierigkeiten wie die vorigen Versuchspersonen.)"
ROS (5;6) legt, nachdem er dieselben Schwierigkeiten der Reihen-Herstellung mit den Puppen kennengelernt hat, B 1 neben P 1, dann B 3 zu P 2, B 4 zu P 3, B 8 und dann B 6 zu P 4, B 8 zu P 5 und B 9 zu P 6. Dann nimmt er B 5 und sagt: *„Ich weiß nicht, wo er hinkommen soll."* Er nimmt B 4 fort und legt B 5 an dessen Stelle zu P 3. Bei der Überprüfung der ganzen Reihe ist er nicht befriedigt, nimmt alle Bälle fort und legt dann unter P 10 – P 1 die Reihe B 10, – , 9, 7, – , 8, 6, 5, 4, 1, wobei die beiden Bälle 2 und 3 nicht verwendet werden und die Puppen 9 und 6 ohne Bälle bleiben.

Es ist klar, daß zur Lösung dieses Korrespondenz-Problems drei Methoden, und zwar nur drei, möglich sind. Die erste besteht darin, die Puppen in einer Reihe anzuordnen, dann die Bälle oder die Spazierstöcke für sich in dieselbe Ordnung, und schließlich jedes Glied der ersten Reihe mit dem an gleicher Stelle befindlichen Glied der zweiten Reihe korrespondieren zu lassen. Dieses Verfahren bezeichnen wir als die Methode der doppelten Reihenbildung. Die zweite Methode besteht darin, die Glieder einer der beiden Gruppen zur Reihe zu ordnen und diesen unmittelbar die Glieder der anderen zuzuordnen, die nacheinander nach ihrem Rang und in derselben Ordnung ausgewählt wurden: Das ist die einfache Reihenbildung mit Korrespondenzen. Die dritte Methode besteht darin, von vornherein Stück für Stück die Puppen und die Bälle korrespondieren zu lassen, und zwar ohne voraufgehende Reihenbildung, aber wohlverstanden unter Durchführung dieser Reihenbildung (effektiv oder allein mit den Augen) während dieser Zuordnung selbst: Das ist die Methode der direkten Korrespondenz.

Eine erste Feststellung drängt sich nun auf: Kein Kind dieses Stadiums hat sich fähig gezeigt, die Methode der doppelten Reihenbildung richtig anzuwenden, ja nicht einmal sie zu projektieren oder zu konzipieren, und das ist ein deutlich erkennbares unterscheidendes Merkmal dieses Niveaus. Die Idee der doppelten Reihenbildung setzt in der Tat voraus, daß das Problem bereits zuvor gelöst wurde, d. h., sie erfordert die Fähigkeit, sich sozusagen blindlings die Gesamtheit der die Reihe und die Korrespondenz herstellenden Verhältnisse vorzustellen. Da nun das Kind dieses Stadiums nicht einmal fähig ist, ohne weiteres die Puppen-Reihe richtig zu gestalten, ist es normal, daß es nicht versucht, die Stöcke oder die Bälle zuvor zur Reihe zu ordnen, wenn es sie mit den Puppen korrespondieren lassen will, sondern daß es sie Stück für Stück nacheinander behandelt.

Zweite Feststellung: Die Kinder dieses Stadiums sind, wenn sie die Methode der einfachen Reihenbildung mit Korrespondenzen anwenden, zu genauer spontaner Reihenbildung nicht fähig. Die ursprüngliche Reihe von Gui beginnt z. B. mit den Gliedern 2, 7, 1, 6, 9 usw. und die von Val mit 7, 9, 6, 5. Zweifellos versuchen diese Versuchspersonen am Anfang nicht einmal, eine Reihe mit regelmäßigem Anwachsen herzustellen und beschränken sich darauf, die Puppen in beliebiger Reihenfolge anzuordnen. Es versteht sich aber von selbst, daß die erste Reaktion, verglichen mit der der älteren Kinder, bereits interessant ist und eine noch globale Haltung zeigt, die dem Bedürfnis nach Analyse, wie sie die Reihenbildung erfordert, nicht gerecht wird. In der Tat, wenn man das Kind, nachdem man es seine spontane globale Reihenfolge hat herstellen lassen, auffordert, eine richtige Reihe anzuordnen („zuerst den ganz großen, dann einen kleineren usw."), gelingt ihm das keineswegs. Der Grund liegt darin, daß es, um eine bestimmte Zahl von Gliedern ihrer Größe nach zur Reihe zu ordnen, erforderlich ist, daß die Größe jedes Gliedes zugleich größer ist als die der vorhergehenden und geringer als die der folgenden Glieder. Nun ist aber deutlich sichtbar, daß Gui und Val, wenn sie eine Reihe herstellen wollen, diese Bedingung vergessen. Gui legt z. B. für die absteigende Reihe zunächst 7, 6, 1 hin, unter Vernachlässigung der anderen Glieder, fügt dann 10, 2 und schließlich 9, 8, 4, 5 hinzu. Ebenso versucht Val nach mehreren Verbesserungen eine absteigende Reihe und legt 10, 9, 7, 4, 6 hin, vernachlässigt 8 und 5 und fügt dann 8, 5, 2, 3, 1 hinzu.

Dritte Feststellung: Die vom Kinde hergestellten Korrespondenzen übersteigen nicht das Niveau dieser Reihenbildungen, d. h., sie bleiben gleichfalls ebenso global und prä-serial. Zwei Fälle sind zu unterscheiden: die zweite Methode, nach der die Versuchspersonen, wie z. B. Gui, Val und Ros, die Bälle und Stöcke mit den zuvor in Reihe geordneten Puppen korrespondieren lassen (wobei die Reihe nur dank unserer Anregungen richtig wurde), und die dritte Methode, nach der das Kind, wie z. B. Clan, von vornherein mit der Korrespondenz ohne voraufgegangene Reihenbildung beginnt. Im Falle der zweiten Methode stellt man nun fest, daß das Kind, obgleich es mit Hilfe des Versuchsleiters eine genaue Reihenbildung der Puppen erreicht hat, die Korrespondenz zwischen den Bällen und den Puppen auf genau dieselbe Weise herstellt, nach der es (vor den Anregungen des Erwachsenen) seine spontane Puppen-Reihe gebildet hatte. Gui z. B. läßt mit den Puppen 1 bis 10 die Bälle 1, 5, 6, 7, 8, 9, 4, 3, 2, 10 korrespondieren, dann gelingt es ihm, trotz unserer Hinweise, nicht, die richtige Korrespondenz herzustellen, und schließlich schiebt er den Ball 2 zwischen die Bälle 4 und 5. Ebenso läßt Val mit den Puppen 1 bis 10 die Stöcke 9, 10, 8, 7, 4 usw. korrespondieren. Ros geht sogar so weit, mit den Puppen 1 bis 6 die Bälle 1, 3, 4, 6, 8, 9 korrespondieren zu lassen, und dann kommt er für die Puppen-Reihe 10—1 auf 10, —, 9, 7, —, 8, 6, 5, 4, 1, wobei zwei Bälle ohne Puppen und zwei Puppen ohne Bälle bleiben. Clan gelingt mit der dritten Methode, d. h. der direkten Korrespondenz, nur die Konstruktion folgender Paare: 6—10, 1—1, 2—2, 9—10, 3—4, dann 10—10, 9—9, ferner 4—6, 7—7, 5—3, 6—5 und schließlich 5—4, 6—5 und 3—3.

Es ist also evident, daß die Schwierigkeiten dieses Zuordnungsversuches dieselben sind wie die der Reihenbildung selbst und daß der dieser Korrespondenz eigene Charakter der doppelten Reihenbildung keineswegs das Verständnis für die Reihenbildung selbst fördert — ebensowenig aber auch behindert. Wird man daraufhin behaupten wollen, daß bei der Reihenkorrespondenz die Reihenbildung der Korrespondenz voraufgeht und daß dieser letztgenannte Begriff lediglich von außen hinzugefügt wird, ohne irgend etwas Neues einzuführen? Das würde aber bedeuten, die Tatsache zu vernachlässigen, daß die Reihenbildung oder die Ordination (das Anordnen) bereits eine Art von Korrespondenz voraussetzen oder ausmachen, und zwar eine solche, die jedes Glied mit dem folgenden verbindet. Man könnte sagen, die Reihenbildung ist eine innere Korrespondenz und die Reihen-Korrespondenz eine äußere Korrespondenz zwischen zwei Reihen. Umgekehrt kann man übrigens sagen, daß jede Korrespondenz eine Reihenbildung gleich welcher Art voraussetzt. Kurz gesagt: dort, wo die spontane Reihenbildung nicht möglich ist, ist es die Reihen-Korrespondenz ebensowenig und umgekehrt. Man erinnert sich nun daran, daß auf diesem Niveau auch die kardinale Korrespondenz und selbst die nicht-seriale qualitative Korrespondenz ebensowenig möglich sind und daß jede Operation so durch eine globale Wertung ersetzt wird. Ohne den Beweisen vorzugreifen, die wir im Verlaufe der folgenden Paragraphen für diesen Zusammenhang zwischen der ordinalen und der kardinalen Korrespondenz zu liefern versuchen wollen, können wir bereits feststellen, wie weit die eben zitierten Versuchspersonen von der kardinalen Korrespondenz entfernt bleiben. Ros z. B. läßt am Ende mit den 10 Puppen nur 8 Bälle korrespondieren, und Val legt zuerst 9 Bälle den 10 Puppen gegenüber, und dann, wenn er 10 Elemente zu 10 anderen legt, schließt er nicht ohne weiteres, nachdem er 10 Bälle gezählt hat, auf 10 Puppen.

Wenn wir jetzt zur Untersuchung der Reaktionen des zweiten Stadiums übergehen, wohnen wir einem doppelten Fortschritt bei: Einerseits wird das Kind fähig, nach einer gewissen Zahl tastender Versuche und Korrekturen spontan richtige Reihen zu konstruieren, und andererseits gelingt es ihm eben dadurch (aber ohne daß diese zweite Entdeckung mit der ersten verschmilzt), das Problem der Reihen-Korrespondenz zu lösen, insbesondere mit Hilfe der Methode der doppelten Reihenbildung.

Im folgenden drei Beispiele für dieses Niveau:

TIS (5;6) betrachtet die ungeordneten Puppen und Stöcke. „Sind diese Puppen alle gleich? — *O nein, sie sind immer kleiner, und diese ist die ganz kleine.* — Weißt du nicht, welcher Spazierstock zu welchem Herrn gehört? Was muß man machen? — *Man muß klein, kleiner und ganz klein hinstellen.*" Dann macht Tis sich spontan daran, die Stöcke in der Ordnung 9, 10, 8 aufzureihen, und sagt dann: *„Nein, das sind zwei von gleicher Größe."* Dann mißt er 10 und 8 und stellt die 10 hin, vergleicht dann 9 mit 8 und stellt 9, 8, 7 hin. (Er hat also nicht 10 und 9 miteinander verglichen und seinen anfänglichen Irrtum durch Zufall berichtigt.) Nun nimmt er 6, 5, 4 und mißt sie untereinander; dann fährt er fort, 6, 5, 4, 3, 2, 1 aneinanderzureihen. Darauf betrachtet er die Puppen und stellt, ohne daß man ein Wort sagt, die 10 und die 1 den beiden Enden der Stock-Reihe gegenüber. Dann ordnet er richtig die Puppe 9 ein, dann 7 und 8 (was er nach einem Vergleich korrigiert) und vervollständigt schließlich: 6, 5, 4, 3, 2, so daß die gesamte Puppenreihe auf diese Weise der Stockreihe gegenübersteht. Trotz dieses glänzenden Anfangs ist Tis jedoch verloren, wenn man, wie wir in 3. sehen werden, die Reihe der Stöcke leicht zusammenrückt, ohne die der Puppen anzurühren.

CHOU (7;0). „Welche Puppe paßt zu diesem Ball (dem größten)? — *Die ganz*

große. − Dann lege die Bälle zu den Puppen. (Er stellt die Puppen in der Reihenfolge 4, 6, 7, 8, 3, 10, 9, 5, 2, 1.) − Ist das gut so? − *Nein.* (Dann ordnet er ohne weitere Anregung die Reihe 1, 2, 3, 5, 6, 7, 9, 10 und fügt nach einigem Zögern die Puppen 4 und 8 hinzu.) − Und nun? − *Man muß den jeweils dazugehörigen Ball dazulegen.*" Er beginnt mit Korrespondenzen, die um je eine Stufe voneinander abweichen: 6 zu 5, 7 zu 6, 9 zu 8 usw. und dann verbessert er sich, sobald er das Ganze sieht.
CHA (6;6). „Wie findet man die Bälle für jede Puppe? − ... − Welchen Ball bekommt diese (10)? − (Er zeigt auf die 10.) − Und diese (5)? − *Diesen* (7). − Wie macht man es, um ganz sicherzugehen? − *Ich stelle sie so hin.* (Er bildet eine Reihe 10, 8, 9, dann 10, 9, 7, 8, dann 8, 7, 5, 6, dann 6, 5, 4, 3, 2, 1. Danach legt er die Bälle den Puppen gegenüber, aber mit der Abweichung um eine Stelle, so daß am Ende ein Ball ohne Puppe und eine Puppe ohne Ball bleibt.) − Gibt es gleich viel an Bällen und Puppen? − *Es gibt mehr Puppen.* − Wieviel? − (Er zählt die 10 Puppen.) − Und Bälle? − (Er zählt.) *10.* − Also ist es ebensoviel? − *Ja.* (Er korrigiert nun die Korrespondenz.)"

Es ist unnötig, die Beispiele zu vervielfältigen, um die Bedeutung dieses zweiten Stadiums festzulegen. Die Unterschiede, die es vom ersten Stadium trennen, sind deutlich: das Auftreten der richtigen und spontanen Reihenbildung und der Reihen-Korrespondenz. Im Gegensatz dazu ist es ein wenig heikler, dieses Stadium vom dritten zu unterscheiden, mit dem es durch alle Zwischenstufen verbunden ist. Der grundsätzliche Unterschied, der in den klaren Fällen erscheint, ist leicht festzulegen: Reihenbildung und Herstellung einer Reihen-Korrespondenz bleiben während des zweiten Stadiums von der Anschauung abhängig. Sie werden während des dritten Stadiums operatorisch und werden vervollständigt durch eine wirklich ordinale, d. h. numerische Korrespondenz. Der Unterschied wird evident, wenn man die Reihenbildung mit dem Ergebnis der folgenden Versuche (3. und 4.) vergleicht, die es erlauben, sozusagen den Mechanismus der Reihen-Korrespondenz bloßzulegen, aber es wäre interessant, zwischen dem anschaulichen und dem operatorischen Niveau differentielle Kriterien zu finden, und zwar schon in der Art und Weise, in der das Kind seine Reihen und Korrespondenzen herstellt, und eben das soll nun untersucht werden.
Zunächst einmal wird die Reihenbildung von allen Versuchspersonen dieses zweiten Stadiums durchgeführt, ohne daß der Versuchsleiter noch in die Einzelheiten einzugreifen hätte. Das Kind ist also von nun an imstande, ein Glied derart in eine Reihe einzuordnen, daß es zugleich das größere (oder kleinere) der Elemente ist, die noch einzuordnen sind, und das kleinere (oder größere) derer, die bereits eingeordnet wurden. Ist das aber bereits operatorische Logik, d. h. ein System reversibler Handlungen, die die Versuchsperson in die Lage versetzen, ihre Reihen je nach den sich ergebenden Problemen zu zerlegen oder wieder zusammenzusetzen − oder

gestattet die einfache Wahrnehmung der praktischen Verhältnisse die Erzielung dieses ersten Ergebnisses, ohne daß Reihenbildung oder Ordination dadurch bereits operatorisch und reflexiv würden? Nun, wir stellen nach Überprüfung der vom Kinde angewendeten Methode eine gewisse Zahl von Indizien fest, die, für sich allein betrachtet, wenig beweiskräftig erscheinen könnten, die aber beim Vergleich mit allen Gegebenheiten dieses Niveaus sicher bezeichnend sind. Man kann mit einem Wort sagen, daß die Versuchsperson des zweiten Stadiums die Gesamtheit der für die Reihenbildung erforderlichen Relationen allmählich im Verlaufe der empirischen Versuche entdeckt anstatt sie alle gleichzeitig zu beherrschen.

So stellt Tis, das fortgeschrittenste der Kinder, die wir angeführt haben, zunächst 9, 10, 8 hin und mißt dann die Elemente 10 und 8 aneinander und dann 9 und 8 (aber nicht 9 und 10). Chou stellt ebenfalls zunächst eine willkürliche Folge auf und versucht dann eine abgestufte Reihenbildung, aber mit Auslassungen und Korrekturen. Cha geht gleichfalls für die Puppen abtastend vor; unter Zuhilfenahme von beständigen Umstellungen, die er dann anschließend berichtigt, ordnet er die Bälle zur Reihe und vergißt die größte. Es ist sicherlich auf jeder Bildungsstufe möglich, daß tastende Versuche gemacht werden, und selbst ein Mathematiker würde vielleicht zögern, Stangen zu einer Reihe zu ordnen, wenn es schwierig wäre, sie nach dem Augenmaß zu beurteilen. Das Interessante liegt aber nicht in der bloßen Tatsache des Herumtastens, sondern in der Haltung, die es offenbart: solange die Anschauung vor der Operation den Vorrang hat, vergleicht das Kind, obgleich es weiß, daß es eine aufsteigende Rangordnung herstellt, die Glieder in kleinen Gruppen oder paarweise, wie z. B. Cha, der den Ball 10 bis zum Ende vergißt, während das Kind, sobald die Operation den Vorrang vor der Anschauung erhält, das Bedürfnis empfindet, unaufhörlich die Gesamtheit der Gegebenheiten untereinander zu vergleichen, d. h. zum Beispiel zuerst „den kleinsten von allen", dann „den kleinsten von all denen, die übrigbleiben", usw. auszuwählen. Das sind aber, wohlverstanden, schwierig zu diagnostizierende Nuancen, die vor allem veränderlich und kontinuierlichen Abstufungen unterworfen sind (Tis ist z. B. dem dritten Stadium näher als Chou und Cha), so daß allein der Vergleich der Gesamtheit der Reaktionen es ermöglicht, das Verhalten einer Versuchsperson zuverlässig zu deuten. Daß aber die Deutung, die wir soeben vorgeschlagen haben, richtig ist, wird im folgenden leicht zu erweisen sein, wenn wir (im Kapitel VI, 1) die Unfähigkeit der Kinder dieser Stufe feststellen werden, neue Glieder ohne Irrtümer in eine Reihe einzureihen oder die Reihenbildung im Geiste neu durchzuführen, wenn man die Wahrnehmungs-Ordnung der Korrespondenz auch nur im geringsten stört (siehe in 3. dieses Kapitels).

Die Reihen-Korrespondenz erscheint während dieses Stadiums von neuem als entwicklungsmäßig eng verbunden mit der Reihenbildung selbst, ohne jedoch mit ihr zu verschmelzen, weil diese beiden Operationen sich aufeinander stützen, obwohl sie voneinander getrennt bleiben. Stellen wir zunächst die enge Analogie fest, die beim Kind zwischen seiner Art, Reihen zu bilden, und seiner Art, Korrespondenzen herzustellen, besteht: Chou beginnt mit willkürlichen Korrespondenzen, ebenso wie er mit einer willkürlichen Reihenbildung angefangen hat; Cha, der bei seiner Reihenbildung 9 und 8, dann 8 und 7 sowie 6 und 5 umgekehrt einordnet, endet in seinen Korrespondenzen bei einem Abweichen um eine Stufe. Tis, der seine Reihe systematischer bildet, führt die Korrespondenz mit Hilfe doppelter Reihenbildung durch.

Der Grund hierfür liegt, kurz gesagt, darin, daß der Aufbau einer Reihe oder die Durchführung einer Reihen-Korrespondenz in beiden Fällen bedeutet, daß Relationen $A \rightarrow B \rightarrow C \ldots$* derart koordiniert werden, daß wenn $E \rightarrow F$ ist, zugleich $E \leftarrow A, B, C \ldots D$ und $F \rightarrow G, H, I \ldots$ usw. ist. Wenn man nun die Reaktionen dieses zweiten Stadiums mit denen des ersten vergleicht, stellt man fest, daß der wesentliche Unterschied darin besteht, daß das Kind während des ersten Stadiums eben nicht mit Hilfe derartiger Relationen vorgeht, sondern an Hand von „prä-relativen" Eigenschaften: Entweder bleiben seine Reihenbildungen und Korrespondenzen willkürlich, was übrigens niemals völlig der Fall ist, oder es stellt die „kleinen" Glieder auf eine Seite und die „großen" auf die andere, in Reihen oder zu Paaren, d. h., es verfährt nach den Qualitäten „groß" und „klein" (mit den Wahrnehmungsverhältnissen, die sie verbinden) und nicht nach den Relationen „größer" und „kleiner" und insbesondere nicht nach den Koordinierungen „zugleich größer als X und kleiner als Y", welche das wirkliche Kriterium der Relation bilden. Diese Methode macht nun selbstverständlich sowohl die Reihenbildung als auch die Reihen-Korrespondenz unmöglich. Sobald dagegen die zwischen den Gliedern hergestellten Verhältnisse eine wirkliche Relativierung erhalten, führt die dadurch bewerkstelligte Koordination ebenso zur Reihen-Korrespondenz wie zur einfachen Reihenbildung. Sobald zwei Relationen, d. h. mindestens drei Glieder, untereinander koordiniert sind, ist es nicht schwieriger, auch noch weitere Relationen zu koordinieren. Die Schwierigkeit liegt im Übergang von der Qualität zur Relation; sobald diese aber einmal entdeckt ist, gibt sie ebenso Anlaß zu doppelten korrespondierenden Reihenbildungen wie zu isolierten additiven Reihen.

Den hier beschriebenen Verhältnissen ist jedoch sofort eine Einschränkung

---

* Das Zeichen $A \rightarrow B$ bedeutet, daß B „mehr" ist als A, z. B. $B > A$.

hinzuzufügen: Die im Verlauf dieses zweiten Stadiums entdeckten Relationen werden, wie soeben betont wurde, nur auf der anschaulichen und experimentellen Ebene, d. h. lediglich halb-operatorisch, herausgearbeitet und stellen noch keine wirklichen Operationen dar, die von der Wahrnehmung abgelöst und abstrakt gehandhabt werden könnten. Dieser letzte Fortschritt wird von den Versuchspersonen des dritten Stadiums erreicht und sei an folgenden Beispielen gezeigt:

SHEN (6;6) läßt von vornherein, ohne voraufgehende Reihenbildung, den größten Ball (10) mit der größten Puppe (10) korrespondieren, dann B 9 mit P 9; B 8 mit P 8; usw. Er sucht jedesmal den größten Ball und die größte Puppe aus denen heraus, die übrigbleiben, und empfindet nicht einmal das Bedürfnis, sie in eine Reihe zu bringen, sondern legt die Paare verstreut auf den Tisch. „Bringe die Puppen in die Reihenfolge! — (Er reiht sie von 10 bis 1 auf.) — Und nun die Bälle. (Diese waren durcheinandergebracht worden.) — (Er legt sie sofort den Puppen gegenüber.)"

DERC (6;10) verfährt ebenfalls nach direkter Korrespondenz. „Was macht man, um sofort den Ball jeder Puppe zu finden? — *Ich weiß nicht.* — Denke gut nach! Was muß man beilegen? — (Er nimmt P 10 zu B 10; P 9 zu B 9; P 8 zu B 8 usw. und sucht jedesmal die größten übrigbleibenden Stücke, wobei er sie gleichzeitig zur Reihe ordnet.) — Gibt es ebensoviel Bälle wie Puppen? — *Ja.* (Er tauscht dann B 7 mit B 6 und sagt: *„Wenn es so wäre, wäre es nicht richtig."*)

POT (7;2) bringt zunächst die Puppen in eine Reihe mit einer einzigen sofort berichtigten Vertauschung und ordnet dann die Spazierstöcke ihnen gegenüber zur Reihe.

Man sieht, worin das Neue dieses Stadiums besteht: Das Kind betrachtet in jedem Augenblick die Gesamtheit der Verhältnisse zwischen allen Bestandteilen, da es bei jeder neuen Relation das größte (oder kleinste) Glied aus denen, die übrigbleiben, heraussucht. So wird die Reihe ohne Zögern und ohne tastende Versuche gebildet. Nun ist es aber in diesem Falle für die Versuchspersonen dieses Stadiums (und das ist interessant und bestätigt die voraufgegangenen Deutungen) ebensoleicht, mit Hilfe der unmittelbaren Korrespondenz vorzugehen, wie im Falle Shen und Derc, ohne vorhergehende getrennte Reihenbildung für die Puppen oder Bälle wie nach einfacher Reihenbildung mit späterer Korrespondenz zu verfahren.

So vollendet sich die Konstruktion der Reihen-Korrespondenz oder qualitativen Ähnlichkeit mit Hilfe eines Systems eigentlicher Operationen, die imstande sind, die inversen ebenso wie die direkten Relationen zu koordinieren. Haben wir uns bis jetzt auf die Beschreibung des rein logischen oder qualitativen Aspektes dieser Entwicklung beschränkt, so werden wir darüber hinaus nun sehen, daß zu diesem Aspekt, sobald die Operation sich von der Wahrnehmung löst, ein zweiter Aspekt arithmetischer Natur hinzutritt, der die ordinale Korrespondenz oder die verallgemeinerte Ähnlichkeit konstituiert.

3. Von der Zuordnung von Reihen zur ordinalen Korrespondenz

Sobald die Reihen-Korrespondenz mit Hilfe der Verfahren, die wir soeben beschrieben haben, einmal konstruiert ist, wird es möglich, die anschauliche Ordnung der Reihen und der Korrespondenzen zu stören, um den hier wirksamen operatorischen Mechanismus aufzuzeigen. Die beiden Versuche, deren Ergebnisse wir zur gleichen Zeit auswerten wollen, bestehen einerseits darin, eine der beiden korrespondierenden Reihen gegen die andere zu verschieben (z. B. durch Zusammenrücken der Bälle ohne Berührung der Puppen), und andererseits darin, eine Reihe im Verhältnis zur anderen umzukehren. In beiden Fällen zeigt man auf eine Puppe und fragt, welcher Ball mit ihr korrespondiert und umgekehrt. (Diese Probe findet natürlich unmittelbar, nachdem die Versuchsperson ihre Reihen hergestellt hat, statt.)

Man findet nun auch in dieser Hinsicht die drei Stadien wieder, die wir zuvor beschrieben haben, aber mit einigen interessanten zusätzlichen Präzisierungen. Während des ersten Stadiums verliert das Kind jede Vorstellung einer Korrespondenz, sobald man eine der beiden Serien umgruppiert, und beschränkt sich, wenn es diese bestimmen will, darauf, die im Augenblick einander gegenüberliegenden Elemente zu bezeichnen. Während des zweiten Stadiums sucht das Kind die genaue Korrespondenz wiederherzustellen, sei es mit Hilfe empirischer Verfahren, sei es durch Zählen, aber es verwechselt ständig die gesuchte Rangstufe mit der des vorhergehenden Gliedes. Während des dritten löst es im Gegensatz hierzu endlich das Problem, indem es die Bestimmung des gesuchten Ranges mit der des Kardinal-Wertes der betreffenden Gruppen koordiniert. In diesem letzteren Falle wird die qualitative Reihen-Korrespondenz durch eine ordinale Korrespondenz ergänzt.

Zunächst einige Beispiele für das erste Stadium:

GUI (4; 6). Es ist ihm mit unserer Hilfe gelungen, die Puppen und Bälle aufzureihen. „Sieh her! Wir rücken die Bälle ein wenig zusammen, und du sagst mir trotzdem, welchen Ball jede Puppe erhält. (Man rückt die Bälle derart zusammen, daß Ball 10 der Puppe 9 und Ball 1 der Puppe 1 gegenüberliegt, aber so, daß die Reihenfolge beachtet und die Korrespondenz noch deutlich sichtbar bleibt.) Welchen Ball bekommt diese Puppe (P 7)? — Diesen (B 8, der P 7 gegenüberliegt). — Und diese (P 8)? — Diesen Ball (B 9). Und diese (P 9)? — Diesen Ball (B 10). — Und diese (P 10)? — Diesen (wiederum B 10)." — Man rückt die Bälle noch etwas mehr zusammen, so daß B 1 gegenüber P 1 liegenbleibt, B 10 aber P 8 gegenüberliegt. Gui teilt P 7 dann B 9, der ihr gegenüberliegt, zu, P 8 dann B 10 usw. Im Gegensatz dazu gibt Gui die richtige Korrespondenz, wenn man Schritt für Schritt der Reihenfolge von P 10 bis P 5 folgt, täuscht sich aber wiederum, sobald man an beliebiger Stelle neu anfängt.

ROS (5; 6). Die Bälle sind zusammengerückt. „Zeig den Ball dieser Puppe

(P 10). – (Er zeigt B 10.) – Und dieser (P 9)? – (Er zeigt B 9.) – Und dieser (P 5)? – (Er zeigt B 6.) – Und dieser (P 8)? – (Er zeigt B 8.)", usw. Man verrückt noch einmal leicht die Reihe der Bälle und verfährt systematisch von P 10 bis P 1. Ros zeigt jedesmal die korrespondierende Puppe, von zwei Irrtümern abgesehen. Sobald man aber an beliebiger Stelle wieder anfängt, zeigt er wiederum auf die jeweils gegenüberliegenden Stücke, ohne in Gedanken die Reihe bilden zu können.

Daraufhin geht man zur Frage III über, d. h., man kehrt vor den Augen des Kindes die Reihe der Bälle um, während man die der Puppen an Ort und Stelle läßt. Diese verläuft also von P 10 nach P 1, während die der Bälle von B 1 nach B 10 verläuft. Ros versteht die Aufgabe wohl, was seine ersten Antworten beweisen: „Zeig den Ball dieser Puppe (P 10) – (Er zeigt zuerst auf B 1, der gegenüberliegt, und sucht dann B 10.) – Und dieser (P 1)? – (Er zeigt zuerst B 10 und sagt dann:) *Nein, da ist er* (B 1)." Sobald man aber auf eine beliebige Puppe zeigt, beschränkt er sich darauf, die gegenüberliegende zu bezeichnen, und berücksichtigt die inversen Relationen überhaupt nicht mehr.

VAL (5;6). Man hat die Spazierstöcke zusammengerückt. „Zeig mir den Stock dieser Puppe (P 10). – (Er zeigt S 10.) – Und dieser (P 1)? – (Er zeigt S 1.) – Gibt es gleich viel an Puppen und Stöcken? – *Es gibt mehr Puppen* (weil die Reihe der Puppen länger ist: siehe Kap. IV, 1). – Hänge alle Spazierstöcke an die Puppen! – (Er tut es.) – Gibt es mehr Puppen? – *Es sind ebensoviel.* – (Dann hängt man die Stöcke ab, legt sie wie zuvor hin und läßt wiederum S 10 für P 10 und S 1 für P 1 bezeichnen.) –Zeigst du mir jetzt den Stock dieser Puppe (P 7)? – (Er zeigt auf S 6, der gegenüberliegt.) – Und dieser (P 9)? – (Er zeigt auf S 10.) – Und dieser (P 8)? – (Er zeigt S 6.) – Und dieser (P 6)? – (Er zeigt S 4.) – Und dieser (P 4)? – (Er zeigt S 2.)"

Daraufhin kehrt man die Reihenfolge der Stöcke um (Frage III). Val versteht die Aufgabe wohl, da er S 10 für P 10 und S 1 für P 1 bezeichnet, aber er scheitert dann völlig: Er zeigt S 8 für P 7; S 3 für P 2; S 4, 5, 6, 5 und schließlich S 6 für P 4 usw.

Diese drei Beispiele genügen, die nicht allzu schwierige Deutung dieses ersten Stadiums zu ermöglichen. Man erinnert sich, daß die Kinder auf dieser Stufe unfähig sind, spontan eine richtige Reihenbildung und Zuordnung zu erreichen. Mit Hilfe unserer Anregungen aber, d. h., wenn wir sie über ihre Irrtümer befragen, erreichen sie beides. Könnte man sich also fragen, ob das Kind nicht schließlich doch in der Lage ist, Reihen richtig zu bilden? Die Ergebnisse, die wir festgestellt haben, gestatten es uns, auf diese Frage eine entscheidende Antwort zu geben: Die Versuchspersonen dieser Bildungsstufe bleiben von dem wirklichen Verständnis der Reihenbildung so weit entfernt, daß sie die Korrespondenzen nicht mehr wahrnehmen, sobald die Glieder nicht mehr Stück für Stück unmittelbar gegenüberliegen, obgleich die beiden Reihen mit nur geringer Verschiebung einander parallel bleiben.

Indessen versteht das Kind wohl die gestellten Fragen. Das beweist die Tatsache, daß es, wenn man die Reihe der Puppen von 1 bis 10 oder von 10 bis 1 verfolgt, jedesmal mit dem Finger auf die korrespondierenden

Bälle zeigt. Es gelingt ihm auch immer, die richtigen Korrespondenzen der beiden Enden der Reihen zu finden. Sobald man aber auf irgendein zentrales Glied zeigt, ohne der anschaulichen Ordnung der Reihe zu folgen, vertut sich die Versuchsperson. Anstatt selber mit den Augen oder dem Finger die Korrespondenzen von den Enden her zu suchen, beschränkt sie sich darauf, das jeweils gegenüberliegende Glied aufzuzeigen. Die mit Hilfe des Erwachsenen hergestellten Reihen und Korrespondenzen sind also für das Kind auf dieser Stufe nur Figuren, die noch nicht systematisch zerlegt werden können. Wenn das Kind die Korrespondenz gut zu verstehen scheint, solange man der Reihenfolge der Serie folgt, so deswegen, weil es sich auf eine gewisse Beharrlichkeit ohne irgendwelche wirkliche Relationsbildung beschränkt, und sobald man ein oder zwei Glieder überspringt, widersetzt sich der globale Charakter der Figur jeder genauen Analyse. Kurz gesagt: man sieht, das Kind in diesem ersten Stadium befindet sich unter dem Gesichtspunkt der Reihen-Korrespondenz genau auf dem Niveau, das wir in den Kapiteln III und IV im Hinblick auf die kardinale Korrespondenz beschrieben haben, d. h. auf dem Niveau des globalen Vergleichs ohne eine auch nur anschauliche Erfassung der Einzelheiten der Verhältnisse.

Zunächst nun einige Beispiele für das zweite Stadium, das, wie erinnerlich, das Stadium der anschauungsgebundenen oder empirischen Reihenbildung und Reihen-Korrespondenz ist:

LIE (5;6). Nachdem er die Puppen unter tastenden Versuchen (Vertauschungen von 5 und 6, von 7 und 8, usw.) zur Reihe geformt und mit demselben Verfahren die Korrespondenz zu den Bällen hergestellt hat, wird er aufgefordert, die Korrespondenz wiederzufinden, nachdem man die Bälle vor seinen Augen auseinandergerückt hat (so daß der Ball 9 sich gegenüber der Puppe 10 und der Ball 6 gegenüber der Puppe 1 befindet). „Gibt es noch gleich viel an Bällen wie an Puppen? — *Es gibt mehr Bälle.* — Wieviel Bälle gibt es? — (Er zählt.) *Zehn.* — Gibt es auch 10 Puppen? — *Nein.* — Zähle sie. — (Er zählt.) *O ja, auch zehn.* — Also, welcher Ball paßt zu dieser Puppe (P 5)? — (Er zeigt auf B 7.) — Und welcher zu dieser (P 1)? — (Er zeigt auf B 1.)" Ebenso zeigt er auf B 10 für P 10, B 9 für P 9, B 8 für P 8, B 7 für P 7, aber wenn man von einer Puppe zur anderen springt, zeigt er systematisch B 8 für P 7, B 2 für P 3 (weil er mit dem Finger auf die beiden P 3 voraufgehenden Stücke gezeigt hat, d. h. auf P 1 und P 2), B 4 für P 3 (diesmal zeigt er auf die drei B 4 voraufgehenden Stücke, um die Korrespondenz zu P 3 zu finden); usw. Sobald man die stufenweise Korrespondenz von P 10 bis P 1 wieder aufnimmt, antwortet er richtig (indem er stets mit dem Finger zeigt), aber sobald man wiederum springt, fällt er in denselben systematischen Irrtum zurück.
Bei der Frage III (wenn die Puppen in einer zur Reihe der Bälle umgekehrten Reihenfolge liegen) antwortet er richtig, wenn man die Reihenfolge von P 1 bis P 10 einhält, täuscht sich aber um eine Stufe, jedesmal wenn man nach Belieben springt.
KEL (6;6). Man rückt die Reihe der Spazierstöcke zusammen. Kel zeigt auf

S 1 für P 1 und auf S 10 für P 10, aber er zeigt zunächst auf S 7 für P 6, verbessert sich aber dann.
Sodann legt man die Bälle in die umgekehrte Reihenfolge. Kel ruft aus: „Oh, ich verstehe das Spiel!" und will die Glieder wieder in die alte Reihe zurückbringen. Man hindert ihn daran. Er zeigt richtig auf P 9 für B 9, auf P 7 für B 7, aber für B 5 zeigt er auf P 6. „Bist du sicher? — (Er stellt mit dem Finger die Stück-für-Stück-Korrespondenz zwischen den beiden Reihen her, von P 10 bis P 5 und von B 10 bis B 5.) — Wem gehört also dieser Ball (B 5)? — (Er zeigt wiederum auf die sechste Puppe und verwechselt die Gliedstufe mit der Zahl der vorhergehenden Puppen.) — Und dieser (B 4)? — (Er zeigt auf P 7, da er sich in der Richtung irrt.) — Und dieser (B 5)? — (Er zeigt auf P 6 wegen der Verwechslung der Gliedstufe mit der Gesamtheit der vorhergehenden Puppen.) — Und dieser (B 4)? — (Er zeigt auf P 8, zugleich wegen des Richtungsirrtums und wegen der Verwechslung der Gliedstufe mit der Gruppe der vorhergehenden Stücke, B 1, B 2 und B 3.)" Ebenso zeigt er auf P 4 für B 3 und auf P 3 für B 2, stets infolge desselben systematischen Irrtums. Daraufhin deutet man der Reihe nach auf alle Bälle von 1 bis 10. Kel läßt mit ihnen ganz richtig die Puppen 1 bis 10 korrespondieren. Dann deutet man auf P 6, Kel zeigt wiederum auf B 7.
PEL (6;10). Bei dem Versuch mit den anders hingelegten Spazierstöcken deutet er zunächst richtig auf die Stöcke 1 und 10 für die korrespondierenden Puppen. „Und für diese Puppe (P 8)? — (Er zeigt richtig auf S 8.) — Wie hast du das herausgefunden? — *Weil ich gesehen habe, daß da zwei sind* (P 10 und P 9, die P 8 voraufgehen) *und dann da zwei* (S 10 und S 9). — Und für diese Puppe (P 4)? — (Er zeigt auf S 3.) — Und für diese (P 1)? — (Er zeigt auf S 1.) — Und für diese (P 4)? — (Er zeigt von neuem auf S 3, nachdem er die direkte Korrespondenz herstellen wollte.) — Und für diese (P 6)? — (Er zeigt auf S 6 und verbessert sich dann.) *Nein, dieser* (S 5) *ist es.* — Und für diese (P 4)? — Er zeigt auf S 3.)"
Bei der umgekehrten Reihenbildung (Frage III) führt Pel, um den mit P 6 korrespondierenden Ball zu finden, die Korrespondenz mit dem Zeigefinger durch. Er berührt P 10 und B 10, P 9 und B 9, P 8 und B 8, dann aber P 7 und B 6, und verliert die Richtung. Er fängt von neuem an, irrt sich aber wieder, zählt dann 1, 2, 3, 4, 5 für P 6, zählt die Bälle 1 bis 5 und bezeichnet Ball 5 usw. — „Wieviel Bälle sind da? — *Zehn.* — Und Puppen? — *Da auch zehn, o nein, elf, weil das drüber hinausragt.*"
CHOU (7;0). Die Spazierstöcke sind im Verhältnis zu den Puppen zusammengerückt. „Wem gehört dieser Spazierstock (S 1)? — (Er zeigt auf P 1.) — Und dieser (S 10)? — (Er zeigt auf P 10). — Und dieser (S 4)? — *Zu dieser* (P 3). — Warum? — *Weil da* (P 1 und P 2) *zwei sind, und da auch* (S 1, S 2...), *o nein!* (Dann zeigt er auf P 4.) — Und dieser (S 7)? — (Er zeigt auf P 8.) — Und dieser (S 10)? — (Er zeigt auf P 10.) — Und dieser (S 7)? — (Er zeigt wiederum auf P 8.) — Woher weißt du das? — *Weil da* (S 10, S 9 und S 8) ... *o nein, er ist für diese* (P 7), *weil da* (S 10, S 9 und S 8) *drei sind und da auch* (P 10 bis P 8). — Und dieser (S 6)? — (Er zeigt auf P 7.) — Warum? — *Weil da* (S 10 bis S 7) *vier sind und da auch.* (Er zeigt auf P 10 bis P 7.)"
Bei Frage III (Bälle in umgekehrter Reihenfolge) sind die Reaktionen dieselben: Chou zeigt richtig auf B 10 für P 10 und auf B 1 für P 1, aber für die sechste Puppe zeigt er auf den fünften Ball. „Warum? — *Weil es dasselbe gibt.* (Er zeigt einerseits auf die Puppen 1 bis 5, und andererseits zählt er die Bälle 1 bis 5 und zeigt auf B 5.)"

150

Dieses sind die Anfänge der Wiederherstellung der Korrespondenzen, sobald man eine der beiden Reihen gegen die andere verschiebt. Wie erinnerlich, führte dieselbe Situation, als sie unter dem Gesichtspunkt der kardinalen Korrespondenz untersucht wurde, die Versuchsperson dazu, das Fortbestehen der numerischen Äquivalenz zu leugnen. Gerade das wird auch von den eben erwähnten Versuchspersonen geleugnet. Lie glaubt, es gebe mehr Bälle als Puppen, weil diese zusammengerückt sind; Pel glaubt, die Puppen seien zahlreicher, weil sie auseinandergerückt sind usw. Diese Versuchspersonen haben nun aber zuvor selber die beiden Gruppen einander zugeordnet, und zwar nicht nur Stück für Stück, sondern auch Rangplatz für Rangplatz! Es zeigt sich, daß die Reihen-Korrespondenz die kardinale Äquivalenz nicht besser sichert als die im allgemeinen zu dieser Stufe gehörende qualitative Korrespondenz. Das hindert die Versuchspersonen übrigens durchaus nicht daran zu versuchen, die korrespondierenden Stellen wiederzufinden, denn — wie erinnerlich — wenn das Kind auf dieser Stufe die kardinale Äquivalenz leugnet, sobald die Teile einander nicht mehr gegenüberliegen, hält es sie doch für wiederauffindbar, indem es diese wieder an ihren Platz legt. Die Suche nach der korrespondierenden Stelle ist nun gerade eine in die Richtung der Reversibilität zielende Bemühung, und sie führt im dritten Stadium zum Begriff einer zugleich kardinalen wie ordinalen, dauernden Äquivalenz. Für den Augenblick jedoch ist das Kind nicht imstande, sich ein solches operatorisches System zu konstruieren. Wie verhält es sich aber tatsächlich, um die miteinander korrespondierenden Gliedstufen wiederzufinden?

Sobald das Kind aufhört, lediglich die einander gegenüberliegenden Elemente zu bezeichnen, besteht die einfachste Reaktion darin, mit dem Finger von den Enden her die Stück-für-Stück-Korrespondenzen aufzuzeigen oder sie mit den Blicken zu verfolgen. Das tun Lie und Kel während des ganzen Versuches und Pel bei der Frage III, usw. Aber diese Methode gibt bei den Kindern, die noch nicht die Gewohnheit haben zu zählen, häufig Anlaß zu Auslassungen oder doppelter Zählung. Andererseits treten häufig Irrtümer in bezug auf die Richtung auf, wenn es sich (bei Frage III) darum handelt, die beiden gegenläufigen Reihen zu verfolgen. In einem bestimmten Augenblick zieht das Kind daher zuweilen eine andere Methode vor: das laute Zählen. Es zählt die Puppen von der ersten oder zehnten bis zu der, nach deren Korrespondenz man fragt, und zählt andererseits die Spazierstöcke oder „Bälle" bis zu der erreichten Zahl (so z. B. Chou).

Ob sie nun die eine oder die andere Methode anwenden — und es ist zu betonen, daß dies für das, was folgt, gleichgültig ist —, die Kinder, die eben genannt wurden, und die sehr repräsentativ für dieses Niveau sind, täuschen sich stets um eine Einheit. Lie z. B. deutet auf Ball 8 für Puppe 7, Ball 2 für Puppe 3 usw. Kel zeigt, nachdem er die Korrespondenzen 1 bis 10 richtig hergestellt hat, auf Puppe 7 für Stock 6, dann, bei der umgekehrten Reihenfolge, auf die sechste Puppe für Stock 5, die vierte für Stock 3 usw. Pel zeigt zunächst die Korrespondenzen 10, 1, und sogar 8 (nach Berichtigung) auf, aber er bezeichnet dann den Stock 3 für die Puppe 4, den Stock 5 für die Puppe 6 usw. Chou, der nur das laute Zählen verwendet, zeigt auf die dritte Puppe für den Stock 4, auf die achte für Stock 7 usw. Diese Versuchspersonen geben nun sehr wohl den Grund für dieses System an, wenngleich dessen Kausalität noch zu erklären bleibt: Sobald es sich darum handelt, die Korrespondenz mit einem Glied n zu finden, zählen sie die voraufgehenden Glieder, also $n-1$, und suchen dann in der korrespondierenden Reihe das $n-1^{ste}$ Glied und bleiben dabei stehen. Andererseits ist die gefundene Stelle, da sie n−1 entweder von 1 oder von 10 aus zählen, bald um eine Einheit zu niedrig, bald um eine Einheit zu hoch. Chou z. B. wählt am Ende der Befragung den Ball 5 für die Puppe 6, „weil es dasselbe gibt": Er hat die der Puppe 6 voraufgehenden Puppen 1 bis 5 gezählt und dann auf den fünften Ball gezeigt. Aber er wählt auch die Puppe 7 für den Stock 6, weil es nach dem Stock 6 „vier gibt" (d. h. die Glieder 7 bis 10) und die Puppe 7 die vierte von 10 aus ist! Trotzdem hat sich dieses Kind seit dem Beginn der Befragung mehrere Male spontan berichtigt, aber es verfällt stets wieder in diesen Irrtum. Ebenso zeigt Pel, der zunächst den Stock 8 für die Puppe 8 bezeichnet, „weil ich gesehen habe, daß da zwei sind (P 10 und P 9) und dann da zwei (S 10 und S 9)", anschließend auf Stock 5 und Ball 5 für Puppe 6, indem er die Puppen 1 bis 5 zählt. Bei Kel und Lie, die nicht das laute Zählen anwenden, sondern die Korrespondenzen mit dem Zeigefinger herstellen, ist das Phänomen dasselbe: So teilt Lie der dritten Puppe den zweiten Ball zu, indem er mit dem Finger die Korrespondenz zwischen dem ersten Ball und der ersten Puppe, dem zweiten Ball und der zweiten Puppe usw. herstellt.

Wie ist also dieser Typus von Irrtümern und seine so auffällige Regelmäßigkeit zu erklären? Solange die korrespondierenden Glieder einander gegenüberliegen, wird die Korrespondenz durch diese qualitative Ähnlichkeit selbst gesichert, und es gibt kein Problem. Dieses beginnt bei dem Abbruch des Wahrnehmungskontaktes. Nehmen wir an, wir fragen das Kind: „Welcher Stock paßt zu dieser Puppe?" und deuten auf Puppe 5. Dann muß die Puppe 5 durch ihre Rangstufe gekennzeichnet werden. Um diese Stelle in bezug auf die der Stöcke festzulegen, genügt es nun allerdings nicht mehr, die absolute Position des betreffenden Elementes zu konstatieren, sondern seine relative Position muß berechnet werden, und die einzige Art, das fertigzubringen, besteht darin, die Quantität oder die

Zahl der vorhergehenden Glieder zu berechnen. Eben dadurch entsteht im Geiste des Kindes eine Dissoziation zwischen der gesuchten Reihenstelle (der Puppe 5) und der Gruppe der vorhergehenden Glieder (der Puppen 1 bis 4). Wenn das Kind also, um diese Stelle festzulegen, nicht 5, sondern 4 zählt, so deswegen, weil die Zahlen 1 bis 4 und die Zahl 5 im besonderen Fall für die Versuchsperson nicht dieselbe Funktion erfüllen: Die Zahlen 1 bis 4 bilden die (kardinale) Gesamtheit, die die Puppe 5 vom Anfangspunkt der Reihe trennt, während die Nummer 5 die (ordinale) Gliedstufe bildet, die die Puppe kennzeichnet. Daher erklärt das Kind: „Es gibt vorher vier" oder einfach: „Es gibt vier", weil die Reihenstelle bei ihm noch nicht eine Zahl derselben Art hat wie die Zahlen, deren es sich bedient, um die vorhergehenden Glieder zu zählen. Ebenso dissoziiert es, wenn es die Zahlen wertet, indem es jedes Element mit dem Finger bezeichnet, die Gruppe der vier ersten Glieder von jenem (dem fünften), dessen Reihenstelle zu bestimmen ist. Im Gegensatz hierzu vollzieht sich, wenn es anschließend die Reihenstelle des korrespondierenden Gliedes (des Stockes) sucht, das umgekehrte Phänomen: Da dieses Glied nicht zuvor bezeichnet wurde wie die Puppe, auf die der Finger des Versuchsleiters gedeutet hat, bleibt es auf demselben Niveau wie die anderen und nicht mehr abgesondert, und zwar während des gesamten Versuches. Von nun an wird das Kind, wenn es für die Puppe 5 (mündlich oder durch Gesten) bis 4 gezählt hat, diese Zahl 4 auf die korrespondierende Reihe (der Spazierstöcke) anwenden, aber in einer anderen Weise, denn nichts unterscheidet mehr *a priori* das Element, dessen Platz zu suchen ist, von denen, die ihm voraufgehen: Wenn es den aufeinanderfolgenden Spazierstöcken die Zahlen 1, 2, 3, 4 zuteilt, gibt das Kind also diesen Zahlen einen ebensosehr ordinalen wie kardinalen Sinn (wenn nicht gar mehr ordinal als kardinal), derart, daß das Kind bei der Nummer vier den Eindruck hat, das korrespondierende Glied erreicht zu haben, und infolgedessen den Spazierstock 4 der Puppe 5 zuteilt.

Diese so suggestive Nicht-Koordinierung der Mechanismen kardinaler und ordinaler Art ist nun durchaus nicht das Ergebnis einer Gleichgewichtsstörung oder einer augenblicklichen Dissoziation, wie es den Anschein haben könnte, wenn man diese Dinge mit Ausdrücken vollendeter Logik und Arithmetik umschreibt, sondern sie kennzeichnet im Gegenteil den Beginn einer Koordination: Es handelt sich also lediglich unter dem Gesichtspunkt der nachfolgenden Stadien um eine Nicht-Koordinierung, die aber im Verhältnis zum ersten Stadium in jeder Hinsicht einen Fortschritt darstellt, denn während des ersten Stadiums existierte dieses Problem überhaupt nicht. Solange die Versuchsperson weder zu richtiger Reihenbildung noch zu richtiger Reihen-Korrespondenz fähig war, wurde das Problem der Kardination in der Tat noch nicht aufgeworfen, weil das Kind im Falle der auseinanderklaffenden Reihen sich nicht bemühte, die Rangstufen zu zählen, ja nicht einmal sie auf Grund der Anschauung wiederzufinden, und weil im Falle der einander optisch ähnlichen Reihen die Reihenfolge durch den einfachen räumlichen Kontakt bestimmt wurde. Mit fortschreitender Entwicklung der Reihenbildung sehen wir eine erste Verbindung zwischen Rangstufe und Kardination in Erscheinung treten, da man, um die Rangstufe eines Gliedes im Falle von optisch auseinanderklaffenden Reihen wiederzufinden, die Rangstufen der vorhergehenden Glieder zählen oder durch Stück-für-Stück-Korrespondenz werten muß. Da die dem zweiten Stadium eigentümliche Reihenbildung anschaulich bleibt und noch keine wirklich operatorische Ebene erreicht hat, bleibt die Kardination allerdings noch außerhalb dieser Reihenbildung: Die Rangstufe bleibt ein Problem der Position in der qualitativen Reihenfolge, ohne bereits einem kardinalen Wert korrelativ zu sein, und daraus erklärt sich das Bestehenbleiben der Nicht-Koordinierung auf dieser Ebene.

Noch mehr: das diesem Stadium eigentümliche Zögern bedeutet in Wirklichkeit den Beginn einer noch nicht durchgeführten Dissoziation der qualitativen von den numerischen Relationen, also der Reihen-Korrespondenz (oder qualitativen Ähnlichkeit) von der ordinalen Korrespondenz (oder verallgemeinerten Ähnlichkeit). Qualitative Ähnlichkeit zwischen zwei Reihen von Relationen besteht dann, wenn zwei Gruppen von Gegenständen mit Hilfe derselben Folge asymmetrischer qualitativer Relationen in Reihen geordnet werden, wobei die Rangstufe jedes Gliedes der ersten Reihe mit der Rangstufe eines bestimmten Gliedes der zweiten korrespondiert: Wenn das Kind sich darauf beschränkt, die Spazierstöcke und die Puppen ihrer Größe nach in Reihen zu ordnen und diese beiden Reihen miteinander korrespondieren zu lassen, ergibt sich also nur einfach qualitative Ähnlichkeit. Bei solchen Reihenbildungen ist aber jedes Glied von allen anderen verschieden (im besonderen Fall „größer" oder „kleiner"), und andererseits unterscheidet sich jede Relation von der anderen. (Zwischen den Puppen 1 und 2 und den Puppen 2 und 3 besteht nicht zwangsläufig derselbe Größenunterschied.) Im Gegensatz hierzu zählt in der ordinalen Reihenbildung jedes Glied als eine Einheit, das in jeder Hinsicht allen anderen äquivalent ist, abgesehen von ihrer Rangstufe innerhalb der Reihe. Diese Reihenfolge kann die einer qualitativen Reihe sein (dann aber zählt im besonderen Falle jede Puppe oder jeder Spazierstock wie alle anderen als 1, und der einzige Unterschied zwischen ihnen liegt unter dem Gesichtspunkt des Zahlbegriffs darin, daß es eine erste gibt, eine zweite usw.) — es kann aber auch eine andere Reihenfolge sein, aber in jedem Falle ist jede Ordnungs-Relation, die zwei Glieder miteinander verbindet, allen anderen äquivalent: zwischen dem ersten und dem zweiten Glied besteht derselbe Ordnungsunterschied wie zwischen dem zweiten und dem dritten usw. Wenn sich das so verhält, ist es klar, daß das Kind in diesem zweiten Stadium, sobald die beiden qualitativen Reihen optisch auseinanderklaffen, gezwungen ist, die lediglich seriale Korrespondenz durch eine ordinale zu ergänzen, d. h. die Puppen und die Spazierstöcke als ebenso viele Einheiten aufzufassen, die sowohl abgezählt als auch in Reihen geordnet werden können. Wenn aber (und dabei stoßen wir wieder auf die zuvor angestellten Überlegungen) jedes Glied einer ordinalen Reihe als eine den übrigen Einheiten gleiche Einheit zählt, besteht der einzige Unterschied, der es ermöglicht, das Glied n von dem Glied $n + 1$ zu unterscheiden, darin, daß das Glied n nach $n-1$ anderen Gliedern kommt und daß das Glied $n + 1$ nach n Gliedern kommt: Die ordinale Rangstufe setzt also die Kardination voraus (wobei die Umkehrung dieses Satzes ebenfalls wahr ist, wie wir in den Schlußfolgerungen des Kapitels IV gesehen haben). Bei dieser Feststellung bleiben nun die Kinder dieser Stufe stehen: Wenn sie die Rangstufe eines gegebenen Gliedes zu finden suchen, begreifen sie wohl, daß man die voraufgehenden Glieder als ebenso viele untereinander äquivalente Einheiten zählen muß, aber sie treiben die Arithmetisierung der Reihe nicht weit genug, um das Glied, um dessen Rangstufe es sich handelt, auch als eine den anderen Gliedern homogene Einheit zu zählen. Infolgedessen betrachtet das Kind, wenn es irgendeine Rangstufe durch die Numerierung festlegen will, die qualitative Stellung des betreffenden Gliedes für sich und den kardinalen Wert der Gruppe der vorhergehenden Glieder ebenfalls für sich: Es begreift nicht, daß jede Rangstufe selbst eine Zahl ist, und ebensowenig, daß diese Zahl nicht zu trennen ist von der ganzen Gruppe, zu der das so eingeordnete Glied gehört.

Betrachten wir jetzt die Relationen des dritten Stadiums, die uns erlauben, jenem doppelten Fortschritt der nicht mehr anschaulichen, sondern operatorischen Konstruktion der serialen und ordinalen Korrespondenzen beizuwohnen und eben dadurch die Entdeckung einer zwangsläufigen Verbindung zwischen Ordination und Kardination festzustellen:

BOS (6;6). Frage II (bei auseinanderklaffenden Reihen): „Wem gehört dieser Ball (8)? – (Er zeigt auf P 8.) – Woher weißt du das? – *Ich sehe die drei* (B 10, 9 und 8) *und da auch* (P 10, 9 und 8). – Und dieser hier (B 6)? – *Gehört zu dieser* (P 6), *weil es erst drei waren und dann auf 6 gesprungen wurde.* (Er hat also die Bälle 1 bis 6 gezählt.) – Was hat man gemacht? – *Zuerst gab es drei* (10, 9, 8) *und jetzt ist man auf 5 gesprungen.* (Diesmal zählt er die Bälle 10, 9, 8, 7, 6 und die Puppen 10 bis 6 und zeigt von neuem auf P 6 und B 6)."
Bei den inversen Serien zeigt er auf P 7 für B 7, dann auf P 4 für B 4 usw. Er zählt dabei jedesmal die vorhergehenden, ohne sich aber in der korrespondierenden Reihe zu täuschen. Im Falle von B 4 sagt er zum Beispiel: „*Da, da liegen 3 am Rande* (B 1, 2, 3)", und er zählt P 1, 2, 3, um P 4 zu bezeichnen.

VIG (6;6). Man fängt mit den inversen Reihen (Frage III) an: „Wem gehört dieser Ball (B 10)? – (Er zeigt auf P 10.) – Und dieser (B 8)? – *Dieser* (P 8). – Wie hast du das gemacht? – *Hier sind 3* (P 10, 9, 8). – Und dieser (B 5)? – *Dieser* (P 5). – Warum? – *Ich habe nachgesehen, ob da 4 waren.* (Er zählt die vorhergehenden.)" Ebenso zeigt er auf B 6 für P 6 usw.
Frage II: „Welchen Spazierstock bekommt diese Puppe (P 6)? – (Er zeigt auf S 6.) – Wie hast du das gefunden? – *Ich habe nachgesehen, wieviel übrig sind* (S 7, 8, 9, 10)"; usw.
NEL (7;0). Frage III (inverse Reihen): „Bekommt jede Puppe trotzdem ihren Spazierstock? – *Ja.* – Für welche Puppe ist dieser Spazierstock (S 6)? – *Für diese* (P 6). – Und dieser Spazierstock (S 3)? – (Er zeigt zuerst auf P 8, dann auf P 3.)"
Frage II: „Welchen Spazierstock muß man dieser Puppe (P 5) geben? – *Diesen* (S 5), *weil hier 4 Puppen sind* (P 1 bis P 4) *und hier 4 Stöcke* (S 1 bis S 4). – Und dieser Spazierstock (S 7)? – *Dieser* (P 7), *weil hier 6 Puppen* (P 1–6) *und auch 6 Stöcke* (S 1–6) *vorhergehen.*"

Man stellt zunächst fest, daß diese Kinder, wie z. B. Nel, im Hinblick auf die Kardination nicht mehr zögern, zuzugeben, daß die Zahl der Stöcke oder der Bälle stets der Zahl der Puppen gleichkommt, auch wenn man die Reihenfolge umkehrt oder die Reihen auseinanderklaffen läßt. Diese Tatsache ist neu und naturgemäß von entscheidender Bedeutung für die Arithmetisierung der serialen Korrespondenz. Andererseits verwenden sie zur Festlegung einer Rangstufe n alle die Numerierung, indem sie unterschiedslos von 1 bis n oder von 10 bis n zählen. Wenn sie, wie z. B. Nel, nur die vorhergehenden Glieder (also $n-1$) zählen, verfahren sie bei der korrespondierenden Reihe genauso. In anderen Fällen zählen sie, wie z. B. Vig, den Rest (z. B. von 7 bis 10 für 6). Schließlich zählen sie, wie Bos und Vig, ebensogut das Glied, dessen Platz man sucht, wie die vorhergehenden Glieder (z. B. 6 für den Platz 6), und zwar in einer Richtung wie in der entgegengesetzten (6 ist das fünfte, wenn man von 10 ausgeht). Kurz gesagt: Dank dieses zweifachen Fortschrittes, daß einerseits die Kardination von den einzelnen unabhängig geworden ist und angewendet wird auf alle Glieder, die als äquivalente Einheiten aufgefaßt werden, und daß andererseits die Ordination freigeworden ist von der Qualität, sind diese beiden Mechanismen korrelativ geworden. Infolgedessen bezeichnet der Ausdruck n von nun an für das Kind sowohl den $n$ten Platz als auch eine kardinale Summe n.

4. Die Wiederherstellung der kardinalen Korrespondenz

Die Deutungen, die wir soeben skizziert haben, können mit Hilfe der weiteren Entwicklung der Versuche nachgeprüft werden. Anstatt uns darauf zu beschränken, die korrespondierenden Reihen optisch gegeneinander zu verschieben oder eine der beiden umzukehren, nehmen wir sie ganz oder teilweise auseinander und analysieren, was dann beim Kind von der Korrespondenz übrigbleibt und wie das Kind es fertigbringt, sie wiederherzustellen.

Diese Technik macht es uns natürlich wieder möglich, die drei vorigen Stadien wiederzufinden: Während des ersten Stadiums bleibt die Korrespondenz endgültig gebrochen; es gibt keine Wiederherstellung der Reihen, und die Auswahl der paarweise wieder zusammenzufügenden Glieder geschieht willkürlich; während des zweiten Stadiums gibt es mehr oder weniger weitgehende Bemühungen, aber noch ohne Reihen-Wiederherstellung und ohne systematische Kardination – und im dritten Stadium wird die Wiederherstellung mit Koordination der Ordination und Kardination vollständig.

Zunächst Beispiele für das erste Stadium:

GUI (4;6). Alle zuvor in Reihen angeordneten Spazierstöcke und Puppen sind durcheinandergemischt: „Sieh her. Alle Puppen, die kleiner sind als diese (P 6), gehen nun zu Bett. Du legst sie dorthin. – (Er legt P 4, 1, 3, 2, 6 hin.) – Welche Spazierstöcke bleiben dann im Schrank? – (Er legt zunächst die Puppe 7 zur Gruppe derer, die im Hause bleiben, und legt dann die Stöcke 1, 2, 4, 6, 3 in den Schrank. Auf dem Tisch läßt er die Stöcke 5, 7, 8, 9, 10.) – Und welche Puppen gehen spazieren? – (Er zeigt auf die übrigbleibende Gruppe, d. h. auf 5, 8, 9, 10.) – Wieviel Stöcke bleiben im Schrank? – (Er zählt.) 5. – Und wieviel Puppen bleiben zu Hause? – 6. – Also? –... (Er scheint sich durch diesen Mangel an Korrespondenz durchaus nicht gestört zu fühlen.)"
VAL (5;6). „Sieh her! Alle Puppen, die kleiner sind als diese (P 7), gehen spazieren. Welche Puppen bleiben dann zu Hause? – (Er zeigt auf P 9 und 10). – Und welche Stöcke bleiben im Schrank? – (Er zeigt auf S 10, S 8 und S 9.) – Und jetzt gehen alle Puppen spazieren, die kleiner sind als diese (P 5). Welche Stöcke bleiben im Hause? – (Val reiht S 10, 9, 8, 7 auf.) – Welche Stöcke gehen fort? – (Er zeigt auf die übrigen.) – Welche Puppen bleiben zu Hause? – (Er zeigt auf P 10, 8, 7, 9.)"
REI (5;6). „Alle Puppen, die größer sind als diese (P 6), gehen spazieren. Welche Stöcke gehen dann mit ihnen? – (Er zeigt auf S 10, 9 und 8.) – Welche Puppen gehen spazieren? – (P 10, 9, 6, 7.) – Jetzt wollen die, die zu Hause geblieben sind, Ball spielen. Richte die Bälle her. – (Rei reiht B 4, 1, 3, 2, 5, 6 auf.)"

Das Problem IV (Zerlegung einer oder beider Reihen und Wiederherstellung der Korrespondenz) ergibt natürlich in diesem Stadium nichts Neues, da weder Reihenbildung noch Korrespondenz spontan erreicht werden. Die Reaktionen, die wir eben (bei Frage V) geschildert haben, bestätigen jedoch vollkommen, und zwar auf eine neue Art, was wir bisher von diesem Stadium erkannt haben, und zwar sowohl im Hinblick auf die Reihenbildung und die Reihen-Korrespondenz als auch im Hinblick auf das Verhältnis zwischen Ordination und Kardination.

Zunächst stellt man fest, daß das Kind, wenn man es auffordert, die Puppen herauszufinden, die größer oder kleiner sind als eine bestimmte Puppe (z. B. P 6), diese global als kleinere und größere klassifiziert, ohne sich um Einzelheiten zu kümmern, ohne die anderen Glieder zu messen oder aufzureihen oder sie wenigstens Stück für Stück zu prüfen, bevor es sie in zwei Gruppen aufteilt. So legt Gui das Glied 7 zu der Menge < 6, und das Glied 5 in die Gruppe > 6. Val vergißt 8 zwischen 7 und 10 usw. Andererseits beschränken sich dieselben Versuchspersonen, wenn sie die Stöcke zusammenzubringen suchen, die zu diesen globalen Gruppen passen, erneut auf eine Gesamtschätzung, indem sie im großen die langen Stöcke zu den großen Puppen und die kurzen zu den kleinen legen, anstatt eine Korrespondenz durchzuführen oder zu zählen. Dieses Verhalten bestätigt also völlig, was wir in bezug auf Reihenbildung und Reihen-Korrespondenz in diesem Stadium beobachtet haben.

Im Gegensatz hierzu sind diese Verhaltensweisen im Hinblick auf das Verhältnis zwischen Seriation und Kardination sowohl neuartig als auch sehr aufschlußreich für die Überprüfung der im vorigen Paragraphen gegebenen Deutungen. Wenn man das Kind auffordert, zu gleicher Zeit die Puppen $> n$ oder $< n$ und die Stöcke, die mit ihnen korrespondieren, herauszufinden, wirft man in der Tat ein Problem auf, das ebensosehr kardinaler wie ordinaler Natur ist, da es sich darum handelt, dieselbe Anzahl Spazierstöcke und Puppen zu finden. Halten wir fest, daß das bei den Fragen I bis III nicht der Fall war, da die Reihen mit einer bereits gegebenen Zahl von Puppen und Stöcken (10 + 10) zu bilden waren und da die Korrespondenz auf optischem Wege wiedergefunden werden konnte. Die große Lehre, die sich aus den Reaktionen der Kinder dieses ersten Stadiums bei dem gegenwärtigen Versuch ergibt, ist folgende: Wenn die Kinder sich mit Reihenbildungen und Reihenkorrespondenzen globaler Art begnügen, zeigen sie gleicherweise völlige Unbekümmertheit im Hinblick auf die Kardination wie auf die kardinale Korrespondenz. So teilt Gui den 6 „im Hause bleibenden" Puppen 5 Stöcke zu und läßt 5 Stöcke auf dem Tisch für die 4, die „spazierengehen". Val reserviert 3 Stöcke für 2 Puppen und legt dann 4 Stöcke für die übrigen zurückbleibenden 5 Puppen in den Schrank. Rei hebt ebenfalls 3 Stöcke für die 4 aufbrechenden Puppen auf usw.

Es ist also völlig klar, daß das Fehlen spontaner Reihenbildung mit dem Fehlen spontaner kardinaler Korrespondenz übereinstimmt. Wir haben bereits gesehen, daß das Fehlen der Reihenbildung mit dem Fehlen der Invarianz oder der dauerhaften Äquivalenz korrespondiert: Das Phänomen reicht also noch weiter, und auf dieser Stufe findet sich noch nicht einmal spontane kardinale Korrespondenz, wenn man ein Problem doppelter Reihenbildung aufwirft.

Hierzu nun Beispiele des zweiten Stadiums:

TIS (5;6). Frage IV: Beide Reihen sind zerlegt, nachdem das Kind sie konstruiert hatte (siehe 2.): „Kannst du mir jetzt sagen, welchen Spazierstock dieser Herr (P 6) bekommt? — *Ja, vielleicht muß man es so machen wie zuvor.* (Er reiht dann die Puppen auf, aber nicht die Stöcke, und teilt P 6 ohne weiteres S 5 zu.) — Und für diesen (P 3)? — *Dieser* (S 3)." usw.

Frage V: Puppen und Stöcke sind erneut durcheinandergewürfelt: „Alle Puppen, die kleiner sind als diese (P 6), gehen spazieren. — (Er stellt zusammen P 10, 9, 8, 7, 6, 5 und zeigt auf P 1, 2, 3, 4.) *Diese sind spazierengegangen.* (Dann stellt er P 6 und P 5 zur Gruppe P 1 bis P 4.) — Und nun zeige mir die Stöcke, die sie genommen haben, um spazierenzugehen. — *Oh, das ist schwierig!* (Er legt nun S 5 zu P 6, S 4 zu P 5, S 3 zu P 4, S 2 zu P 3 und S 1 zu P 1.) *Oh, da fehlt einer!* (Er fügt S 6 hinzu und berichtigt die Korrespondenz mit einer Reihe von Versuchen.) — (Dann nimmt man die Stöcke wieder auf und mischt sie.) Lege die Stöcke der Herren, die zu Hause bleiben, in den Schrank. — (Er legt S 10, 9, 8 und 7 hin.) — Bist du sicher? — *Ja, das sind alle großen.*"

TAL (5;5). Die Puppen bleiben aufgereiht, aber die Stöcke sind ungeordnet. Frage IV: Man fragt nach dem Stock für P 7, und Tal wählt, ohne aufzureihen, S 5. Für P 10 gibt er wohl S 10, für P 7 aber zählt er von neuem 4 (also P 10, 9, 8 und 7), reiht dann 4 Stöcke auf (also S 10, 8, 5 und 9) und bezeichnet dann Stock 9 als den, der mit P 7 korrespondiert!

Frage V wird im Gegensatz hierzu richtig beantwortet, da die Puppen aufgereiht geblieben sind: „Wieviel Stöcke bleiben im Schrank? — (Er zählt: 5.) — Und wieviel Puppen bleiben im Haus? — (Ohne zu zählen:) *5.*"

CHA (6;0). Die Stöcke bleiben aufgereiht, aber die Puppen sind verstreut. Frage IV: „Welcher Stock gehört zu dieser Puppe (P 6)?" — Cha stellt P 10 in einiger Entfernung von der Reihe der Stöcke auf, reiht dann P 9, P 8, P 7 und P 6 hinter P 10 auf, ohne sich um die Stöcke zu kümmern. P 6 befindet sich also durch Zufall S 4 gegenüber, und Cha ruft: „*Dieser!* — Wo ist der Stock für P 10? — *Dieser* (S 10). — Wo muß man die Puppe (P 10) hinstellen? — (Er stellt sie unter S 10 und richtet damit die ganze Reihe von P 10 bis P 1 richtig ein.)"

ORA (6;0). Die Puppen sind aufgereiht und die Stöcke ungeordnet. Frage IV: Kannst du mir den Stock dieser Puppe (P 4) heraussuchen? — (Er zählt 7 Puppen von der zehnten an und reiht die Stöcke 1 bis 7 auf, wobei er schließlich den Stock S 7 bezeichnet.) — Und für diese (P 6)? — (Er zählt die 4 vorhergehenden Puppen und bezeichnet den vierten Stock, von 10 an gerechnet, also S 7.)"

Frage V: „Sieh her! Alle Puppen die größer sind als diese (P 6), gehen spazieren. Welche Stöcke bleiben also im Schrank? — (Er stellt die Korrespondenz von S 6 bis zu S 10 mit den Puppen P 6 bis 10 her und zeigt auf die anderen Stöcke.)"

CHOU (7;0). Frage V: Stöcke und Puppen ungeordnet: „Alle Leute, die größer sind als dieser Herr (P 6), gehen spazieren. — (Er reiht die Puppen von P 6 bis P 10 auf.) — Lege die Stöcke, die im Hause bleiben, in den Schrank! — (Er legt S 1, 5 und 4 auf eine Seite, dann für sich S 10 bis S 6, und legt dann S 1, 5, 4 und, die beiden übrigen in die Kiste.) – Und wieviel Stöcke bleiben übrig? – Er zählt 5 und fügt Stock 6 hinzu, um Äquivalenz mit der vermuteten Zahl der Puppen herzustellen."

Der vom ersten zum zweiten Stadium erzielte Fortschritt ist von großem Interesse. Beginnen wir mit der Analyse der auf das Problem des Spaziergangs erteilten Antworten, denn dieses Problem ist ganz allgemein leichter zu lösen als das der Frage IV. Wir werden sehen, weshalb.

Das Neue dieses Stadiums ist in diesem Betracht der Anfang der Relationsbildung zwischen Kardination und Ordination: Im Unterschied zu den Versuchspersonen des ersten Stadiums weiß jedes dieser Kinder in der Tat von vornherein, daß die Zahl der im Schrank bleibenden Stöcke der Zahl der im Hause bleibenden Puppen gleich ist und daß die Zahl der mitgenommenen Stöcke der Zahl der spazierengehenden Herren gleich ist. So stellt Tis, wenn er die zweite dieser Korrespondenzen herstellt, fest, daß eine Puppe ohne Stock bleibt, und sucht sofort danach. Wenn Tal die 5 im Schrank gebliebenen Stöcke zählt, schließt er ohne weiteres darauf, daß 5 Puppen zu Hause geblieben sind. Nachdem Chou irrtümlich angenommen hat, daß 6 Puppen nicht spazierengehen, zieht er die Schlußfolgerung, daß sich 6 Stöcke im Schrank befinden müssen, und fügt einen hinzu usw. Erwähnen wir noch, daß dieses Ergebnis keinen Widerspruch bildet zu der während des zweiten Stadiums in den Kapiteln III und IV oder in 3. dieses Kapitels beobachteten geringen Dauer der kardinalen Äquivalenz: Es handelt sich hier in der Tat nicht um zwei auseinanderklaffende Reihen, die beide nebeneinander liegen und miteinander zu vergleichen wären, sondern um die Behauptung der Möglichkeit einer Rückkehr zur Korrespondenz, einer Rückkehr, die während des zweiten Stadiums der kardinalen Korrespondenz oft behauptet wurde und hier durch die Reihen-Korrespondenz erleichtert wird.

Wenn nun die Reihen-Korrespondenz auf diese Weise für diese Kinder den Beginn einer kardinalen Bedeutung mit sich bringt, ist dadurch allerdings noch durchaus nicht bewiesen, daß sie bereits die konstanten Relationen entdeckt hätten, die diese beiden Aspekte des Zahlbegriffs miteinander verbinden, wie man glauben könnte, wenn man sich auf die Untersuchung des Problems der Spaziergänge beschränkt, ohne die davon sehr verschiedenen Ergebnisse der Frage IV zu analysieren. Um das Problem V zu lösen, genügt es in der Tat, die Puppen auf zwei Gruppen oder Klassen zu verteilen: einerseits $\geqslant n$ und andererseits $< n$ (oder einerseits $> n$ und andererseits $\leqslant n$), und dasselbe mit den Spazierstöcken vorzunehmen. Das setzt aber noch nicht das operatorische System voraus, demzufolge jede neue Rangstufe eine zusätzliche kardinale Einheit darstellt und umgekehrt: Das bedeutet nur, daß zwei Reihen oder zwei Abschnitte von Reihen, die serial miteinander korrespondieren, einander auch kardinal entsprechen. Diese Nuance ist nun sehr bedeutsam: Im zweiten Fall abstrahiert das Kind von den Ordnungsrelationen, abgesehen von $\geqslant n$ und $< n$, und definiert so nur zwei Klassen. Tis z. B. legt die Stöcke $> S\ 6$ zusammen und sagt: „Das sind alle großen." Nachdem Ora die Stöcke von S 6 bis S 10 aufgereiht hat, legt er ohne weiteres die andern zusammen, die im Schrank bleiben sollen. Chou verfährt ebenso, usw. In Wirklichkeit wertet das Kind also diese Klassen, wenn es diese kardinal numeriert, und geht nicht ohne weiteres von der Ordinalzahl zur Kardinalzahl über. Im Gegenteil, im ersten Fall handelt es sich darum, das direkte Verhältnis zwischen den ordinalen und den kardinalen Zahlen zu erfassen, und eben das begreift das Kind in diesem Stadium nicht.

Wenn wir vom Problem V zur Frage IV übergehen, zeigen dieselben Versuchspersonen überraschende Schwierigkeiten, den ordinalen Aspekt der Korrespondenzen mit dem kardinalen zu verbinden, und sie gelangen, um es deutlich zu sagen, zu diesen Zahlenbegriffen noch nicht auf einer operatorischen Ebene, sondern sie beschränken sich darauf, sie auf anschauliche Weise zu erahnen. In dieser Hinsicht beobachten wir vier Arten von Versuchen, die Synthese zwischen Ordination und Kardination zu finden:

Die primitivste Methode besteht darin, die Korrespondenz lediglich zu erraten oder nur eine der beiden Reihen zu ordnen und dann die Korrespondenzen zur anderen zu erraten. Das tut Tis, der sich bei der Zuteilung von S 5 zu P 6 irrt, die äußeren Glieder, wie z. B. P 3 und S 3, aber richtig trifft. Ebenso errät Tal S 5 für P 7 usw. Indem das Kind so vorgeht, benutzt es natürlich eine implicite Ko-Seriation, die aber rein qualitativ bleibt, und von wirklich numerischer Ordination ist also noch keine Rede. Die zweite Methode, die uns in mehreren Beispielen begegnet und die wir ebenfalls beim Problem der Puppen (Fall Jen im zweiten Stadium, Kap. VI, 3) beobachten werden, besteht darin, die Kardination zu benutzen, aber die Ordination zu vernachlässigen! Der Fall Tal verdeutlicht das Gesagte gut: Um den mit der Puppe 7 korrespondierenden Stock zu finden, zählt er die Puppen 10, 9, 8, 7 und das ergibt 4; dann sucht er 4 Stöcke, zwar vor allem unter den großen, aber ausgewählt in einer beliebigen Ordnung (10, 8, 5 und 9), und dann bezeichnet er den Stock 9, weil er als letzter herausgezogen wurde und also mit der 7 korrespondieren muß! (Tal hat nun das Problem des Spaziergangs sehr gut gelöst, und das zeigt gut das Fehlen einer direkten Beziehung zwischen diesen beiden Fragen.) Die dritte Methode besteht im Unterschied hierzu darin, die Ordination oder genauer die Seriation zu verwenden, aber die Kardination zu vergessen, was dazu führt, daß die von der Versuchsperson hergestellte Korrespondenz ebenfalls noch nicht streng durchgeführt ist. Cha z. B.

reiht, wenn er den Stock der Puppe 6 finden will (nachdem die Stöcke bereits aufgereiht sind), die Puppen 10, 9 usw. bis zu 6 in gerader Linie auf, ohne sie aber den Stöcken gegenüberzulegen (da die beiden Reihen an verschiedenen Punkten anfangen), was dazu führt, daß die Puppe 6 schließlich unter dem Stock 4 liegt und daß das Kind glaubt, so die gewollte Korrespondenz gefunden zu haben ... Die vierte Methode endlich verwendet gleichzeitig Ordination und Kardination, ohne aber den gesuchten Rang mit der kardinalen Menge der Stücke zu koordinieren. Ora zählt z. B. für die Puppe 6 die 4 voraufgehenden Puppen (angefangen bei 10), also 10, 9, 8 und 7, und zeigt dann auf Stock 7, d. h. auf den letzten der 4 Stöcke, die ebenfalls vom zehnten an gezählt worden waren. Bei dieser vierten Methode treffen wir wieder auf die Irrtümer der Kinder des zweiten Stadiums, die bei den Fragen II und III des vorigen Abschnittes festgestellt wurden.

Derart sind also die während dieses Stadiums zwischen Ordination und Kardination hergestellten Relationen, wenn es sich darum handelt, die Korrespondenz zwischen zwei Rangstufen wiederzufinden und nicht nur die Korrespondenz zwischen zwei Gruppen, die jeweils größer oder kleiner sein müssen als ein bestimmtes Glied. Mag das Kind noch so sehr versuchen, die Reihenfolge mit dem kardinalen Wert zu verbinden, es ist unfähig, zwei Dinge zur selben Zeit zu denken: Wenn es an den kardinalen Wert denkt, vergißt es die Rangstufe (Methode 2), wenn es an die Rangstufe denkt, vergißt es die Kardinalzahl (Methode 3), und wenn es beide zugleich im großen berücksichtigt, dissoziiert es sie im Detail (Methode 4). Das Kind hat also seit dem ersten Stadium gelernt, daß, wenn 10 Puppen verschiedener Größe jeweils einen ihrer Größe angepaßten Spazierstock haben, die Gesamtzahl der Stöcke auch 10 ist und daß, wenn die 5 größten Puppen mit ihren Stöcken spazierengehen, diese Stöcke ebenfalls die 5 größten der Gruppe sind. Das Kind hat aber die Tatsache noch nicht begriffen, daß der der Puppe n korrespondierende Stock nicht nur der n^{te} in der Reihe der Stöcke ist, sondern daß dieser Stock mit den vorhergehenden zusammen eine kardinale Menge von n Stöcken bildet oder, einfacher ausgedrückt, daß die n^{te} Puppe zwangsläufig selber die letzte von n Puppen ist. Es könnte allerdings so aussehen, als ziehe die erste dieser beiden Aussagen die zweite nach sich. Das trifft aber nicht zu, weil zwischen beiden zwei wesentliche Unterschiede bestehen, von denen der eine mit der logischen Struktur der Operationen und der andere mit ihrem psychologischen Mechanismus zusammenhängt.

Unter dem Gesichtspunkt der Logik kann das Problem V in der Tat völlig mit Hilfe der qualitativen Logik gelöst werden. 1. Die Reihenbildung der Puppen oder der Stöcke ist nur eine Frage asymmetrischer qualitativer

Relationen, da jedes Stück als von allen anderen verschieden aufgefaßt wird und da jede Differenz-Relation zwischen zwei Stücken ebenfalls von allen übrigen verschieden ist. 2. Die Konstruktion der Gruppen $\geqslant n$ oder $< n$ besteht lediglich in der Aufteilung in zwei Klassen, da jedes Glied einer dieser Klassen den anderen Gliedern derselben Klasse äquivalent ist. (Wenn Tis z. B. sagt: „Das sind alle großen", so ist einer dieser großen Stöcke unter dem Gesichtspunkt dieser Vereinigung jedem beliebigen anderen äquivalent.) Natürlich aber unterscheidet sich jede Unter-Klasse (oder Elementar-Klasse) von jeder anderen durch ihre eigenen Qualitäten, d. h. durch die Qualitäten, die es sonst gerade ermöglichen, sie in einer Serie zu ordnen. 3. Die gesamte Klasse der Puppen ist gleich der Klasse $\geqslant n +$ der Klasse $< n$. 4. Schließlich: die Äquivalenz zwischen der Klasse $< n$ der Puppen, also Kl. $<$ PN, und der Klasse $< n$ der Stöcke, also KL. $<$ SN, kann hergestellt werden durch einfache qualitative Korrespondenz zwischen elementaren Klassen, da die beiden Klassen $<$ PN und $<$ SN dieselbe Ausdehnung haben, was konkret bedeutet, „daß jede Puppe ihren Stock hat" (und was die Herstellung der Korrespondenz zwischen den Klassen $<$ PN und $<$ SN mit Hilfe der Kardinalzahl natürlich nicht verhindert, wenn die Versuchsperson das vorzieht). Im Gegensatz dazu setzt das Problem IV oder, genauer gesagt, das Verständnis für die Tatsache, daß die n^{te} Puppe zwangsläufig das letzte Glied einer Reihe von n Puppen ist, voraus, daß man von den Qualitäten abstrahiert und daß man jedes Glied betrachtet als zugleich allen anderen äquivalent und von allen anderen unterschieden durch seine Position in der Reihenfolge (wobei jeder Unterschied zwischen einer Rangstufe und der folgenden selber jedem anderen Unterschied äquivalent ist). — Anders ausgedrückt: es wird vorausgesetzt, daß die Glieder zugleich als Glieder von Klassen und als Glieder von Relationen aufgefaßt werden, und zwar nicht mehr abwechselnd und für sich betrachtet wie im vorigen System, sondern gleichzeitig und als ein operatorisches Ganzes — und das ist, wie erinnerlich, unsere Definition des Zahlbegriffs selbst.

Dieser logischen Opposition entspricht nun im Bereich des psychologischen Geschehens folgende Gegensätzlichkeit. Einerseits kann das Problem V, da es allein zur qualitativen Logik gehört, auf Grund der Anschauung gelöst werden (nicht wegen dieser Tatsache, sondern weil die betreffenden qualitativen Operationen nicht in allen Konsequenzen verallgemeinert werden müssen). Tatsächlich stellen wir fest: 1. Die qualitative Reihenbildung wird während des gegenwärtigen Stadiums anschaulich durchgeführt. 2. Die Klassen $\geqslant n$ und $< n$ sind durch die Anschauung leicht abzugrenzen. 3. Die Operation der Addition der Klassen (Kl. $\geqslant n +$ Kl. $< n =$ Gesamtklasse P oder S), die nicht in der Anschauung vorgenommen werden könnte,

wenn es sich darum handelte, zugleich das Ganze (Kl. P oder S) und den
Teil (Kl. < PN usw.) zu berücksichtigen, kann im Gegenteil sehr gut vorgenommen werden, wenn es sich nur darum handelt, eine Aufteilung in
zwei Unter-Klassen von beliebiger Abschnittsgröße durchzuführen. 4. Die
qualitative Korrespondenz zwischen der Klasse < PN und der Klasse < SN
wird ebenfalls während dieses Stadiums laufend nach der Anschauungs-
methode durchgeführt. Im Gegensatz dazu können die von unseren Versuchspersonen zur Lösung des Problems IV angewendeten Operationen
(nach den Methoden 2 und 4) wie die der bloßen Anschauung nicht mit Erfolg
durchgeführt werden, sondern sie setzen eine operatorische Koordination
voraus. Daher scheitern die Versuchspersonen dieses Stadiums bei seiner
Lösung, und daher werden nur die Kinder des dritten Stadiums ohne
Schwierigkeit damit fertig. Diese Feststellungen zeigen wiederum, daß die
Reihenkorrespondenz qualitativer Art während des zweiten Stadiums so
weit erreicht wird, wie sie auf dem Wege der Anschauung herbeigeführt
werden kann, daß aber die Verallgemeinerung der qualitativen Operationen ebenso wie die Konstruktion der ordinalen Korrespondenz dem dritten
Stadium vorbehalten bleiben, weil sie einen wirklich operatorischen Mechanismus voraussetzen, zumal was die Koordination der Ordinal- und der
Kardinalzahl betrifft. Insgesamt können wir also den Schluß ziehen (wie
wir es in 3. getan haben), daß das zweite Stadium charakterisiert wird
durch den Beginn einer Verbindung zwischen Ordination und Kardination, aber auch durch das Fehlen einer Koppelung beider Prozesse miteinander.

Im Gegensatz hierzu werden wir nun sehen, daß im dritten Stadium
nicht nur das Problem V unverzüglich gelöst wird, sondern daß sogar das
Problem IV ohne weiteres zu richtigen Lösungen geführt wird, und zwar
teils mit, teils sogar ohne tastende Versuche, weil die ordinale Korrespondenz endlich völlig hergestellt wird in notwendiger Verbindung mit den
abschließenden Fortschritten der Kardination, die bereits in den Kapiteln
III und IV analysiert wurden.

Im folgenden Beispiele für dieses dritte Stadium:

SHEN (6;6). Puppen und Stöcke sind ungeordnet. Frage V: „Die Puppen, die
größer sind als diese (P 5), gehen spazieren. Lege nun die Stöcke, die im Hause
bleiben, in den Schrank. — (Shen betrachtet aufmerksam die Puppen, nimmt
dann die Stöcke in der Reihenfolge S 1, 2, 3, 4 und 5 und legt sie in den
Schrank.) — Wieviel Puppen bleiben im Haus? — 5. — Woher weißt du das? —
Ich habe sie von 1 bis 5 gezählt. — Diese Puppe (P 5) geht auch spazieren. —
Dann bleiben 4 Stöcke übrig. (Er sucht einen Stock im Schrank.) — Was tust du? —
Ich will sehen, welchen man herausnehmen muß. (Er reiht die Stöcke auf und
nimmt S 5 heraus.)"
Andererseits fragen wir, wenn Shen die Puppen von 1 bis 5 gezählt hat: „Welches

ist die größte? – *Die letzte* (10). – Man könnte auch sagen, das wäre die erste, nicht wahr? – *Ja.* – Und diese (P 9)? – *Die zweite.* – Und diese (P 8)? – *Die dritte* usw. – Wenn man sagt, eine Puppe ist die vierte, wieviel gehen dann voraus? – *Drei.* – Und vor der achten? – *Sieben.* – Warum? – *Ich habe im Kopf gezählt, wieviel übrigbleiben.*"

Frage IV: „Zu welcher Puppe gehört dieser Stock (S 5)? – *Zu dieser* (P 5). – Warum? – *Ich habe im Kopf gezählt.* (Er zeigt auf P 10 bis P 5 und auf S 10 bis S 5.)"

VIG (6;6). Frage IV (Puppen und Stöcke ungeordnet): „Welchen Stock braucht man für diese Puppe (P 7)? – (Vig reiht P 10, P 9 und P 8 auf und zeigt auf S 8, fährt aber spontan fort, weiter aufzureihen und ruft etwa bei der Mitte: *„Nein, es ist dieser* (S 7), *weil alle ihre Stöcke haben.*" – Anders ausgedrückt: er berichtigt seinen Irrtum, indem er Rangstufe und Kardination koordiniert. – „Und welcher gehört zu dieser (P 6)? – *Dieser* (S 6). – Wie hast du das herausgefunden? – *Ich habe nachgesehen, wieviel da sind.*"

Die Koordinierung zwischen Ordnung und Kardinalzahl ist damit erreicht. Vig, der zunächst P 7 S 8 zuordnet, wobei er den Fehler des zweiten Stadiums begeht, berichtigt sich spontan, indem er den Grundsatz der kardinalen Korrespondenz in Erinnerung ruft. Shen ist nicht nur bereit, seine eigene Numerierung umzukehren und das als 1, 2, 3 ... zu bezeichnen, was er zuvor 10, 9, 8 ... genannt hatte (woraus hervorgeht, daß für ihn die Rangstufe in einer Relation steht zur reinen Reihenfolge), sondern darüber hinaus begreift er, daß es in jeder beliebigen Ordnung stets 7 Glieder vor dem achten gibt usw. Die ordinale Korrespondenz wird so auf der Ebene der Operation hergestellt, dank ihrer Verbindung mit der Kardination selbst.

KAPITEL VI

Ordination und Kardination*

Die Untersuchung der Reihenkorrespondenz (oder qualitativen Ähnlichkeit) und der ordinalen Korrespondenz (oder der auf jede beliebige Folge von Einheiten verallgemeinerten Ähnlichkeit) hat uns zu der Hypothese geführt, daß die Ordination stets die Kardination voraussetzt und umgekehrt, und diese Schlußfolgerung trifft zusammen mit der, die wir bei der Analyse der Entstehung der kardinalen Korrespondenz selbst gezogen hatten.

Wie gelangt nun tatsächlich das Kind dazu, im Falle der Korrespondenz zwischen zwei Gruppen mit zwangsläufiger und dauernder Äquivalenz, jenen Mengen einen kardinalen Wert zuzuschreiben, selbst wenn es nicht über klar definierte Zahlennamen verfügt? Indem es die Glieder in zwei korrespondierende Reihen aufreiht, also mit Hilfe einer Reihenbildung. Und wie unterscheidet die Versuchsperson dann diese verschiedenen Einheiten, die „eine nach der anderen" auftreten? Indem sie feststellt, daß die zweite und die erste Einheit zusammen mehr ausmachen als die erste allein, daß die dritte mit den beiden ersten zusammen eine noch größere Gruppe bildet usw. Allein die Vereinigung jedes Gliedes mit den vorhergehenden macht also die Definition der Rangstufen möglich, ebenso wie allein die Rangstufen die Einheiten voneinander differenzieren, die im übrigen alle äquivalent sind.

Andererseits sind im Falle der Stück-für-Stück-Korrespondenz, da diese (im zweiten Stadium) noch nicht zur zwangsläufigen Äquivalenz führt, Ordination und Kardination gleichfalls wechselseitig miteinander verbunden, aber sozusagen auf negative Weise. Wenn die Summe der Glieder nicht als konstant angesehen wird, so folgt daraus in der Tat, daß man ihre Rangstufen miteinander korrespondieren lassen kann, und eben das haben wir im vorigen Kapitel gesehen.

Bestätigt sich nun diese wechselseitige Bedingtheit der Ordination und der Kardination, auf die Brunschvicg, Arn. Reymond u. a. unter dem Gesichtspunkt der mathematischen Logik so großen Wert gelegt haben, im Bereich der psychologischen Entstehung der Begriffe? Die Untersuchung der verschiedenen Arten von Korrespondenzen scheint das gezeigt zu haben; das Problem muß aber noch im Bereich des lauten Zählens aufgeworfen wer-

---

* In Zusammenarbeit mit *Zahara Glikin*.

den, und zwar unter Zuhilfenahme konkreten Materials, das einerseits aufgereiht und andererseits kardinal gewertet werden kann. In dieser Richtung haben wir drei Arten von Versuchen unternommen. Der einfachste Versuch besteht darin, daß man einfach Stäbe aufreihen läßt, die Treppenstufen darstellen, und daß man die Zahl der bereits betretenen Stufen angeben läßt, indem man eine Stufe bezeichnet, nachdem die Reihe zerlegt wurde. Der zweite Versuch besteht darin, daß man Pappdeckel aufreihen läßt, die so angelegt sind, daß der zweite die doppelte Größe des ersten, der dritte die dreifache Größe des ersten besitzt usw. und daß man, wenn die Pappdeckel durcheinandergebracht sind, fragt, wie viele Einheiten man mit einem von ihnen bilden könnte. Der dritte Versuch besteht darin, daß man Hürden verschiedener Höhen aufreiht, die durch Matten in der Weise voneinander getrennt sind, daß sich für n Hürden $n + 1$ Matten ergeben, und daß man, wenn das Material durcheinandergebracht ist, entweder fragt, wie vielen Matten eine bestimmte, von einem Turner übersprungene Hürde entspricht oder welcher Hürde eine bestimmte Zahl von Matten gleichkommt. Die Ergebnisse dieser drei Versuche wollen wir in diesem Kapitel untersuchen und daraus eine allgemeine Schlußfolgerung über die Ordination ableiten, indem wir diese Ergebnisse mit denen der Analyse der ordinalen Korrespondenz (Kapitel V und VI zusammengenommen) vergleichen.

1. Die Versuche mit Stäben und das Problem der Reihenbildung

Die Untersuchung der Reihenbildung wurde bereits im vorigen Kapitel in Angriff genommen, die Versuche mit Stäben liefern aber noch eine Anzahl zusätzlicher Daten, die zur Kenntnis zu nehmen sind, da sie gewisse Modifikationen der dem Kind vorgelegten Fragen gestatten. Es lohnt sich also, das Problem wieder aufzugreifen als Einführung in das Problem der numerischen Ordination selbst.

Folgendes Verfahren wurde angewendet: Man gibt dem Kind eine Gruppe von 10 kleinen Stäben verschiedener Länge und fordert es auf, sie vom kleinsten (A) bis zum größten (K) aufzureihen. Sobald die Reihe hergestellt ist, zeigt man, und zwar diesmal Stück für Stück, aber in beliebiger Ordnung, 9 weitere Stäbe (die wir mit a bis i bezeichnen wollen), wobei man sagt, man habe sie vergessen und sie müßten nun an der richtigen Stelle eingeordnet werden*. Daraus ergibt sich die Serie $A\,a\,B\,b\,C\,c\,D\,d$

---

* Die Länge der Stäbe A, B, C usw. unterscheidet sich jeweils um etwa 0,8 cm, und die Stäbe a, b, c usw. unterscheiden sich von diesen um etwa 0,4 cm, so daß das Ganze zwischen etwa 9 und 16 cm abgestuft ist.

E *e* F *f* G *g* H *h* I *i* K. Drittens läßt man alle Glieder der Reihe (einschließlich der eingeschobenen Stäbe) zählen und vor dem Kind eine Zahl von Gliedern liegen, die einer ihm wohlbekannten Ziffer entsprechen. (Wenn z. B. seine Zählung von 10 an unsicher wird, läßt man 8 Stäbe liegen usw.) Dann zeigt man, während man die Reihe liegen läßt, einen beliebigen Stab und fragt, wie viele Stufen eine Puppe bereits hinter sich gebracht hat, wenn sie an dieser Stelle angelangt ist. (Man kann wirklich oder symbolisch eine kleine Puppe von einem Stab zum anderen gehen lassen, als ob sie eine Treppe hinaufstiege.) Man fragt ebenso danach, wie viele Stufen die Puppe hinter sich hat und wie viele Stufen noch vor ihr liegen bis nach ganz oben. Schließlich mischt man die Stäbe und stellt als viertes Problem dieselben Fragen wie zuvor, so daß die Versuchsperson gezwungen wird, die Reihenbildung wieder vorzunehmen, bevor sie antworten kann.

Drei Stufen können bei der Reihenbildung der Stäbe selbst (nach den Fragen I und II) unterschieden werden. Zuerst gibt es eine Periode, in deren Verlauf die Kinder jede vollständige Reihenbildung verfehlen, selbst die der Stäbe A–K, und wobei sie nur kleine Reihen fertigbringen, die ohne Gesamtordnung aneinandergefügt werden. Es kommt auch vor, daß sie imstande sind, eine Treppe zu konstruieren, aber nur für den oberen Teil jedes Stabes: Da sie den unteren Teil vernachlässigen (also die Gesamtlänge jedes Stückes), bleibt ihre Treppe nur unter dem Gesichtspunkt der von den Spitzen gebildeten Gesamtfigur regelmäßig, und da die Stäbe nicht nur auf einer horizontalen Linie aufliegen, folgen sie nicht nach ihrer wirklichen Größenordnung aufeinander. Im Verlauf eines zweiten Stadiums stellt das Kind mit tastenden Versuchen eine richtige Treppe her, ohne aber zu einem Relationssystem zu gelangen, das die Versuche und Irrtümer zu überwinden vermöchte und insbesondere imstande wäre, die fehlerlose Einschiebung der zusätzlichen Stäbe zu ermöglichen. Ein drittes Stadium endlich wird charakterisiert durch die Tatsache, daß jedes Stück von vornherein eine solche Position findet, daß es sowohl größer als die vorhergehenden wie auch kleiner als die folgenden Stücke ist.

Bezüglich der Relationenberechnungen zwischen Ordination und Kardination (Fragen III und IV) kann man gleichfalls drei Stadien unterscheiden, die *grosso modo* den vorhergehenden entsprechen. Während des ersten Stadiums begreift das Kind nicht, daß es, um anzugeben, wie viele Stufen die Puppe von der kleinsten (A) an zurückgelegt hat, die Rangstufe des in Frage stehenden Stabes N bestimmen muß, und es begnügt sich mit willkürlicher Schätzung. Während des zweiten Stadiums begreift das Kind allmählich, daß es die Treppe wiederherstellen muß, aber es hält es für notwendig, die gesamte Reihe wiederherzustellen, von A bis N und von

N bis K, als ob die Glieder oberhalb von N ebenso nützlich wären, den Rang von N zu bestimmen, wie die Glieder unterhalb: In der Tat verwechseln diese Versuchspersonen, deren unterscheidendes Merkmal also die Schwierigkeit ist, einen Reihenabschnitt von der Gesamtreihe zu trennen, häufig die Glieder von A bis N (bereits zurückgelegte Stufen) mit den Gliedern N bis K (noch zurückzulegende Stufen). Während eines dritten Stadiums endlich begreift das Kind, daß es zur Bestimmung der Rangstufe N genügt, den Abschnitt A bis N zu berücksichtigen, und daß die Rangstufe der Zahl der bereits zurückgelegten Stufen gleichkommt.

Im folgenden zunächst zwei Beispiele für das erste Stadium, das also durch das Scheitern der Reihenbildung selbst gekennzeichnet ist und infolgedessen völliges Nicht-Begreifen des Verhältnisses zwischen Ordination und Kardination aufweist:

LIL (4;0). Frage I: „Zeig mir die ganz kleine Stufe. — (Richtig.) — Jetzt suche eine, die ein ganz klein wenig größer ist als diese. — (Sie nimmt eine große, die sie neben A legt.) — Zeig mir die ganz große. — (Sie zeigt auf eine beliebige große, ohne einen Vergleich zu versuchen.) — Versuche jetzt mal, zuerst den ganz kleinen Stab hinzulegen, dann einen ein wenig größeren, dann ein wenig größer, dann noch ein wenig größer usw. — (Lil nimmt J, um ihn neben A zu legen, dann E, dann H usw., ohne irgendwelche Ordnung.) — Sieh mal, man legt zuerst so hin (A, B, C). Das ist wie eine Treppe. Jetzt mache weiter. — (Lil fährt fort: K, F, D, I, G, also ohne Ordnung.) *So?*" — Wenn sie diesen Punkt erreicht hat, entdeckt Lil ein für dieses erste Stadium typisches Verfahren, die Treppe zu konstruieren: Sie nimmt den Stab B und läßt den Stab H darauf folgen, aber so, daß die Spitze von H ein wenig über die Spitze von B hinausragt, also ohne Rücksicht auf die Basis. Dann fügt sie K, F, D, I, G usw. hinzu, indem sie nur die Spitzen zur Reihe aufreiht. — Dann bittet man Lil, von vorne anzufangen, aber mit einem Lineal, das als horizontale Unterstützung dient: Lil reiht, A, C, H, G, E auf. Diese Reihe wird aufgelöst; man baut die ganze Treppe, nimmt sie auseinander und fordert Lil auf, sie neu zu bilden: Sie legt hin: A, B, C, D, H, F, E, G.

Frage III: Wertung unmöglich.

ELI (4;0). Frage I: „Zeige mir den ganz kleinen. — (Richtig.) — Und den ganz großen? — (Er bezeichnet irgendeinen großen.) — Richte es so ein, daß usw. .. (Auftrag der Treppenbildung)" — Er reiht A, B, G, K, H usw. auf, dann A, B, K usw., so daß die Spitzen eine Treppe bilden, ohne sich um die Basen zu kümmern. Nach mehreren Versuchen dieser Art zeigt man Eli, wie man eine Treppe auf horizontaler Basis errichtet, dann nimmt man sie auseinander, und Eli versucht, sie wiederherzustellen: daraus ergibt sich A, I, H, F, D. Wenn es sich darum handelt, die Stäbe zu zählen, zählt Eli 1, 2, 3, 5, 10, 3, 14 usw.

Wie zu ersehen ist, zeigen die Reaktionen dieser Versuchspersonen im Hinblick auf das hier gestellte Problem ein Niveau, das selbst noch unterhalb der anschaulichen Reihenbildung liegt. Es ist zwar richtig, daß das Kind von den ersten Lebensjahren an, und zwar sobald die sensumotorische Intelligenz ihre volle Reife erlangt hat (10.–12. Mon.), imstande ist, drei

Gegenstände vom kleinsten bis zum größten aneinanderzureihen (z. B. drei Klammern), was den Beginn einer Ordination darstellt. Ebenso ist es von dieser Zeit an fähig, zu unterscheiden, daß in diesen dreien „mehr" Gegenstände sind als in einem Paar, was den Anfang einer Kardination darstellt. Aber ebenso wie das Kind von drei oder vier Jahren unter dem Gesichtspunkt der Kardination unfähig ist, zu entscheiden, welcher von verschiedenen Haufen von 25 bis 30 Bohnen zahlenmäßig der größere ist, weil es die Bestandteile dieser Gruppen noch nicht Stück für Stück korrespondieren zu lassen vermag und weil es ihre jeweiligen Werte nicht zu beurteilen vermag, genauso ist dasselbe Kind unter dem Gesichtspunkt der Ordination noch nicht in der Lage, Würfel oder Stäbe aufzureihen, wenn ihre Zahl eine bestimmte Grenze übersteigt oder wenn die Raum- oder Längenunterschiede, die sie voneinander trennen, zu wenig merklich sind, um bei dieser Zahl systematische Vergleiche zuzulassen. Ohne also behaupten zu wollen, daß Versuchspersonen wie Lil oder Eli zu jeglicher Art von Reihenbildung unfähig und infolgedessen einer prä-serialen Periode im absoluten Sinn des Wortes zuzurechnen wären, behaupten wir lediglich, daß diese Kinder unter dem Gesichtspunkt des hier untersuchten Problems (also der 10 gegebenen Stäbe mit den 9 einzuschiebenden Stücken und ihrer besonderen Längenunterschiede) ohne Hilfe keinerlei regelmäßige Reihenbildung fertigbringen und also bei diesem bestimmten Problem auf einem prä-serialen Niveau bleiben. Soweit die Kardination betroffen ist, vermögen sie also infolgedessen auch noch nicht Gruppen von mehr als 2 oder 3 Gegenständen mit Zahlen zu werten, da die Zählung die Ordination voraussetzt. Eli z. B. wiederholt zweimal die Zahl 3 bei seinem Aufzählungsversuch. Es besteht also noch keine mögliche Relation zwischen Ordination und Kardination.

Darum ist es jedoch nicht weniger interessant, uns die Frage vorzulegen, was diese Kinder darin hindert, Reihen in Gestalt von Treppen, d. h. die anschaulichsten aller Serien, anzulegen, denn diese Schwierigkeiten sind von Natur so geartet, daß sie durch ihre partielle Beständigkeit zur Aufhellung der nachfolgenden Stadien, d. h. der Anfänge der eigentlich ordinalen Periode, beizutragen vermögen.

Als erstes ist die Tatsache festzuhalten, daß diese Kinder, obgleich sie ohne weiteres den „ganz kleinen Stab" zu bezeichnen vermögen, im Gegensatz hierzu, wenn man nach dem „ganz großen" fragt, einen beliebigen großen Stab bezeichnen, als ob der größte Stab in sich groß wäre, unabhängig von den Relationen, die ihn mit den anderen verbinden. Diese Anfangshaltung ist nun bereits instruktiv. Wenn das Kind dieses Niveaus einen der Stäbe einzuordnen sucht, so verläuft alles in der Tat so, als ob es ihn nicht mit der Gesamtheit der anderen oder wenigstens mit den übrigbleibenden vergliche, sondern so, als ob es im Verhältnis zum ersten oder zu einem der „kleinen" einen „großen", dann noch einen „großen" usw. suchte. Zweitens setzt eine Reihe eine stabile Richtung in der Zusammenordnung der Glieder voraus, und diese Gerichtetheit scheint ebenfalls zu fehlen.

Im Gegensatz hierzu findet das Kind in einem bestimmten Augenblick das Verfahren, das darin besteht, eine Treppe zu konstruieren, indem es lediglich die Spitzen der Stäbe berücksichtigt, ohne Rücksicht auf die Basen. Auf diese Weise werden die beiden eben genannten Bedingungen teilweise erfüllt, aber, da die Gesamtlänge der Stöcke noch nicht berücksichtigt wird, ist es noch nicht erforderlich, jeden einzelnen mit denen zu vergleichen, die noch einzuordnen sind, und ebensowenig, ihn im Sinne konstanten Fortschreitens mit dem vorübergehenden zu vergleichen. Ein derartiges Verfahren ersetzt so das System der Relationen durch eine einfache anschauliche Gesamtfigur; man könnte also in dieser Hinsicht noch nicht von eigentlicher Ordination sprechen, ebensowenig wie ein Haufen als solcher keine wirkliche Kolligation, sondern nur eine globale und nicht analysierte Wertung verlangt. Die mit einfacher Angleichung der Spitzen hergestellte Treppe ist so nur eine Übergangsform zwischen dem prä-ordinalen Chaos und der Ordination, und dieser Übergang wird hergestellt mit Hilfe einer Wahrnehmungsstruktur, wie im Falle der Kardination, wenn das Kind, um von der globalen Wertung zur Stück-für-Stück-Korrespondenz überzugehen, mit Hilfe des Vergleichs mehr oder weniger gut analysierter Figuren verfährt.

Im folgenden einige Beispiele für das zweite Stadium, und zwar zunächst ein interessanter Fall, der zwischen dem ersten und dem zweiten Stadium steht und den Übergang von den prärelativen Beurteilungen zur empirischen Reihenbildung zeigt:

CLA (4;6). Frage I: Er zeigt zunächst auf den kleinsten und den größten Stab, stellt dann, ohne die übrigen auf eine einheitliche horizontale Basis zu legen, zwei Reihen her in Relation zu A und K: links legt er die kleinen A, C, F, D, E, G, B, H und rechts (nachdem er das Glied G aus der anderen Gruppe wieder herausgenommen hat) die großen Glieder G, I, K. Dann verbessert er die eine Gruppe zu A, C, H, F, dann A, B, C, H, E, F, D, dann A, B, C, D, E, F, H und legt oberhalb von H die Glieder G, I, K hin. Er legt die Basen auf die Linie und verbessert das Ende der Reihe zu F, G, I, K, H, dann die drei letzten zu D, H, G, dann zu F, H, K und findet endlich die richtige Anordnung. Wir haben uns damit begnügt, bei jeder Anordnung zu fragen: „Ist das richtig?"
Frage II: Bei den zusätzlichen Stäben legt er d zwischen C und D, dann hinter E, vor B und endlich vor E, was richtig ist. Er ordnet a richtig ein, legt dann f zwischen B und C usw.
Frage III: Danach läßt man die Stäbe zählen, wobei man nur A, a, B, b, C, c, D, d übrigläßt; Cla versteht die Frage IV. Dann vermischt man die 8 Stäbe und fragt: „Wer ist jetzt hier (bei b). Wieviel Stufen hat er hinter sich? — 2, weil diese

(a) hinter ihm liegt. – Wieviel Stufen hat er zurückgelegt? – *2, nein 3.* (Er legt A, B hin und *a* vor *b*.) – Wie viele Stufen muß er noch gehen? – (Er zählt den leeren Raum hinter *b*.) *8.* – Warum 8? – *Weil es insgesamt 8 sind.* – (Man vermengt erneut die Stäbe.) Du siehst, er ist da (bei C). Wie viele Stufen hat er zurückgelegt? – (Er richtet die ganze Treppe ein und zählt.) *4.* – Wie viele muß er noch zurücklegen? – *10, nein 3."*

VOT (4;10). I. Er zeigt ohne weiteres den kleinsten, bezeichnet aber einen großen (H) willkürlich als den größten und richtet dann seine Reihe ein, ohne sich um eine gemeinsame Basis zu kümmern: A, H, dann A, B, H, dann A, B, C, D, E, F, G, H, I, K.

II. Er legt *g* vor K. Er legt *c* an die Stelle von A, dann schaltet er es richtig ein. Er legt *g* zwischen *c* und D, dann *i* zwischen H und L usw.

III. Nachdem wir die Reihe berichtigt haben, behalten wir 8 Bestandteile zurück, und Vot versteht die Frage gut.

IV. Sobald man aber die Stäbe durcheinanderbringt, glaubt er, die Puppe, die sich bei *b* befindet, habe die Stufen *a*, *d* und D zurückgelegt usw. „Wie viele Stufen muß sie noch zurücklegen? – (Er zählt.) *8."*

SAN (5;0). I. Er wählt richtig den kleinsten und den größten Stab; dann ordnet er A, B, C an. Bei D angekommen, vergleicht er ihn einzeln mit jedem anderen, selbst mit den größten, und legt ihn hinter C. Danach werden die Stäbe E–K aufgereiht, mit einigen Versuchen (d. h. Korrekturen an der Reihe selbst).

II. Er schiebt *i* richtig vor K ein, vergleicht dann *e* mit E, F, D, E und dann mit allen anderen der Reihe nach, bevor er ihn hinlegt. Ebenso macht er es mit *g*. Stab *h* wird vor G eingeschoben, und dann ruft San: *„Nein, das geht nicht, es ist zu schwierig."*

III. Richtige Reihenfolge bis 9. Man läßt 8 Bestandteile übrig, und San zählt richtig.

IV. Die Stäbe liegen durcheinander: San zeigt auf die Stufen A, *b* und B als Stufen, die zurückgelegt seien, wenn man bei C ist (und vergißt *a*) usw. Für die Stufen vor D stellt er die ganze Leiter neu zusammen. Als Stufen, die noch zu besteigen seien, bezeichnet er das Ganze.

BRU (5;6). I. Er ordnet nach einigen Versuchen die richtige Reihe A bis K. Um *h* einzuschieben, verlegt er K, I, H und fügt es dann richtig ein. Für *g* nimmt er G fort, legt *g* vor H, zieht E heraus, legt G hinter F usw. Ebenso legt er *e* zuerst vor E, dann hinter F.

III. Richtige Antworten bis zur 8.

IV. Vermischte Stäbe. Bru verfährt planlos bei seinen Versuchen herauszufinden, wie viele Stufen vor C liegen: er nimmt *d* und legt es erst vor, dann hinter C, legt A vor C, reiht dann das Ganze auf: „Wieviel Stufen hat er schon hinter sich? – *5* (richtig). – Und wie viele muß er noch hinaufsteigen? – *8."*

DIT (5;6). I. Er legt zunächst die Reihe in nicht koordinierten Paaren hin: A, B, H, G, E, F, I, C, D, K; er erreicht dann eine richtige Reihe, jedoch ohne H, das er später einfügt.

II. Große Schwierigkeiten: Er legt *h* nach K, *g* nach H, *d* zwischen *c* und D usw. Er hört auf bei: A, *a*, B, *b*, C, *c*, *d*, D, E, *e*, F, *f*, H, *g*, I, *h*, K, *i*. „Ist deine Treppe gut? – *Nein nicht sehr."* Er berichtigt sich nach und nach: In einem bestimmten Augenblick sieht er, daß *d* zu klein ist für die Stellung, die er ihm gegeben hat. Daraufhin rückt er es einfach einige mm weiter nach oben.

III. Richtig bis 8.

IV. In Unordnung: Man zeigt auf B, und Dit antwortet, ohne eine Reihe zu bilden, richtig, daß bereits 2 Stufen überschritten wurden. „Wie viele Stufen sind noch zu betreten? – (Er reiht sie auf.) – Kannst du das wissen, ohne aufzureihen? – *11 vielleicht.* (Er rechnet also nicht die 5 übrigbleibenden.) – Und wenn es insgesamt 11 wären und der Mann bei der dritten wäre, bei dieser (B), wie viele müßte er noch besteigen, um oben anzukommen? – *Dann muß er noch 11 besteigen.*"

Im folgenden endlich zwei Fälle von Kindern, die die Frage nach der Zahl der noch zu besteigenden Stufen richtig beantworten, aber nur dank der empirischen Methode, die dieses Stadium charakterisiert:

MIC (5;8). I. Gelingt nach einigen Berichtigungen.
II. Er legt *e* zwischen D und E, und dann richtig. Er legt *i* hinter H usw., verbessert sich aber jedesmal, bevor er fortfährt.
III. Richtig bis 8.
IV. Die 8 Stufen sind ungeordnet. Um herauszufinden, wie viele Stufen vor D liegen, zählt er auf dem Tisch die zuvor besetzt gewesenen leeren Plätze und kommt auf 7, sucht dann die Stäbe, die kleiner sind als D und reiht am Ende das Ganze auf, um 6 (richtig) zu finden. Wenn die Puppe auf C steht, zählt Mic richtig 5 vorhergehende Stufen, die übrigen Stufen aber glaubt er aufreihen zu müssen, anstatt einfach den Rest zu zählen.
CHAL (5;10). I. und II. wie in den vorigen Fällen.
III. Richtig bis 10.
IV. In Unordnung: Um die D voraufgehenden Stufen zu zählen, reiht er A, *a*, B, *b*, C, *c* auf und setzt dann fort: *d*, E. „Wie viele hat er also bestiegen? – 6 (richtig). – Und bei dieser (G), wie viele muß er danach noch besteigen? – (Er reiht das Ganze auf und zählt richtig.)"

Diese wenigen Fälle stellen die große Linie der während des zweiten Stadiums sich vollziehenden Entwicklung dar, d. h. zwischen dem Niveau, auf dem das Kind unfähig ist, die Stäbe A bis K aufzureihen (1. Stadium), und dem Niveau, auf dem die Reihe ohne Zögern hergestellt wird, und zwar selbst bei den Gliedern, die nachträglich einzuordnen sind (3. Stadium). Unter dem Gesichtspunkt der Reihenherstellung selbst bleibt dieses zweite Stadium also recht homogen. Jedes dieser Kinder ist zwar unter bestehenden Versuchen, aber ohne äußere Hilfe dazu gelangt, die Serie A bis K zu bilden. Andererseits aber bringt es keines dieser Kinder fertig, ohne Irrtümer und ohne lange Versuche die zusätzlichen Stäbe einzuordnen, wenn jene erste Reihe hergestellt ist. Dieser Gegensatz zwischen dem Erfolg bei der Bildung der ersten Reihe und dem Scheitern bei der Einfügung neuer Glieder scheint uns also das gegenwärtig erreichte Niveau zu kennzeichnen, und zwar mit den zu analysierenden Folgen für das Verhältnis zwischen Ordination und Kardination.

Zunächst stellt sich die Frage, wie es diese Versuchspersonen fertigbringen, die 10 gleichzeitig bei Beginn des Versuches vorgelegten Stäbe aufzureihen, während die Kinder des ersten Stadiums dazu nicht imstande sind. Damit

Reihenbildung möglich sei, ist es — wie wir bereits im Kapitel V, 2 dargelegt haben — erforderlich, daß jedes Glied so ausgewählt wird, daß es das kleinste von denen ist, die übrigbleiben, und zugleich größer als die voraufgehenden. Auf der einen Seite besteht also In-Beziehung-Setzung jedes Gliedes mit allen anderen und auf der anderen Seite Richtungs-Konstanz bei der Durchführung dieser Koordinierung. Cla und Vot z. B., die zunächst vorgehen wie die Kinder des ersten Stadiums (der eine, indem er die Stäbe in kleine und große aufteilt, als sei die Reihe nicht kontinuierlich — der andere, indem er einen beliebig großen Stab (H) als den größten bezeichnet), führen später ihre Reihenbildungen doch durch, aber nur dank einer Vielzahl von Korrekturen und Umordnungen, die diese Beziehungen jedoch vorauszusetzen scheinen. Ebenso zeigt San diese Relativität in deutlicher Weise: nachdem er A, B, C angeordnet hat, vergleicht er D mit allen anderen Gliedern, indem er es an allen, selbst an den größten, mißt. Andererseits zeigt der Fall Dit, daß die In-Beziehung-Setzung allein noch nicht genügt, die Reihe herzustellen, wenn die Gesamtrichtung fehlt, die die Vergleiche stets in demselben Sinne vornehmen läßt. Er ordnet die Stäbe nämlich zu Paaren, die miteinander heterogen sind und die er erst nachträglich einander angleicht und zu einer einheitlichen Serie zusammenbaut.

Verglichen mit der dem dritten Stadium eigenen Methode, zeigt der im zweiten Stadium erzielte doppelte Fortschritt jedoch seine Grenzen. Wenn z. B. Tis das Glied D gewissenhaft mit allen anderen vergleicht, zeigt er sich den Versuchspersonen des ersten Stadiums sicherlich überlegen, aber es ist eindeutig, daß eine einzige seiner Messungen jedesmal eine ganze Reihe anderer einschließt. Noch mehr hat man bei Dit, wenn er seine Paare konstruiert, und ganz allgemein bei den verschiedenen Kindern, wenn sie tastend probieren, den Eindruck, daß das, was diesem Niveau fehlt, die gleichzeitige Koordinierung der Gesamtheit ist: Die Reihe wird Schritt für Schritt hergestellt, ohne zuvor in einem logischen Akt, der alle Relationen „gruppierte", entworfen worden zu sein. Der Grund hierfür ist allerdings völlig klar: Diese Versuchspersonen ersetzen einfach die logische Ordnung durch die Anschauung, d. h. die Operation durch den Wahrnehmungsvergleich. Wenn man nicht jede Einzelbeziehung mit allen anderen additiv oder multiplikativ verknüpfen kann, gelingt es in der Tat, mit tastenden Versuchen eine Gesamtfigur herzustellen. Das tun bereits die weiter fortgeschrittenen Versuchspersonen des ersten Stadiums, indem sie eine Treppe mit Hilfe der Stäbe-Spitzen herstellen. Die Kinder des zweiten Stadiums tun dasselbe, aber indem sie die Gesamtlänge jedes Stabes berücksichtigen, und dadurch wird die Figur analytisch und genau, aber sie ist nur das anschauliche Äquivalent einer operatorischen Reihe.

Der beste Beweis dafür, daß die Entwicklung noch nicht weitergegangen ist, liegt darin, daß das Kind Schwierigkeiten empfindet, die zusätzlichen Glieder a bis i in die ursprüngliche Reihe einzuordnen. Das ist in der Tat ein bemerkenswertes und, wie es scheint, feststehendes Phänomen: Die Bildung einer Reihe ist leichter als die Einordnung neuer Glieder. Die Kinder, die das erste der beiden Probleme mit einem Minimum an Versuchen zu lösen vermögen (z. B. Mic und Chal), täuschen sich mehrere Male, wenn sie a bis i einschalten, und die Kinder, die bei der ersten Reihe am längsten hin und her versuchen müssen (Cla, Vot, Dit usw.), machen bei dieser Einordnung grobe Fehler. San, dessen systematisches Verhalten bei der In-Beziehung-Setzung der Serie A bis K gezeigt wurde, legt h vor G (und das bedeutet eine Verfehlung um mehr als 4 Rangstufen).

Schließlich ruft er aus: „Nein, das geht nicht, es ist zu schwierig." Das liegt nun daran, daß das Einfügen eines neuen Gliedes eben Relationsbildungs-Operationen voraussetzt, die viel weniger leicht durch die Anschauung ersetzt werden können als die Operationen der *de-plano*-Konstruktion der ursprünglichen Reihe. Sicher besteht hier zunächst ein Wahrnehmungsproblem: Eine fertige Reihe bildet eine geschlossene Gesamtform, und es ist infolgedessen schwieriger, einen neuen Stab mit den Stäben zu vergleichen, die bereits einen Teil dieser Struktur bilden, als ihn an isolierten Gliedern zu messen. Aber eben dieser Wahrnehmungs-Unterschied zeigt, daß zwar die Konstruktion einer Reihe Angelegenheit der Anschauung bleiben kann, nicht aber die Einfügung neuer Glieder. Um eine Reihe ohne eigentliche logische Koordinierung herzustellen, genügt es, *nacheinander* folgende Glieder aneinanderzufügen: das kleinste von allen + das kleinste von allen denen, die übrigbleiben +... usw. Dagegen muß man, wenn man x in die Folge A < B < C ... einordnen will, x zwischen X und Y in der Weise einfügen, daß es gleichzeitig x > X und x < Y ist (wobei der Ausdruck „gleichzeitig" jetzt den wirklichen Sinn der psychologischen Gleichzeitigkeit annimmt). Diese Koordinierung der beiden Relationen kann nun nicht mehr eine Angelegenheit einfacher Wahrnehmung sein, da X und Y nicht gegeben sind (wie wenn das Kind A, B, C geordnet hat und D allein im Hinblick auf die folgenden Glieder sucht), sondern sie müssen zur selben Zeit und in Abhängigkeit voneinander gesucht werden. Wir fügen hinzu, daß der beste Beweis für den nicht mehr ausschließlichen Wahrnehmungs-Charakter dieses Problems darin liegt, daß das Kind nicht nur herumprobiert, wenn es a bis i einzuordnen sucht (was durchaus nicht erstaunlich ist und nicht die interessierende Tatsache darstellt), sondern daß es sich mit seinen falschen Einfügungen zufriedengibt. So z. B. berichtigt Vot keine seiner Einordnungen, ohne von uns dazu angeregt worden zu sein. Ebenso erklärt sich Dit befriedigt von den Reihenfolgen C, c, d, D und H, g, G, I, h, k, i und Mic von der Folge D, e, E, solange wir nicht eingreifen. Das ist nun keine Wahrnehmungsfrage mehr, denn es wäre leicht, die einmal konstruierte unrichtige Folge besser zu ordnen. Wenn das Kind zögert, das zu tun, so deswegen, weil es den Eindruck hat, vor einem neuen Problem zu stehen, das sein Begriffsvermögen übersteigt.

Wenn wir nun das Verhältnis zwischen Ordination und Kardination untersuchen, sehen wir uns einer genau parallelen Situation gegenüber: Nur in dem Maße, in dem die Reihenbildung operatorisch wird, d. h., in dem sie auf einer simultanen Koordinierung aller Relationen (oder genauer: auf ihrer „Gruppierung") beruht, vermag die Versuchsperson die Kardination und Ordination zu einem Ganzen zu vereinigen. Vorher bleibt die Rangstufe qualitativ und beinhaltet für die Versuchsperson nicht eine bestimmte Zahl von Gliedern. Daher sehen wir, wie sich von Cla und Vot zu Mic und Cha eine kontinuierliche Entwicklung abzeichnet, die von fast völliger Verständnislosigkeit zur richtigen empirischen Lösung (über zahlreiche tastende Versuche) führt.

Erinnern wir uns zunächst daran, daß alle Kinder dieses Stadiums ohne Fehler anzuzeigen vermögen, wie viele Stufen die Puppe zurückgelegt hat, wie viele sie hinter sich hat, solange die Reihe geordnet bleibt (Frage III). Eine solche Fähigkeit beweist natürlich nichts über das Verhältnis zwischen Kardination und Ordination. Es handelt sich um ein bloßes Wahrnehmungs-Ablesen, unter Verwendung des lauten Zählens und ohne eigentliche Operationen. In dem Augenblick, da die Reihe aufgelöst wird, offenbart sich jedoch das wirkliche Verständnis des Kindes. Außergewöhnlich ist nun die Tatsache, daß das Kind sehr wohl die Fragen, die man ihm unter III vorlegt, versteht und dennoch nicht mehr imstande ist, sie zu beantworten.

Indessen sind Cla, Vot und San schon auf der untersten Stufe dieses Stadiums imstande, kleine Folgen von 2 oder 3 Stäben wiederherzustellen, woraus hervorgeht, daß sie den Sinn der gestellten Fragen begreifen. So weiß Cla, daß die Puppe bei B schon die drei Stufen A, a und B überstiegen hat, und San sagt, daß die Stufen A, B und b bereits hinter der Puppe liegen, wenn sie bei C ist (wobei er a vergißt). Obgleich sie aber zu diesem anschaulichen Verständnis für kurze Reihen gelangen, geht alles so vor sich, als ob sie es nicht fertigbrächten, die gesamte Reihe in zwei getrennte Abschnitte zu zerlegen, die durch die Stufe getrennt sind, auf der sich die Puppe befindet. Cla und Vot z. B., die wissen, daß die Puppe in b 3 Stufen zurückgelegt hat, antworten mit einer Abzählung der 8 Glieder der Reihe, um festzustellen, wie viele Stufen noch zu ersteigen sind.

Auf dem mittleren Niveau sind Bru und Dit gleichfalls wohl imstande zu begreifen, daß die Berechnung der bereits zurückgelegten Stufen von der Rangstufe abhängt, auf der sich die Puppe befindet. Wenn aber Bru richtig zählt, daß die Puppe bei C 5 Stufen zurückgelegt hat, so vermag er doch nicht zu entdecken, wie viele Stufen noch zu ersteigen sind, und er zählt die Gesamtheit der Reihe. Im selben Sinne antwortet Dit, aber noch deutlicher. Um jedes Mißverständnis zu vermeiden, müssen wir nun noch einmal daran erinnern, daß diese Kinder auf dieselbe Frage richtig antworteten, als die Reihe noch vollständig war. Durch die Zerlegung der Reihe irren sie sich! Mic und Cha, d. h. die Versuchspersonen, die sich an der Grenze zwischen dem zweiten und dritten Stadium befinden, sind nur dann imstande, die Frage zu beantworten, wenn sie die Stufen bis zum Ende aufreihen, als ob es nicht genügte, die Stufen zu zählen, die in der Reihe der bereits erstiegenen nicht enthalten sind!

In Wirklichkeit werden diese Schwierigkeiten aufgeklärt, sobald man sich auf die Art bezieht, in der das Kind seine Reihe hergestellt hat. In dem Maße, in dem die Reihenbildung mit eigentlichen Operationen vollzogen wird, d. h. mit der Koordinierung aller Relationen, wird in der Tat deutlich, daß jedes seiner Größe nach eingeordnete Glied aufgefaßt wird, als sei es gleichzeitig höher als die vorhergehenden und niedriger als die folgenden. Wenn es sich nun darum handelt, diese qualitative, aber operatorisch gewordene Reihenbildung in Ausdrücken numerischer Ordination und Kardination zu übertragen, d. h. mit der Ordnungsziffer eines gegebenen Gliedes die Summe der bereits vor ihm eingeordneten Glieder korrespondieren zu lassen, so ergibt sich unmittelbar aus den bei der Konstruktion der Reihe in Betracht kommenden Relationen, daß diese Reihe unaufhörlich teilbar bleibt in zwei Abschnitte, von denen der eine beim Anfang A beginnt und bis zu dem gegebenen Glied N reicht, während der andere von diesem Glied N bis zum Schlußglied T reicht. Daraus ergibt sich folgende doppelte Evidenz, daß die Ordinalzahl N sich übertragen läßt in eine Kardinalzahl N, die die Summe der Glieder A ... N darstellt, und daß der zweite Abschnitt gleich der Kardinalzahl T ist (die der Rangstufe T entspricht) abzüglich der Glieder A ... N, also T − N. Solange aber die Reihe noch nicht durch operatorische Koordinierung von Relationen hergestellt wurde, sondern lediglich mit Hilfe einer Folge von Wahrnehmungsverhältnissen, kann diese anschauliche Reihenbildung nicht in Ausdrücke numerischer Ordination und Koordination übertragen werden, die miteinander übereinstimmend sind, weil die Reihe unzerlegbar bleibt.

Es ist sogar besonders leicht, wenn man sich auf diesen Standpunkt des Kontrastes zwischen den anschaulichen qualitativen Reihen und den qualitativen oder numerischen operatorischen Reihen stellt, zu verstehen, warum das Kind größere Schwierigkeiten empfindet, die Stufen selber zu zählen, die zu ersteigen sind, als die, die bereits betreten wurden. Solange eine anschauliche Reihe nur eine Aneinanderreihung von Wahrnehmungsbeziehungen ist, bleibt es für das Kind verhältnismäßig leicht, die Folge A ... N wiederherzustellen, wenn es die Puppe bei N sieht, d. h. also die zurückgelegten Stufen qualitativ aufzureihen und sie dann zu zählen. Im Gegensatz hierzu setzen die noch zu ersteigenden Stufen die komplexe Beziehung A ... $<$ N $<$ ... T voraus, d. h. die (sowohl additive als auch subtraktive) Koordination der zwei inversen Relationen N $>$ ... A und N $<$ ... T, die sich unter dem Gesichtspunkt der Kardination durch die Subtraktion T $-$ N ausdrücken läßt und nicht mehr durch die einfache additive Folge A ... N. Das erklärt z. B. die Schwierigkeit von Dit, das Verhältnis $8 - 5 = 3$ zu begreifen und die übrigbleibenden Stäbe zu zählen, ohne die ganze Treppe wiederherzustellen. Ganz allgemein ist das der Grund, warum das Kind, wenn man es auffordert, seine qualitative Reihenbildung in Ordinalzahlen oder Kardinalzahlen auszudrücken, mit der Aufgabe fertig wird, solange die Reihe ganz und wahrnehmbar bleibt, während es hilflos wird, wenn man die Reihe zerlegt. Jede anschauliche Reihe schwankt also zwischen starrer Ordnung und Chaos.

Die Schwierigkeit, die das Kind empfindet, eine Rangstufe in Zahlen auszudrücken, sobald die Reihen zerlegt sind, ist also gut zu vergleichen mit der Schwierigkeit, neue Glieder einzufügen, wenn die Reihen bereits fertiggestellt sind. Seine Geschicklichkeit, die Glieder der wahrgenommenen Folge zu zählen, ist zu vergleichen mit der Leichtigkeit, mit der es die Stäbe in einer anschaulichen Reihe aufreiht. In beiden Fällen herrscht also derselbe Gegensatz zwischen der halb-operatorischen Anschauung und den Operationen, die allein die Wirklichkeit des Zahlbegriffs auf rationalen Relationen gründen. Zusammenfassend läßt sich also sagen, daß diese Ergebnisse die Deutungen, zu denen uns die Analyse der ordinalen Korrespondenz geführt hat, bestätigen und ergänzen.

Untersuchen wir schließlich zwei Beispiele des dritten und letzten Stadiums, das charakterisiert wird durch das Verstehen jener Operationen, die sowohl die Logik des Zahlbegriffs als auch die Logik der Reihenbildung asymmetrischer Relationen betreffen:

SIN (6;0). I. Er ordnet ohne weiteres die Folge A, B, C, D, F, ersetzt dann F durch E und schließt F, G, H, I, K an.
II. Man legt ihm c vor. Er mißt es an C und legt es rechts davon (richtig) hin. Dann mißt er d an D und legt es ebenfalls richtig hin. Er fügt i richtig ein zwischen K und I usw. und erreicht 9 richtige Einschiebungen nacheinander ohne Fehler.
III. Richtig ausgeführt.

IV. (Die 19 Stäbe sind durcheinandergemischt.) „Wenn der Mann da (bei c) ist, wie viele Stufen hat er dann erstiegen? — (Sin zählt zunächst mit dem Finger auf dem Stab c die mutmaßlichen Höhen der vorhergehenden Stäbe, dann versucht er die im Raum A—c vermuteten Plätze zu zählen, ohne aber A hinzulegen.) Schließlich sagt er: *Man muß die Treppe neu aufbauen.* — (Er reiht die Stäbe vor c ein.) — Also, wie viele hat er zurückgelegt? — 6. — Auf welcher Stufe ist er? — *Auf der sechsten.* — Wie viele hat er hinter seinem Rücken? — *5* (ohne zu zählen). — Wie viele muß er noch besteigen? — (Er zählt den ungeordneten Rest, ohne zu versuchen, ihn aufzureihen.) *13* (richtig). — Auf welchem Stab ist er, wenn er hier (auf F) steht? — (Er richtet die Treppe bis F her.) *Auf dem elften* (richtig)."

ALD (6;6). I—III. Er stellt, ohne zu zögern, die Reihe A bis K her, fügt fast ohne Verzögerung die zusätzlichen Glieder ein und versteht gut die Fragen nach der Zahl der Stufen, wenn die Reihe vollständig ist.

IV. Man mischt die 19 Stäbe durcheinander: „Sieh, der Mann ist hier (auf f). Wie viele Stufen hat er erstiegen? — (Ald geht zunächst so vor wie Sin bei c. Dann sagt er:) *Man muß bis dahin aufreihen.* (Er tut das.) *Das macht zwölf.* — Wie viele hat er hinter sich? — (Ohne zu zählen) *11.* — Und wie viele muß er noch ersteigen? — (Er zählt die verstreuten Stäbe, ohne sie aufzureihen.) *7* (richtig)."

Es zeigt sich, wie diese Reaktionen im Gegensatz zu denen des zweiten Stadiums stehen. Obgleich es unter dem Gesichtspunkt der anfänglichen Reihenbildung A—K zwischen den beiden Stadien alle Arten von Übergängen gibt (vgl. z. B. noch die eine Vertauschung bei Sin), ist der Unterschied des Verhaltens in bezug auf die zusätzlichen Glieder von vornherein charakteristisch: Während die Versuchspersonen des zweiten Stadiums sie als eine Art von fremden Bestandteilen auffassen, verhalten Sin und Ald sich zu ihnen wie zu den anderen, vergleichen sie, messen sie, wenn es erforderlich ist, und legen sie hin, indem sie simultan die Relationen berücksichtigen. Es wurde schon bemerkt, daß dieser Fortschritt von vornherein begleitet wird von einem sehr feinen Verständnis für das Verhältnis zwischen Ordination und Kardination.

Es ist in der Tat gut zu erkennen, daß diese Kinder sofort und vor jeder Probe wissen, daß die Zahl der zurückgelegten oder noch zu ersteigenden Stufen bestimmt wird durch die Rangstufe des Stabes, auf den man die Puppe stellt. Es bleibt sich gleich, ob sie die Zahl der voraufgehenden Stäbe nach der Höhe des gegebenen Stabes oder nach den leeren Plätzen zu ermitteln versuchen oder ob sie sie wirklich wieder aufreihen; das Prinzip ist dasselbe. Was aber am besten ihr Verständnis für das Verhältnis zwischen Kardinal- und Ordinalzahl zeigt, ist die Tatsache, daß sie keinerlei Bedürfnis empfinden, die noch zu ersteigenden Stufen aufzureihen, um sie zu zählen, wenn sie die bereits zurückgelegten Stufen neu aufgereiht und gezählt haben. Sie wissen gut, daß die noch zu ersteigenden Stufen dargestellt werden durch die Stäbe, die man ungeordnet auf dem Tisch zurückgelassen hat, nachdem die bereits zurückgelegten Stufen geordnet sind. Anders ausgedrückt: Nachdem das Kind die Reihe A ... N wiederhergestellt hat, versteht es wohl, daß die Stufen N ... T durch die Subtraktion T–N, d. h. also (A ... T) – (A ... N), dargestellt werden. Daher beschränken sich Sin und Ald darauf, den Rest der Stäbe zu zählen: 13 und 7. Diese Reaktion, die so einfach zu sein scheint, ist in Wirklichkeit ganz neuartig und zeigt den Zugang zu einem operatorischen Niveau, sowohl unter logischem als auch numerischem Gesichtspunkt. Halten wir schließlich zur Bestätigung fest, daß die Kinder von vornherein, ohne zu zählen, wissen, daß die hinter der Puppe liegenden Stufen gleich $(N - 1)$ sind. Sie begreifen also gut, daß die Rangstufe N einem kardinalen Wert N entspricht, der sowohl größer ist als der der Glieder A ... $(N - 1)$ wie auch kleiner als der der Mengen $(N + 1 ... T)$, und daß er sich so zwischen diese beiden Abschnitte einfügt.

2. Kartons in Treppenstufen

Man nimmt ein Kartonquadrat A, das eine Einheit darstellt, ein Viereck B, das dieselbe Breite hat wie A und zweimal so hoch ist (also zwei Einheiten darstellt), ein Rechteck C, das drei übereinanderliegende Einheiten darstellt (auf gleicher Breite dreimal so hoch ist wie A) usw. Es ergibt sich also: $A = 1$; $B = 2\,A$; $C = 3\,A$; $D = 4\,A$; $E = 5\,A$; $F = 6\,A$; $G = 7\,A$; $H = 8\,A$; $I = 9\,A$ und $K = 10\,A$. Diese Kartons stellen also eine Treppe dar, die aber auf einer Zusammensetzung von Einheiten beruht und nicht mehr auf beliebigen Relationen wie in 1.

Zunächst fordert man das Kind auf, selber die Reihe herzustellen, damit es sich dieses Ordnungsprinzips bewußt wird, und man läßt es die Kartons zählen, wobei man deren Zahl auf 10 beschränkt oder auf die Höhe der ohne Zögern durchgeführten Zählung. Danach fragt man: „Wie viele Kartons der Größe A könnte man aus B oder C machen?" – so lange, bis die Versuchsperson begreift, daß der zweite Karton in 2 A zerschnitten werden kann, der dritte in 3 A usw. Sobald dieses Gesetz verstanden worden ist, bezeichnet man einen beliebigen Karton (z. B. F), wobei die Treppe erhalten bleibt, und fragt, wie viele Einheiten man mit diesem Karton herstellen könnte. Uns interessiert hier die Antwort, die das Kind auf diese dritte Art von Fragen findet: Wenn die Versuchsperson imstande ist, ohne weiteres den kardinalen Wert 6 dieses Kartons F mit seiner (sechsten) Rangstufe korrespondieren zu lassen, so ist klar, daß die Relation zwischen Ordination und Kardination hergestellt ist. Wenn das Kind, im Gegensatz dazu, darauf angewiesen ist, jedesmal nachzumessen, wie viele A in E, F usw. Platz haben, sind wir berechtigt, festzustellen, daß diese Korrespondenz noch keineswegs hergestellt ist. Infolgedessen ergeben sich drei Stadien, die denen von 1. entsprechen: Während des ersten Stadiums bleibt die Reihenbildung global und die Beziehung zwischen Reihenfolge und Kardination wird noch nicht begriffen, sobald man über 3 oder 4 hinausgeht, selbst wenn man die Reihenfolge A—K beibehält. Während des zweiten Stadiums führt die anschauliche Reihenbildung nach einigen Versuchen zum richtigen Ergebnis, und die Relation zwischen Ordination und kardinalem Wert wird begriffen, sofern man der Reihenfolge folgt, wird aber nicht mehr verstanden, sobald man die Kartons vermischt. Im dritten Stadium wird dieses Problem gelöst. Zunächst Beispiele für das erste Stadium:

TES (4;6) reiht die Kartons richtig bis zu D auf, begeht aber dann die für diese Stufe üblichen Irrtümer. Er kann bis 15 zählen. „Wie viele solcher Kartons (A) könnte man hiermit (B) machen? — *Zwei.* — Und hiermit (C)? — *Vier.* ... *Nein, es ist ebensoviel wie das* (B + A). (Er zählt.) *Eins, zwei, drei, drei, das macht drei.* — Und hiermit? (D)? — *Vier* (Er zählt mit dem Finger.) — Usw. — Und mit diesem (I = 9)? — (Er zählt wieder, indem er mit dem Finger die mutmaßlichen Teile des Kartons abtastet.) *1, 2 ... 8.* — Und mit diesem (C)? — *1, 2 ... 5.* — Und mit diesem (einem anderen C)? — *Das macht vier Kartons.*"
FIV (5;0) begnügt sich ebenfalls mit einer globalen Reihenbildung, die wir anschließend mit ihm zusammen korrigieren, und er zählt sie richtig ab. „Wie viele solcher Kartons (A) könnte man mit diesem (B) machen? — *Zwei.* — Und mit diesem (C)? — *Drei.* — Und mit diesem (D)? — *Fünf.* — Warum? — ... — Woran sieht man, daß dieser (D) größer ist als dieser (C)? — *Daran.* (Er zeigt auf den Höhenunterschied.) — Wie viele mehr gibt es jedesmal? — *Einen.* — Also, wie viele Kartons kann man mit diesem (D) machen? — *Fünf, nein zwei.* — Wie viele? — (Er zählt die ganze Reihe von A bis K.) *1, 2 ... 10.* — Also, wie viele kleine Kartons kann man aus diesem (A) machen? — *1.* — Mit diesem (B)? — *2.* — Mit diesem (C)? — *3.* — Mit diesem (D)? — *5.*"

Man sieht die Bedeutung dieser Tatsachen. Diese Kinder sind imstande, ohne zu zögern die Glieder der Reihe zu zählen, und selbst, wenn man zwei aufeinanderfolgende Glieder vergleicht, zu begreifen, daß der Unterschied gleich A oder 1 ist. So identifiziert Tes C als B + A, und Fiv erklärt, daß es jedesmal „einen mehr gibt". Trotzdem sind sie, wenn man sie fragt, wie viele Einheiten A in einen beliebigen Karton passen, nicht imstande, die Lösung mit Hilfe einer einfachen Überprüfung der Rangstufe zu finden und zu sagen, daß z. B. der Karton D 4 Einheiten umfaßt, weil er der vierte ist. Ja, noch mehr, sie begreifen nicht einmal dann diese Korrespondenz zwischen der Rangstufe und dem Kardinalwert, wenn man Stück für Stück die Kartons in ihrer fortschreitenden Reihenfolge bezeichnet. Sie stellen sie durch direkte Wahrnehmung bis zur Zahl 3 fest, danach aber zählen sie entweder jedesmal die möglichen Abteilungen von neuem (wie Tes) oder sie urteilen nach dem Augenschein (wie Fiv)! Kurz gesagt: sie besitzen alle empirischen Elemente, die es ihnen erlauben würden, das Gesetz zu verstehen, aber sie verstehen es nicht.

Die dem zweiten Stadium eigentümliche paradoxale Situation läßt die Zusammenhänge noch deutlicher werden, da die Versuchspersonen, die wir nun anführen wollen, das Gesetz zu entdecken scheinen, wenn man der progressiven Ordnung folgt, aber sie gehen fehl, wenn man die Reihenfolge umkehrt oder wenn man von einem Karton zum anderen springt, oder noch mehr, wenn man die visuelle Seriation auflöst.

Im folgenden Beispiele für dieses zweite Stadium:

BET (5;0) ordnet zunächst folgendermaßen: A, B, C, D, F, G, schiebt dann E dazwischen usw., gelangt also selber bis zur richtigen Reihenfolge, aber nur mit mühsamen Versuchen. „Wenn man diesen (B) durchschneidet, wie viele solche kleine Kartons (A) kann man dann machen? – *3*. – (Man legt B und A nebeneinander.) – *Nein, 2*. – Und aus diesem (C)? – *3*. – Und aus diesem (D)? – *4*, usw. bis 10. – Und aus diesem (man zeigt von neuem auf I)? – *9*. – Und diesem (H)? – *10*. – Und diesem (G)? – *11*. – Und diesem (F)? – *12*." – Sobald man also die Reihe umkehrt, steigt Bet wohl auf 9 herunter, verfolgt aber dann weiter die Reihenfolge 10, 11, 12 ... und erkennt die Absurdität seines Vorgehens erst, wenn er bei B angelangt ist! Schließlich schreibt Bet, wenn man die Kartons durcheinanderbringt, wohl 4 dem Karton D zu (nach dem Augenschein), aber 5 dem G, von neuem 4 dem D, dann 6 dem G und gleichfalls dem H (wobei er mit dem Finger die möglichen Unterteilungen auf dem Karton selbst abtastet).

MIC (5;0) reiht und zählt richtig die 10 Kartons. „Wie viele solcher Kartons (A) kann man aus diesem (B) machen? – *2*. – Und aus diesem (C)? – *4, nein 3*. – Und aus diesem (D)? – *5* usw." Wenn man ihm aber, ohne die Reihe aufzulösen, den Karton F zeigt, denkt er nicht daran, das auf diese Weise gefundene System zu benutzen, sondern schreibt F (indem er auf dem Karton selbst zählt) 4 A zu, G (auf dieselbe Weise) 6, E entsprechend 5 und F „*8, nein 12*" (nach derselben Methode).

BRU (5;0). „Zeige mir den ersten Karton. – (Er zeigt auf A.) – Und den zweiten? – (B). – Wenn man diesen (B) durchschneidet, wieviel solcher kleinen Kartons (A) kann man dann machen? – *2*. – Und mit diesem (C)? – *3*. – Und diesem (D)? – *4*, usw. bis 10." Wenn man aber, ohne die Reihe aufzulösen, willkürlich wählt, schreibt er E die 4 zu, H die 6, D die 3, E wiederum 7 usw.

DIT (5;0) wird nach einigem Hin und Her mit der Aufreihung der 10 Kartons in einer Treppe fertig und begreift unverzüglich das Gesetz: „*Das (A) ist einer, das (B) sind 2; das (C) sind 3; das (D) sind 4; das (E) sind 5; das (F) sind 6 ... usw. und das (K) sind 10 kleine Kartons.*" Dann löst man die Reihe auf und zeigt auf den Karton F (6): „Wie viele sind das? – *4 kleine*. – Bist du sicher? – *Nein, aber ich glaube es*. – Was muß man tun, um sicherzugehen? – *Eine Treppe einrichten*. (Er stellt sie wieder her und zählt.) *Es sind 6 kleine* (richtig)." Bei D (4) scheitert Dit aber, weil er die Reihenfolge umkehrt. Er reiht zunächst die 6 ersten Kartons auf: „Kann man bei dieser schon wissen, wie viele das macht? – *Nein, man muß zuerst die anderen hinlegen*." Er reiht so auf: erst die 10, dann zählt er vom zehnten bis zum vierten und sagt: „*Das (also D) macht 7, damit kann man 7 kleine machen. –* Warum? *– Weil es 7 Plätze gibt. –* Wieso? – (Er legt 7mal den Karton A auf D.) *Das sind 7, so ist es.*"

Es zeigt sich, wie bedeutsam diese Fälle des zweiten Stadiums sind und wie sehr sie rückwirkend die Beispiele des ersten erhellen. Es steht außer jedem Zweifel, daß die Kinder dieses Niveaus das Gesetz der Reihe begreifen und daß sie, wenn man der Reihenfolge A–K folgt, jeder neuen Ordinalzahl eine Kardinalzahl mehr entsprechen lassen. Es genügt indessen, auch wenn man die vom Kinde errichtete Treppe nicht zerstört, ihm einen beliebigen Karton zu zeigen, der die Größe von 3 oder 4 Einheiten übertrifft, um es zu veranlassen, auf die Bestimmung der Kardinalzahl dieser Einheiten nach der Rangstufe zu verzichten und zunächst die Wiederherstellung dieser kardinalen Werte allein auf dem Wege der direkten Wertung zu versuchen, d. h. mit dem Finger die mutmaßlichen Unterteilungen auf dem Karton selbst zu bezeichnen (wie im Falle von Bet, Mic und Bru). Dit, der weiter fortgeschritten ist und dessen Verhalten die obere Grenze des zweiten Stadiums bezeichnet, begreift, daß man bei ungeordneten Kartons zur Ermittlung des Wertes jedes Kartons die Reihe wiederherstellen und die betreffenden Rangstufen wiederfinden muß. Einerseits aber hält er es für notwendig, die ganze Reihe von A bis K wiederherzustellen, da es ihm nicht genügt, die vier ersten Kartons zu sehen, um festzustellen, daß der vierte 4 Einheiten enthält, andererseits berechnet er, wenn die Gesamtreihe wiederhergestellt ist, die Rangstufe von D in umgekehrter Reihenfolge und schließt infolgedessen auf 7 anstatt auf 4.

Angesichts dieser merkwürdigen Verhaltensweisen scheint es also nicht übertrieben, anzunehmen, daß diese Versuchspersonen eine systematische Schwierigkeit empfinden, das Verhältnis der Ordination zur Kardination zu begreifen. Wie ist das zu erklären, da das Material bei diesem Versuch mit abgestuften Kartons mit einem Höchstmaß an anschaulich erfaßbarer Klarheit das Formgesetz der zehn ersten ganzen finiten Zahlen selbst darstellt, weil in diesem Fall jede Ordinalzahl jeder Kardinalzahl entspricht und umgekehrt? Die natürlichste Hypothese, die in dieser Beziehung herangezogen werden könnte, bestünde zweifellos darin, dieses Nicht-Verstehen in Beziehung zu setzen zu jenen anderen Fehlurteilen, die wir bei der Kardination der Mengen analysiert haben. Als Beispiel nehmen wir eine Gruppe von 6 Gegenständen, die das Kind in Gestalt einer anderen Gruppe, die Stück für Stück mit ihr korrespondiert, zu reproduzieren vermag. Man erinnert sich daran, daß es auf einem bestimmten Entwicklungsstand, dessen Durchschnittsalter genau dem des gegenwärtigen Stadiums entspricht, genügt, die Disposition der Elemente einer der beiden Mengen zu verändern, um das Kind zu veranlassen, nicht mehr an ihre kardinale Äquivalenz zu glauben. Unter dem Anschein einer einsinnigen und wechselseitigen Korrespondenz, die zu einer stabilen Kolligation führt, entdecken wir also ein System, dem die Invarianz und demzufolge auch die wirkliche Kardination˙ fehlt. Die einzige in diesem System wirksame Kolligation bleibt anschaulicher Natur, d. h. gebunden an die Wahrnehmung der Figur oder des von den ins Auge gefaßten Mengen benötigten Raumes, und selbst wenn das Kind die Zahlennamen zu verwenden weiß, um die Elemente aufzuzählen, konstituiert diese Zählung also noch keine wirklichen Kardinalzahlen. Ebenso wäre es durchaus möglich, daß im vorliegenden Fall das Begreifen der scheinbar ordinalen Reihe gebunden ist an den anschaulichen Akt, mit dessen Hilfe es möglich ist, die Reihe Stück für Stück vom Anfang bis zum Ende zu durchlaufen, daß dieses Begreifen aber aufhört, sobald man an die Stelle des anschaulichen Durchlaufens der Reihe das Reflektieren über eines ihrer Glieder setzt.

Dieser Vergleich zwischen den Schwierigkeiten der Kardination und denen der Ordination ist um so berechtigter, als beide, sobald sie konstruiert sind, miteinander durch eine zwangsläufige Verbindung gekoppelt zu sein scheinen. Wenn das Kind also nicht in der Lage ist, den Begriff des stetigen Wertes einer Gruppe unabhängig von der Disposition ihrer Glieder zu bilden, so deswegen, weil es auf dieser Stufe auch noch keine stabile Ordination gibt. Einfacher ausgedrückt würde diese Hypothese darauf hinauslaufen, festzustellen, daß die anschauliche Reihenbildung sich erst in dem Augenblick zu einer wirklichen Ordination bildet, da sie operatorisch wird, und daß sie erst in dem Augenblick operatorisch wird, da sie sich mit der Kardination koordiniert. Umgekehrt würden sich nach dieser Hypothese Kolligation und anschauliche Korrespondenz erst in dem Augenblick in wirkliche Kardination verwandeln, da sie operatorisch werden, und sie würden operatorisch erst in dem Augenblick, da sie sich mit der Ordination koordinieren. Unter diesem Gesichtspunkt würde die Reihenbildung durch die Versuchspersonen dieses Stadiums nur zu einer Art von „starren Reihen" führen, und zwar derart, daß die Rangstufen mit dem totalen Akt der Reihenbildung solidarisch bleiben und keine Einzeloperationen mehr ermöglichen, wenn sie für sich betrachtet werden. Ebenso wie das Kind, bevor die operatorische Korrespondenz noch nicht zur Idee dauerhafter Äquivalenz der korrespondierenden Gruppen führt, die Gruppen nur mit Hilfe einer Art starrer Kolligation zu werten vermag (d.h., ohne die Invarianz des Ganzen mit der Mobilität der Glieder in Einklang zu bringen), ebenso vermag das Kind in diesem Stadium den kardinalen Wert nur dann auf die Rangstufe zu gründen, wenn die Rangstufen in einer kontinuierlichen und totalen Folge miteinander verbunden sind, während die Begriffe „vorher" und „nachher" ihre kardinale Bedeutung verlieren oder die kardinalen Werte sich nicht mehr in „vorher" oder „nachher" übertragen lassen, sobald man die Reihe zerlegt, um das Verhältnis eines bestimmten Gliedes zu den anderen zu untersuchen, ohne Schritt für Schritt der progressiven Ordnung zu folgen.

Untersuchen wir endlich als Gegenprobe die Versuchspersonen des dritten Stadiums, die dadurch gekennzeichnet sind, daß sie das Problem völlig begreifen und operatorische Ordination wie Kardination durchführen.

LET (6;0). „Wie viele Kartons gibt es? — *10.* — Wie viele solcher Kartons (A) kann man aus diesen (B) machen? — *2.* — Und mit diesem (C)? — *3.* (Er hat auf dem Karton gezählt.) — Und mit diesem (D)? — (Er zählt zunächst auf dem Karton. Dann ruft er:) *Das gibt vier.* — Und mit diesem (E)? — *5, denn ich weiß, wie die Zahlen aufeinanderfolgen!* — (Man überspringt nun ein Stück.) Und dieses (G)? — *7.*" Man wirft die Kartons durcheinander und zeigt auf G: „Wie viele macht man mit diesem? — (Er zählt, reiht dann unverzüglich von A bis G auf und sagt:) *Ja, das gibt 7.*"

ALD (6;6) reiht, ohne zu zögern, auf und antwortet, wenn man ihm an erster Stelle C bezeichnet, um zu fragen, „wie viele (A) man damit machen kann": „*Drei, ich dachte, man muß diesen (A) auch mitzählen.* (Er hat also von vornherein die Rangstufen gezählt.) — Und mit diesem (F)? — *6, weil da drei sind* (er zeigt auf K, I, H), *das macht 9, 8, 7 und dann dieser (G) 6.*" Wenn die Reihe zerlegt ist, rekonstruiert er die Treppe bis zum betreffenden Rang und kommt so auf 5 für E usw.

Diese Kinder sind fähig geworden, ohne weiteres den Wert eines dieser Kartons herauszufinden, den man willkürlich aus der Treppe herausgreift, oder wenn die Reihenfolge aufgelöst ist. Anders ausgedrückt: Die Reihe, die starr war, ist beweglich oder operatorisch geworden, da jedes Glied in sich und ebenso in seinem Verhältnis zu den anderen betrachtet werden kann, und zwar in jeder beliebigen Ordnung. So stellt Ald den Kardinalwert F wieder her, indem er dessen Rang in der absteigenden Ordnung festlegt, und Let findet die Frage bei der progressiven Ordnung so einfach, daß er sagt: „Ich weiß, wie die Zahlen aufeinanderfolgen!"

Zusammenfassend läßt sich sagen, daß diese graduelle Koordinierung der Ordination und der Kardination auf diesem wesentlich numerischen Niveau das bestätigt, was wir bisher der qualitativen Reihenbildung und der Reihen-Korrespondenz entnommen haben.

3. Matten und Hürden

Angesichts der Schwierigkeiten, in der gewöhnlichen Zählung Ordinal- und Kardinalzahlen voneinander zu trennen, und angesichts der sich daraus ergebenden Notwendigkeit, die zu ihrer Untersuchung dienenden Versuche zu vervielfältigen, haben wir uns noch folgendes Problem erdacht, das von einer Verschiebung der Ordinalzahlen gegenüber den Kardinalzahlen ausgeht. Wenn man von jemandem sagt: „Er ist in seinem zwanzigsten Lebensjahr", so bedeutet dies, daß er erst volle 19 Jahre gelebt hat. Infolgedessen ist es für die Analyse leichter, obgleich für die Versuchsperson schwieriger, in einem solchen Fall den kardinalen Aspekt (das ist der der abgelaufenen Jahre) vom ordinalen Aspekt (des ablaufenden Jahres) zu unterscheiden als in den Fällen, in denen die beiden Begriffe zusammenfallen. Wir haben jedoch, da die Zeitmessung für das Kind besonders kompliziert ist, ein räumliches Äquivalent dieser Situation gesucht. Wir nehmen einen Schüler bei Sprungübungen: Er überspringt eine erste Hürde, dann eine zweite höhere, eine dritte höhere usw. bis zur siebten. Um aber Schwung zu holen und aufzuspringen, ohne sich zu verletzen, braucht er, da er Turnschuhe anhat, kleine Matten, die man vor und hinter jeder Hürde auf den Boden legt, also insgesamt 8. Der Versuchsperson legt man natürlich ein Material vor, das aus 7 abgestuften kleinen Hürden, 8 gleichbleibend kleinen Matten und einer Puppe besteht, die den Turner darstellt. Auf diese Weise bedeutet das Stehen der Puppe auf der dritten Matte, daß sie zwei Hürden übersprungen hat; und wenn sie die fünfte Hürde übersprungen hat, steht sie auf der 6. Matte usw.

Folgende Fragen werden vorgelegt (zunächst kann man, nachdem man die beiden ersten Matten vor und hinter die erste Hürde gelegt hat, fragen): „Wie viele Matten muß man für diese Hürden hinlegen?" Sobald das Kind die Reihe der Hürden und Matten konstruiert hat, läßt man die Puppe springen und hält sie aus irgendwelchen Gründen hinter drei Hürden, also auf der vierten Matte, fest. Dann stellt man die zweite Frage: „Wie viele Hürden sind übersprungen und wie viele Matten berührt worden?" Man wiederholt natürlich diese Frage bei einer Reihe von verschiedenen Positionen. Bei der dritten Frage nimmt man die 8 Matten und einige Hürden fort und fragt, wie viele Matten für die übrigbleibenden Hürden erforderlich sind. Bei der vierten Frage bringt man die Hürden durcheinander, wählt eine (z. B. die vierte) aus und fragt, wie viele Hürden vor dieser übersprungen wurden. Bei der fünften Frage werden die Hürden durcheinandergebracht, aber man reiht z. B. 5 Matten auf und fragt nach der Zahl der übersprungenen Hürden und danach, welche es waren. Bei der sechsten und letzten Frage legt man erneut n Matten hin und fragt, welches die letzte (vor der $n$ten Matte) übersprungene Hürde war.

Es ergeben sich folgende Probleme: 1. Reihenbildung; 2. Korrespondenz zwischen der Zahl der Matten und der Zahl der Hürden, also $n + 1$ Matten für n Hürden; 3. die durch die Rangstufe dieser Hürde bestimmte Kardinalzahl der Hürden; 4. die durch die Kardinalzahl der Matten bestimmte Ordinal- und Kardinalzahl der Hürden. — Die Probleme 1 und 3 werden uns wenig beschäftigen, da sie bereits zuvor unter anderen

Formen untersucht wurden, aber die Probleme 2 und 4 werfen auf neue Weise die Frage der Beziehungen zwischen Ordination und Kardination auf.

Die Frage nach der Reihenbildung (Frage 1) läßt wieder auf dieselben Stadien stoßen wie zuvor: globale Reihenbildung, anschauliche Reihenbildung nach durch die Wahrnehmung überprüften Versuchen und systematische Reihenbildung dank Gruppierung der Relationen. Das Problem der Relation zwischen der Zahl der Matten und der der Hürden führt gleichfalls zu drei Stadien, die mit den vorigen korrespondieren. Während des ersten Stadiums besteht kein Verständnis für das Gesetz: Entweder kann das Kind nicht umhin zu glauben, daß die Zahl der Matten der der Hürden gleich ist, oder es zählt, wenn die Tatsachen es eines Besseren belehren, jedesmal von neuem, ohne System. Im zweiten Stadium entdeckt das Kind mit empirischen Versuchen das Gesetz, und im dritten leitet es das Gesetz schon bei der ersten Feststellung ab, und zwar für beliebig viele Hürden.

Das Problem der mit einer Rangstufe korrespondierenden Zahl der Hürden führt zu den bereits bekannten drei Stadien: Versagen im ersten Stadium; Erfolg im zweiten, aber unter der Bedingung, daß die ganze Reihe wiederhergestellt wird; und Verständnis im dritten Stadium.

Das Problem der Zahl der Hürden und ihrer ordinalen Komposition in Abhängigkeit von einer gegebenen Anzahl von Matten zeigt im ersten Stadium das Nicht-Verstehen der Kinder; im zweiten Stadium ist das Kind wohl imstande, eine Matte mehr hinzulegen, als Hürden da sind, aber nur unter einigen Schwierigkeiten ordinaler Art; im dritten Stadium zeigt sich völliger Erfolg, zumal wenn man nach der Rangstufe der Hürde fragt, die im Verhältnis einer gegebenen Zahl von Matten als letzte übersprungen wurde (während im zweiten Stadium diese Rangstufe mit der Zahl der Matten verwechselt wird).

Zunächst einige Beispiele des ersten Stadiums, während dessen es also weder richtige Reihenbildung noch Verständnis für das Verhältnis zwischen den bei diesem Problem in Betracht kommenden Ordinal- und Kardinalzahlen gibt:

LIC (4;0) kann nur bis 6 zählen. Man gibt ihm 5 Hürden, die er ohne unsere Anregungen nicht aufzureihen vermag. „Jetzt legen wir die Matten auf jede Seite einer Hürde, damit der Turner sich auf dem Boden nicht weh tut. (Man legt die beiden ersten Matten hin.) Wie viele Matten sind das im ganzen? – 4. (Geraten.) – Wie viele Hürden sind das? – *Ich weiß nicht.* (Er zählt noch einmal.) 5. (Dann legt er selber die 6 Matten hin.) – Wie viele Matten gibt es? – (Er zählt.) 6. – Und Hürden? – (Er denkt nach und sieht hin.) 6. – Zähle die Hürden. – *1, 2, 5, 6.* – Versuche es noch einmal. (Man deutet mit dem Finger

auf jede einzelne.) – *5.* – Und wie viele Matten? – *5.* – Zähle sie. – *6.* – Und
wie viele Hürden? – *6.*"

Man nimmt die Puppe, und Lic selber läßt sie springen und auf die erste Matte
laufen. Sie springt über die erste und die zweite Hürde und bleibt auf der dritten Matte stehen. „Über wie viele Hürden ist der Turner gesprungen? – *3.* –
(Man fängt noch einmal von vorne an.) Sieh genau hin. – *2 Hürden.* – Und wie
viele Matten hat er berührt? – *2.* – Zeige mir. – *1, 2, 3.* – Und wie viele
Hürden? – (Ohne zu zählen) *1, 2, 3.* – (Daraufhin läßt man nun drei Hürden
überspringen und setzt die Puppe auf die vierte Matte.) Wie viele Hürden hat
der Turner übersprungen? – *3.* – Und wie viele Matten berührt? – *3.* – Zähle
mal. – *1, 2, 3, 4.* – Gut, und wie viele Hürden? – *3.* – Und wie viele Matten? – *3.*"

Man nimmt alles fort und legt dem Kind die drei ersten aufgereihten Hürden
vor. „Wie viele Hürden gibt es? – *3.* – Wie viele Matten legt man hin, damit
er sich nicht weh tut? – (Er legt je 1 vor und hinter die erste Hürde und fügt
dann spontan 2 hinzu.) *Das sind 4.* – Und wie viele Hürden? – (Er zählt.)
1, 2, 3. – Warum gibt es mehr Matten? – ... –"

RAY (4;6) vermag ohne Anregungen nicht die 7 Hürden aufzureihen. (Er legt
sie untereinander nicht koordinierten Paaren hin.) Dann läßt man ihn 6 Matten für die ersten 5 Hürden hinlegen (und nimmt die beiden anderen fort).
„Also, wie viele Matten gibt es? – *6.* – Sieh mal. (Man läßt die Puppe über die
beiden ersten Hürden springen und läßt sie auf der dritten Matte.) Wie viele
Matten hat sie berührt? – *3.* – Und wie viele Hürden hat sie übersprungen? –
3. – Zähle sie. – *1, 2.* – Und wie viele Matten hat er berührt? – *2.* – (Nun läßt
man die Puppe über die drei ersten Hürden springen. Sie bleibt auf der vierten
Matte stehen.) Wie viele Matten hat sie berührt? – *4.* – Gut. (Man läßt 4 Hürden überspringen. Die Puppe bleibt auf der 5. Matte stehen.) Wie viele Matten
hat sie berührt? – *5.* – Und wie viele Hürden hat sie übersprungen? – *5.*"

Man nimmt die Matten fort und läßt nur die drei ersten Hürden aufgereiht.
„Wie viele Hürden wird sie überspringen? – *3.* – Und wie viele Matten legt man
hin, damit sie laufen kann, ohne sich weh zu tun? – *3.* (Er legt sie hin.) *Ah! 4.* –
Und wie viele Hürden gibt es jetzt? (Man legt die 4 ersten hin.) – *4.* – Und wie
viele Matten legt man hin? – *4.* – usw."

Man bringt die Hürden durcheinander und zeigt auf die dritte, während man
fragt, wie viele Hürden die Puppe übersprungen hat. Ray zeigt auf die
zweite. – „Und außerdem? – (Er zeigt auf die erste.) – Wie viele hat sie im
ganzen übersprungen? – *3.*" – Bei vier Hürden aber scheitert er.

Schließlich bringt man die 7 Hürden und die 8 Matten durcheinander und legt
3 Matten vor das Kind. „Siehst du, der Turner hat die Matten berührt. Wie
viele Hürden hat er dann übersprungen? – *3.* – Zeige sie mir. – (Ray legt die
Hürde H 1 der Matte M 1 gegenüber; H 4 zu M 2 und H 5 zu M 3.)"

Das sind die Reaktionen dieses ersten Stadiums. Es ist zunächst einmal
klar, daß diese Kinder allein weder imstande sind, die Hürden aufzureihen
noch die Kardinalzahl der Hürden wiederherzustellen, die bereits übersprungen sind, wenn man eine beliebige ungeordnete herausgreift. Doch das
ist bekannt und beschäftigt uns nicht mehr.

Das Verhältnis der Zahl n der Hürden zu der Zahl $n + 1$ der Matten
bleibt völlig unverstanden. Sicher liegt den Gegebenheiten eine Überein-

kunft zugrunde, aber das Kind selbst legt die Matten hin, und es weiß wohl, warum man sie so hinlegt. Schließlich und vor allem hat es, wenn es beim Versuch, die Zahl der Matten vorauszusehen, gescheitert ist, die völlig eingerichtete Reihe der Hürden und Matten vor Augen, und dennoch bleibt sein Irrtum derselbe: Es identifiziert unerschütterlich die Zahl der Hürden mit der Zahl der Matten, als ob die Korrespondenz einsinnig und wechselseitig wäre. Lic z. B. legt, nachdem er 5 Hürden gezählt hat, selber 6 Matten hin, zählt sie und schließt daraus, daß 6 Hürden dastehen. Da er feststellt, daß es nur 5 sind, weigert er sich, an das Vorhandensein von 6 Matten zu glauben, und erklärt, es seien 5, dann schließt er nach erneuter Zählung der Matten wiederum auf das Vorhandensein von 6 Hürden! Ebenso legt Ray, nachdem er 5 Matten für 5 Hürden vorgesehen hatte, selber 6 hin. Trotzdem schwankt auch er unaufhörlich zwischen der Idee, daß es n Matten gibt, weil n Hürden da sind, und der Idee, daß es $n + 1$ Hürden gibt, weil $n + 1$ Matten da sind!

Diese Verwirrung, die so die Wahrnehmung der fertigen Reihe ebenso wie die ihrer Konstruktion voraufgehenden Voraussichten kennzeichnet, ist nun in einem gewissen Sinne interessant für die Untersuchung der Ordination selbst, obgleich sie zunächst nur die kardinale Korrespondenz zu betreffen scheint. Halten wir zunächst fest, daß es sich hierbei nicht um ein isoliertes Phänomen handelt, sondern daß man dasselbe z. B. bei Versuchen mit einem Streifen Papier feststellen kann, wenn das Kind, das drei Teile herstellen möchte, dreimal mit der Schere zuschneidet, ohne zu begreifen, daß es damit das Papier in Viertel zerteilt. In beiden Fällen nun erklärt sich der Irrtum aus einer Nicht-Koordinierung der Kardination und der Rangstufe. Verstehen, daß man $n + 1$ Matten für n Hürden braucht, wenn man jede Hürde zwischen zwei Matten legt, bedeutet in der Tat, daß man sich gleichzeitig auf den Standpunkt des „davor" und des „dahinter" stellt, während das Kind eine unüberwindliche Neigung verspürt, sich entweder auf den Standpunkt des „davor" zu stellen (eine Matte vor jeder Hürde) oder auf den Standpunkt des „dahinter" (eine Matte hinter jeder Hürde), und weil es dann entweder die erste oder die letzte Matte vergißt. Infolgedessen überträgt die Versuchsperson, obgleich sie in der Praxis sehr wohl in der Lage ist, richtig eine Folge von $n + 1$ Matten für n Hürden herzustellen, diese Folge kardinal in die Form einer einfachen Stück-für-Stück-Korrespondenz und identifiziert ohne weiteres die Zahl der Matten mit der der Hürden.

Gehen wir nun über zu den Reaktionen des zweiten Stadiums: anschauliche Reihenbildung und empirische Entdeckung der Relation zwischen der Zahl der Matten und der der Hürden, aber ohne Verständnis für das Wesen dieser Relation.

RIS (5;0) reiht mit Erfolg die 7 Hürden auf, aber nur nach einigen Versuchen. Man legt eine Matte auf jede Seite der ersten Hürde. „Wie viele Matten gibt das, wenn man an jede Seite aller Hürden eine hinlegt? − (Er legt die anderen Matten hin, ohne zu antworten. Dann sagt er:) *Sie sind alle gleich groß.* − Wie viele Matten sind es? − (Er zählt.) *8.* − Wie viele Hürden gibt es? − (Er zählt von neuem.) *7.*"

Man läßt die Puppe über vier aufeinanderfolgende Hürden springen und läßt sie auf der fünften Matte stehen. „Wie viele Hürden hat sie übersprungen? − (Er zählt.) *4.* − Und wie viele Matten hat sie berührt? − (Er zählt.) *5.* − Und wie viele Hürden macht das? − (Er zählt von neuem.) *4.* − Und wie viele Matten macht das für 4 Hürden? − (Er zählt noch einmal.) *5.*" Man sieht das Mißtrauen, mit dem Ris sich davor hütet, das Gesetz abzuleiten. Er zählt nach jeder Frage das Ganze nach!

Man läßt 4 Hürden vor dem Kind stehen, aufgereiht, aber ohne Matten. „Wie viele Hürden sind das? − *4.* − Und wie viele Matten muß man hinlegen, damit der Turner nicht den Boden berührt? − (Er zählt die Felder vor der ersten, zwischen den Hürden und nach der vierten.) *5.* − Und wie viele Hürden wird er überspringen? − (Er zählt nochmals.) *4.*"

Die Hürden liegen verstreut auf dem Tisch. Man bezeichnet die fünfte. Es gelingt ihm nach einigen Versuchen, die 4 voraufgehenden zu ordnen, aber nur unter der Voraussetzung, daß er das Ganze aufreiht. „Wie viele Hürden hat der Turner übersprungen? − *5.* − Und wie viele Matten muß man hinlegen? − (Er zählt erneut die Felder.) *6.*"

Man bringt die Hürden durcheinander und legt vor dem Kind 4 dicht aneinander gerückte Matten hin. „Ich will dir ein Rätsel aufgeben: Welche Hürden hat der Turner übersprungen? − (Ris schaltet H 2 zwischen M 1 und M 2 ein, H 3 zwischen M 2 und M 3, und H 4 zwischen M 3 und M 4. Er hat die kleinste Hürde H 1 wohl erkannt, hat sie aber beiseite gelegt, um mit H 2 zu beginnen und bei H 4 zu enden.) − Springt der Turner zuerst über diese (H 2)? − *Nein.* (Er legt H 1 vor M 1.) − Ist das richtig? − (Er nimmt H 1 fort.) − Aber über welche Hürde springt er zuerst? − *Über die erste.* − Also? − (Er legt H 1 wieder vor M 1.) − Wie viele Matten gibt es? − *4.* − Also braucht man wie viele Hürden? − *4.*"

Schließlich zeigt man dem Kind 5 aufgereihte Matten und fragt: „Welches ist die letzte Hürde, die er übersprungen hat, wenn er nur über diese Matten läuft?" (Man stellt die Puppe auf M 7.) Ris kann dann nicht umhin zu glauben, daß H 7 die letzte Hürde war, und reiht die Hürden von H 7 (zwischen M 4 und M 5) bis nach H 4.

JEN (6;0) reiht nach einigen Korrekturen die 7 Hürden auf, legt dann die 8 Matten hin und zählt beide, glaubt dann aber, für 4 übersprungene Hürden gebe es 4 Matten. Dann bereitet er für 5 aufgereihte Hürden 5 Matten vor und berichtigt das erst dadurch, daß er die zu belegenden Felder zählt.

Man legt 4 Matten gedrängt hin. „Wie viele Hürden hat er übersprungen, um da anzukommen (wobei die Puppe auf M steht)? − (Er nimmt die Hürden 1 bis 4 und stellt sie auf: H 1 vor M 1, H 2 vor M 2, usw. Er fügt dann H 5 hinzu und nimmt es sofort wieder weg. Dann fängt man mit 4 Matten wieder von vorne an.) Wie viele Hürden hat er übersprungen? − *4.* − Welche? − (Er schiebt daraufhin H 1 zwischen M 1 und M 2 usw.) *Ah, das sind drei!*" − Aber er stellt H 4 zwischen M 3 und M 4, weil H 4 mit der Matte M 4 korrespondieren soll!

Dann legt man 5 Matten dicht beieinander hin und fragt nach der zuletzt übersprungenen Hürde, wobei die Puppe auf M 5 steht. Jen zeigt auf H 7 und braucht eine ganze Reihe von Versuchen, bis er abschließend feststellt: „Ah, die vierte!"

Die Kontinuität des Übergangs zwischen den Relationen des ersten Stadiums und den eben genannten, die den Beginn des Verständnisses für die hier wirksamen Verhältnisse zeigen, ist von großem Interesse für unsere Analyse.

Zunächst ist es völlig klar, daß diese Kinder die Reihenbildung ebenso lernen wie alle Versuchspersonen dieser Stufe: anschaulich und empirisch. Andererseits vermag die Versuchsperson, wenn es sich darum handelt, festzustellen, wie viele Hürden vor einer bestimmten Hürdenstufe übersprungen wurden, wie gewöhnlich die Antwort nur dann zu geben, wenn sie die gesamte Reihe wiederherstellt. In bezug auf die neuen Fragen, die sich aus dem Problem der Hürden und Matten ergeben, stimmen die Reaktionen dieses Stadiums nun völlig überein mit den bei den früheren Versuchen bereits festgestellten.

Zunächst einmal veranlaßt das Verhältnis zwischen Hürden- und Mattenzahl, anstatt wie im ersten Stadium systematisch im Sinne der Identifikation umgeformt zu werden, eine Akkommodation des Denkens im Kinde, wenn auch nur eine völlig empirische Akkommodation. Ris z. B. zählt bei jeder Frage beide Gruppen wieder durch, und zwar richtig, aber ohne irgendeine Deduktion vorzunehmen. Im Gegensatz hierzu erreicht Jen, ebenso wie die fortgeschrittensten Versuchspersonen dieses Stadiums, bereits eine elementare Induktion des Gesetzes, jedoch ohne wirkliches Verständnis und lediglich auf Grund einfacher Verallgemeinerung der gemischten Erfahrungen.

Bei den entscheidenden Fragen nach der mit einer gegebenen Zahl von Matten korrespondierenden Zahl von Hürden, nach der Reihenfolge dieser Hürden und nach der Rangstufe der zuletzt übersprungenen, zeigen sich die Reaktionen dieses Stadiums wie stets als Übergangsreaktionen, aber mit einigen bemerkenswerten Besonderheiten. Unter dem Gesichtspunkt der Kardination ist das Kind fast gezwungen, eine richtige Zahl von Hürden einzufügen, da deren Platz durch jeweils ein Paar Matten bestimmt ist. Infolgedessen stellt Ris ohne weiteres 3 Hürden für 4 Matten auf. Wenn das Kind aber, anstatt derart empirisch zu verfahren und die Hürden Stück für Stück einzufügen, das Verhältnis zu formulieren oder die Hürden vorher bereitzuhalten versucht, fällt es wieder in die Fehler des ersten Stadiums zurück. Ris z. B. fordert 4 Hürden für 4 Matten und Jen ebenfalls. Es zeigt sich, wie wenig das Gesetz bereits verstanden wurde.

Andererseits sind unter dem Gesichtspunkt der Ordination zwei Besonderheiten recht interessant. Bald geht das Kind trotz allem so vor, auf Grund seiner Neigung zur einfachen Korrespondenz, daß es die Hürde *n* gerade vor die Matte *n* stellt, bald stellt es im Gegenteil die letzte, die siebte, Hürde vor die Matte *n* und stellt dann die Korrespondenz im rückläufigen Sinn her. Zur ersten Möglichkeit läßt sich Ris als Beispiel anführen, der die Hürden 2, 3 und 4 zwischen 4 Matten einfügt und nicht imstande ist, H 1 an die Stelle von H 2 zu setzen. Die zweite Möglichkeit zeigen die Kinder, die die Hürden 4, 5, 6 und 7 zwischen die 5 vorgelegten Matten stellen, damit H 7 die letzte sei.

Abschließend läßt sich feststellen, daß diese Reaktionen des zweiten Stadiums wiederum die Unfähigkeit der Kinder dieser Bildungsstufe zeigen, Reihenbildung und Kardination zu koordinieren. Wenn die Versuchsperson an die Kardinalzahl der Hürden denkt, vergißt sie die Ordination, oder sie stellt die Reihe nur in bezug auf die letzte Matte her – und wenn sie daran denkt, die Reihe in bezug auf die letzte Matte herzustellen, vergißt sie die Zahl der Matten und konstruiert Reihen nach der Art von 4 → 7.

Gehen wir nun über zu den Reaktionen des dritten Stadiums, während dessen alle Fragen zu fast simultanen richtigen Lösungen führen. Im folgenden einige Beispiele, und zwar zunächst ein Übergangsfall zwischen dem zweiten und dem dritten Stadium:

BRU (5;0) reiht die Hürden fehlerlos auf. „Wie viele Hürden sind das? – 7. – Wieviele Matten? (Man legt die beiden ersten hin.) – 7. – Lege sie hin. – 8. – Warum gibt es mehr Matten als Hürden? – *Weil es 2 Matten mehr gibt.* (Er zeigt auf die beiden Enden.)".
Man läßt die Puppe bis zur 4. Matte springen. „Wie viele Hürden hat sie übersprungen? – 4. – Und wie viele Matten macht das? – 3, nein 4. – Und Hürden? – 3.“
Man läßt die vier ersten Hürden aufgereiht, ohne Matten. „Wie viele Hürden? – 4. – Und wie viele Matten legt man? – 5.“
Man legt dem Kind vier Matten dicht nebeneinander vor. „Wie viele Hürden überspringt sie? – 3. – (Man legt 5 Matten hin.) Wie viele Hürden? – 4. – Zeigst du mir die letzte? – (Er reiht sogleich 1–4 auf und zeigt auf die vierte.)“
SHEN (6;6) reiht die 7 Hürden richtig auf. „Wir legen Matten auf jede Seite der Hürden; wie viele macht das? – *6, weil es 7 Hürden gibt.* (Er legt die Matten zwischen die Hürden.) – Nein, sieh mal her. (Man legt M 1 und M 2 hin.) – *Dann sind es acht.* (Er legt sie hin.)“
Man läßt die Puppe bis zur vierten Matte springen. „Wie viele Hürden hat sie übersprungen? – 3. – Und wie viele Matten hat sie berührt? – 4. – Warum? – *Weil es 3 Hürden sind.*“
Man zeigt ihm 6 aufgereihte Hürden ohne Matten. „Wie viele Matten hat sie berührt? – *8, weil es 7 Hürden sind.* – Sieh her. – *Ah, ja 7, weil es 6 Hürden sind.* – (Man bezeichnet nur die vierte Hürde.) Wie viele Matten? – (Er legt die Hürden 1 bis 3 hin.) *5 Matten, weil es 4 Hürden sind.*“

Man legt ihm 6 Matten dicht nebeneinander hin. „Wie viele Hürden überspringt sie? — *5, weil es 6 Matten sind. Sonst, wenn es 6 Hürden wären, müßte man eine auf die letzte Matte stellen.* (Er reiht H6 > 5 auf und fügt diese dann ein.)"

AUG (6;0) reiht die 7 Hürden auf, dann fragt man, nachdem man die Matten 1 und 2 hingelegt hat: „Wie viele Matten macht das? — *7.* — Warum? — *Ich hab sie gezählt, die Hürden. Ah, nein, 8 Matten, weil es 7 Hürden sind, weil man eine Matte davor legen muß.*"

Dann stellt man die Puppe auf die vierte Matte. Daraus schließt Aug, daß der Turner 3 Hürden übersprungen hat. Dann zeigt man ihm isoliert die fünfte Hürde. Aug reiht die vier vorhergehenden auf und schließt auf 6 Matten. Bei vier dicht nebeneinanderliegenden Matten schließt er, die letzte sei H 3 usw.

Man stellt zunächst fest, daß jedes dieser Kinder ohne Zögern Reihen herstellt, d. h., daß es ohne weiteres diese Relationen als < und > koordiniert. Wenn ein Glied isoliert vorgelegt wird, findet das Kind dieses Stadiums außerdem die vorhergehenden Glieder wieder und ordnet sie, ohne die Gesamtheit der anschaulich gebildeten Reihen wiederherstellen zu müssen.

Hinsichtlich des Verhältnisses der Zahl der Hürden zur Zahl der Matten, das den eigentlichen Gegenstand dieser Untersuchung darstellt, zeigen die eben erwähnten Versuchspersonen durch ihr Verständnis, daß ein solches Problem auf dem Niveau der Siebenjährigen gelöst werden kann. Zwar begreift nur Shen im voraus, d. h. lediglich auf Grund des mündlich erteilten Auftrags, daß für n Hürden $n + 1$ Matten erforderlich sind. Wenn aber Bru und Aug damit rechnen, daß sie nur ebenso viele Matten wie Hürden brauchen, begreifen sie den Zusammenhang doch sofort, sobald sie die Reihe herstellen, und eben das stellt die Neuerung dieses Stadiums dar. Die in dieser Beziehung geltend gemachten Gründe sind aufschlußreich: Wenn es für Bru $n + 1$ Matten gibt, so deshalb, weil „es zwei Matten mehr gibt", d. h. eine an jedem Ende. Shen meint, wenn es nur n Matten für n Hürden gäbe, müßte man „eine Hürde auf die letzte Matte stellen", d. h. auf die letzte Hürde würde keine Matte mehr folgen. Aug meint, man müsse „eine Matte davorlegen". Es zeigt sich, daß die Erklärung, die diese Kinder geben, stets darauf hinausläuft zu sagen: wenn man sich auf den Standpunkt des „dahinter" stellt, muß man vorne eine Matte hinzulegen, und wenn man sich auf den Standpunkt des „davor" stellt, muß man hinten eine Matte dazulegen.

Sobald dieses Verhältnis begriffen ist, wird die Frage, wie viele Matten für n bereits aufgereihte Hürden erforderlich sind, offensichtlich ohne weiteres beantwortet. Das Problem der n Matten, mit denen eine bestimmte Zahl von Hürden korrespondieren muß, die nach der ersten aufgereiht wurden, wird — und das ist sehr interessant — zur selben Zeit gelöst wie die vorigen Fragen. Dadurch, daß das Kind stets n X und $(n + 1)$ Y miteinander in

Beziehung setzt, wobei die X zwischen die Y eingeschoben werden, und dadurch, daß es das bewußt und systematisch macht, erwirbt es — das ist das Neue in diesem Stadium — die Fähigkeit, die Hürden von der kleinsten an zu ordnen und darauf zu verzichten, die größten als die letzten an sich, unabhängig von der Zahl der vorgelegten Matten, zu betrachten.

Kurz gesagt, die Lösung dieses Problems wie die des Problems der abgestuften Kartons oder der Stäbe zeigt, daß die operatorische Ordination, insofern sie die Stufe der anschaulichen Reihenbildung übersteigt, sich zwangsläufig auf die Kardination stützt und umgekehrt. Das Verständnis für das kardinale Verhältnis zwischen n X und $(n + 1)$ Y setzt in der Tat eine operatorische Ordination voraus, einschließlich der Relationsbildung des „davor" zum „dahinter", und diese Ordination setzt ein derartiges kardinales Verhältnis voraus.

4. Schlußfolgerungen: Ordination und Kardination

Am Ende dieser Untersuchungen über die Ordinalzahlen ist der Augenblick gekommen, alle Ergebnisse des vorigen und des jetzigen Kapitels zusammenzufassen und mit den Gegebenheiten der kardinalen Korrespondenz zu vergleichen.

Der Versuch mit den Stäben hat uns gelehrt, drei Arten von Reihenbildungen zu unterscheiden, die mit drei aufeinanderfolgenden Entwicklungsstadien korrespondieren: eine globale Reihenbildung ohne regelmäßige Abfolge im einzelnen; eine anschauliche Reihenbildung mit tastenden Versuchen bei der Konstruktion und Schwierigkeiten bei der Einfügung neuer Glieder in die bereits konstruierte Reihe, die also einen starren Block darstellt; und eine operatorische Reihenbildung auf Grund systematischer Koordination der betreffenden Relationen.

Dieses Gesetz der Aufeinanderfolge dreier Stadien wurde nun bei jedem einzelnen der verschiedenen Versuche, bei denen es sich um Reihenbildung handelt, angetroffen. Selbst im Falle der Kartons, in dem die Reihenbildung besonders einfach ist, da die Stücke sich merklich voneinander unterscheiden und da sie durch die Hinzufügung jeweils einer ganzen Einheit bei jedem neuen Stück eine regelmäßige Treppenleiter darstellen, stoßen wir auf diese drei Stadien. Dasselbe gilt für die Hürden ebenso wie für die Puppen, die Bälle und die Spazierstöcke, wenn wir diese als drei voneinander unabhängige Serien betrachten.

Wir sind um so mehr berechtigt, dieses erste Ergebnis mit einiger Sicherheit zu formulieren, als es völlig übereinstimmt mit dem Ergebnis einer anderen hier behandelten Frage, nämlich der Frage nach der serialen und ordinalen

Korrespondenz. In dieser Hinsicht stellen die bei den Versuchen mit den Puppen, ihren Spazierstöcken und Bällen festgestellten Tatsachen eine wertvolle Ergänzung zu den Versuchen mit reiner Reihenbildung dar: Es ist für das Kind nicht schwieriger, zwei Reihen gleichzeitig zu bilden und Stück für Stück miteinander korrespondieren zu lassen als eine einzige Reihe für sich allein zu bilden. Bei der Entwicklung der Reihen-Korrespondenz finden wir in der Tat dieselben drei Etappen wieder, die wir bereits bei der einfachen Reihenbildung angetroffen hatten: Scheitern der Korrespondenz, da sie global und prä-relativ bleibt (bei grober Differenzierung der „kleinen" und der „großen" Glieder); anschauliche Korrespondenz nach tastenden Versuchen; und systematische Korrespondenz durch operatorische Koordinierung der Relationen. Außerdem zeichnet sich vom zweiten Stadium an eine Dissoziation ab, die im dritten Stadium durchgeführt wird: die Dissoziation zwischen qualitativer Reihenbildung und Reihenkorrespondenz einerseits und eigentlich numerischer Ordination und ordinaler Korrespondenz andererseits, und zwar derart, daß auf dem operatorischen Niveau der Operation sowohl die qualitativen als auch die numerischen Operationen sich vollenden.

Bevor wir nun diese Gedanken weiter verfolgen, ist es bereits möglich, generell zu sagen, inwiefern diese drei Stadien der ordinalen Reihenbildung und Korrespondenz parallel verlaufen mit den Ebenen der Kolligation und der Korrespondenz.

Dem ersten Stadium der Reihenbildung, das also prä-ordinal ist, da die fortschreitende Ordnung der Glieder noch nicht spontan verwirklicht wird, entspricht sowohl hinsichtlich des Durchschnittsalters als auch hinsichtlich der Struktur das erste Stadium der Kardination, d. h. jenes Stadium, in dem es keinerlei Invarianz der kontinuierlichen oder diskontinuierlichen Quantitäten gibt (Kapitel I und II) und in dem das Kind, wenn es aufgefordert wird, eine Reihe oder eine Figur nachzubilden, keine Glied-für-Glied-Korrespondenz herstellt, sondern sich darauf beschränkt, eine andere Reihe gleicher Länge oder eine andere Figur mit Ähnlichkeit zur ersten Figur zu konstruieren (Kapitel III und IV). Mindestens zwei Merkmale sind in der Tat diesen verschiedenen Reaktionen gemeinsam: ihre globale Natur und ihre Unterwerfung unter die unmittelbare Wahrnehmungserfahrung, im Gegensatz zur logischen und operatorischen Komposition. Wenn das Kind willkürlich eine Folge von Stäben und Puppen aneinanderreiht, indem es einfach die großen Bestandteile den kleinen gegenüberstellt, oder wenn es ohne weiteres die Gesamtfigur einer Treppe nachbildet, indem es die Spitzen aneinanderreiht, ohne an die Basen zu denken, reagiert es genauso wie die Versuchspersonen, die, wenn sie eine äquivalente Quantität zu 6 aneinandergereihten Spielmarken suchen, 7 bis 9 dicht gedrängte

Spielmarken nebeneinanderlegen und nur darauf achten, daß die nachgebildete Reihe genau dieselbe Länge hat wie die Modell-Reihe. In beiden Fällen hat der globale Aspekt den Vorrang. Wenn es sich z. B. darum handelt, Fragmente korrespondierender Reihen wiederherzustellen (etwa um festzustellen, welcher Stock der n^{ten} Puppe entspricht), kümmert das Kind sich auf dieser Stufe nicht um die Kardinalzahl der Elemente, die es doch selber wieder gruppiert. Wenn andererseits den elementaren Reaktionen ordinaler und kardinaler Natur dieser globale Charakter gemeinsam ist, dann liegt der Grund darin, daß alle beide ihr Wahrheitskriterium nur auf die Wahrnehmungserfahrung gründen und noch keineswegs auf ein für Komposition geeignetes operatorisches System. Den Beweis hierfür liefert die Tatsache, daß wenn man die Anordnung einer der beiden für äquivalent gehaltenen Gruppen ändert, das Kind einerseits nicht mehr an ihre kardinale Äquivalenz glaubt und andererseits nicht mehr von der Dauerhaftigkeit einer Reihen-Korrespondenz zwischen Gliedern ohne optischen Kontakt überzeugt ist.

Das zweite Stadium der Ordination (charakterisiert durch anschauliche und erst nach wiederholten Versuchen gelungene Reihenbildung und Korrespondenz) entspricht offensichtlich, wenn man sich an dieselben Analogien im Bildungsprozeß und nicht nur an die Ergebnisse hält, den für die Kardination ermittelten zweiten Stadien (charakterisiert durch Beginn der Invarianz der Quantitäten, wenn auch nur bei gewissen Transformationen, ferner der Stück-für-Stück-Korrespondenz und der Reproduktion der Quantitäten durch genaue Analyse der Figuren, jedoch noch ohne dauernde Äquivalenz usw.). In jeder Manifestation dieses zweiten Stadiums, sowohl der ordinalen als auch der kardinalen, finden sich dieselben internen Merkmale wieder: Das Kind verfährt nicht mehr global und erwirbt die Fähigkeit, richtig zu analysieren, aber diese Analyse geht immer noch nicht über die Wahrnehmungsgegebenheiten hinaus und gelangt noch nicht auf das Niveau der operatorischen Komposition. Kinder, die imstande sind, eine kardinale Stück-für-Stück-Korrespondenz zu konstruieren, die aber aufhören, an die Äquivalenz zweier Gruppen zu glauben, sobald man eine der beiden zusammendrängt oder entzerrt, sind offensichtlich zur Analyse fähig geworden, da sie die Korrespondenz herzustellen vermögen. Da sie aber erst dann an die hergestellten Verhältnisse glauben, wenn sie sie wahrnehmen (z. B. korrespondierende Glieder, die einander gegenüberliegen oder dieselbe Stellung in der Figur einnehmen usw.), gründen sie diese noch nicht auf ein von der Anordnung der Glieder unabhängiges System von Relationen. Eben diese Merkmale haben uns erlaubt, in den Ordinations-Versuchen ein zweites Stadium zu unterscheiden, das halbwegs zwischen dem globalen und dem operatorischen Niveau liegt. Einerseits stellt man bei der Reihenbildung selbst fest, daß das Kind nicht alle in Betracht kommenden Relationen im voraus zu beherrschen versteht, sondern daß es herumprobiert und sich zu unaufhörlichen Korrekturen veranlaßt sieht. Andererseits empfindet das Kind, sobald eine Reihe hergestellt ist, gewisse systematische Schwierigkeiten, neue Glieder einzufügen, als ob die konstruierte Reihe ein starres und in sich geschlossenes System darstellte. Ja, noch mehr, die Analogie läßt sich weiter verfolgen, wenn man auf beliebige Weise zwei korrespondierende Reihen verändert. Auf diesem Niveau vermögen die Kinder, wenn man eine Reihe zusammendrängt, entzerrt oder umkehrt, die Glied-für-Glied-Korrespondenz nicht besser wiederherzustellen, als sie die kardinale Äquivalenz zu behaupten vermögen. Zweifellos suchen sie nach dieser ordinalen Korrespondenz, aber deswegen, weil man danach gefragt hat und weil sie eine Rückkehr zum ursprünglichen Zustand für möglich halten. Bei aufgelösten Reihen sind sie aber nicht sicher, ob jedes Glied seine virtuelle Korrespondenz bewahrt (vgl. die Fälle Cha, Kap. V, 2; Lie und Pel, Kap. V, 3, usw.). Freilich können die beiden Entdeckungen der kardinalen Äquivalenz und der Permanenz der Rangstufen zeitlich auseinanderklaffen, aber die Tatsache bleibt bestehen, daß dieselben Verhaltensweisen in diesen beiden Bereichen während des zweiten Stadiums ebenso auftreten wie während des ersten.

Bei den dritten Stadien der ordinalen und kardinalen Versuche wird klar, daß beide Bereiche in ihren Strukturen wie in ihren Ergebnissen einander gleichgesetzt werden können, da sie beide durch den Sieg der Operation über die Anschauung gekennzeichnet werden: In beiden Fällen wird von vornherein das System der betreffenden Relationen koordiniert, weil die operatorische Komposition endlich die Wahrnehmungs-Feststellung beherrscht oder, genauer gesagt, weil diese von nun an in jene einbezogen wird.

Es ist also leicht, in den Etappen der Ordination dieselben Verfahren und dieselben Ebenen festzustellen wie in der Entwicklung der Kardination. Es versteht sich jedoch von selbst, daß man, bevor man die Dinge statistisch auszudrücken versucht und bevor man auf diese Versuche die verschiedenen Korrelationsformeln der Wahrscheinlichkeitsrechnung anzuwenden sucht, zunächst Probleme lösen müßte, für die wir uns, freimütig gesagt, nicht interessieren: z. B. für die Frage, ob ein bestimmtes Ordinationsproblem, das wir herangezogen haben, genau denselben Schwierigkeitsgrad besitzt wie ein bestimmtes anderes Problem oder wie ein Kardinations-Problem unabhängig von Ordination und Kardination als solcher. Es versteht sich in der Tat von selbst, daß bei jedem Versuch eine Menge heterogener Faktoren mitwirken, wie z. B. die verwendeten Wörter, die Länge des Auftrags, sein mehr oder weniger konkreter Charakter, seine Beziehungen zu der individuellen Erfahrung der Versuchsperson, die Zahl der zu betrachtenden

Gegenstände, der Einfluß der gelernten Zählung usw. usf. So konnten wir bei den verschiedenen Versuchen kardinaler Korrespondenz ein ganz klares zeitliches Auseinanderklaffen zwischen den Ergebnissen der verschiedenen Versuche beobachten, derart, daß wir nie ein Maß für das Verständnis dieser kardinalen Korrespondenz im Reinzustand erlangen, sondern stets nur ein Maß für das Verständnis, das einem gegebenen Problem und dem gegebenen Material entspricht. Daher kann die Berechnung der Korrelation zwischen den Ebenen der Kardination und den Ebenen der Ordination nur enttäuschende Ergebnisse hervorbringen, wenn sie nicht ergänzt wird durch eine sehr weitgehende qualitative Analyse, es sei denn, man wolle die Versuche in „Tests" umwandeln, bei denen statistische Genauigkeit zweifellos ohne allzu große Schwierigkeiten erzielt werden kann, allerdings mit dem Nachteil, daß man nicht mehr genau weiß, was man mißt.

Untersuchen wir nun die erzielte Konvergenz zwischen den verschiedenen Analysen, denen wir die progressive Koordination der Kardinalzahl und der Ordinalzahl unterworfen haben, und versuchen wir, eine Erklärung für diese Übereinstimmung zu finden.

Während des ersten Stadiums besteht noch keine Koordinierung zwischen dem kardinalen und dem ordinalen Verfahren. In dieser Hinsicht lassen sich zwei Arten von Versuchen unterscheiden: Versuche, eine beliebige Klasse mit Hilfe einer Rangstufe in einer Reihe zu bestimmen oder einen kardinalen Wert mit Hilfe eines ordinalen Wertes zu bestimmen — und Versuche, umgekehrt eine Rangstufe mit Hilfe einer Klasse oder einen ordinalen Wert mit Hilfe eines kardinalen Wertes zu bestimmen. Zur ersten Versuchsgruppe gehört z. B. das Problem der Stäbe: herauszufinden, welche Stufen (d. h. die Klasse) und wie viele Stufen (d. h. die Zahl) bereits zurückgelegt worden sind, wenn man eine beliebige Stufe (d. h. den qualitativen Rang oder die Ordinalzahl) bezeichnet. Das Kind, das die Frage natürlich begreift, wenn die Treppe konstruiert ist (weil dann nur noch die Stufen bis zum bezeichneten Punkt gezählt werden müssen), zeigt sich während dieses Stadiums außerstande, zu begreifen, daß es zur Beantwortung genügen würde, die Stäbe zu zählen, die eine niedrigere Rangstufe einnehmen als die bezeichnete. Der Versuch mit den Kartons gehört ebenfalls zu dieser ersten Gruppe, allerdings mit dem Unterschied, daß er von vornherein einen Kompositions-Prozeß nach Einheiten beinhaltet und daß das Kind so die Möglichkeit hat, sich eine visuelle Anschauung der Reihe (1), (1 + 1), (1 + 1 + 1) usw. zu verschaffen. Nun ist aber das Kind in diesem ersten Stadium, selbst wenn es die Reihe der Kartons vor Augen hat und selbst wenn man bei der Reihenfolge 1 bis 10 bleibt, nicht in der Lage, über 2 oder 3 hinaus den kardinalen Wert (d. h. die Zahl von Einheiten) eines durch seine Rangstufe bestimmten Kartons festzustellen.

Die Versuche mit Hürden und Matten gehören beiden von uns unterschiedenen Typen an. Wenn eine Hürde mit einer bestimmten Rangstufe gegeben ist und es sich darum handelt, welche Hürden und wie viele Hürden bereits übersprungen sind, oder wenn festzustellen ist, welche Gruppe von Matten und wie viele Matten berührt wurden, befinden wir uns noch im Bereich des ersten Versuchstypus. Im Verlauf des ersten Stadiums ist das Kind nun zu dieser Feststellung eben noch nicht imstande.

Das Ergebnis der Versuche des zweiten Typus (Festsetzung der Rangstufe mit Hilfe eines kardinalen Wertes) erscheint uns genau komplementär. Bei der Frage nach den Hürden (nach der Rangstufe der zuletzt übersprungenen Hürde bei einer beliebigen Zahl von Matten) scheitert das Kind auf der ersten Stufe völlig. Das gleiche ist der Fall, wenn es sich bei den Fragen II bis V in bezug auf Puppen und Spazierstöcke darum handelt, zu bestimmen, welcher Puppe ein ausgewählter Stock gehört, und die vorhergehende Reihe wiederherzustellen; hierbei wirkt die Gruppe mit oder der kardinale Wert jener Menge der vorhergehenden Glieder, und zwar entweder in Form einer Korrespondenz oder einer direkten Aufzählung. Wenn man einfach eine der beiden Reihen verschiebt oder umkehrt, glaubt das Kind dieses Niveaus in der Tat, die korrespondierenden Rangstufen wiederzufinden, ohne die Zahl der vorhergehenden Glieder zu berücksichtigen — und wenn wenigstens eine der beiden Reihen ungeordnet bleibt, ist es aus demselben Grunde unfähig, die Rangstufen wiederherzustellen. Darüber hinaus treibt das Kind, wenn man es auch nur auffordert, die Stöcke und Puppen, die größer oder kleiner sind als ein bestimmtes Element, zusammenzustellen (Problem des Spaziergangs), die Nicht-Koordinierung der ordinalen und der kardinalen Werte so weit, daß es nicht einmal eine gleich große Zahl von Stöcken und Puppen zusammenstellt! Diese für das erste Stadium kennzeichnende Reaktion ist sicher unter all denen, die wir hier ins Gedächtnis zurückgerufen haben, die eindrucksvollste, und sie allein faßt bereits die Ergebnisse der beiden Typen von Fragen zusammen, die soeben unterschieden wurden.

Ganz allgemein können wir also feststellen, daß das Kind auf der Stufe des ersten Stadiums nicht imstande ist, von einem gegebenen Rang auf einen bestimmten kardinalen Wert zu schließen, wenn sich dieser Wert nicht bereits aus der Wahrnehmung ergibt, und daß es umgekehrt nicht imstande ist, auf eine Rangstufe zu schließen, wenn es von einem gegebenen kardinalen Wert ausgeht, sobald es diesen auch nur empirisch wiederherzustellen hat.

Die Reaktionen des zweiten Stadiums sind viel komplexer, da sie den Anfang der Koordinierung zwischen den kardinalen und ordinalen Strukturen kennzeichnen. Daher erscheint es angebracht, sorgfältig zu prüfen, wie weit die Ergebnisse unserer verschiedenen Versuche übereinstimmen. Bei den Ergebnissen des ersten Typus läßt sich ganz allgemein sagen, daß das Kind anfängt, die Relationen zwischen Ordnung und Quantität zu begreifen, aber lediglich in ihrer Abhängigkeit von den Reihen insgesamt und ohne zu begreifen, daß eine bestimmte Rangstufe zwangsläufig einem bestimmten kardinalen Wert entspricht. Beim Versuch mit den Kartons ist das Kind im zweiten Stadium durchaus imstande, den Wert jedes einzelnen Kartons zu bestimmen, wenn man der Reihenfolge 1 bis 10 folgt. Wenn man aber willkürlich einen Karton mit dem Finger bezeichnet, während die Reihe vor den Augen des Kindes vollständig bestehen bleibt, ist es nicht imstande, dessen kardinalen Wert wiederherzustellen, indem es einfach von 1 bis zu der betreffenden Rangstufe zählt. Gegen Ende dieses Stadiums ist es dazu wohl imstande, aber es scheitert, wenn man die Reihe auflöst und einen beliebigen Karton bezeichnet und dem Kind natürlich die Erlaubnis gibt, die Reihe nach seinem Gutdünken wiederherzustellen. Beim Versuch mit den Stäben gelingt es dem Kind, wenn die Treppe vollständig ist, wohl, bei jedem Stab anzugeben, wie viele Stufen die Puppe bereits überstiegen hat und wie viele noch zu besteigen sind. Das trifft selbst dann zu, wenn man willkürlich irgendeine Stufe bezeichnet, ohne bei der fortschreitenden Reihenfolge zu bleiben, weil die Frage hier nicht wie bei den Kartons ein Kompositionsgesetz voraussetzt, sondern lediglich das Zählen einer oder zweier wahrgenommener Mengen. Wenn man aber die Treppe auflöst und einen beliebigen Stab n bezeichnet, empfindet das Kind eine systematische Schwierigkeit, dieselben Fragen zu beantworten, d. h. die Stäbe von 1 bis n wieder aufzureihen, und besonders, die Reihe von n bis zum letzten t wiederherzustellen. Genauer gesagt: wenn es nach zahlreichen Versuchen imstande ist, zu sagen, wie viele Stufen überstiegen wurden (1 bis n), muß es die gesamte Reihe wiederherstellen, um zu zählen, wie viele noch zu übersteigen sind, als ob es nicht genügte, die zu zählen, die übrigbleiben, und dann verwechselt es das Ganze mit dem Teil $n \ldots t$.

Diese beiden Reaktionen sind uns als typisch für dieses Stadium erschienen: das Begreifen der Beziehungen zwischen einer insgesamt betrachteten anschaulichen Reihe und einem ebenfalls insgesamt betrachteten kardinalen Wert – und das Nicht-Begreifen der zwangsläufigen Verbindung zwischen einer gegebenen Rangstufe und der korrespondierenden Kardinalzahl. Der Versuch mit den Hürden hat diesen Sachverhalt durchaus bestätigt. Einerseits gelangt das Kind durch die Erfahrung dazu, einzusehen, daß einer Serie von n Hürden $n + 1$ Matten entsprechen, aber es gelangt dazu nicht ohne weiteres, sobald man die Reihe zerlegt und z. B. fragt, wie viele Matten man für 3 oder 5 Hürden braucht. Andererseits muß das Kind, wenn man auf eine beliebige Hürde deutet und die Reihe aufgelöst ist, die Reihe in ihrer Gesamtheit wiederherstellen (wie im Falle der Stäbe), um zu wissen, wie viele Hürden übersprungen worden sind usw.

Wenn nun also die Versuchspersonen dieses Stadiums nicht in der Lage sind, einen kardinalen Wert in bezug auf eine besondere Rangstufe zu bestimmen, gelingt es ihnen nicht besser, die inverse Operation durchzuführen, d. h. (in den Versuchen des zweiten Typus) eine bestimmte Rangstufe in bezug auf eine Zahl oder eine qualitativ definierte Gruppe festzulegen. So scheitert das Kind bei dem letzten Versuch mit den Hürden, wenn es sich darum handelt, festzustellen, welche Hürde als letzte übersprungen wurde (bei einer gegebenen Anzahl von n Matten), und es verwechselt vor allem die letzte aller Hürden (die siebte) mit der $n-1^{ten}$ Hürde (bei n Matten). Ebenso haben wir bei den Fragen nach der Korrespondenz zwischen Puppen und Stöcken (Fragen II, III und IV) gesehen, daß die zahlreichen Fehlertypen sich alle darauf zurückführen lassen, daß das Kind, wenn es an die Rangstufe denkt, die Kardinalzahl vergißt und umgekehrt. Insbesondere ist das Kind im zweiten Stadium, wenn die Reihen aufgelöst sind, unfähig, den mit einer bestimmten Puppe korrespondierenden Stock wiederzufinden oder umgekehrt (Frage V), infolge des Fehlens einer Koordinierung zwischen den Rangstufen und den kardinalen Gruppen. Allein die Frage nach den Spaziergängen (Frage V) wird richtig beantwortet, d. h., das Kind ist imstande, alle Puppen $\geqslant n$ oder $\leqslant n$ zusammenzustellen und die korrespondierenden Stöcke zu finden, insbesondere den n^{ten}. Hier scheint ein Widerspruch zu bestehen zu den Ergebnissen der Stab-Versuche, bei denen das Kind, ohne die gesamte Treppe zu sehen, nicht imstande ist zu sagen, wie viele Stufen überstiegen sind oder noch überstiegen werden müssen. Wie wir aber bereits bezüglich der Frage V bei den Puppen und Stöcken gesagt haben, setzt diese Frage nichts anderes voraus als die Herstellung der beiden Klassen cl. $\geqslant n$ und cl. $< n$, die den beiden qualitativen Ausdrücken entsprechen: „diese Puppe und alle die, die größer sind" und „alle die Puppen, die kleiner sind als diese", und eine solche Konstruktion kann auf rein anschaulichem Wege hergestellt werden. Im Gegensatz hierzu setzt die Frage IV das Begreifen der Tatsache voraus, daß die n^{te} Puppe das letzte Glied einer Kardinalzahl von n Puppen ist, und dieses Verhältnis ist wegen der erforderlichen Abstrahierung von den Qualitäten psychologisch operatorischer und nicht mehr anschaulicher Natur. Beim Problem der Stäbe verhält es sich nun genauso: Die Frage „Wie viele Stufen sind bis zur n^{ten} überstiegen?" setzt voraus, daß die n^{te} das letzte Glied von n Stufen ist, und die Frage „Wie viele Stufen bleiben noch bis t zu übersteigen?" setzt das Verhältnis voraus: $t-n = (n+1) \ldots t$. Infolgedessen ist es natürlich, daß die Versuchspersonen des zweiten Stadiums, wenn sie bei Anwendung der Anschauungs-Methode nicht ohne zahlreiche Versuche imstande sind, die Reihe 1 ... n wiederherzustellen, beim Versuch, die Zahl $t-n$ zu ermitteln, scheitern, weil diese ein operatorisches Verhältnis zwischen dem Ganzen und seinen Teilen mit sich bringt. Dieser Widerspruch zwischen den Ergebnissen der Fragen V und IV, bei Puppen wie bei Stäben, zeigt also wiederum den Charakter dieses Stadiums: Koordinierung zwischen Rangstufen und kardinalen Werten, solange es sich um insgesamt genommene Reihen oder um geschlossene Klassen handelt, aber Nicht-Koordinierung bei einzelnen für sich betrachteten Werten. Mit einem Wort: anschauliche Koordinierung und operatorische Nicht-Koordinierung.

Die dem dritten Stadium eigentümliche Situation ist schließlich im Gegensatz zu den vorhergehenden Stadien einfach: Wenn man das Kind auffordert, einen kardinalen Wert mit Hilfe einer bestimmten Rangstufe oder eine bestimmte Rangstufe mit Hilfe des kardinalen Wertes zu bestimmen, gelingt ihm das in allen Versuchen. Es hat also begriffen, daß zwischen Ordination und Kardination eine enge Korrespondenz besteht, und die Detail-Koordinierung bestätigt den diesem operatorischen Niveau eigentümlichen Charakter, im Gegensatz zu der völligen Nicht-Koordinierung im ersten Stadium und der lediglich anschaulichen Koordinierung im zweiten.

Nachdem diese allgemeinen Merkmale hiermit gekennzeichnet sind, wollen wir versuchen, sie zu erklären. Das wird nicht allzu schwierig, da die drei Stadien der Koordinierung zwischen kardinalen und ordinalen Werten den drei Stadien der Reihenbildung selbst entsprechen und da wir soeben gesehen haben, daß diese Stadien ihrerseits den drei Stadien der Kardination und der kardinalen Korrespondenz entsprechen.

Daß zwischen Ordination und Kardination während des ersten Stadiums noch keine Beziehung möglich ist, ergibt sich ganz einfach aus der Tatsache, daß es auf diesem Niveau noch keine eigentliche Ordination oder Kardination gibt. Die kardinale Wertung besteht in der Tat während dieses Stadiums nur in einer globalen Abschätzung, ohne Invarianz und selbst ohne Glied-für-Glied-Korrespondenz, gegründet lediglich auf die Gesamtfigur der Gruppe, den benötigten Raum und die mehr oder weniger große Dichte ihrer Glieder. Die Reihenbildung ihrerseits besteht nur darin, daß ein Glied an ein anderes gefügt wird in einer Folge, die noch kein für alle Glieder gültiges Gesetz der Reihenfolge zeigt, sondern nur „kleine" Elemente den „großen" gegenüberzustellen vermag, und zwar paarweise oder in einander noch nicht angepaßten elementaren Reihen. Zwischen diesen beiden Verfahren kann also noch keine Verbindung bestehen. Man kann sogar in einem gewissen Sinne sagen, daß sie einander widerstreben, und zwar aus folgenden Gründen: Zunächst ist festzustellen, daß sie eine Nicht-Differenzierung von den korrespondierenden logischen oder qualitativen Mechanismen zeigen: Weder wird die Ordination von der qualitativen Reihenbildung dissoziiert noch die Kardination von der Konstruktion qualifizierter Gesamtheiten bzw. Gruppen, die ihrer Natur nach Klassen sind, unterschieden. Reihen bilden heißt nun aber, jedes Element von den anderen als nicht-äquivalent unterscheiden, während Klassen bilden bedeutet, eine bestimmte Quantität von Elementen dadurch zusammenzufügen, daß man sie für äquivalent hält. Im besonderen Fall, in dem die qualitativen Operationen der Reihenbildung und der Klassenbildung nicht vollständiger durchgeführt werden als die numerischen Operationen, stellt man jedoch fest, daß das Kind in dem Maße, in dem es versucht, Reihen zu bilden, auf die Gesamtheiten verzichtet, die es sonst herstellt, und daß es in dem Maße, in dem es versucht, Wertungen nach globalen Gesamtheiten vorzunehmen, keine Ordnung herstellt.

Während des zweiten Stadiums ändern sich die Dinge. Zunächst stellt man den Beginn einer Systematisierung der qualitativen Operationen fest, und zwar innerhalb der Grenzen des Wahrnehmungsbereiches oder der Anschauung. So wird das Kind einerseits zu richtiger Reihenbildung dank empirischer Versuche fähig und lernt andererseits Korrespondenz zu konstruieren. Obgleich nun Klasse und asymmetrische Relation nicht komponiert werden können, wenn man auf der qualitativen Ebene bleibt (weil die Klasse gleichwertige Elemente zusammenfügt und die asymmetrische Relation nicht-gleichwertige Elemente), ist es leicht, die Reihenbildung in Bezeichnungen für Klassen auszudrücken und umgekehrt, und hieraus ergibt sich, durch die gegenseitige Ergänzung, eine erste Verbindung zwischen beiden Systemen. So ist das Kind des zweiten Stadiums beim Problem der Puppen und Stöcke in der Lage, die Reihen in zwei Klassen $\geq n$ und $< n$ zu zerlegen, wie groß auch n sein möge, oder umgekehrt vermag es die derart definierten Gruppen zur Reihen-Korrespondenz zu bringen. Derartige Konstruktionen bleiben aber halb-operatorisch und gehen nicht über den Bereich der Anschauung hinaus, um zu ihren allgemeinen logischen Konsequenzen zu führen.

Andererseits besteht eben wegen der Tatsache, daß es Frühstadien von Operationen gibt, beginnende Differenzierung zwischen den Mechanismen qualitativer Art, von denen eben die Rede war, und den Mechanismen numerischer Art, die auf dem Begriff homogener, sowohl serialer als auch kolligierbarer Einheiten beruhen. Allerdings, abgesehen von den ersten Gliedern (1 bis 3 bei einem Alter von etwa 3 Jahren, 1 bis 4 bei 4 Jahren und 1 bis 5 bei 5 Jahren), geht die Konstruktion des Zahlbegriffs zwangsläufig über den Bereich der Wahrnehmungs-Intuition hinaus und kann sich also nur auf der operatorischen Ebene verwirklichen, während die qualitativen Operationen zu einer — wenn man die Einfachheit berücksichtigt — proportional wichtigeren Entwicklung im Bereich der Anschauung gelangen können. So nimmt also die Solidarität zwischen den ordinalen und den kardinalen Verfahren, die das eigentliche Wesen des Zahlbegriffs ausmacht, in diesem Stadium nur ihren Anfang, ohne bereits zu einer eigentlichen Koordinierung zu gelangen.

So verwirklicht sich, solange man im Bereich der Wahrnehmung bleibt, die für das zweite Stadium kennzeichnende kardinale Wertung mit Hilfe der Stück-für-Stück-Korrespondenz, die eine Ordination voraussetzt. Umgekehrt begreift das Kind bei jeder anschaulichen Reihenbildung, daß jedes Glied gezählt werden kann und mit den vorhergehenden Gliedern eine Gruppe bildet, die kardinal gezählt werden kann. Es besteht also eine elementare Koordinierung zwischen den beiden Verfahren. Allerdings führt die kardinale Korrespondenz noch nicht zur dauernden und zwangsläufigen Äquivalenz, und zwar einerseits deswegen, weil diese noch nicht hinreichend von der qualitativen (topologischen) Korrespondenz geschieden ist, und andererseits deswegen, weil sie an den Wahrnehmungskontakt gebunden, also auf den Bereich der unmittelbaren Anschauung begrenzt bleibt. Andererseits bleibt die Ordination relativ undifferenziert von der qualitativen Reihenbildung, und diese bleibt ebenfalls anschaulich. Das bedeutet, daß die Reihenfolge nur in bezug auf die im Augenblick wahrgenommene gesamte Reihe begriffen wird und daß der Wert der Rangstufe oder der serialen und ordinalen Korrespondenzen verlorengeht, wenn die Reihe unter dem Gesichtspunkt der Wahrnehmung aufgelöst wird. Diese beiden Arten von Begrenzungen — die noch nicht vollendete Differenzierung zwischen dem Qualitativen und dem Numerischen und das halboperatorische Fungieren, das noch nicht über die Wahrnehmungsebene hinausgeht — erklären hinreichend, daß die im Entstehen begriffene Koordination zwischen dem Ordinalen und dem Kardinalen in diesem Stadium weder verallgemeinert werden kann noch systematisiert zu werden vermag.

Um die Rangstufe eines Elementes in einsinniger Weise in einem bestimmten kardinalen Wert auszudrücken, ist es in der Tat erforderlich, daß das von diesem Element und von den vorhergehenden Elementen gebildete Ganze eine ausreichende Invarianz aufweist, um in Teile zerlegt werden zu können, deren Summe das Ganze wieder ausmacht. So muß das Kind etwa bei dem Versuch mit den Stäben, wenn die Puppe auf der dritten Stufe einer Treppe von 8 Stufen steht, begreifen, daß das Ganze, selbst wenn die Treppe auseinandergenommen ist, noch $8 = 3 + 5$ ist und daß die noch zu übersteigenden Stufen $8 - 3 = 5$ sind. Nun besteht aber während dieses Stadiums ein kardinales Ganzes eben nur in dem Maße, wie es als Ganzes wahrgenommen wird, und es kann nicht ungestraft zerlegt werden; das führt dann dazu, daß die Rangstufe jedes einzelnen Gliedes der Reihe noch nicht ohne weiteres in einen kardinalen Wert übertragen werden kann. Umgekehrt muß, damit ein kardinaler Wert genau einer Rangstufe entspricht, jede n^{te} Ordinalzahl in permanenter Weise aufgefaßt werden $>$ als die $(n-1)^{te}$ und als $<$ die $(n+1)^{te}$ Zahl, was wiederum die Invarianz der Gruppen $(n-1)$, (n), $(n+1)$ usw. voraussetzt. Kurz gesagt: der anschauliche und halb-operatorische Charakter der kardinalen Gesamtheiten und Reihen erklärt seinerseits die Varianz der Mengen und der Rangstufen. In Ermangelung eigentlicher Kompositions- und Dekompositions-Operationen, die durch diese Varianz unmöglich geworden sind, können sich nun die numerischen Mechanismen nicht genügend von den qualitativen Mechanismen differenzieren, um eine effektive Interaktion zuerst der Klassen und der Relationen und sodann des Kardinalen und des Ordinalen herbeizuführen.

Im Verlauf des dritten Stadiums wird im Gegensatz hierzu diese Gesamt-Koordination verwirklicht, und zwar dank des Triumphes der Operation über die Wahrnehmungs-Intuition, d. h. der umkehrbaren Gruppierung über die statische Konstatierung. Daraus folgt: 1. die Verallgemeinerung der qualitativen Operationen, 2. deren Differenzierung von den numerischen Operationen und 3. die zwangsläufige Interaktion des Ordinalen und des Kardinalen.

1. Was zunächst einmal die Verallgemeinerung der qualitativen Operationen betrifft, so ist es unnötig, im Hinblick auf die Reihenbildung alles das zu wiederholen, was wir bei der nicht-serialen Korrespondenz in bezug auf die Reversibilität der Operationen erkannt haben (Kap. IV, 3, I). Es ist in der Tat klar, daß der operatorische Charakter der Reaktionen des dritten Stadiums eben dadurch hervorgerufen wird, daß — wie im Falle der Invarianz der Quantitäten und der dauerhaften kardinalen Äquivalenz — die betreffenden Relationen reversibel geworden sind. Die willkürliche Reihenbildung des ersten Stadiums ist für keinerlei Reversibilität geeignet. Die anschauliche Reihenbildung geht gleichfalls verloren, sobald die wahrnehmbare Darbietung zerstört ist. Allein die operatorische Reihenbildung siegt über die Fluktuationen des Wahrnehmungsbereiches, und zwar in dem Maße, wie sie auf Relationen beruht, die sich komponieren, da sie imstande sind, in ganz umgekehrter Weise abzulaufen. Wie wir bereits festgestellt haben, bedeutet operatorisches Reihenbilden das Koordinieren der beiden inversen Relationen $s > r$ und $s < t$, und das führt zu der Möglichkeit, die Reihe in beiden Richtungen zu bilden.

Sobald nun die Reversibilität im Bereiche der Reihenbildung wie im Bereiche der Klasse einmal erreicht ist, werden die folgenden „Gruppierungen" von Operationen, d. h. die Systeme reversibler Kompositionen, für das Kind erreichbar und definieren den Bereich seiner qualitativen Logik (allerdings natürlich auf dem für das geistige Niveau von 7 bis 11 Jahren erreichbaren Gebiet des Konkreten und noch nicht auf dem Gebiet rein formaler Überlegungen, auf dem diese Konstruktionen sich nach einigen Jahren wiederholen).

Nehmen wir eine Vielzahl von wahrnehmbaren Elementen, wie etwa die Puppen in Kapitel V. Die Versuchsperson kann sie einerseits als analog ansehen, d. h. abstrahieren von ihren Differenzen und nur die ihnen gemeinsamen Qualitäten berücksichtigen. Dieser erste Gesichtspunkt, der die *Äquivalenz* der Elemente berücksichtigt, führt zur Konstruktion von Extensionsbegriffen oder logischen *Klassen*. Zwei Puppen können sich z. B. durch ihre Größe unterscheiden, aber sie gehören beide, und zwar auf Grund desselben Charakters, zur Klasse der Puppen, die auf dem Tisch liegen. Wenn P diese Puppen bedeutet, so erarbeitet die Versuchsperson diese Klasse, indem sie die Puppen $A + A' + B' + \ldots = P$ miteinander vereinigt, wobei $+$ das Zeichen der Vereinigung und jedes Element A, A', B' … die singuläre Klasse jeder individuellen Puppe ist. Andererseits aber, und zwar eben deswegen, weil sie diese Elemente jeweils voneinander unterscheidet, ist die Versuchsperson gezwungen, sie als verschieden aufzufassen, und zwar wegen anderer Qualitäten als wegen ihrer gemeinsamen Qualität, Puppen zu sein. Dieser zweite Gesichtspunkt, der die *Nicht-Äquivalenz* berücksichtigt, ist der der asymmetrischen *Relationen*: Jede asymmetrische Relation ist eine Ungleichheit, nicht nur, wenn $A' > A$ und $B' > A$ ist usw., sondern selbst dann, wenn A, A', B' … in nichts voneinander zu unterscheiden sind, außer dadurch, daß A' „neben" oder „nach" A erscheint. Wir sagen also, daß die Versuchsperson, wenn sie A, A' B' … unterscheidet, eben dadurch Verhältnisse herstellt ($A \rightarrow A'$) oder ($A' \rightarrow B'$), die zu Relationen werden, sobald sie komponiert werden können $(A \rightarrow A') + (A' \rightarrow B') = (A \rightarrow B')$, wobei $A \rightarrow A'$ z. B. bedeutet, daß A' „größer" ist als A usw. – oder umgekehrt: $(A \rightarrow A') = (A' \leftarrow A)$, wobei $\leftarrow$ „kleiner" bedeutet.

Die Klassen und die asymmetrischen Relationen sind komplementär, d. h., es ist unmöglich, Klassen herzustellen ohne Relationen, die es erlauben, die Elemente zu qualifizieren, und ebenso ist es unmöglich, Relationen herzustellen ohne Klassen, die es erlauben, die miteinander verbundenen Elemente zu definieren. Aber sie sind nur komplementär, d. h., es bestehen keine qualitativen Verhältnisse, die zugleich Klassen und Relationen wären: Die Klasse abstrahiert von den Differenzen, und die asymmetrische Relation nun abstrahiert von den Äquivalenzen. So macht die

206

Vereinigung zweier Elemente A + A' = B in einer Klasse B sie eben hierdurch äquivalent unter dem Gesichtspunkt der Klasse B, während die Vereinigung der beiden Relationen (A $\overset{a}{\to}$ A') + (A' $\overset{a'}{\to}$ B') zu einer einzigen Relation A $\overset{b}{\to}$ B' dazu führt, daß die Glieder dieser Relationen aufgereiht werden, und nicht dazu, daß sie äquivalent werden. Es ist also klar, daß die Klassen die Entstehung *hierarchischer Gesamtheiten* (A + A' = B; B + B' = C; ... usw.) bewirken und daß die transitiven asymmetrischen Relationen Ursprünge von *Reihenbildungen* sind. Allerdings, solange man den Zahlbegriff nicht einführt, läßt sich aus diesen hierarchischen Gesamtheiten keine eigentliche Kardination gewinnen und aus diesen Reihen keine wirkliche Ordination. Der Begriff ist nur eine Synthese von Qualitäten und die Klasse nur eine Vereinigung qualifizierter und nicht gezählter Individuen. Die asymmetrische Relation andererseits ist als Verhältnis zwischen Qualitäten zwangsläufig quantifizierend, und in dem Maße, wie sie die Individuen voneinander unterscheidet, anstatt sie zusammenzuschließen, bereitet sie dem Zahlbegriff den Weg. In dem Maße aber, wie jene nicht auftritt, führt sie mit ihren Kompositionen nur zu jenen Quantitäten, die Kant als intensiv bezeichnete, weil sie nicht auf ein System von Einheiten reduzierbar sind.

Dieses sind die hauptsächlichsten additiven Kompositionen, deren das Kind im dritten Stadium durch Verallgemeinerung der qualitativen Operationen fähig wird. (Die multiplikativen Kompositionen haben wir bereits in Kap. IV, 3 untersucht.)

2. Sobald das Kind bis zu diesem Typus logischer Kompositionen vorgedrungen ist, wird es eben hierdurch befähigt, die entsprechenden numerischen Kompositionen daraus abzuleiten und sie voneinander zu differenzieren. Die Zahl wird in der Tat in eben dem Maße konstruiert, wie — im Gegensatz zu dem, was wir eben gesehen haben — die Elemente A, A', B' ... nicht mehr als äquivalent *oder* nicht-äquivalent angesehen werden, sondern als *zugleich* äquivalent und nicht-äquivalent. Wenn man eine weniger widerspruchsvoll erscheinende Formulierung bevorzugt, ist die Zahl weder nur totalisierende Klasse noch nur reihenbildende Relation, sondern zugleich hierarchische Klasse und Reihe. Nun haben wir eben gesehen, daß es im Bereich der Qualitäten kein logisches Verhältnis geben kann, das zugleich Klasse und Relation ist. Der Sachverhalt ist also nur möglich unter der Bedingung, daß die Qualitäten eliminiert werden und daß jedes Element aufgefaßt wird als eine den anderen äquivalente Einheit. Es besteht also gleichzeitig A = A' = B' ... usw., was die den Klassen eigentümliche Äquivalenz ausdrückt, und A → A' → B' ... entsprechend der jedem System asymmetrischer Relationen innewohnenden Nicht-Äqui-

valenz. Das läuft darauf hinaus, zu sagen: $(A + A' = B)$ wird $(A + A = 2A)$, und: $(B + B' = C)$ wird $(2A + A = 3A)$ usw., und hierdurch wird die Iteration der Einheit im System der ganzen Zahlen definiert. Wohl verstanden, wir wollen damit nicht behaupten, daß sich die Zahl auf Klassen und Relationen beschränke, sondern wir wollen nur deren wechselseitige Beziehungen aufzeigen. Einem solchen Mißverständnis vorzubeugen ist um so notwendiger, als wir im folgenden Kapitel sehen werden, daß die Klasse der Zahl nicht vorausgeht, sondern sich zur selben Zeit wie diese vollendet und sich ebenso auf diese stützt wie umgekehrt. Ohne den Begriff der Kardinalzahl, der in den Ausdrücken: „einer", „keiner", „einige" und „alle" einbeschlossen ist, könnte man in der Tat die Inklusion der Klassen ineinander nicht konzipieren. Die Klassen sind also in einem gewissen Sinne nichtaufgereihte Zahlen, wie die Zahlen aufgereihte Klassen sind, und die psychologische ebenso wie die logische Konstituierung der Klassen, Relationen und Zahlen bildet eine Gesamtentwicklung, deren jeweilige Bewegungen synchron verlaufen und untereinander solidarisch sind.

3. Infolgedessen drängt sich die Erklärung der Koordinierung der Ordinal- und der Kardinalzahlen während des dritten Stadiums in völliger Klarheit und Einfachheit auf. Eine Kardinalzahl ist eine Klasse, deren Elemente aufgefaßt werden als untereinander äquivalente und dennoch unterschiedene „Einheiten", deren Differenzen also nur darin bestehen, daß man sie aufreihen, also anordnen kann. Umgekehrt sind die Ordinalzahlen eine Reihe, deren Glieder, obgleich sie aufeinander folgen nach den Ordnungs-Relationen, die ihnen ihre jeweiligen Rangstufen zuweisen, ebenfalls Einheiten sind, die einander äquivalent sind und infolgedessen kardinal zusammengefügt werden können. Die finiten Zahlen sind also zwangsläufig zugleich Kardinal- wie Ordinalzahlen; das ergibt sich aus der Natur der Zahl selbst, die ein in ein einziges operatorisches Ganzes verschmolzenes System von Klassen und asymmetrischen Relationen ist. Die Kardinalzahlen ergeben sich also aus einer Abstraktion von der Relation, und diese Abstraktion ändert nicht die Natur ihrer Operationen, da alle möglichen Ordnungen, in die man n Glieder bringen kann, zu derselben kardinalen Summe n führen. Die Ordinalzahlen ihrerseits gehen hervor aus einer Abstraktion von der Klasse, d. h. aus einer gleichermaßen legitimen Abstraktion, und zwar aus demselben Grunde, weil das n^{te} finite Glied stets einem kardinalen Ganzen entspricht. Aber diese doppelte Abstraktion hindert die finite ganze Zahl n nicht daran, eine Einheit zu bleiben und die unauflösliche Solidarität der Gesamtheiten und der Ordnung mit sich zu tragen.

DRITTER TEIL

Additive und multiplikative Kompositionen

KAPITEL VII

Die additive Komposition der Klassen
und die Verhältnisse der Klasse zur Zahl

Die vier letzten Kapitel dieses Werkes verfolgen ein doppeltes Ziel. Zunächst scheint es angebracht, zu untersuchen, wie die Konstruktion der positiven ganzen Zahl vervollständigt wird durch die Entdeckung der Additions-Multiplikations-Operationen. Wir untersuchen unter diesem Gesichtspunkt natürlich nicht die vielfach rein verbale Adaption des Kindes an Additions- und Subtraktions-Tabellen und dergl. für Schulen, ebensowenig wie wir das laute Zählen analysiert haben, um die Herausarbeitung des Zahlbegriffs selbst zu begreifen. In Wirklichkeit sind die Additions- und Multiplikations-Operationen bereits in der Zahl als solcher enthalten, da eine Zahl eine additive Vereinigung von Einheiten ist und da die Stück-für-Stück-Korrespondenz zweier Gruppen eine Multiplikation einschließt. Das wirkliche Problem liegt also, wenn man an die Wurzeln dieser Operationen gelangen will, in der Frage, wie das Kind ihre Notwendigkeit begreift, indem es sie im Innern der numerischen Kompositionen selbst entdeckt. Das werden wir herauszufinden versuchen. Dabei stoßen wir aber auf eine zweite Frage, deren Beantwortung das zweite Ziel dieser Kapitel darstellt. Ebenso wie die Konstruktion der Zahl von der der Klassen und der logischen Relationen nicht zu trennen ist, ist die Durchführung der numerischen Operationen solidarisch mit der Durchführung der qualitativen Operationen. Eben diese Solidarität wird uns nun Gelegenheit geben, die Analyse der Beziehungen zwischen Zahl, Klasse und Relation noch weiterzutreiben, nachdem wir uns bisher mit ein wenig flüchtigen Bemerkungen begnügt haben. Die Kapitel VII und VIII werden uns also gestatten, gleichzeitig die Verhältnisse der Klasse zur Zahl und die additiven Kompositionen beider zu untersuchen. Die Kapitel IX und X untersuchen schließlich die Genese der Multiplikation durch Entwicklung der Korrespondenz zwischen mehreren gleichzeitig gegebenen Mengen und der Korrespondenz zwischen ihren Relationen.

Bisher haben wir die Zahl als eine aufgereihte Klasse angesehen, d. h. als das Produkt der Klasse und der asymmetrischen Relation. Das bedeutet aber keineswegs, daß diese der Zahl voraufgehen, und man kann im Gegenteil die Zahl ihrerseits als notwendig für die Vollendung der eigentlichen logischen Strukturen auffassen. Das wollen wir in diesem Kapitel darzulegen versuchen. Anstatt die Zahl von der Klasse ableiten zu wollen und umgekehrt, oder beide als völlig voneinander unabhängig anzusehen, kann man sie in der Tat als komplementär und als solidarisch, obgleich in zwei verschiedene Richtungen sich entwickelnd, auffassen. Wenn man die Extension der Begriffe für untrennbar von ihrer Komprehension hält, so daß jeder Begriff einer Klasse* entspricht, wird es in der Tat evident, daß ein wichtiger gemeinsamer Grundstock Begriffe und Zahlen miteinander verbindet und daß er durch die Additions-Operation selbst gebildet wird, die verstreute Elemente zu einer Gesamtheit zusammenfügt oder diese Gesamtheiten in Teile zerlegt. Wie bereits Leibniz sagte, besteht die Logik der Klassen oder der Propositionen in einem Algorithmus des Ganzen und des Teiles. Der Unterschied besteht jedoch darin, daß bei der Zahl die Teile homogene Einheiten oder Bruchteile von Einheiten sind, während die Teile einer Klasse (wenn man z. B. die Klasse der Tiere in zwei Unterklassen: Wirbeltiere und Wirbellose, unterteilt) immer noch lediglich qualifizierte Klassen und nur auf Grund ihrer gemeinsamen Qualitäten zusammengefügt sind. Allerdings, wie qualitativ auch immer die Veranlassungen dieser Addition und wie unbestimmt die Zahl der betreffenden Elemente sein mögen, es bleibt bestehen, daß eine Quantifikation „intensiver" Art zwangsläufig bei den Inklusionsverhältnissen mitwirkt, die zu jeder additiven Komposition gehören. Unter dem Gesichtspunkte der Addition gibt es in der Tat zwangsläufig „mehr" Elemente im Ganzen als in einem seiner Teile, derart, daß die vier wesentlichen Determinanten jeder Klassen-Kombination, also „ein", „kein", „einige" und „alle", offensichtlich eine quantitative Bedeutung erhalten. Das nächstliegende Problem ist also folgendes: Die quantitativen Verhältnisse, die der Inklusion des Teiles in das Ganze inhärent sind, können auf dem Niveau der Anschauung (wie es dem zweiten der bisher unterschiedenen Stadien entspricht) offensichtlich genau gehandhabt werden. Sind sie aber auch bereits vor dem dritten Stadium, d. h., bevor der Zahlbegriff selbst konstruiert wurde, geeignet für eine operatorische Behandlung? Anders ausgedrückt: Ist die additive Komposition der Klassen, die allein imstande ist, die Klassen zu einer kohärenten „Gruppierung" hierarchischer Inklusionen zusammenzuschließen, und ihnen so eine genaue

---

* Es ist psychologisch genauso falsch, zu glauben, daß man immer in der Komprehension denkt, wie zu behaupten, daß das Denken nur nach Klassen vor sich geht. Der Geist schwankt unaufhörlich zwischen diesen beiden Aspekten der Vorstellung hin und her, je nach den Bedürfnissen des Augenblicks. Bei dem Satz „die Vögel haben Wirbel" oder sogar bei dem Satz „die Vögel sind Wirbeltiere" beschränkt sich möglicherweise die Mehrzahl der Versuchspersonen darauf, nach der Komprehension zu qualifizieren, aber bei dem Satz „die Vögel bilden nur einen Teil der Wirbeltiere" überwiegt offensichtlich die Extension.

Struktur verleiht, psychologisch nicht solidarisch mit der additiven Komposition der Zahlen selbst? — Oder kürzer ausgedrückt: Benötigt die Klasse nicht die Zahl, um sich in ihrem Aufbau zu vollenden? Es wäre in der Tat möglich, daß das Kind in dem Maße, in dem ihm die Begriffe der Invarianz oder der Erhaltung der numerischen Gesamtheiten fehlen, ebensowenig in der Lage wäre, die Relationen des Teiles zum Ganzen im Bereich der Klassen als permanent zu empfinden, und infolgedessen auch keine kohärenten Inklusionsverhältnisse zu bilden vermöchte. Wenn das der Fall ist, ist es offensichtlich für uns von größter Wichtigkeit zu begreifen, wie diese Begriffe entstehen und wie Klasse und Zahl beide aus demselben operatorischen Gruppierungs-Mechanismus hervorgehen.

1. Angewendetes Verfahren und allgemeine Ergebnisse

Um die additive Komposition der Klassen, d.h. die Inklusion der Teilklassen in eine Gesamtklasse, zu untersuchen, und zwar in einer Form, in der diese Frage dem Problem der Invarianz der Quantitäten am nächsten kommt, war es zweckmäßig, das Verhältnis logischer Extension zwischen den Ausdrücken „einige" und „alle" derart zu analysieren, daß das Quantifikations-Element in Erscheinung tritt, das jeder Addition, sowohl von Klassen als auch von Zahlen, inhärent ist. Zu diesem Zweck haben wir eine Reihe von Versuchen folgender Art ausgearbeitet: Wir nehmen an, B sei eine Gruppe individueller Gegenstände, die eine logische Klasse bilden, die in rein qualitativen Ausdrücken zu definieren ist, und A sei ein Teil dieser Gruppe, der eine Unterklasse bildet, die ebenfalls in qualitativen Ausdrücken definiert werden kann. Das Problem besteht einfach darin, herauszubekommen, ob in der Gesamtklasse B „mehr" Elemente vorhanden sind als in der inbegriffenen Klasse A.

Wir haben uns zunächst desselben Materials bedient, das zuvor bei der Untersuchung der Probleme der Korrespondenz und der Invarianz der Quantitäten benutzt wurde. Wir nehmen z.B. eine Schachtel, die nur „Holzperlen" (= Klasse B) enthält, von denen die Mehrzahl braun ist (diese „braunen Perlen" bilden die Klasse A), worunter sich aber zwei weiße Perlen befinden (diese „weißen Perlen" bilden die Klasse A'). Die einfache Frage, die man dann stellt, betrifft die Feststellung, ob sich in dieser Schachtel mehr Holzperlen B oder mehr braune Perlen A befinden. Es zeigt sich, daß die additive Komposition der Klassen hier in der elementarsten Form, die möglich ist, auftritt: $A + A' = B$, woraus sich ergibt: $A = B - A'$, und: $A < B$. Da dieses Problem sich nun von vornherein für die Kinder von 4 bis 6 Jahren als sehr schwierig herausstellte, haben wir es in noch anschaulicheren Ausdrücken aufgeworfen. Einerseits haben wir gefragt, welche der beiden Ketten länger wäre, die aus den Holzperlen (B) oder die aus den braunen Perlen (A). Zuvor haben wir, um den Unterschied zwischen A und B noch deutlicher zu machen, zwei leere Schachteln neben die Schachtel mit den Perlen gestellt und präzisiert: „Wenn ich diese braunen Perlen herausnehme, um sie hier (in die erste leere Schachtel) hineinzutun, bleiben dann Perlen in der (vollen) Schachtel?" — und ferner: „Wenn ich die Holzperlen herausnehme, um sie da (in die zweite leere Schachtel) hineinzutun, bleiben dann ... usw.?" Das Begreifen dieser beiden ersten Fragen führt nun in keiner Weise zur richtigen Beantwortung der Frage nach den Ketten. Andererseits haben wir die Gegebenheiten des Problems auf verschiedene Arten verändert. Wir haben z. B. als Klasse B eine Gruppe von blauen Perlen vorgelegt, von denen die meisten viereckig sind (= Klasse A), zwei oder drei dagegen rund (= Klasse A'), oder eine Gruppe von Blumen (= Klasse B) aus etwa zwanzig Mohnblumen (= Klasse A) und zwei oder drei Kornblumen (= Klasse A'), woraus sich die Frage ergab: „Welcher Strauß wird dicker, der aus allen Blumen oder der aus allen Mohnblumen?" usw.

Die Ergebnisse folgen einander in drei Stadien, die den bisher bei der Entwicklung der Invarianz der Quantitäten und der kardinalen und ordinalen Korrespondenz unterschiedenen drei Etappen entsprechen. Während des ersten Stadiums bleibt das Kind unfähig, zu begreifen, daß die Klassen B stets mehr Elemente enthalten als die Klassen der Ordnung A, und zwar deswegen, weil es, psychologisch gesehen, nicht imstande ist, gleichzeitig sich das ganze B und die Teile A und A' vorzustellen, was bedeutet, daß es, logisch gesehen, die Klasse B noch nicht als Ergebnis der Addition B = A + A' begreift und ebensowenig die Klasse A als Ergebnis der Subtraktion A = B — A'. Während des zweiten Stadiums wird das Kind allmählich fähig festzustellen, daß die Klassen der Ordnung B mehr Elemente enthalten als die darin begriffenen Klassen der Ordnung A, aber es macht diese Entdeckung auf Grund der Anschauung, ohne bereits deduktiv und operatorisch vorzugehen. Nur dann, wenn es die Ketten oder die Gruppen zu betrachten gezwungen wird, entdeckt es die Beziehung B > A, und nicht von vornherein dank etwa der Einsicht in die Inklusionen, die sich aus der additiven Komposition ergeben. Im besonderen entdeckt das Kind häufig das Verhältnis B > A in dem Augenblick, da es an die genaue Zahl der Elemente der Klasse A' (oder der Klasse A, wenn es sie zählt) denkt. Schließlich, während eines dritten Stadiums, begreift das Kind von vornherein, daß die umgreifende Klasse B zahlenmäßig größer ist als die inbegriffene Klasse A, weil es sich von Anfang an auf den Standpunkt der additiven Komposition (B = A + A' und: A = B — A') stellt.

2. Erstes Stadium: Nichtvorhandensein additiver Komposition

Untersuchen wir zunächst die Reaktionen der kleinen Kinder auf das Problem der braunen Perlen (A) und der Holzperlen (B). Im folgenden einige Beispiele:

STRO (6;0). „Sind in dieser Schachtel mehr Holzperlen oder mehr braune Perlen? — *Mehr braune Perlen.* — Warum? — *Weil es von denen aus Holz nur zwei gibt.* — Aber sind die braunen nicht auch aus Holz? — *Ach, ja!* — Also, gibt es mehr braune oder mehr Holzperlen? — *Mehr braune.*"

Angesichts der Beständigkeit der Antworten vom Typ, wie sie Stro gegeben hat, haben wir die Frage fortlaufend konkretisiert, indem wir das Kind zunächst dazu brachten, sich die Ketten vorzustellen, die man mit Hilfe der braunen Perlen und der Holzperlen herstellen könnte:

BIS (6;8). „Gibt es mehr Holzperlen oder mehr braune Perlen? — *Mehr braune, weil es zwei weiße gibt.* — Sind die weißen aus Holz? — *Ja.* — Und die braunen? — *Auch.* — Also gibt es mehr braune oder mehr Holzperlen? — *Mehr braune.* — Was für eine Farbe hätte eine Kette aus den Holzperlen? — *Braun und weiß.* (Es zeigt sich also, daß Bis die Gegebenheiten des Problems sehr wohl versteht!) — Und eine Kette aus den braunen Perlen? — *Braun.* — Also, welche Kette wäre am längsten, die, die man aus den Holzperlen machen könnte, oder die aus den braunen Perlen? — *Aus den braunen Perlen.* — Zeichne mir die Ketten auf. — (Bis zeichnet eine Reihe schwarzer Kreise für die Kette aus braunen Perlen und eine Reihe schwarzer Kreise plus zwei weißer Kreise für die Kette aus den Holzperlen.) — Sehr gut. Also, welche Kette wird am längsten, die aus braunen Perlen oder die aus Holzperlen? — *Die aus braunen Perlen.*" Man sieht, wie Bis trotz genauen Begreifens und genauer graphischer Darstellung der Gegebenheiten des Problems nicht imstande ist, es durch Inklusion der Klasse der braunen Perlen in die Klasse der Holzperlen zu lösen!

FAT (7;3). „Gibt es mehr Holzperlen oder mehr braune Perlen? — *Mehr braune.*" Wir zeichnen nun auf ein großes weißes Blatt die braunen und zwei weiße Perlen. „Bringe alle braunen in einen Kreis. — (Das Kind umgibt die braunen mit einer Kreislinie, die es mit dem Bleistift zieht.) — Nun mache einen Kreis um die Holzperlen. — (Fat zieht einen Kreis nur um die beiden weißen Perlen.) — Und die braunen sind nicht aus Holz? — *Ach, ja!* (Er löscht den Kreis aus, der die beiden weißen umgibt und zieht eine Kreislinie rings um die Perlen.) — Wenn man also eine Kette aus den Holzperlen machte und eine aus den braunen Perlen, welche wäre am längsten? — *Die aus den braunen.*"

Da die Schwierigkeit für das Kind dieselbe bleibt, haben wir das Problem noch dadurch zu vereinfachen gesucht, daß wir neben die Schachtel mit den Perlen zwei leere Schachteln gestellt haben, die einerseits die braunen Perlen und andererseits die Holzperlen symbolisch aufnehmen sollten. Aber das Problem bleibt dennoch für die Kinder unlösbar.

BES (6;2). „Sind alle diese Perlen aus Holz oder nicht? — *Sie sind alle aus Holz.* — Gibt es mehr Holzperlen oder mehr braune Perlen? — *Es gibt mehr braune Perlen.* — Wenn ich die braunen Perlen in diese Schachtel tue, bleiben dann in dieser Perlen zurück? — *Ja, die weißen.* — Und wenn ich die Holzperlen in diese andere leere Schachtel tue, bleiben dann hier welche? — *Nein.* — Also, wenn man mit all den Holzperlen, die in dieser Schachtel (der ersten leeren) wären, eine Kette machte, und mit den braunen Perlen, die in dieser anderen Schachtel (der zweiten leeren Schachtel) wären, eine andere Kette, welche wäre am längsten? — *Die mit den braunen.*"

EUG (5;6). „Woraus bestehen diese Perlen? — *Aus Holz.* — Welche Farbe? — *Braune.* — Und diese? — *Weiße.* — Und woraus bestehen sie? — *Auch aus Holz.* — Und wenn ich alle Holzperlen in diese leere Schachtel lege, bleiben dann welche übrig? — *Nein.* — Und wenn ich alle die braunen in diese andere Schachtel lege, bleiben dann welche übrig? — *Ja, die weißen.* — Also, welche Kette würde am längsten, die, die man mit den Holzperlen aus dieser (leeren) Schachtel machte, oder die, die man mit den braunen Perlen aus dieser anderen (leeren) Schachtel machte? — *Die aus den braunen.*"

OLI (5;2). „Sind diese Perlen alle braun? — *Nein, es gibt zwei weiße.* — Sind sie alle aus Holz? — *Ja.* — Wenn man alle Holzperlen hier hineinfüllte, blieben dann welche übrig? — *Nein.* — Wenn man alle braunen Perlen da hineinfüllte, blieben dann welche übrig? — *Ja, die beiden weißen.* — Also, welche Kette wäre die längste, die aus den braunen in dieser Schachtel, oder die aus den Holzperlen in dieser anderen Schachtel? — *Die aus den braunen.*"

Im folgenden noch ein letzter Versuch, um das Problem zu vereinfachen, ein Versuch, der es im Gegenteil noch schwieriger für das Kind gemacht hat, der aber vielleicht eine der zentralen Schwierigkeiten für die Lösung aufzeigt:

LAUR (5;5). „Wenn ich die braunen Perlen in diese Schachtel lege, bleiben dann welche übrig? — *Ja, die beiden weißen.* — Und wenn ich die Holzperlen in diese andere Schachtel fülle, bleiben dann welche übrig? — *Nein.* — Warum? — *Weil sie alle aus Holz sind.* — Also, nun sag mal, da sind zwei Mädchen, die möchten mit diesen Perlen Ketten machen: eine möchte ihre Kette mit den braunen Perlen machen und die andere mit den Holzperlen. Verstehst du? — *Ja, aber die, die die Holzkette macht, nimmt nur die weißen?* — Nein. — *Auch die braunen?* (Der spontane Charakter dieser beiden Fragen ist zu beachten.) — Was meinst du? — *Ja.* — Warum? — *Sie sind auch aus Holz.* — Also welche Kette würde am längsten, die mit den braunen Perlen oder die mit den Holzperlen? — *Die mit den braunen.* — Warum? — *Weil es mehr sind.* — Zeigst du mir die Perlen, die das Mädchen nehmen würde, das die Kette mit den braunen Perlen machen will? — (Sie zeigt richtig.) — Nun zeige mir die Perlen, die das Mädchen nehmen würde, das seine Kette mit den Holzperlen machen möchte. — *Diese.* (Sie zeigt auf die beiden weißen.) — Nur diese? — *Es gibt keine anderen!*"

SOUT (6;10). „Wenn ich die braunen Perlen in diese Schachtel tue, bleiben dann welche übrig? — *Ja, die weißen.* — Und wenn ich die Holzperlen in diese andere Schachtel lege, bleiben dann welche übrig? — *Nein.* — Also, hör zu, da sind zwei kleine Mädchen, die möchten Ketten mit diesen Perlen machen. Eines möchte seine mit den braunen Perlen machen und das andere mit den Holzperlen. Welche Kette würde die längste? — *Die Kette mit den braunen Perlen würde die längste, weil es davon mehr gibt.* — Welche Perlen würde das Mädchen nehmen, das die braunen Perlen möchte? – *Diese* (die braune). – Und welche würde das Mädchen nehmen, das seine Kette mit den Holzperlen machen möchte? – *Es nimmt die weißen.* – Warum? – *Weil das andere Mädchen die braunen genommen hat.*"

Es zeigt sich, wie systematisch die Schwierigkeit des kleinen Kindes, vor 7 bis 8 Jahren, ist, eine Klasse in eine andere einzuschließen und zu begreifen, daß die Gesamt-Klasse größer oder reicher an Zahl ist als die umschlossene Klasse. Aber mindestens zwei Arten von Einwänden können gegen die eben genannten Versuche erhoben werden: sie beziehen sich erstens auf die Rolle der Sprache und zweitens auf die Rolle der Wahrnehmung.

Erstens findet in der Tat eine logische Klasse ihre Definition und ihre Begrenzung nur dann, wenn sie durch ein Wort oder eine Kombination von Worten bezeichnet wird. Dank der Sprache, die dem Kind vom Erwachsenen fertig überliefert wird, sieht es sich selbst, und zwar verhältnismäßig früh, im Besitz eines Systems bereits hierarchisierter und ineinander beschlossener Klassen, deren Gebrauch genau definiert und kollektiv geregelt ist. So sieht sich das Kind, wenn es sich der Wörter „Spatz", „Ente", „Huhn" usw. ebenso wie des Wortes „Vogel" zu bedienen lernt, genötigt, die den ersten dieser Vokabeln entsprechenden Klassen in die allgemeine Klasse der „Vögel" einzuschließen. Daß es das nicht von vornherein fertigbringt, zeigen deutlich Beobachtungen wie Experimente, und dasselbe wird bewiesen durch die Beharrlichkeit der die Inklusion betreffenden Schwierigkeiten. Doch früher oder später wird es damit fertig, dank des Systems der Wörter selbst. Infolgedessen scheint im Fall unserer Perlen die Schwierigkeit dadurch erhöht zu werden, daß nicht ein besonderes Wort die allgemeinen und die speziellen Klassen bezeichnet, sondern nur Kombinationen von Wörtern („Holzperlen", „braune Perlen" und „weiße Perlen"), die jeweils denselben Initialausdruck* „Perle" enthalten. Was geschieht nun, wenn man den Versuch mit Klassen unternimmt, die jeweils einen spezifischen Namen haben, wie z. B. Mohnblumen und Kornblumen**, die zur Klasse „Blumen" gehören?

---

* Die Reihenfolge der Elemente in den Wortkombinationen ist im Französischen umgekehrt wie im Deutschen: „perles en bois, perles brunes, perles blanches"; daher erscheint „Perle" hier als „Anfangsausdruck" („terme initial"). – Anmerkung des Übersetzers.
** Die Tatsache, daß die deutschen zusammengesetzten Namen für „coquelicot" und „bluet" jeweils den Bestandteil „Blume" enthalten, bedeutet eine leichte Veränderung der Frage, die bei diesen Blumennamen im Deutschen wohl schwieriger zu beantworten wäre. Sinngemäß müßten im Deutschen etwa den „Blumen" unzusammengesetzte Artenbezeichnungen wie „Nelken" und „Veilchen" gegenübergestellt werden, wie beim Beispiel „Mädchen" und „Knaben". – Anmerkung des Übersetzers.

Zweitens kann man sich fragen, ob die Tatsache, daß rund vierzig braune Perlen nur zwei weißen Perlen gegenübergestellt werden, nicht im Geist des Kindes eine systematische Illusion hervorruft. Es ist klar, daß eine solche Darbietung des Materials unentbehrlich scheint, das Nachdenken nötig zu machen oder — anders ausgedrückt — zu veranlassen, daß die Reflexion die Oberhand gewinnt über ein bloßes Ablesen der Wahrnehmungsgegebenheiten. Aber behindern nicht eben diese Gegebenheiten vielleicht die Reflexion, wenn sie so sehr unter dem reinen Wahrnehmungs-Gesichtspunkt polarisiert sind? Was geschieht also, wenn man die wahrgenommenen Proportionen oder Qualitäten verändert?

Um den ersten Einwand zu beantworten, haben wir dem Kind dieselben Fragen gestellt, aber unter Verwendung von logischen Klassen, die jeweils durch ein besonderes Wort bezeichnet werden, also: „Mohnblumen" + „Kornblumen" = „Blumen", und: „Knaben" + „Mädchen" = „Kinder".— Im folgenden einige Beispiele für Antworten in bezug auf Blumen *:

ARL (5;0, Mädchen). „Sieh mal, sind auf dieser Wiese (einer Zeichnung, die 20 Mohnblumen und 3 Kornblumen darstellt) viele oder wenige Blumen? — *Viele.* — Wie sind sie? — *Rot und blau.* — Sind die roten Mohnblumen und die blauen Kornblumen? — *Ja.* — Ich möchte einen ganz dicken Strauß machen. Muß ich dann die Blumen oder die Mohnblumen pflücken? — *Die Mohnblumen.* — Zeigst du mir die Mohnblumen? — (Sie zeigt richtig.) — Zeige mir die Blumen. — (Sie zeigt mit kreisender Handbewegung auf die gesamte Zeichnung.) — Also, welcher Strauß wird am dicksten, wenn ich die Blumen nehme oder wenn ich die Mohnblumen nehme? — *Die Mohnblumen.* — Wenn ich die Mohnblumen pflücke, was bleibt dann übrig? — *Die blauen.* — Und wenn ich die Kornblumen pflücke, was bleibt dann? — (Nachdenken.) *Gar nichts.* — Also, welcher Strauß wird am dicksten, der mit den Blumen oder der mit den Mohnblumen? — *Aber das habe ich dir doch schon gesagt.* — Denk mal nach. (Man wiederholt die Frage.) — *Der Strauß aus Mohnblumen wird am dicksten.*—Und der aus den Blumen?—*Der wird nicht ebenso dick sein.* — Dicker oder dünner? — *Dünner.* — Warum? — *Weil man eine große Menge Mohnblumen hat."*

RIC (5;11, Mädchen). „Du siehst diese Mohnblumen und diese beiden Kornblumen. Wenn ich alle diese Blumen nehme oder wenn ich die Mohnblumen nehme, welcher Strauß wird der größte? — *Der Strauß aus Mohnblumen, weil es davon mehr gibt.* — Zeige mir die Mohnblumen. — (Richtig). — Zeige mir die Blumen. — (Sie zeigt auf das Ganze.) — Also, welches wird der größte Strauß sein, der aus allen Blumen oder der aus den Mohnblumen? — *Der aus den Mohnblumen."*

STRO (6;0) sieht zu, wie wir 15 Butterblumen und zwei Kornblumen zeichnen. „Was ist das? — *Butterblumen.* — Und das? — *Kornblumen.* — Sind das alles Blumen? — *Ja.* — Gibt es mehr Blumen oder mehr Butterblumen? — *Mehr Butterblumen.* — Warum? — *Es gibt nur zwei Kornblumen.* — Aber die Butterblumen sind Blumen? — *Ja.* — Also, gibt es mehr Butterblumen oder mehr Blumen? — *Mehr Butterblumen."*

* Siehe Anmerkung ** S. 217.

Im folgenden **zwei** Beispiele für Antworten auf die Frage nach Mädchen und Kindern:

JUIL (5;6) sieht zu, wie wir 12 Mädchen und zwei Knaben zeichnen. „Gibt es in dieser Klasse mehr Mädchen oder mehr Knaben? – *Mehr Mädchen.* – Aber die Mädchen sind Kinder? – *Ja.* – Also: mehr Kinder oder mehr Mädchen? – *Mehr Mädchen.*"
BES (6;2). „Sind das mehr Mädchen oder mehr Kinder? – *Mehr Mädchen.* – Warum? – *Es sind nur zwei Knaben.* – Aber die Mädchen sind Kinder? – *Ja.* – Also, gibt es mehr Mädchen oder mehr Kinder? – *Mehr Mädchen.*"

Es zeigt sich also, daß diese beiden Fragen Antworten hervorrufen, die im Prinzip mit denen identisch sind, die das Perlen-Problem veranlaßt. Dennoch ist die Frage nach Mädchen und Kindern eindeutig leichter als die nach den Perlen. So gelingt es der Hälfte der Kinder im Alter von 6 Jahren und selbst einem Teil der von uns untersuchten Fünfjährigen, die Frage zu beantworten. Das Blumen-Problem steht in einem mittleren Schwierigkeitsgrad zwischen den beiden anderen. Diese Ergebnisse sind interessant, und sie zeigen deutlich, daß die Bezeichnung der Gesamtklassen wie der Teilklassen mit speziellen Namen dazu beiträgt, sie zu differenzieren und zu hierarchisieren. Die Tatsache aber, daß das Kind im Falle der Perlen diese Klassen konstruieren muß, ohne daß es von der Sprache hierzu gezwungen würde, zeigt, daß man diese Frage als besonders geeignet ansehen kann, die dem Denken der befragten Versuchsperson eigentümlichen Schwierigkeiten deutlich herauszustellen.

Zur Überprüfung des zweiten Einwandes, der sich auf die Wahrnehmungsfaktoren bezieht, haben wir drei Gegenproben durchgeführt, um die Mängel des ursprünglich angewendeten Verfahrens zu vermeiden. 1. Zunächst haben wir den Kindern ein Perlenspiel vorgelegt, dessen Gesamtklasse durch die Farbe und nicht mehr durch das Material bestimmt wird, so daß diese Qualität des Ganzen mehr in Erscheinung tritt. In diesem Fall sind die Teilklassen nach ihrer Form (rund oder viereckig) ausgewählt worden. – 2. Ferner haben wir die Versuche mit den braunen Perlen und den Holzperlen wiederaufgenommen, aber nur zwanzig braune gegenüber 15 bis 17 weißen Perlen verwendet (bzw. grüne Perlen, um die Aufmerksamkeit der Versuchsperson noch stärker hervorzurufen). 3. Schließlich haben wir, als es sich darum handelte, fiktiv zwei Ketten zu konstruieren, und zwar eine mit der Gesamtklasse (die blauen oder die Holzperlen der Reihen, die wir mit 1. und 2. bezeichnet haben) und eine andere mit der Teilklasse (die viereckigen der 1. und die braunen Perlen der 2. Klasse), zwei Perlenspiele vorgelegt, und zwar in zwei verschiedenen Schachteln, um die Dissoziation des Ganzen von den Teilen zu erleichtern.

Diese neuen Verfahren haben nun, obgleich sie die Erzielung der richtigen Antworten (zum mindesten der beiden letzten) etwas erleichtert haben, dennoch zu Reaktionen geführt, die mit den vorherigen identisch sind, woraus klar hervorgeht, daß die Schwierigkeit der Inklusion zum guten Teil unabhängig ist von den Wahrnehmungsfaktoren.

1. Zunächst einige Beispiele für Antworten in bezug auf die durch die Farbe definierte Gesamtklasse:

ARL (5;0) werden zehn kleine blaue Kegel („Dächer") vorgelegt sowie drei ebenfalls blaue runde Perlen. „Sieh mal, gibt es mehr Blaue oder mehr Dächer? – *Mehr Dächer.* – Wie sind die runden? – *Blau.* – Und die Dächer? – *Auch blau.* – Also, gibt es mehr Dächer oder mehr Blaue? – *Mehr Dächer.* – Warum? – *Weil es davon viele gibt.* – Und blaue? – *Alles ist blau (!)* – Also, gibt es mehr Blaue oder mehr Dächer? – *Dächer.*"

DUR (5;6) werden zehn viereckige blaue Perlen vorgelegt und drei gleichfalls blaue runde Perlen. „Wie sind diese Perlen? – *Blau.* – Sind sie alle viereckig? – *Es gibt runde und viereckige.* – Wenn ich die viereckigen herausnehme, bleiben dann welche übrig? – *Die runden.* – Wenn ich die blauen herausnehme, bleiben dann welche übrig? – *Dann bleiben keine mehr übrig.* (Er zeigt mit dem Finger auf die Gesamtmenge.) – Ein kleines Mädchen möchte eine Kette aus den viereckigen machen, und ein anderes meint, man müßte die Kette aus den blauen machen. Welche Kette wäre am längsten, die aus den viereckigen oder die aus den blauen? – *Die aus den viereckigen.*"

JEA (6;0). Zunächst dieselben Fragen. „Also, welche Kette wäre die längste, die mit den viereckigen oder die mit den blauen? – *Die mit den viereckigen.* – Warum? – *Weil es davon mehr gibt.* – Warum? – *Weil es mehr viereckige gibt.*" – Dann zeichnet Jea die beiden Ketten, die eine ganz aus viereckigen Perlen (zehn viereckige für die erste und acht viereckige plus zwei runde für die zweite.) „Sehr gut, also, welche wird die längste? – *Die Kette mit den viereckigen.* – Warum? – *Weil es davon mehr gibt.*"

HUB (5;6). Zunächst dieselben Fragen. „Ein Mädchen möchte eine Kette aus den viereckigen Perlen machen. Ein anderes möchte sie aus den blauen machen. – (Hub lacht und sagt spontan:) *Sie sind alle blau!* – Ja. – Also, welche Kette wird die längste? – *Die mit den viereckigen, weil es davon mehr gibt.*"

So zeigt sich also, daß die Antworten hier genauso lauten wie bei den Fragen nach Holzperlen und braunen Perlen.

2. Im folgenden einige Beispiele für die Reaktionen auf die Fragen nach Holzperlen und braunen Perlen, jedoch unter Vorlegung zweier Partien, die fast gleich groß sind.

TAP (5;6). Zu Beginn dieselbe Befragung (mit Umfüllungen usw.). „Also, welche Kette wäre die längste, die aus den braunen Perlen (20) oder die aus den Holzperlen (20 braune plus 18 grüne)? – *Die aus den braunen.* – Warum? – *Weil es davon mehr gibt.*" Dann geben wir Tap zwei Perlenspiele in zwei getrennten Schachteln, die jeweils 20 braune und 18 grüne Perlen, alle aus Holz, enthalten. „Siehst du, das kleine Mädchen, das diese Schachtel hat, macht seine Kette aus den braunen Perlen, und das Mädchen, das die andere Schachtel hat, macht seine

Kette aus den Holzperlen, die da drin sind. Welche Kette wird am längsten? – *Die braunen, weil es davon mehr gibt.* – Und die Kette aus Holzperlen, welche Farbe hätte die? – *Nur grün.*"

JEA (6;0): dieselben Antworten.

ROS (5;6), dem die anderen Fragen nicht vorgelegt wurden, wird eine Gruppe von 20 braunen und 18 grünen Perlen gezeigt, zu der wir unsere Fragen nach demselben Schema stellen, aber indem wir das Ganze als „die runden Perlen" bezeichnen. „Welche Farbe haben diese? – *Braun.* – Und die da? – *Grün.* – Und welche Form? – *Sie sind alle rund.* – Und wenn ich die braunen Perlen in diesen Deckel tue, bleiben dann welche in der Schachtel? – *Ja, die grünen.* – Und wenn ich die runden in diesen Deckel da tue, bleiben dann welche in der Schachtel? – *Nein, sie sind alle rund.* – Also, wenn du eine Kette aus den braunen machst und nachher, wenn sie aufgelöst ist, eine Kette aus den grünen und nachher, wenn sie aufgelöst ist, eine andere Kette aus den runden, welche Kette wird die längste? – *Die mit den braunen.* – Warum? – *Weil es davon mehr gibt.*" Ich gebe Ros zwei identische Spiele aus grünen und braunen Perlen in zwei getrennten Schachteln und sage ihm: „Hast du zwei Freunde in der Schule? – *Ja, André und Olivier.* – Also, ich gebe André eine Schachtel (ich lege sie rechts hin) und Olivier die andere (links). Sind sie gleich? – *Ja.* – Also, André nimmt die braunen aus seiner Schachtel und macht damit eine Kette, und Olivier nimmt, um seine Kette zu machen, die runden, die in seiner Schachtel sind. Welche der beiden Ketten wird am längsten? – *Die von André, weil er mehr Perlen nimmt. Es gibt mehr braune.*"

Schließlich haben wir diese Proportionen kombiniert mit einer Frage, die das Ganze durch die Farbe kennzeichnet:

BE (5;6) erhält eine Schachtel mit 10 großen gelben Perlen und mit 15 kleinen gelben Perlen. Nach anfänglicher Befragung wie zuvor frage ich: „Welche Kette wird am längsten, die, die man aus den kleinen machen könnte, oder die aus allen (!) gelben? – *Die Kette aus den kleinen.* – Warum? – *Davon gibt es mehr.* – Aber sie sind auch gelb? – *Ja.* – Also, welche Kette wird am längsten? usw. – *Die aus den kleinen.*"

Es zeigt sich, daß die fast gleiche Proportion der betrachteten und der anderen Partie nur wenig an den erhaltenen Antworten ändert, selbst wenn man diese Bedingung mit einer Definition des Ganzen durch Farbe oder Form kombiniert.

3. Die Tatsache endlich, daß man den Kindern zwei identische Perlenspiele vorlegt, erleichtert ein wenig das Erreichen der richtigen Antwort, weil die Versuchsperson gleichzeitig das eine Spiel betrachten kann, wobei sie sich sagt, daß sie nur die braunen herausnimmt, und das andere, wobei sie sich sagt, daß sie es ganz benutzt. Aber diese Erleichterung beseitigt nicht alle Schwierigkeiten des Problems. Wir haben das bereits gesehen bei Tap und Ros und wollen es noch an anderen Beispielen untersuchen:

ER (5;6). Zwei blaue Perlenspiele enthalten jeweils 10 viereckige und 3 runde Perlen. „Welche Kette wird am längsten? – *Die aus den viereckigen.* – Warum? – *Weil es davon mehr gibt.* – Sind sie blau oder nicht? – *Ja.* – Also, welche Kette

wird am längsten, die, die A. aus den viereckigen macht, die in dieser Schachtel sind, oder die, die M. aus den blauen macht, die hier drin sind? – *Die aus den viereckigen.*"
SUZ (6;0). Dieselben Fragen. *„Die Kette aus den viereckigen wird am längsten.* – Wie viele sind es? – *Zehn.* – Und blaue? – *Drei.* – Wie sind die viereckigen? – *Auch blau.* – Also? – *Es ist die aus den blauen. Die viereckigen sind auch blau.* – Also, wenn J. die viereckigen aus dieser Schachtel nimmt, um seine Kette zu machen, und wenn L. die blauen aus seiner Schachtel nimmt, um seine zu machen, welche Kette wird dann am längsten? – *Die aus den viereckigen.* – Warum? – *Weil es mehr viereckige gibt.*"

Es ist unnötig, die Beispiele zu vermehren, die alle zum selben Typus gehören und so die Antworten bestätigen, die vor diesen Modifikationen mit Hilfe des zuerst angewendeten Verfahrens erzielt wurden.

Nachdem somit die Tatsachen festgestellt sind, ist es erforderlich, sie zu interpretieren.

Die Kinder, deren Antworten wir wiedergegeben haben, waren sich alle im klaren über die Natur der in unseren Inklusionsproblemen untersuchten Gesamtheiten. Sie haben begriffen, daß alle vorgelegten Perlen aus Holz (oder blau usw.) waren, und sie haben das gezeigt entweder durch Worte oder graphisch oder durch eine fiktive Umfüllung. Mit Worten geben Oli, Bes, Eug usw. von vornherein zu, daß die wahrgenommenen Perlen „alle aus Holz" sind; Stro, der zuerst glaubt, daß nur zwei (die beiden weißen) Perlen aus Holz sind, erkennt dann, daß alle braunen und die beiden weißen aus Holz sind usw. Diese Kinder scheinen also durchaus über die allgemeine Proposition zu verfügen, die das betrachtete Ganze definiert. Andererseits vermögen sie sehr wohl graphisch die beiden Ketten zu zeichnen, die entweder mit der Gesamtheit der Perlen oder mit den braunen Perlen allein gebildet wurden, wobei erstere zusätzlich die beiden weißen Perlen umfaßt. Drittens sind alle Kinder in der Lage, ohne Schwierigkeit zu begreifen, daß keine Perle übrigbliebe, wenn man alle Holzperlen aus ihrer Schachtel herausnähme, um sie in eine leere Schachtel zu tun, während die weißen übrigblieben, wenn man nur die braunen herausnähme! Es ist also unmöglich, zu bestreiten, daß diese Versuchspersonen durchaus über den Begriff des Ganzen oder der Gesamtklasse verfügen, um den es sich bei unseren Fragen handelt, und daß sie gut zu der allgemeinen Proposition gelangen, die diese Klasse definiert: „Alle diese Perlen sind aus Holz."

Andererseits, und zwar eben deswegen, wissen diese Kinder wohl, daß die braunen Perlen einen Teil des Ganzen darstellen und daß sie sowohl braun als auch aus Holz sind.

Indessen, sobald es sich darum handelt, gleichzeitig an das Ganze und an den Teil zu denken, wie es unsere Frage verlangt, entstehen die Schwierigkeiten. Alles geschieht so, als ob die Kinder, wenn sie an den Teil denken, das Ganze vergessen und umgekehrt. Oder vielmehr, wenn das Kind an das Ganze denkt, ist es wohl in der Lage, sich die noch nicht dissoziierten Teile vorzustellen (weil es z. B. die dem Ganzen entsprechende Kette richtig zeichnet, und in diesem Ganzen sehr wohl zwanzig braune Perlen und die beiden weißen Perlen unterscheidet), aber sobald es einen dieser Teile zu dissoziieren sucht, ist es nicht mehr in der Lage, sich das Ganze vorzustellen oder es zu berücksichtigen, und es beschränkt sich darauf, den Teil, mit dem es sich beschäftigt, mit dem verbleibenden Teil zu vergleichen, d. h. mit dem übrigbleibenden Rest des ursprünglichen Ganzen. Sobald es an die braunen Perlen denkt, vergleicht das Kind sie in der Tat nur mit den weißen und nicht mehr mit der Gesamtheit der Holzperlen. Anders ausgedrückt: Die Kinder, deren Antworten wir angeführt haben, sind nicht imstande, eine Hierarchie oder eine permanente Inklusion zwischen dem Ganzen und den Teilen herzustellen. Sobald das Ganze, auch nur in Gedanken, aufgelöst ist, hören die Teile auf, in ihm beschlossen zu sein, und werden nur noch ohne Synthese nebeneinandergesetzt.

Was bei unseren Kindern unbegriffen und noch nicht erarbeitet zu sein scheint, ist also letztlich die Inklusions-Relation. Die von ihnen betrachteten Gesamtheiten stellen keineswegs logische Klassen dar, sondern elementare Assimilations-Schemata oder synkretistische Aggregate, und zwar derart, daß die Relation zwischen dem Ganzen und dem Teil für das Kind noch keine quantitative Relation, ja noch nicht einmal eine auf bloß „intensive" Weise quantifizierbare Relation darstellt, d. h., daß sie weder eine Fraktions- noch eine Inklusions-Relation darstellt, sondern nur eine qualitative Partizipation. Das Kind weiß wohl, daß die braunen Perlen auch aus Holz sind und daß sie also zu demselben Ganzen gehören wie die weißen Perlen. Darum versteht es wohl, die Holzkette zu zeichnen, indem es die weißen Perlen neben die braunen zeichnet, und darum vermag es andererseits wohl zu sagen, daß nichts mehr übrigbleibt, wenn man alle Holzperlen fortnimmt. Wenn es sich aber darum handelt, zugleich die Klasse der Holzperlen und die Klasse der braunen Perlen zu konzipieren, d. h. sich den quantitativen Gesichtspunkt der Inklusion zweier Klassen in ihrer Extension zu eigen zu machen, treten die Schwierigkeiten wieder auf, und das Kind vermag nicht mehr die Bestandteile, die es in der Klasse „braun" gezählt hat, in die Klasse „aus Holz" aufzunehmen. Man kann also sagen, daß das Kind unter dem qualitativen Gesichtspunkt wohl versteht, daß eine Perle zugleich braun und aus Holz sein kann, daß es aber unter dem Gesichtspunkt der Inklusion oder der quantitativen Klassifikation diese selben Perlen nicht in zwei Mengen zugleich zu zählen oder sie ihnen einfach zuzuordnen vermag. Wenn man sich darauf beschränkt, die Holzperlen zu zählen, schließt das Kind die braunen darin ein, wenn man aber einerseits die braunen und andererseits die Holzperlen zählt, zählt das Kind die braunen nur in der ersten Menge und nicht in der zweiten, ohne zu begreifen, daß die erste selbst in der zweiten aufgeht wie ein Teil in einem Ganzen.

Kurz gesagt: Sobald das Kind über einen der Teile nachdenkt, wenn dieser für sich betrachtet wird, löst sich die Gesamtheit als solche auf und überträgt lediglich ihre Qualitäten auf den anderen Teil. Wenn wir das Ganze als B bezeichnen, den betrachteten Teil als A und den anderen Teil als A', so stellen wir fest, daß die Schwierigkeit der Kinder dieses ersten Stadiums, die Inklusions-Relation oder die Teil-zum-Ganzen-Relation zu begreifen, in Wirklichkeit eine Schwierigkeit ist, das Ganze als Ergebnis einer additiven Komposition der Teile zu begreifen: $B = A + A'$ und: $A = B - A'$. Für das Kind ist das Ganze einfach eine Gruppe B, die durch die beiden Qualitäten a ($=$ braun) und a' ($=$ nicht braun) gekennzeichnet ist, während der vom Ganzen getrennte Teil A eine neue Gruppe wird, die durch die eine Qualität „a" gekennzeichnet ist. Wenn aber A von B getrennt wird, wird die frühere Ganzheit B begriffen als reduziert auf die übrigbleibende kleine Gruppe A', die durch die Qualität „a'" gekennzeichnet wird, und daraus ergibt sich: $A > (B = A')$. Oder, wenn die Ganzheit B durch den Charakter b ($=$ aus Holz) gekennzeichnet wird, der allen ihren Elementen gemeinsam ist, und wenn die Teile A und A' definiert werden durch die Qualitäten a ($=$ braun) und a' ($=$ nicht braun), ergibt sich: $B = A$ ($= ab$) $+ A'$ ($= a'b$). Im Gegensatz hierzu ist für das Kind, wenn der Teil A vom Ganzen B dissoziiert wird, A nur noch durch a gekennzeichnet, und das Ganze B verschwindet zugunsten von A', das nur durch b definiert wird.

Man muß aber nicht glauben, daß die Ganzheit B stets so als solche verschwindet, wenn einer ihrer Teile davon dissoziiert wird. Es kann im Gegenteil vorkommen, daß das Ganze erhalten zu bleiben scheint, dafür aber die ganze spätere Bewertung der Teile, die sich aus seiner Dissoziierung ergeben, beeinflußt. Derartige Phänomene – die scheinbar zueinander in Widerspruch stehen – haben wir bei der Korrespondenzbildung beobachtet:

GFE (5;0) tauscht Stück für Stück zehn Bohnen gegen die, die wir nach und nach aus einer Tüte nehmen, um sie vor ihm aufzureihen. „Haben wir beide gleich viel, du und ich? – *Nein.* – Wo ist am meisten? – *Da.* (Er zeigt auf unsere 10 Bohnen.) – Warum? – *Weil in dieser Tüte mehr waren.*"
STRO (6;0) hat 10 gelbe Perlen vor sich liegen, die aus einer Schachtel genommen wurden, die noch viele Perlen enthält, während die korrespondierenden 10 roten Perlen, die er uns Stück für Stück gegeben hat, aus keiner sichtbaren

Schachtel stammen. „Ist das gleich viel, oder hat einer von uns mehr? – *Ich.* – Warum? – *Weil in der Schachtel mehr sind.* – Aber ist denn da (10 gelbe Perlen) mehr als da (10 rote)? – *Ja, weil in der Schachtel noch welche drin sind.*" ARL (5;0). Beobachtung I. Wir tauschen in einem Garten 10 Blätter gegen 10 Steine und lassen einen Vorrat dieser Kieselsteine übrig, während keine Blätter mehr in Reserve liegen. „Ist das gleich viel? – *Es gibt mehr Blätter.* – Warum? – *Weil es davon viele gibt.* – Und Steine? – *Nicht so viele.* – Warum? – *Weil Sie nicht alle Steine hingelegt haben.* – Warum habe ich nicht alle Steine hingelegt? – *Es waren keine Blätter mehr zum Hergeben da* (= es gab nicht genug Blätter, um sie mit allen Steinen korrespondieren zu lassen). – Also, gibt es ebenso viele Blätter für mich wie Kieselsteine für dich? – *Nein, weil es viele Blätter gibt. Es gibt mehr Blätter.* – Warum? – *Weil es nicht genug Blätter gab, um viele Steine hinzulegen.*" Beobachtung II. Einen Augenblick später: Arl hat 8 Steine und der Versuchsleiter viele. Man führt den Stück-für-Stück-Tausch durch, wodurch sich zwei getrennte Haufen von 8 ergeben, ohne Kontakt mit dem anfänglichen Vorrat des Versuchsleiters. „Haben wir gleich viel? – *Nein.* – Wer hat mehr? – *Ich.* – Warum? – *Weil Sie mir von diesem großen Haufen gegeben haben.* – Und du? – *Ich hatte ein bißchen.* – Nun und? – *Sie hatten mehr Steine.* (Er zeigt auf den großen Haufen.) – Ja, aber hier und da (die zwei Haufen von je 8)? – *Ich habe mehr.* – Warum? – *Ich habe Steine von hier.* (Er zeigt auf den anfänglichen Vorrat.)"

Derartige Reaktionen sind sehr aufschlußreich, und obgleich sie zunächst im Widerspruch zu den vorhergehenden Reaktionen und sogar untereinander widerspruchsvoll erscheinen (vgl. die Beobachtungen I und II bei Arl), stellen sie in Wirklichkeit eine nützliche Gegenprobe dar.

Man stelle zunächst den Unterschied der Situationen fest. In dem zuvor untersuchten Fall wird eine Gesamtheit B_1 mit ihren eigenen Teilen A_1 und A'_1 verglichen. In den soeben beschriebenen Beobachtungen wird im Gegensatz hierzu ein Teil A_1 einer ersten Gesamtheit B_1 entweder verglichen mit einer zweiten Gesamtheit B_2 oder mit einem Teil A_2 dieser zweiten Gesamtheit. Daher verschwindet unter dem Gesichtspunkt des Kindes im ersten Stadium, wenn der Teil A_1 mit seiner Gesamtheit B_1 verglichen wird, B_1 als solches, weil der Teil A_1 davon (wirklich oder in Gedanken) dissoziiert wird und weil dann die Gesamtheit B_1 verschmilzt mit dem restlichen A'_1. Im Gegensatz hierzu bieten sich, wenn der Teil A_1 der ersten Gesamtheit B_1 mit einer zweiten Gruppe B_2 verglichen wird, zwei Möglichkeiten an. In der Regel werden, wenn die Gruppe A_1 von ihrer Gesamtheit B_1 getrennt ist, B_1 oder das restliche A'_1 einfach vergessen. Das geschieht bei fast allen unseren Versuchspersonen der Kapitel III und IV: Wenn das Kind aus einer Schachtel oder aus einer Reserve neben sich die Perlen, Spielmarken oder Bohnen, die dazu bestimmt sind, mit denen des Versuchsleiters Stück für Stück zu korrespondieren, herausgenommen hat, berücksichtigt es im allgemeinen nicht mehr die Gruppe, aus der es seine eigenen Elemente herausgenommen hatte (und ebensowenig die des Versuchsleiters). Aber es kann vorkommen, daß die Versuchsperson bei ihren Versuchen quantitativer Wertung sich auf diese anfänglichen Gruppen bezieht, und dann ereignen sich die außergewöhnlichen Tatsachen, die wir eben genannt haben (in den Fällen Gfe, Stro, Arl und einigen anderen ähnlichen Fällen).

Zum zuletzt genannten Fall stellen wir nun das Vorhandensein zweier Reaktionen fest, die nicht nur zu den vorhergenannten Beispielen, sondern auch untereinander im Widerspruch zu stehen scheinen. Einerseits stellt Arl (bei der Beobachtung I) sich tatsächlich vor, daß seine 10 Blätter mehr sind als 10 Kieselsteine, da diese 10 Blätter ein Ganzes B_2 darstellen, während die 10 Kiesel nur der Teil A_1 eines größeren Ganzen B_1 sind. Im Gegensatz hierzu denken Stro und Gfe sowie derselbe Arl (bei der Beobachtung II), daß, wenn A_1 einem Ganzen B_1 entstammt, das größer ist als B_2, der Teil A_1 zahlenmäßig größer ist als B_2, selbst wenn zwischen A_1 und B_2 Stück-für-Stück-Korrespondenz besteht!

Wie sind diese merkwürdigen Tatsachen zu erklären? Sie leiten sich in Wirklichkeit von genau denselben Ursachen ab wie die Unfähigkeit, sich gleichzeitig den Teil A_1 und das Ganze B_1 vorzustellen, d. h. vom Primat der globalen Quantifikation über die operatorische Quantifikation (gleichviel, ob es sich darum handelt, die Begriffe zu quantifizieren, d. h. ihre Extension zu bestimmen, oder Zahlen zu konstituieren).

Rufen wir uns zunächst ins Gedächtnis zurück, daß die bei Gfe, Stro und Arl wahrgenommenen Beobachtungen festgestellt wurden bei Versuchen über die Stück-für-Stück-Korrespondenz und daß sie eben die Feststellung ermöglicht haben, daß für diese Kinder im ersten Stadium die Korrespondenz kein Kriterium der Quantifikation darstellt. Die globale Schätzung oder die Schätzung nach Gesamtfiguren stellt in ihren Augen das oberste Kriterium dar.

Wenn daher Arl (Beobachtung I) nach dem Tausch von 10 Blättern gegen 10 Kiesel erklärt: „es gibt mehr Blätter", oder: „davon gibt es viele", weil nach dieser Operation keine mehr übrigbleiben, während es weniger Kiesel gibt, weil man sie nicht alle verwendet hat und ein Vorrat übrigbleibt, so will er einfach sagen, daß die Blätter eine geschlossene Gesamtheit B_2 bilden, im Gegensatz zu den 10 Kieseln, die nur ein Teil A_1 der nicht ausgeschöpften Ganzheit B_1 sind: „Alle" Blätter sind also mehr als „einige" Steine, unabhängig von den möglichen Korrespondenzen, weil ein Ganzes, das auf anschauliche Weise und zur selben Zeit wie ein Teil wahrgenommen wird, größer ist als dieser Teil.

Umgekehrt aber, wenn dasselbe Kind (Arl in Beobachtung II oder Gfe und Stro) seine Aufmerksamkeit nicht mehr dem Teil A_1, sondern dem

Ganzen B_1 zuwendet (vorausgesetzt, daß der Rest A'_1 merklich größer ist als der Teil A_1), ergibt sich das entgegengesetzte Phänomen, und zwar aus demselben Grunde: Wenn der Teil A_1 einem großen Ganzen B_1 entstammt, das dank des Restes A'_1 noch sichtbar ist (wobei das Ganze B_1 die Tendenz hat, mit jenem unausgeschöpften und unerschöpflich erscheinenden Rest A'_1 zu verschmelzen), so überträgt sich die B_1 und A'_1 eigentümliche Größen-Qualität auf den Teil A_1, der dank dieser qualitativen Partizipation also größer erscheint als die andere Gruppe B_2. Wohlverstanden: unter dem Gesichtspunkt der Logik steht eine solche Überlegung im Widerspruch zu den früheren Überlegungen. Unter dem Anschaulichkeits-Gesichtspunkt der globalen Wahrnehmung aber geht sie aus denselben Kriterien unmittelbarer und nicht-operatorischer Wertung hervor.

Man versteht nun, warum das Kind bei dem Beispiel der braunen und der hölzernen Perlen oder in den ähnlichen Fällen, wenn ein Teil A_1 mit seinem eigenen Ganzen B_1 verglichen wird (wenn der Rest A'_1 kleiner ist als A_1) den Eindruck hat, daß $A_1 > B_1$ ist, weil die Ganzheit B_1 sich als solche auflöst. Wenn die einzigen vom Kinde verwendeten Kriterien anschaulicher und nicht operatorischer Art sind, so wird in der Tat klar, daß eine in zwei Teile gespaltene Ganzheit (selbst wenn die Spaltung nur als Denkversuch vorgenommen wird) nicht mehr als solche existiert, weil sie dann keiner möglichen Wahrnehmung mehr entspricht: Das Kind vermag das Ganze B_1 oder die Teile A_1 und A'_1 für sich wahrzunehmen, aber nicht gleichzeitig B_1 und A_1 oder B_1 und A'_1.

Insgesamt gesehen, scheint es also eindeutig zu sein, daß das Kind in diesem Stadium unfähig bleibt, eine additive Komposition der Klassen vorzunehmen, d. h. die logische Addition $A + A' = B$ oder die logische Subtraktion $A = B - A'$ oder $A' = B - A$ zu vollziehen. Anders ausgedrückt: Das Kind bringt es nicht fertig, die Inklusions-Relation richtig zu handhaben, und es ersetzt die Extensions-Einschachtelung der Klassen durch die einfachen anschaulichen Verbindungen der qualifizierten Gruppen. Gerade weil sie nun anschaulich und der aktuellen Wahrnehmung unterworfen bleiben, vermögen diese Verbindungen keine dauerhafte Komposition herzustellen, und infolgedessen finden wir auf der Ebene der Logik das Grundphänomen wieder, das allen Reaktionen des ersten Stadiums im numerischen Bereich gemeinsam ist: die Varianz der Gesamtheiten als solcher.

In der Tat hat uns sowohl die Analyse der ersten Niveaus der kardinalen Korrespondenz (Kapitel III—IV) wie die der ersten Stadien der Invarianz selbst (Kapitel I—II) die systematische Schwierigkeit gezeigt, die die Kinder empfinden, wenn sie die Permanenz des Ganzen durch seine Transformationen hindurch begreifen sollen – z. B. die Schwierigkeit, zu begreifen,

daß die in zwei Gefäße L1 und L2 gefüllten Perlen dasselbe Ganze darstellen wie zuvor, als sie sich in B befanden usw. Gewiß weiß das Kind
wohl, daß die aus L1 und L2 wieder herausgenommenen und in B verein-
ten Perlen wieder dasselbe Ganze bilden können, aber wenn die Perlen
nicht mehr in B sind, existiert dieses Ganze nicht mehr als solches. Auf der
numerischen Ebene, die durch Fraktionierung und nicht durch Inklusion
bestimmt ist, ergibt sich also genau dasselbe Phänomen wie auf der Ebene
der begrifflichen Inklusion, die wir nun untersuchen wollen: Ein vom
Ganzen abgetrennter Teil wird nicht mehr in bezug auf dieses anfängliche
Ganze definiert oder begriffen, sondern lediglich in bezug auf die aktuelle
Situation und auf die anderen Teile, die dem von der Versuchsperson ins
Auge gefaßten Teil nebengeordnet sind. Im Falle der eben rekapitulierten
numerischen Relationen wie im Falle der begrifflichen Inklusion können
wir also sagen, daß das Verhältnis zwischen Teil und Ganzem zunächst
weder eine Fraktions- noch eine Inklusions-Relation ist, sondern einfach
ein Verhältnis qualitativer Partizipation: Die in L1 und L2 gelegten Teile
werden wohl als dem ursprünglich in B gelegenen Ganzen entstammend
aufgefaßt (und als vielleicht in der Lage, das Ganze wiederherzustellen),
aber sie werden keineswegs so betrachtet, als gehörten sie noch wirklich
einem logisch unzerstörbaren Ganzen an. Darum wird das Ganze, im Bereich der Zahlen wie im Bereich der Begriffe, nicht von vornherein als invariant aufgefaßt, sondern je nach der Veranlagung seiner Teile wandelt
sich sein qualitativer Wert.
Ebenso wie das Kind unter 7 Jahren im Bereich der numerischen Mengen
nicht zu jener Kolligations-Handlung fähig ist, die die Permanenz der
Gesamtheiten bewirkt und die Teile dieser Gesamtheiten als wirkliche
Fraktionen konstituiert, ist infolge der eben erläuterten Gründe das Kind
unter 7 Jahren im Bereich der Begriffe anscheinend nicht zu jener Art von
Kolligation imstande, die die logischen Extensions-Klassen bildet und
deren Permanenz bewirkt, indem es die Inklusion ihrer Teile festlegt.
Anders ausgedrückt: In beiden Fällen bleiben die Gesamtheiten nicht invariant, und zwar in Ermangelung jener Vereinigung *sui generis* der Teile
zu einem Ganzen, jener Synthese, aus der die den numerischen Mengen
wie den Klassen gemeinsame additive Komposition besteht.

3. Zweites und drittes Stadium und progressive Reversibilität der Operationen

Nachdem die für das erste Stadium charakteristischen Tatsachen beschrieben sind, ist es erforderlich, sie zu erläutern. Um dies zu tun, scheint uns aber zunächst ein Vergleich mit den späteren Stadien nützlich zu sein, da das Entwicklungsgesetz der Antworten ebenso wichtig ist wie der Anfangszustand. Das zweite Stadium wird gekennzeichnet durch die anschauliche — und nicht deduktive — Entdeckung der richtigen Antwort, d. h., es zeigen sich tastende Versuche vor der richtigen Konstruktion und nicht unmittelbare Komposition. Zunächst drei Beispiele:

GAIL (6;0, Mädchen). „Wenn du eine Kette aus den braunen Perlen machst, die in dieser Schachtel sind, oder aus den Holzperlen, die da liegen, welche wird dann am längsten? — *Die aus den braunen Perlen wird die längste.* — Warum? — *Weil es mehr braune Perlen gibt.* — Gibt es mehr Holzperlen oder mehr braune Perlen? — *Mehr braune Perlen, nein, mehr Holzperlen. Nein, es ist gleich viel!"*
Man sieht, daß Gail fast imstande ist, eine der Klassen in die andere einzuschließen. Es fehlt ihr lediglich an der Einsicht, daß die Holzklasse zwei Elemente mehr umfaßt als die braune.
TAIL (7;2). „Gibt es mehr Holzperlen oder mehr braune Perlen in dieser Schachtel? — *Mehr braune.* — Sind die weißen Perlen aus Holz? — *Ja.* — Und die braunen? — *Auch.* — Also, gibt es mehr Holzperlen oder mehr braune Perlen? — *Mehr Holzperlen, weil es zwei weiße mehr gibt.* — Welche Kette würde am längsten, die aus den braunen Perlen oder die, die man aus den Holzperlen machen könnte? — *Beide gleich.* — Aber die weißen sind aus Holz? — *Ja.* — Also, welche Kette würde länger, die ... usw. ... ? — *Ah! Am längsten wird die aus Holz, weil die beiden weißen da sind."*
GON (7;2). „Wenn man eine Kette aus allen Holzperlen macht oder eine Kette aus den braunen Perlen, welche wird am längsten? — *Gleich lang.* — Zeichne mir die Kette mit den Holzperlen auf. — (Gon zeichnet eine gerade Reihe nebeneinander liegender brauner Perlen.) — Sind alle Holzperlen braun? — *Ah, nein!* Da *sind zwei weiße.* (Er fügt sie hinzu.) — Nun zeichne mir die Kette aus braunen Perlen. — (Er zeichnet sie dichtgedrängt entlang einer Linie.) — Welche ist am längsten? — *Beide gleich lang.* — Warum? — *Sie sind gleich lang.* — Die Ketten sind gleich? — *Eine hat nur braune, und die andere hat auch weiße.* — Also, welche ist am längsten? — *Es ist gleich lang.* — Wie viele braune Perlen gibt es? — *Ungefähr vierzig.* — Und weiße? — *Zwei.* — Also, welche ist die längste? — *Ah! Die aus Holz.* — Warum hast du das nicht zuvor herausgefunden? — *„Ich glaubte, das wäre gleich."*

Man stellt zunächst fest, daß diese Kinder anfänglich wie die des ersten Stadiums glauben, daß die braunen Perlen zahlreicher sind als die Holzperlen (Gail und Tail), oder daß sie wie Gon glauben, die braunen und das Ganze hätten dieselbe Ausdehnung. Dann sind Gail und Tail imstande, sich daran zu erinnern (was Gon also unmittelbar feststellt), daß die braunen Perlen auch aus Holz sind, woraus sie provisorisch den Schluß ziehen, daß die Klasse der Holzperlen und die der braunen Perlen sich decken. Wenn Gail dabei stehenbleibt, so entdecken Tail und Gon im Gegensatz dazu, daß — wie Tail es ausdrückt — „es zwei weiße mehr gibt".

Zu beachten ist, daß Gon, um den Schluß zu ziehen, daß die Gesamtklasse B der Holzperlen eine größere Ausdehnung aufweist als die Klasse der braunen Perlen A, es sogar als notwendig empfindet, die ungefähren Zahlen der Unterklassen A und A' zu nennen, was Tail implicite bei A tut (und ausdrücklich auch bei A'). Es wird also ganz deutlich, daß die erlangte Fähigkeit, zugleich die durch die Qualität *b* (Substanz) gekennzeichnete Gesamtklasse als auch die durch die Qualitäten *a* und *a'* (Farbe) definierten Teilklassen zu denken, diese Kinder allmählich zur Entdeckung der richtigen Kompositionen und Inklusion führt.

Schließlich erreicht die Versuchsperson in einem dritten Stadium diese Entdeckung von vornherein und spontan:

BOL (6;6). „*Die Kette aus Holzperlen wird länger als die aus den braunen Perlen.* — Warum? — *Weil es davon mehr gibt.* — Aber warum gibt es davon mehr? — *Weil da auch die weißen sind.*"
PLAT (6;9). Gibt es mehr Holzperlen oder mehr braune Perlen? — *Mehr braune.* — Wenn man eine Kette aus den Holzperlen oder eine Kette aus den braunen Perlen machte, welche würde dann am längsten? — *Die aus den Holzperlen.* (Ohne zu zögern.) — Warum? — *Weil da die beiden weißen mehr sind.*"
LAUR (7;2, derselbe, der mit 5;5 dem ersten Stadium angehörte). „Sind in dieser Schachtel mehr braune oder mehr runde Perlen? — *Mehr braune. Ah, nein!* (Spontan:) *Mehr runde Perlen, weil es noch die beiden weißen gibt.* — Und wenn man nun eine Kette aus den braunen und eine aus den runden machte, welche dieser beiden Ketten wäre dann die größte? — *Nun, die aus den runden.*"
NAL (8;0). „Gibt es mehr braune oder mehr Holzperlen? — *Mehr Holzperlen.* — Warum? — *Weil die beiden weißen auch aus Holz sind.* — Wenn man nun zwei Ketten machte usw.? — *Aber sie sind gleich, die aus Holz und die braunen, und sie wäre länger mit den Holzperlen, weil da auch die beiden weißen sind.*"

Jedes dieser Kinder ist also von vornherein oder fast sogleich imstande, gleichzeitig an die Gesamtklasse B zu denken, die durch die Qualität *b* (Substanz oder Form) bestimmt wird, und an die Unterklasse A, die durch die Qualität *a* definiert wird, woraus sich die beiden Feststellungen ergeben, daß die A auch B sind („sie sind gleich", sagt Nal, um zu sagen, daß alle A auch B sind), daß aber die B auch die A' einbegreifen („da sind die beiden weißen mehr", sagt Plat usw.). Jede dieser Versuchspersonen versteht also zugleich, daß B = A + A' und daß A = B — A' ist.

Diese richtigen Aussagen erscheinen als so einfach, daß man sich fragt, wie es möglich ist, daß die Kinder des ersten Stadiums an der Beantwortung dieser Frage scheitern. Warum sind diese also nicht imstande, gleichzeitig das Ganze B und die Teile A und A' ins Auge zu fassen, während die eben genannten Versuchspersonen dieselben Inklusionen ohne jede Schwierigkeit begreifen? In dieser Hinsicht sind zwei Probleme zu unterscheiden: das Problem der Synthese der Qualitäten b und a oder a' und das Problem der Addition in der Extension: A + A' = B.

Eine logische Klasse ist eine Vereinigung von Individuen, die gemeinsam dieselbe Qualität besitzen. So ist die Klasse A die Vereinigung der durch ihre braune Farbe a bestimmten Perlen, und die Klasse A' ist die Vereinigung der Nicht-A-Perlen oder derer, die nicht-a, d. h. a' (= nicht-braun oder, im besonderen Fall, weiß) sind. Diese beiden Klassen addieren bedeutet also, die kleinste Klasse definieren, die sie beide enthält, also A + A' = B, wobei die Klasse B selber durch die A und A' gemeinsamen Qualitäten definiert wird, also im besonderen Fall durch die Qualität b (Holzperlen). Eine Addition von Klassen bringt also stets eine logische Multiplikation dieser selben Klassen mit sich, d. h., daß jedes Individuum, das einem System addierter Klassen angehört, zwangsläufig zwei Klassen „zugleich" angehört: Alle A sind A B und besitzen die Qualitäten $a b$, alle A' sind A' B und besitzen die Qualitäten $a' b$, und alle B sind A oder A', d. h. b $(a \parallel a')$. Eine erste Deutung der den Versuchspersonen des Elementarstadiums eigenen Schwierigkeiten könnte also in der Behauptung bestehen, daß diese Versuchspersonen nicht imstande sind, sich gleichzeitig die beiden Qualitäten a und b (oder a' und b) vorzustellen, während die größeren Kinder das mühelos fertigbringen. Eine zweite Erklärung würde im Gegenteil darauf hinauslaufen, den Akzent auf die additive Komposition selbst zu legen, wie wir es in 2. getan haben. Stellen wir von vornherein fest, daß diese beiden Interpretationen sich völlig decken und beide nicht genügen, die Anfangsschwierigkeiten zu erklären.

Die Kinder des ersten Stadiums wissen in der Tat wohl, daß die braunen Perlen aus Holz sind, und stellen das alle ausdrücklich fest. Nur, wenn der Teil A vom Ganzen B dissoziiert ist, vergessen sie, daß die A auch B sind. Man könnte also ebensogut sagen, daß die additive Synthese wegen des Fehlens der logischen Multiplikation scheitert, wie, daß die multiplikative Synthese scheitert, weil die logische Addition fehlt. Warum scheitern sie alle beide? Das wollen wir herauszufinden suchen, indem wir uns auf den Standpunkt der Addition stellen, um die Dinge zu vereinfachen, aber dieselben Überlegungen gelten ebenso auch unter dem Gesichtspunkt der Multiplikation.

Die wahre Ursache für die Schwierigkeiten der kleinen und für den Erfolg der größeren Kinder liegt darin, daß erstere sich ausschließlich auf das Gebiet der Wahrnehmungs-Intuition begeben, die unmittelbar oder aktuell und daher irreversibel ist, während letztere einen operatorischen Mechanismus verwenden, der reversibel ist. Man kann in der Tat sagen, daß die additive Synthese der Teile zu einem Ganzen oder die Koordinierung der die betreffenden Klassen definierenden Qualitäten nur möglich sind auf Grund von reversiblen intellektuellen Konstruktionen, die das Kind vornimmt. In dem Maße nämlich, in dem seine Gedankenexperimente irreversibel bleiben, sind die Koordinierung der Qualitäten und die additive Inklusion ebenso wie die arithmetische Kolligation selbst für das Kind unmöglich.

Gehen wir aus von den in dieser Hinsicht besonders klaren Beobachtungen an Laur (5;5) und Sout (6;10). Laur z. B. behauptet zunächst mit aller wünschenswerten Deutlichkeit, daß, wenn man die braunen Perlen aus der Schachtel nimmt, die beiden weißen übrigbleiben und daß nichts übrigbleibt, wenn man die Holzperlen herausnimmt, „weil sie alle aus Holz sind". Er geht sogar noch weiter und fragt im Hinblick auf die Kette aus Holzperlen spontan, ob man „nur die weißen nehmen muß". Dann, wenn man ihm mit Nein antwortet, fügt er hinzu: „Auch die braunen?... Weil sie auch aus Holz sind." Keine Unklarheit scheint also in seinem Geist zu bestehen. Indessen, wenn man ihn fragt, welche der beiden Ketten am längsten sein wird, die aus den Holzperlen oder die aus den braunen Perlen, so antwortet Laur zu unserem großen Erstaunen: „die braunen, weil es mehr sind." Wir bitten ihn, die diesen beiden möglichen Ketten entsprechenden Perlen zu zeigen. Da zeigt sich die erste und eigentliche Schwierigkeit, an der sich dieses Kind stößt: Es zeigt wohl auf die braunen, was die erste Kette betrifft, aber, was die Kette der Holzperlen betrifft, so zeigt es nur auf die weißen Perlen, „weil es keine anderen gibt", anders ausgedrückt: weil die braunen bereits durch die gedankliche Herstellung der mit ihnen angefertigten Kette in Anspruch genommen sind! Ebenso behauptet Sout, der die Gegebenheiten des Problems ebenso zu verstehen scheint wie Laur, daß die Holzperlenkette durch eines der kleinen Mädchen in unserer Geschichte nur mit Hilfe der weißen Perlen hergestellt werden kann, „weil das andere Mädchen die braunen Perlen genommen hat". Es zeigt sich, worin das Hindernis für die Kinder besteht: Sie bringen es wohl fertig, sich in einem gedanklichen Versuch vorzustellen, wie man aus der Gesamtheit der Perlen nur die braunen herausnimmt, um daraus eine Kette zu machen; sobald es sich aber darum handelt, im Geist eine neue Kette aus der Gesamtheit der Holzperlen zu konstruieren, sind sie der Meinung, daß die braunen Perlen, die hypothetisch schon für die erste Kette benötigt wurden, nicht mehr verfügbar sind und daß nur noch die beiden weißen übrigbleiben. Es ist nun einleuchtend, daß für uns diese Schwierigkeit keineswegs besteht und daß das Wesen der Deduktion im Gegensatz zum materiellen Experiment eben in der Fähigkeit liegt, alle möglichen Kombinationen herzustellen und jedesmal zum Ausgangspunkt zurückzukehren und sie dann untereinander zu vergleichen, als seien sie gleichzeitig dem Geist gegenwärtig. Die Tatsache, daß ich hypothetisch eine Kette aus braunen Perlen herstelle, hindert mich keineswegs daran, im Geist dieselben braunen Perlen in einer anderen Kette zu verwenden, die ich hypothetisch mit der Gesamtheit der Holzperlen herstelle. Im Gegensatz hierzu vollzieht sich beim Kind alles so, als ob es seinen Gedankenexperimenten Wirklichkeitscharakter zuschriebe und als ob es, wenn es im Geist eine der beiden Ketten gebildet hat, nicht mehr hypothetisch eine andere Kette mit demselben Material herstellen könnte. Da, wo wir infolge der möglichen Beweglichkeit und Reversibilität der Konstruktion imstande sind, nach Belieben die Mengen derart zu zerlegen und wieder zusammenzufügen, daß ihre verschiedenen Implikationen, Inklusionen und Relationen allgemein deutlich werden, wird das Kind durch die Irreversibilität des Denkens und der Vorstellungswelt gehindert am Vollzug der für die kombinierte Analyse und Synthese erforderlichen Dekomposition, also am Verständnis der Inklusionen und der Relationen.

Es ist nun leicht einzusehen, daß die anderen Beobachtungen ebenfalls auf diese Weise erklärt werden können. Das Kind ist wohl imstande, die Ketten richtig zu zeichnen, weil es nicht an die eine denken muß, während es die andere zeichnet. Sobald es sich aber darum handelt, beide auf einmal hypothetisch zu konstruieren, schließt die Konstruktion der Kette aus braunen Perlen den Gebrauch dieser selben braunen Perlen für die Kette aus Holzperlen aus. Wenn die Zeichnung der Ketten richtig ist, obgleich ihre gedachte Konstruktion nicht richtig ist, so deswegen, weil die Zeichnung sie nacheinander darstellt und lediglich nebeneinanderstellt, was keine interne Reversibilität der Operationen erfordert, während ihre simultane Konstruktion im Gegenteil die Verwendung derselben Elemente für zwei Konstruktionen und infolgedessen die Reversibilität dieser Konstruktionen erfordert*. Ebenso ist das Kind wohl imstande, die Menge der Perlen zu dissoziieren, um die braunen hypothetisch in eine leere Schachtel und dann anschließend die Holzperlen in eine andere leere zu legen: In diesem Fall vermag das Kind gleichfalls, nachdem es nur an die braunen gedacht hatte, an die Gesamtheit der Holzperlen zu denken und die Frage der Farben beiseite zu lassen. Dabei gibt es also keine spontane Reversibilität des Denkens, sondern lediglich das Nebeneinander zweier sukzessiver Reflexionen, die nicht in logischer Verbindung miteinander stehen, d. h.

---

* Das bleibt, wie gezeigt wurde, selbst dann richtig, wenn man dem Kind zwei identische Perlenspiele vorlegt, weil der gedachte Gebrauch des ersten Spieles die Verwendung des zweiten behindert.

ohne Operationen bleiben, die sie untereinander verbinden. Dieselben Kinder, die auf die vorhergehenden Fragen (nach der fiktiven Übertragung der Perlen in die leeren Schachteln) richtig geantwortet hatten, fallen wieder in ihren Irrtum zurück, sobald es sich von neuem darum handelt, die beiden Ketten im Geist simultan zu konstruieren, weil sie, nachdem sie hypothetisch die braune Kette konstruiert haben, sich von dieser irreversiblen Konstruktion innerlich nicht mehr losmachen können, um hypothetisch die Kette aus Holzperlen unter Verwendung derselben Bestandteile zu konstruieren. – Im Gegensatz hierzu zeigen Beispiele, wie Gail, Gon und Tail sie lieferten (die ganz oder beinahe bis zur richtigen Antwort gelangten), daß diese Kinder ohne weiteres imstande sind, simultan die Kette aus braunen und die Kette aus Holzperlen mit denselben Bestandteilen zu konstruieren, da sie diese Ketten zunächst als gleich lang ansehen: Die eine der beiden Konstruktionen hindert ihr Denken also nicht daran, auf den Ausgangspunkt zurückzukommen und mit einer anderen Konstruktion wieder anzufangen. Daher setzt diese beginnende Reversibilität sie instand, früher oder später die genaue Inklusion zu entdecken. Gail gelangt nicht ganz so weit, Gon wird damit fertig, wenn er das Rechnen mit logischen Klassen durch das Rechnen mit Zahlen ergänzt, und Tail hat Erfolg dank unmittelbarer Anschauung der Inklusions-Verhältnisse.

Vor der Weiterführung dieser Gedanken ist es jedoch erforderlich, einem möglichen Einwand zu begegnen. Es wäre denkbar, daß die Schwierigkeiten, im Geist zwei Ketten simultan herzustellen, nicht, wie wir angenommen hatten, durch die Irreversibilität des kindlichen Denkens hervorgerufen würden, sondern einfach durch ein Mißverstehen des erteilten Auftrags, so, als ob das Kind sich aufgefordert fühlte, tatsächlich zwei Ketten mit demselben Material herzustellen. Um eben diesem Einwand zu begegnen, haben wir jedoch zum Schluß zwei Perlenspiele in zwei verschiedenen Schachteln verwendet: Wir haben nun gesehen, daß dieses Verfahren nur wenig an den Ergebnissen ändert, woraus sich ergibt, daß die Schwierigkeit nicht auf verbalem Mißverständnis der Absichten des Versuchsleiters beruht, sondern auf der Tatsache, daß eine der beiden gedachten Konstruktionen des Kindes die andere ausschließt, und zwar deswegen, weil sie anschaulich bleiben und das operatorische Niveau nicht erreichen. Infolgedessen ist das Kind selbst angesichts zweier ähnlicher Gruppen nicht in der Lage, gleichzeitig in einem Gedankenversuch eine Kette mit dem Teil A und eine Kette mit dem Ganzen B herzustellen, da die erste Konstruktion schließlich in den beiden Mengen zugleich das Ganze B zerstört und infolgedessen die zweite Konstruktion verhindert.

Diese psychologische Irreversibilität führt nun auf der logischen Ebene zu folgendem Effekt, der von grundlegender Wichtigkeit ist: Die Teile in bezug auf das Ganze — und umgekehrt — begreifen bedeutet, die folgenden zwei Gleichheiten simultan herstellen: A + A' = B und: A = B — A', d. h. also die inverse Operation ebenso durchführen wie die direkte. Auf irreversible Weise denken bedeutet dagegen unfähig sein, von einer der beiden Operationen zur anderen überzugehen, also, mit einem Wort gesagt, unfähig sein zu den Operationen als solchen: Ein beweglicher, operatorischer und in zwei Richtungen wirkender Mechanismus wird ersetzt durch statische und aufeinanderfolgende Wahrnehmungen von Zuständen, die nicht synchronisiert und infolgedessen nicht miteinander ausgeglichen werden können.

Im Gegensatz hierzu gelangen die Kinder des dritten Stadiums ohne Schwierigkeit zu dieser psychologischen Reversibilität und ebenso zu dieser logischen Komposition der inversen mit den direkten Operationen. Unter dem Gesichtspunkt der Addition bedeutet z. B. der Ausdruck von Nal („sie sind gleich, die aus Holz und die braunen", aber die Kette „wäre länger mit den Holzperlen, weil da auch die beiden weißen sind") soviel wie: B = A + A' und: A = B — A'. Unter dem Gesichtspunkt der Multiplikation ist nicht weniger eindeutig, daß die Versuchsperson die Individuen A auffaßt, als seien sie „zugleich" A und B, also ist A = AB (sie sind gleich . . .) und A' = A'B, d. h., wenn b = Qualität „Holzperle" ist, a = Qualität „braun" und a' = Qualität „nicht-braun", dann sind die A ab, und wenn man von den braunen spricht, dann geschieht das mit einer einfachen Abstraktion von der Qualität b, einer Abstraktion, die genau die inverse Operation der Multiplikation der Klassen darstellt, also A = AB : B oder: $a = ab : b$.

Zusammenfassend sei bemerkt, daß man sich von dem wirklichen und lebendigen logischen Denken ein sehr falsches Bild machen würde, wenn man sich darauf beschränkte, es in den statischen Schematismus der syllogistischen Inklusionen zu übertragen. Jede Überlegung ist reversible Konstruktion, und es gibt ebenso viele verschiedene Überlegungen wie Konstruktionstypen. Selbst im Fall von Überlegungen, die sich, wie in diesem Beispiel, ausdrücklich auf ein reines Spiel von Klassifikationen beziehen, stellt sich das Denken keineswegs dar als ein statisches Einschachteln von Elementen, sondern als ein System aktiver Gruppierungs- und Dissoziations-Operationen, kurz gesagt, als ein wirkliches und kontinuierliches Konstruieren. Ebenso wie eine arithmetische, algebraische oder geometrische Überlegung darin besteht, Dinge (Zahlen, Symbole oder Figuren) mit Hilfe von Rechnungs-Operationen oder von räumlichen Konstruktions-Operationen zu kombinieren, so besteht eine klassifikatorische Überlegung darin, die Dinge mit Hilfe der Operationen der Klassen-Berechnung (logische Addition und Multiplikation usw.) zu gruppieren und so die Dinge und die Klassen in hierarchistischen Systemen zu gruppieren oder zu dissoziieren. So bedeutet bei unserem Problem das gleichzeitige Denken an die braunen Perlen und an die Holzperlen für das Kind die Vereinigung der Dinge und dann deren Dissoziation zwecks Rekonstruktion einer anderen Vereinigung, da jedes Element zugleich an der einen wie an der anderen Konstruktion beteiligt ist. Ebenso bedeutet das Koordinieren der Größen- und Längenrelationen usw. die Konstruktion einer wirklichen Serie (die braune Kette) und dann deren Auflösung zwecks Rekonstruktion einer anderen Serie mit zwei zusätzlichen Elementen.

Es zeigt sich also deutlich, daß das klassifikatorische Denken auf solche Art aktiv und operatorisch ist. Die Erklärung der Inklusions-Schwierigkeiten lediglich durch die Unfähigkeit, zwei oder mehr Gegebenheiten auf einmal zu bedenken, berührt also nur die Oberfläche der Dinge, d. h., sie beschränkt sich darauf, im Bereich des Bewußtseins das Hervortreten der darunterliegenden Operationen festzustellen. Die tiefere Wahrheit ist das Fehlen der Beweglichkeit, die erforderlich ist, die Operationen durchzuführen, sie zu kombinieren und zu dissoziieren, um simultane Konstruktionen und Rekonstruktionen wahrzunehmen. Mit Ausdrücken der Reversibilität müssen also die Synthese-Schwierigkeiten beschrieben werden, und das bedeutet einfach, wenn man so sagen darf, die Hinzufügung einer dritten Dimension zu einem ebenen Bild oder die Mobilisierung der statischen Ausdrücke der Beschreibung.

So stellen wir abschließend fest, daß die Konstruktion der Klassen, psychologisch gesehen, der Konstruktion der Zahlen keineswegs heterogen ist, sondern von einem ähnlichen operatorischen Mechanismus herrührt. Es bleibt zu untersuchen, welche Relationen zwischen diesen beiden Prozessen bestehen.

4. Die additive Komposition der Klassen und der Zahlbegriff

Die vorgenannten Tatsachen belehren uns offensichtlich, daß der der Klasse und der Zahl gemeinsame Mechanismus gebildet wird von den Additions- und Multiplikations-Operationen. Untersuchen wir also, wie Klassen gruppiert werden müssen, um zu normalem Funktionieren zu gelangen — inwiefern die „Gruppierung" der Klassen sich unterscheidet von den „Gruppen" der Zahlen und welches das Verhältnis dieser beiden Systeme zueinander ist.

Zunächst leuchtet ein, daß die beiden Gleichheiten, die die Lösung des in diesem Kapitel untersuchten Problems der Perlen bedingen, also: A + A'

= B und: A = B − A', die Elemente jeder additiven „Gruppierung" von Klassen darstellen und daß man nach Erwerb dieser Elemente folgende Gleichheiten komponieren kann (wenn die Klasse B in C und die Klasse C in D eingeschlossen ist usw.): B + B' = C; C + C' = D usw. Die inversen Operationen sind dann: D − C' = C; D − C = C'; C − B' = B oder: C − B = B' usw. Diese Gleichheiten sind assoziativ, lassen sich also untereinander addieren oder subtrahieren. Im Gegensatz hierzu spielt jedes Glied die Rolle einer identischen Operation im Verhältnis zu sich selbst und zu denen höherer Ordnung desselben Zeichens, da A + A = A und A + B = B ist[*]. Diese Besonderheit, die die logischen „Gruppierungen" den „Gruppen" ganzer Zahlen (1 + 1 = 2 und: 1 + 2 = 3 usw.) gegenüberstellt, zeigt ohne weiteres den grundlegenden Unterschied zwischen Klassen und Zahlen, da erstere die „Wiederholung" („Iteration") nicht kennen, die die letztere kennzeichnet.

Worin besteht aber nun dieser Unterschied unter psychologischen Gesichtspunkten? Die Klasse A wird (wenn wir das Beispiel mit den braunen Perlen wieder aufgreifen) definiert durch die Vereinigung der Individuen, die gemeinsam die Qualität a („braun") besitzen, aber es versteht sich von selbst, daß außer im Falle eines Übereinkommens, das mit der Logik der Klassen nichts zu tun hat, die Zahl dieser Individuen in keiner Weise festgelegt ist, ebensowenig wie die der Klasse A', von denen man lediglich weiß, daß sie durch die Eigenschaft a' gekennzeichnet sind. Wenn A + A' = B ist und wenn die Klassen A und A' wenigstens ein Individuum enthalten, weiß man nur, daß die Klasse B mehr Individuen enthält als die Klassen A oder A' und daß die Qualität b, die diese Individuen kennzeichnet, allen A und allen A' gemeinsam ist, d. h., daß alle A und alle A' auch B sind, aber daß kein A auch A' ist und umgekehrt. Außerhalb der intensiven Quantifikationen A < B oder: B > A', der Gleichheit A + A' = B und der Ausdrücke „ein", „kein", „alle" und „einige" kennt die Extensionsklasse also keine Quantität, und sie kennt nicht die der Zahl eigentümliche extensive Quantifikation. Der Grund ist klar: Um ansetzen zu können, daß A + A = 2 A ist, müßten die erste Klasse A und die zweite Klasse A' untereinander quantitativ vergleichbar sein. Außer im Falle einer Übereinkunft weiß man nun aber nicht, ob A > A' ist, oder A < A', oder ob die Zahl der Individuen in A und in A' dieselbe ist. Wenn man andererseits A + A ansetzt (im logischen, nicht im numerischen Sinn, d. h. als zwei durch dieselbe Qualität a gekennzeichnete Klassen von In-

---

[*] Vgl. unseren Artikel „Le groupement additif des classes" in: „Compte − rendu des séances de la Société de Physique et d'Histoire naturelle de Genève", vol. 58 (1941), p. 107−112.

dividuen), bilden diese beiden Klassen nur eine: $A + A = A$ (nicht: 2 A). Wie sind dann aber Klassen in Zahlen umzuwandeln? Um die Dinge zu vereinfachen, betrachten wir die Klassen A, A', B', C' usw... als Einzel-Klassen, d. h. so, als ob sie jeweils nur ein einziges Individuum enthielten, während nur die Klassen der Ordnung B, C, D usw. aus mehreren Gliedern zusammengesetzt seien. So wäre z. B. A = eine runde braune Holzperle; A' = eine runde, aber nicht braune Holzperle; B' = eine runde Perle, aber nicht aus Holz; C' = eine viereckige Perle; D' = eine Spielmarke; E' = eine Bohne usw. Daraus folgt: $(A + A' = B)$ = die runden Holzperlen; $(B + B' = C)$ = die runden Perlen; $(C + C' = D)$ = die Perlen; $(D + D' = E)$ = die Perlen und die Spielmarke; $(E + E' = F)$ = die auf den Tisch gelegten Versuchsobjekte. Die Frage lautet also: welches sind die Operationen, die notwendig sind, dieser Klassifikation die Zahlen 1, 2, 3 ... 6 zu entnehmen?

Schalten wir zunächst die klassische und allzu einfache Lösung aus, mit deren Hilfe Russell das Problem lösen wollte und deren Unzulänglichkeit die Kapitel III und IV gezeigt haben. Bekanntlich haben für Russell und die Logistiker, die seiner Ansicht gefolgt sind, zwei Klassen dieselbe Zahl, wenn ihre Elemente einander in zwei-eindeutiger und wechselseitiger Weise entsprechen. Nehmen wir einen anderen Tisch, auf dem sich ein genau gleiches Spiel von Gegenständen befindet. Dann ist A_2 eine runde braune Perle aus Holz; A'_2 eine runde Perle aus Holz, aber nicht braun; dann folgen B'_2; C'_2 ... E'_2. Diese beiden Gruppen F_1 und F_2 korrespondieren also zwei-eindeutig und wechselseitig. Aber von welcher Korrespondenz wird hier geredet? Wenn man auf der Ebene der Logik der Klassen bleibt, auf der sich die Vereinigung der Dinge gemäß ihren Qualitäten vollzieht, so ist klar, daß die Klasse A_1 der Klasse A_2 entspricht; ebenso entspricht A'_1 der Klasse A'_2; B'_1 entspricht B'_2; C'_1 entspricht C'_2 usw., aber es wäre falsch zu sagen, daß die viereckige Perle C'_1 mit der Spielmarke D'_2 korrespondiert oder daß die runde Porzellanperle B'_1 der Bohne E'_2 entspricht: Die qualitative Korrespondenz der beiden Klassen F_1 und F_2 bedeutet lediglich, daß diese beiden Klassen dieselbe hierarchische Struktur und dieselbe klassifikatorische Komposition, aber nicht dieselbe Zahl aufweisen. So konnten wir in den Kapiteln III–IV die Existenz verschiedener Arten qualitativer Korrespondenzen feststellen, gemäß der räumlichen Position der Dinge usw., jedoch ohne numerische Bedeutung. Wenn ein Anatom die Skelettstücke der Säugetiere denen der anderen Klassen von Wirbeltieren entsprechen läßt, führt er ebenfalls eine Operation qualitativer, aber nicht mathematischer Korrespondenzbildung durch. Wenn wir jedoch festsetzen, daß jedes beliebige Element von F_1 mit jedem beliebigen Element von F_2 korrespondieren kann (A_1 entspricht

D_2 oder A'_1 entspricht B'_2), dann haben wir das Recht, den Schluß zu ziehen, daß F_1 numerisch mit F_2 in zwei-eindeutiger und wechselseitiger Weise korrespondiert und daß diese Korrespondenz die Zahl 6 definiert. Allerdings ist diese Zahl nicht eine „Klasse von Zahlen", sondern das Ergebnis einer neuen Operation, die von außen eingeführt wurde, ohne daß sie irgendwie aus der Logik der Klassen als solcher abgeleitet worden wäre. Um diese „beliebige" oder „quantifizierende" Korrespondenz durchzuführen, mußte in der Tat zuvor von allen in Betracht kommenden Qualitäten, d. h. eben von den Klassen, abstrahiert werden.

Um die Klassen F_1 und F_2 in Zahlen umzuwandeln, ist es also erforderlich — und zwar ist das die erste Bedingung —, ihre Glieder A; A'; B' ... usw. als unter allen zur gleichen Zeit betrachteten Gesichtspunkten äquivalent anzusehen. Das steht nun im Widerspruch zu dem, was wir soeben von den Klassen als solchen behauptet haben. Nehmen wir an (es genügt von nun an, lediglich über F_1 Überlegungen anzustellen), wir abstrahierten von den Differenzen zwischen A und A': dann deckte sich die Klasse B noch nicht ohne weiteres mit der Zahl 2, sondern nur mit der Vereinigung der „runden Holzperlen", unabhängig von ihren Farbunterschieden. Wenn wir die Differenz zwischen A und A' wiederherstellen, sind A und A', für sich betrachtet, nicht mehr äquivalent, sondern nur noch unter dem Gesichtspunkt der Klasse B. Damit die Klasse B der Zahl 2 gleichwertig werde, ist es also erforderlich, daß B die Vereinigung eines beliebigen Paares (A und A') oder (A und E') oder (B' und C') usw. darstelle. Dann aber ergibt sich A = A' = B' = C' = D' = E', und diese ihrer Unterschiede beraubten Dinge bilden lediglich eine beliebige homogene Klasse (= die auf dem Tisch liegenden Dinge). Kurz, wenn man sagt: A = A' = 2 Dinge; oder: A + A' + B' = 3 Dinge; oder A + A' + B' + C' + D' + E' = 6 Dinge usw., so betrachtet man diese Elemente als ebenso viele untereinander äquivalente Einheiten, die aber voneinander unterschieden bleiben, und diese doppelte Bedingung ist auf das Schema der additiven Komposition der Klassen nicht anwendbar, solange man keine neue Operation vornimmt.

Daraus ergibt sich die zweite Bedingung: Es ist nötig, daß die äquivalenten Glieder voneinander unterschieden bleiben. Wenn man sagt: A + A' = 2 Perlen, so behauptet man: A = eine beliebige Perle und A' = eine andere Perle, die ebenfalls beliebig ist, aber von der ersten unterschieden bleibt. Worin besteht dieser Unterschied? Wir können nicht mehr die Farbunterschiede oder irgendeine andere qualitative Differenz anführen, ohne zurückzufallen in das rein klassifikatorische Schema, das eben besprochen wurde und das in der Addition von Klassen und nicht von Zahlen besteht. „Eine andere Perle" bedeutet also nur „danebengelegt", „später in Erscheinung tretend", „später bezeichnet" usw. Das heißt also, daß zusätzlich zu der Inklusion A + A' = B, die den Klassen eigentümlich ist, ein Prinzip der Reihenbildung (A → A') hinzutreten muß (wobei es sich von selbst versteht, daß die bei einer Platzänderung umgekehrten Elemente wiederum A → A' ergeben, da das neue A das alte A' und das neue A' das alte A ist). Die Reihenbildung ist, wie wir in den Kapiteln V und VI gesehen haben, in der Tat nichts anderes als eine Addition von Differenzen, im Gegensatz zu der Addition der Klassen, die eine Addition von Elementen ist, die unter einem gegebenen Gesichtspunkt äquivalent sind: Die Reihe $A \overset{a}{\to} B \overset{a'}{\to} C \ldots$ usw. bedeutet, daß B sich von A, C sich von B und von A unterscheidet usw., während A + A' = B bedeutet, daß A und A' äquivalent sind, insofern sie zu B gehören.

Diese beiden Bedingungen sind also notwendig und hinreichend, die Zahl entstehen zu lassen. Wenn A + A' = B ist und wenn gleichzeitig B = A − A' ist (wobei A und A' „stellvertretend" [vikariierend] sind, d. h., daß ihre Inhalte untereinander ausgetauscht werden können), dann ist B = A + A = 2 A. Das bedeutet, daß eine Zahl zugleich eine Klasse und eine asymmetrische Relation ist, wobei die Einheiten, die sie zusammensetzen, simultan addiert werden, insofern sie äquivalent sind, und aufgereiht werden, insofern sie voneinander verschieden sind. In qualitativer Logik ist nun die operatorische Verschmelzung dieser beiden Merkmale unmöglich, denn die Addition der Klassen ist kommutativ, da die zu addierenden Glieder äquivalent sind, während die Addition der asymmetrischen Relationen oder die Reihenbildung nicht kommutativ ist, da die Glieder nicht äquivalent sind. Im Gegensatz hierzu ergibt sich die Zahl sowohl aus der verallgemeinerten Äquivalenz wie aus einer verallgemeinerten Reihenbildung (die verallgemeinert ist, weil sie vikariierend ist): Die erste Einheit von 2 ist z. B. der zweiten Einheit äquivalent, und wenn man ihre Reihenfolge ändert, wird die zweite die erste und umgekehrt[*].

Das ist die allgemeine Bedeutung der verschiedenen Egalisierungsprozesse der Differenzen, deren Vorhandensein wir während der vorherigen Kapitel festgestellt haben. Wenn eine asymmetrische Relation → aus zwei aufeinanderfolgenden Relationen $\overset{b}{\to} = \overset{a}{\to} + \overset{a'}{\to}$ besteht, so erscheint die extensive oder numerische Quantifikation, sobald $a' = a$ ist oder sobald a' ein Vielfaches von a ist, denn dann werden die Glieder a' und a zu 2 a, gleichzeitig voneinander unterschieden und äquivalent, während in der qualitativen Logik kein gemeinsames Maß zwischen den nur aufgereihten Differenzen einer asymmetrischen Stufenfolge besteht.

* Vgl. unser Referat über das Verhältnis zwischen logischer Klasse und Zahl, in: „Compte rendu − des séances de la Société de Physique et d'Histoire naturelle de Genève", vol. 58, Sitzung vom 18. April 1941.

Kurz gesagt: Man versteht so, warum die additive Hierarchie der Klassen, die Serienbildung der Relationen und die operatorische Verallgemeinerung der Zahl (d. h. die Konstruktion der die anschaulichen ganzen Zahlen 1, 2, 3 bis 4 oder 5 übersteigenden Zahlbegriffe) ungefähr synchron im Alter von 6 bis 7 Jahren auftreten, in dem Augenblick nämlich, da das Denkvermögen des Kindes das anfängliche vorlogische Niveau zu übersteigen beginnt. Die Klasse, die asymmetrische Relation und die Zahl sind 3 komplementäre Manifestationen derselben operatorischen Konstruktion, die entweder auf die Äquivalenzen oder auf die Differenzen oder auf die miteinander vereinigten Äquivalenzen und Differenzen angewendet wird. In dem Augenblick, da das Kind imstande ist, die anfänglichen anschaulichen Wertungen beweglich zu gestalten, erreicht es das Niveau der reversiblen Operation und wird gleichzeitig fähig, einzuschließen, aufzureihen und abzuzählen.

Es versteht sich von selbst, daß dieser Synchronismus sich logisch erklären läßt, wenn die Zahl eine Klasse und eine asymmetrische Relation ist, die zu einem einzigen operatorischen Ganzen verschmolzen werden. Aber er läßt sich auch psychologisch, und zwar auf eindeutige Weise, erklären: Da jede Zahl eine Ganzheit ist, die aus der Vereinigung äquivalenter und voneinander unterschiedener Glieder besteht, muß man sowohl einschließen wie aufreihen können, wenn man die Zahl konstituieren will. Darüber hinaus setzt die den Klassen (A < B < C usw.) eigentümliche intensive Quantifikation, wenn sie auch nicht die einzelnen Zahlen zu ihrer Vollendung benötigt, doch zum mindesten die Fähigkeit voraus, diese einzelnen Zahlen zu konstruieren, denn sonst verlieren die Extensions-Verhältnisse jeden konkreten Sinn. Daher zeigen uns alle in diesem Kapitel behandelten Tatsachen, daß die Zahl die Klasse in sich schließt und die Klasse sich ihrerseits implicite auf die Zahl stützt, und zwar wie auf eine konstante virtuelle Referenz, die dem Extensionsnetz zugrunde liegt*.

---

* *Refia Mehmed Semin*, die dieselben Versuche in türkischer Sprache mit türkischen Kindern (vor allem in Istanbul) wiederholt hat, kam zu Ergebnissen, die unseren Ergebnissen weitgehend analog sind.

KAPITEL VIII

Die additive Komposition der Zahlen
und die arithmetischen Beziehungen des Teils zum Ganzen*

Im vorigen Kapitel konnten wir feststellen, daß die logische Inklusion einer Klasse in eine andere für das Kind während der beiden ersten Stadien der Konstruktion des Zahlbegriffs eine systematische Schwierigkeit bedeutet, und zwar, weil es in Ermangelung einer additiven Komposition nicht imstande ist, die Teile und das Ganze simultan zu betrachten. Ein solches Problem findet naturgemäß seine Entsprechung im Bereich der numerischen Gruppen, bei denen das Problem der arithmetischen Vereinigung der Teile desselben Ganzen eine der grundlegenden Operationen darstellt, die den Zahlbegriff selbst entstehen lassen: d. h. das Problem der Addition. Im Unterschied zur Addition der Klassen, die die Iteration nicht kennt (A + A = A) erzeugt eine mit sich selbst addierte Zahl eine neue Zahl (A + A = 2 A). Es ist also von wesentlicher Bedeutung für uns, nun zu überprüfen, ob die additive Komposition der Teile zu einem Ganzen im Fall der Zahl (wie wir im vorigen Kapitel vermutet haben) zu Schwierigkeiten führt, die zu den Schwierigkeiten bei der Klassen-Inklusion parallel verlaufen, oder ob die unter diesem Gesichtspunkt zu erkennenden Schwierigkeiten ausschließlich logischer Natur sind. Eben hierdurch können wir die Analyse der Konstruktion des Zahlbegriffs fortführen, wobei wir über die Gegebenheiten der Korrespondenzbildung hinausgehen, um die Rolle des additiven Operations-Mechanismus selbst zu untersuchen.

1. Die angewendeten Verfahren und allgemeine Ergebnisse

Um diese additive Komposition numerischer Art zu untersuchen, verwenden wir nacheinander drei parallele Methoden. Die erste zielt auf die Feststellung, ob das Kind fähig ist, die Gleichheit eines Ganzen durch verschiedene additive Kompositionen seiner Teile hindurch zu begreifen: (4 + 4) = (1 + 7) = (2 + 6) = (3 + 5). Man erklärt dem Kind, daß seine Mutter ihm 4 Bonbons gibt (und man legt 4 Bohnen als Quadrat hin) für sein „10-Uhr-Frühstück" und vier andere (idem) für „vier Uhr"; am

---

* In Zusammenarbeit mit *Tatiana Katzaroff-Eynard* und *Zoé Trampidis*.

nächsten Tag bekommt es ebenso viele (man legt gleichfalls zwei Quadrate aus je 4 Bohnen hin), aber da es an einem dieser Tage um 10 Uhr weniger Hunger hat als um 4 Uhr, ißt es an diesem Tag morgens nur 1 Bonbon und alle anderen am Nachmittag: Man verlagert also vor den Augen des Kindes 3 Bonbons des dritten Quadrats und fügt sie dem vierten hinzu, und man läßt es die Haufen: (4 + 4) und: (1 + 7) miteinander vergleichen, wobei man fragt, ob es an beiden Tagen gleich viel ißt oder nicht. Hierbei betrachtet man drei aufeinanderfolgende Typen von Antworten. Während des ersten Stadiums besteht zwischen den beiden Mengen (7 + 1) und (4 + 4) keine Äquivalenz. Für die Versuchspersonen des dritten Stadiums besteht Äquivalenz, und zwischen beiden Stadien stellt man Übergangsreaktionen fest (zweites Stadium), bei denen die Gleichheit nicht durch additive Komposition, sondern durch vorhergehende Nachprüfung (durch Korrespondenz oder durch Zählung) konstruiert wird. Dieses erste Verfahren gestattet also auf Anhieb die Feststellung, daß für diese Kinder eine numerische Ganzheit mit dem Kardinalwert 8 sich nicht aus additiver Komposition ergibt, sondern daß sie aus einem anschaulichen Ganzen besteht oder aus ebenso vielen globalen Mengen, wie Teile „en bloc" wahrgenommen wurden, wobei die Summe dieser Teile noch keine Bedeutung besitzt.

Angesichts dieser Gegebenheiten kann eine zweite Frage aufgeworfen werden. Die Gesamtheiten weisen, bevor sie Summen addierter Teile bilden, jene doppelte Eigenschaft auf, zugleich starr und zerbrechlich zu sein (starr, weil sie global wahrgenommen werden, und zerbrechlich, weil sie, „en bloc" wahrgenommen, sich auflösen, ohne bestehenzubleiben). Was geschieht aber, wenn man zwischen zwei Ganzheiten Umtausche derart vornimmt, daß das Kind selber von der ersten einen Teil fortnimmt, um ihn der zweiten hinzuzufügen? Dieses Spiel mit kombinierten Additionen und Subtraktionen ergibt sich spontan, wenn man das Kind auffordert, zwei ungleiche Quantitäten aneinander anzugleichen, und es gestattet uns, unter einem neuen Gesichtswinkel das additive Verhältnis der Teile zum Ganzen zu analysieren.

Zu diesem Zweck legt man dem Kind zwei Gruppen vor, z. B. 8 und 14 Spielmarken, und man fordert es auf: „Richte es so ein, daß das ebensoviel Spielmarken gibt!" oder, „daß in den beiden Haufen ebensoviel ist" — (oder schließlich: daß in den beiden Haufen „genausoviel" — „la même chose beaucoup" — ist, entsprechend dem Wortschatz der Versuchsperson selbst). Wenn sich nicht von vornherein Interesse und Aktivität zeigen, erzählt man eine Aufstellungs-Geschichte, um das Kind anzuregen. Wenn die Versuchsperson ihre Egalisierungsversuche beendet hat, läßt man zunächst den Sachverhalt bestätigen („Ist es jetzt dasselbe?"), und dann, wenn die Fehlschläge andauern, geht man zu kleineren Quantitäten über oder zu einer einfacheren Teilungsfrage. In der Tat sind die Egalisierungs-Operationen als solche unzureichend für eine vollständige Analyse der additiven Komposition, und es ist erforderlich, sie mit der komplementären Teilungs-Operation zu vergleichen.

Die erzielten Ergebnisse sind, grob gesagt, folgende: Während des ersten Stadiums begreift das Kind nicht, wenn es dem kleinen Haufen einige Spielmarken hinzufügt, daß es eben dadurch dem großen Haufen Spielmarken entnimmt: Es ist also nicht imstande, die beiden Gruppen im Verhältnis zueinander zu begreifen, und außerdem wertet es sie auf bloß globale Weise. Während eines zweiten Stadiums bringt das Kind es fertig, sie zueinander in Beziehung zu bringen, aber nun auf anschauliche Weise und mit Hilfe von Figuren, die es durch sukzessive empirische Versuche einander angleicht. Während des dritten Stadiums verfährt das Kind endlich auf dem Wege der operatorischen Korrespondenz und Komposition.

Das dritte Verfahren, das die beiden ersten nur vervollständigt, ist das der Teilung: „Du siehst diese Spielmarken. Es müssen zwei Teile gemacht werden, einer für dich und der andere für diese Dame, und ihr sollt beide gleich viel besitzen." Die festgestellten Stadien verlaufen parallel zu den vorhergehenden.

2. Die Beziehungen zwischen den Teilen und dem Ganzen und die Kompositionsveränderungen der Teile

Während der Kapitel III—IV haben wir analysiert, wie das Kind allmählich die ursprünglichen Wertungsverfahren, die auf der räumlichen Wahrnehmung der Gruppen beruhten, ersetzt durch die qualitative Korrespondenz und sodann durch die Korrespondenz mit quantifizierender Äquivalenz. Es ist notwendig, sich diese Ergebnisse ins Gedächtnis zurückzurufen, um das zu begreifen, was nun folgt, weil das Kind die beiden Mengen von $(4 + 4)$ und $(1 + 7)$ nur dank dieser Quantifikations-Methoden miteinander vergleichen kann.

Die erste Etappe, die dem ersten der bisher untersuchten Stadien entspricht, und zwar im besonderen dem Stadium, in dem zwei Teilklassen nicht auf permanente Weise in ein invariantes Ganzes eingeschlossen werden können (Kapitel VII), wird gekennzeichnet durch die Tatsache, daß die Versuchspersonen weder die Gleichheit der miteinander zu vergleichenden beiden Mengen begreifen (Summe I = $4 + 4$; Summe II = $7 + 1$) noch die Permanenz der zweiten Gesamtheit durch die Veränderungen der Aufteilung ihrer Elemente hindurch verstehen. Hierfür zwei Beispiele:

GIN (5;9). „Ist für die beiden Tage, hier (I) und da (II), gleich viel zu essen? – *Nein, da* (II) *ist mehr.* – Warum? – *Es gibt einen dicken Packen* (7) *und einen kleinen* (1). *Da* (I) *gibt es 4 und 4.* – Aber das (7) und das (1) ist zusammen ebensoviel wie da (I)? – *Nein, weil es da* (7) *mehr davon gibt.*"

AN (6;11). „Ist das gleich viel, dies (I) und das (II)? – *Nein, da* (II. 1) *ist 1 und da* (I. 4) *gibt es 4.* – Wieviel Bonbons gab es hier (II) vorher? (Man stellt die beiden Quadrate aus 4 Bonbons wieder her, dann nimmt man von neuem, vor den Augen des Kindes, 3 Bonbons aus dem ersten der beiden Quadrate fort, um sie den 4 Bonbons des zweiten hinzuzufügen.) Ist das nicht gleich viel, das (II) und das (I). – *Aber nein, jetzt gibt es hier* (II) *nur einen und da* (I) *4.* – Kann man hier (II) wieder 4 und 4 machen? – *Ja.* (Er tut es.) – Ißt du gleich viel an den beiden Tagen (4 + 4)? – *Ja.* – Und jetzt (man stellt 7 + 1 wieder her)? – *Nein, weil es hier weniger gibt* (II)."

Diese für das erste Stadium kennzeichnenden Antworten sind leicht zu deuten. Einerseits sieht das Kind die Ganzheit II nicht als dauerhaft an, obgleich es selber 3 Bonbons fortgenommen und die Struktur 4 + 4 in eine Struktur 7 + 1 verwandelt hat oder gesehen hat, daß man das vor seinen Augen tat. Andererseits hilft ihm der Vergleich der Struktur 7 + 1 mit der Gesamtheit I (4 + 4) nicht, diese Permanenz des Ganzen zu entdecken. Es handelt sich also hier nur um die Wiederholung der in jeder Form in den Kapiteln I—IV festgestellten Phänomene, mit dem einen Unterschied, daß das Kind im besonderen Fall aufgefordert wird, das Invarianz-Problem durch eine einfache Addition der betreffenden Elemente zu lösen. Wenn es dazu nicht imstande ist, so deswegen, weil es sich wieder einmal von den Wahrnehmungsverhältnissen leiten läßt, anstatt diese mit Hilfe operatorischer Relationen zu berichtigen. Daher glaubt es, wenn es die Gruppe I (4 + 4) mit der Menge 7 oder mit dem einzelnen Element 1 vergleicht, die zusammen die Gruppe II bilden, daß II mehr enthält, weil es da „einen dicken Packen gibt" (7 > 4), oder daß es weniger enthält, weil 1 < 4 ist. Immerhin begreifen die Versuchspersonen wohl, daß man die vereinigten Teile (7 + 1) mit der Menge (4 + 4) vergleichen muß: Gin sagt z. B.: „Es gibt einen dicken Packen (7) und einen kleinen (1). Da (I) gibt es 4 und 4." Sie bleiben darum nicht minder den alleinigen Kriterien der unmittelbaren Wahrnehmung verhaftet, ohne zu versuchen, die operatorische Summe 7 + 1 = 8 zu bilden, um sie mit der aus 4 + 4 zu vergleichen.

Im zweiten Stadium dagegen bringt es das Kind, das zunächst dieselben Reaktionen zeigt, allmählich fertig, festzustellen (oder es wird einsichtig für den Einwand), daß die beiden Ungleichheiten 7 > 4 und 1 < 4 sich vielleicht kompensieren.

DINI (6;6). „Ißt du an beiden Tagen gleich viel an Bonbons? – (Er denkt lange nach.) *Nein, hier* (I) *ist weniger, weil hier* (II.7) *mehr ist.* – Aber hier (II.1) ist weniger. Also? – (Sehr erstaunt.) *Also hat man mehr.* (Er zeigt auf II.7 und auf II.1) – Warum? – *Weil das* (II.7) *mehr ist.* – Wie hat die Mutter das gemacht? (Man stellt in II die 4 + 4 wieder her, und er nimmt 3 Bonbons fort, um 7 + 1 wiederherzustellen.) Ißt du also an beiden Tagen gleich viel? – *Nein, weil hier* (II.7) *mehr und da* (I.4) *weniger ist, und hier* (I.4) *und da* (II.1) *weniger.* – Also? – (Das Gesicht des Kindes drückt Überraschung aus, da es entdeckt, daß, je nachdem ob man die eine oder die andere der beiden Figuren 7 oder 1 betrachtet, die die Menge II bilden, in II mehr oder weniger gefunden wird als in I.) *Ah, ich glaube, hier* (I) *ist mehr!* – Warum? – ... – Aber einmal sagst du, hier (II) ist mehr, und ein andermal sagst du, da (I) ist mehr? – (Das Kind betrachtet die beiden Summen lange und spricht dann mit bewegtem Ton:) *Das ist alles beides gleich viel!* – Wie hast du das herausgefunden? – *Ich habe gut hingeschaut und gesehen, daß man 3* (von den 7 aus II.7) *hierhin* (in II.1) *legen konnte.*"

RIQ (7;0). „Macht das gleich viel zusammen, dies (II) und das (I)? – *Nein.* – Wo gibt es am meisten Bonbons? – *Da* (II). – Warum? – *Da* (I) *gibt es 4 und 4 und da* (II) *gibt es das* (7) *und das* (1)." Sobald aber Riq diese Behauptung formuliert hat, scheint er zu zögern: Er betrachtet aufmerksam die Figuren von II und legt selber langsam, Stück für Stück, die 3 Spielmarken von II.7 beiseite und fügt sie zu II.1: *„Das ist alles beides gleich viel. Das macht in beiden Fällen 4 und 4 Bonbons."*

Man sieht die Bedeutung dieser Fälle. Das Kind reagiert zunächst wie die Versuchspersonen des ersten Stadiums: Die Summe II hört in dem Maße auf, eine permanente Gesamtheit zu bilden, wie ihre Teile verschieden verteilt werden, und sie wird als zahlenmäßig größer oder geringer angesehen als die Summe I, je nachdem ob sich die Aufmerksamkeit der Versuchsperson auf die Unter-Summe 7 oder auf die Unter-Summe 1 der Spielmarken richtet. Zu Beginn gibt es also weder Addition der Elemente 7 + 1 noch infolgedessen Unterordnung der Teile unter das Ganze. Im Gegensatz hierzu bemerkt das Kind, spontan oder auf Grund einer Anregung, in einem bestimmten Augenblick, daß die Menge 7 + 1 zugleich größer und kleiner zu sein scheint als die Menge 4 + 4, je nachdem ob man vor Augen hat: $7 > 4$ oder: $1 < 4$, während das Kind im ersten Stadium diesem Einwand gegenüber verständnislos blieb. Dieser doppelte simultane Vergleich, der bei Dini ausdrücklich vorgenommen wird, vollzieht sich bei Riq stillschweigend, aber nicht minder deutlich. Und in diesem Augenblick wird das Kind, durch diese Interferenz der Relationen dazu gezwungen, veranlaßt, sie zu einem Ganzen zu koordinieren. Im Kapitel IV haben wir gesehen, wie das Kind entdeckt, daß eine Reihe, die länger wird, unter dem Gesichtspunkt der Summe ihrer Glieder identisch bleibt (weil diese um ebensoviel auseinanderrücken und die Längen- und Dichte-Relationen interferieren anstatt sich zu verdoppeln). Ebenso sehen wir jetzt, wie das Kind, wenn es die ursprüngliche Form einer Gruppe mit ihren späteren Transformationen vergleicht, bemerkt, daß die Vermehrung der Elemente einer der beiden Unter-Summen die Verringerung der Elemente der anderen ausgleicht. So ermöglicht die Koordinierung dieser Relationen die Herausarbeitung einer permanenten Gesamtheit und eben dadurch die Unterordnung der Teile unter ein wirkliches Ganzes. Daraus ergibt sich die praktische Nachprüfung, die Riq durch die Verlagerung von 3 Elementen aus II. 7 nach II. 1 dazu führt, die Menge 4 + 4 wiederherzustellen.

Dieser Übergang von der anschaulichen Varianz zur operatorischen Invarianz macht es uns möglich, einerseits der Entstehung der Addition beizuwohnen und andererseits den Unterschied zu begreifen, der diese arithmetische Addition der logischen Addition der Klassen gegenüberstellt, von der im vorhergehenden Kapitel die Rede war.

Die Addition ist eine reversible Operation. Sie steht also erst in ihren Anfängen, wenn das Kind, wie im ersten Stadium, nicht begreift, daß eine Gesamtheit B, auch wenn sie in zwei Teile gespalten ist (A und A'), immer noch dieselbe Gesamtheit bleibt. Die additive Operation wird im Gegensatz hierzu dann konstituiert, wenn einerseits die zu addierenden Teile in einem Ganzen vereinigt werden und wenn andererseits dieses Ganze als invariant angesehen wird, unabhängig von der Aufteilung seiner Teile.

Bezüglich dieser Aufteilung kann an Hand unseres Beispiels leicht überprüft werden, ob die Kriterien, die wir gegen Ende des vorigen Kapitels angewendet haben, um die arithmetische Addition von der Addition der Klassen zu unterscheiden, richtig sind. Bezeichnen wir mit B_1 die Klasse der Bohnen der Menge II in ihrer ersten Verteilung (4 + 4) und mit A_1 und A'_1 die beiden Teil-Mengen 4 und 4. Bezeichnen wir mit B_2 dieselbe Menge II in ihrer zweiten Verteilung (1 + 7); dann ist A_2 die Teil-Menge 1 und A'_2 die Teil-Menge 7. Während des ersten Stadiums vermag das Kind nicht alle diese in Betracht kommenden Relationen zu koordinieren, selbst wenn es auf der qualitativen Ebene bleibt: Bald stellt es fest, daß $A_1 > A_2$ ist, und schließt daraus, daß $B_1 > B_2$ ist, bald stellt es fest, daß $A'_1 < A'_2$ ist, und schließt daraus, daß $B_1 < B_2$ ist, wobei die beiden Feststellungen richtig, die Schlußfolgerungen aber unrichtig sind, da die Koordinierung zwischen diesen beiden Relationen fehlt. Bei Beginn des zweiten Stadiums ist das Kind in der Lage, gleichzeitig festzustellen, daß $A_1 > A_2$ ist und daß $A'_1 < A'_2$ ist. Diese Koordinierung bringt es dann zu der Entdeckung, daß, wenn A_2 durch Subtraktion einiger Elemente aus A_1 hervorgeht und wenn A'_2 durch Addition derselben Elemente aus A'_1 hervorgeht, diese beiden Transformationen sich kompensieren. Daraus folgt die Iden-

tität dieser beiden Differenzen* und infolgedessen die logische Identität von B_1 und B_2:
$(A_1 - A_2) = (A'_2 - A'_1)$, und daraus folgt: $A_1 + A'_1 = A_2 + A'_2$, woraus sich ergibt: $B_1 = B_2$.

Eine derartige Koordinierung stellt aber nur eine intensive Quantifikation dar (die den asymmetrischen Relationen und den Extensionsverhältnissen von Klassen eigentümlich ist, sich also einfach in $+$, $-$ oder $=$ ausdrücken läßt) und noch keine extensive oder numerische Quantifikation. Diese Transformationen könnten in der Tat erzielt werden, ohne daß die Elemente gezählt würden: Riq hat z. B. A_1 und A'_1 (4 und 4) richtig gezählt, aber er hat in keinem Augenblick die 7 Elemente von A'_2 gezählt. Im Gegensatz hierzu vollzieht sich der Übergang von der Addition der Klassen zur Addition der Zahlen, sobald A_1, A_2, A'_1 und A'_2 nicht mehr angesehen werden als einfache Gruppen, die jeweils ihre qualitative Individualität besitzen, sondern als Einheiten, die egalisiert werden können, ohne miteinander identifiziert zu werden (Egalisierung der Differenzen), oder die in ihren Ungleichheiten reduziert werden können auf ein als gemeinsames Maß dienendes System von Einheiten. Sobald dank dieser Egalisierung der Unterschiede jede Bohne oder jede Menge von Bohnen eine Einheit wird, die gleichzeitig den anderen Einheiten derselben Rangstufe gleich und von den anderen Einheiten durch ihren Platz in der Reihenfolge unterschieden ist, erhalten in der Tat die Operationen einen numerischen Sinn. Wenn wir als D die Differenz zwischen A_1 und A_2 oder zwischen A'_2 und A'_1 bezeichnen; also: $D = (A_1 - A_2) = (A'_2 - A'_1)$, stellt die Versuchsperson fest:

$$A_1 = A'_1 = (A_2 + D) = (A'_2 - D)$$
$$\text{also: } 4 = 4 = (1 + 3) = (7 - 3)$$

Allgemein gesagt, werden so alle Elemente dieser verschiedenen Gruppen Einheiten, die zugleich äquivalent und unterschieden aufreihbar sind, und das kennzeichnet den Übergang von der intensiven Quantifikation oder Addition der Klassen zur extensiven Quantifikation oder numerischen Addition.

Schließlich zeigt sich ein drittes Stadium, das den dritten Stadien der Kapitel I–VII entspricht und in dem diese numerischen Operationen ohne vorhergehende anschauliche Koordinierungen augenblicklich gelingen.

---

* Diese Identität der Differenzen ist nicht zu verwechseln mit der „Egalisierung der Differenzen". Die Identität ist nur eine Äquivalenz in bezug auf sich selbst, während die Gleichheit eine unter allen Gesichtspunkten gültige Äquivalenz ist: $A = A'$ bedeutet, daß A immer an die Stelle von A' gesetzt werden kann. Die logische Gleichung $A_1 + A'_1 = A_2 + A'_2$ ist also nur eine „Stellvertretung" („Vikarianz").

LAUR (7;3). „Ist das beide Male gleich viel? – *Warten Sie. Da* (7 + 1) *ist es anders angeordnet als da* (4 + 4), *aber es ist gleich viel, weil hier* (II.7) *die 3 von hier* (II.1) *sind.* – Wie viele ißt er? – *Da* (I) *4 und 4 und hier* (II) *zuerst 1 und dann die 5 anderen.* – Warum 5? – *Weil es drei mehr gibt. Ah, nein! Da sind 7. Er hat 8 an beiden Tagen.*" Man sieht, daß Laur einen Rechenfehler macht, woraus deutlich hervorgeht, daß er überlegt und nicht empirisch gezählt hat, aber seine Überlegung ist völlig richtig.

TER (7;6). „Ißt du an beiden Tagen gleich viel? – *Ja.* – Warum? – *Weil es gleich viel gibt.* – Wie viele an jedem Tag? – *8.* – Aber hier (I.4) gibt es vier und hier (II.1) gibt es nur einen? – *Ja, aber man hat die 3 hierhin* (II.7) *getan.*"

Man sieht, das Kind versteht auf diesem Niveau sogleich die Identität der Differenzen (A$_1$–A$_2$) und (A'$_2$–A'$_1$), weil, wie Ter sagt, „man die 3 hierhin getan hat", oder wie Laur meint: „weil hier (A'$_2$) die drei von hier (A$_2$) sind". Andererseits übersetzt die Versuchsperson ebenfalls diese Übertragung ohne weiteres in numerische Ausdrücke (4 + 4) = (1 + 7), ohne das Bedürfnis zur Durchführung einer vorhergehenden qualitativen Überlegung zu empfinden. Kurz gesagt: jede Unter-Menge wird in Beziehung zur anderen begriffen und alle beide in Beziehung zu ihrer Menge. Die betreffenden Relationen bilden von nun an ein operatorisches System derart, daß das Ganze, das invariant geworden ist, aus einer additiven Komposition der Teile entsteht und daß diese Teile, dank der kombinierten Additionen und Subtraktionen, zueinander in Verhältnissen stehen, die einsinnig festgelegt sind.

Es leuchtet andererseits ein, daß das Begreifen der arithmetischen Addition und Subtraktion im allgemeinen alle diese Bedingungen voraussetzt. Man kann sicher selbst die Kinder der vorhergehenden Stadien veranlassen, fertige Formeln aus Additions-Tabellen verbal zu wiederholen, wie z. B. 2 + 2 = 4; 2 + 3 = 5; 2 + 4 = 6 usw. Aber eine wirkliche Assimilierung erreicht man nur dann, wenn die Versuchsperson imstande ist, zu begreifen, daß eine Summe wie 6 eine Ganzheit ist, die die zu addierenden Elemente 2 und 4 umfaßt, und zwar als Teile, und wenn sie die verschiedenen möglichen Kombinationen in eine Gruppe additiver Kompositionen einzuordnen vermag. Sind diese Bedingungen nicht erfüllt, wird die Addition nicht als Operation begriffen: So nimmt das Kind im ersten Stadium, wenn man (4 + 4) in (7 + 1) umwandelt, wohl wahr, daß eine der Teil-Mengen sich vergrößert, aber die anschauliche Wahrnehmung einer Vergrößerung wird nur dann eine Addition, wenn dieser Zuwachs mit einer Subtraktion (4 + 3) + (4–3) = 8 in operatorische Wechselwirkung gebracht wird. Diese Solidarität der direkten Operation mit ihrer Umkehrung wollen wir nun an einem einfachen und typischen Beispiel untersuchen.

3. Die Egalisierung verschieden großer Quantitäten

Das vorhergehende Problem hat uns ein kombiniertes Spiel mit Additionen und Subtraktionen vor Augen geführt, die notwendig sind für die Invarianz eines durch additive Komposition gebildeten Ganzen. Es erschien uns interessant, die Reaktionen des Kindes bei einem ganz analogen Problem zu untersuchen, in dem es sich jedoch darum handelt, von der Ungleichheit der Teile zu ihrer Gleichheit (und nicht mehr umgekehrt) überzugehen, und in dem keine Anspielung mehr auf die Gesamtheit als solche gemacht wird, da es dem Kind überlassen bleibt, die Gesamtheit in der additiven Komposition, zu der man es auffordert, herzustellen oder nicht. Dieses Problem hat nun Ergebnisse gezeigt, die die vorhergehenden zweckmäßig ergänzen. Um sie einzuordnen, erscheint es angebracht, den Gesichtspunkt der vom Kinde befolgten Methode herauszuarbeiten, wodurch es die Egalisierung erreichte oder zu erreichen trachtete und sein Verständnis für den Mechanismus der Additionen und Subtraktionen zu beurteilen.

Unter dem ersten Gesichtspunkt haben sich die Etappen der Egalisierung der Quantitäten als dieselben herausgestellt wie die Etappen ihrer Reproduktion (siehe Kapitel IV, 1 und 2), was die Konstanz der Wertungs- und Kontroll-Verfahren zeigt, die wir in jenem Zusammenhang besprochen hatten. Während eines ersten Stadiums beschränkt sich das Kind, wenn es die ihm vorgelegten Quantitäten von 8 und 14 Spielmarken egalisieren soll, auf die Wegnahme einiger Marken von dem großen Haufen und die Hinzufügung zu dem kleinen, wobei es global, laufend und ohne System die durch diese empirische Übertragung erzielten Ergebnisse miteinander vergleicht. Während des zweiten Stadiums stellt das Kind selber spontan Figuren her, um die beiden Spielmarkengruppen, die es vor Augen hat, miteinander zu vergleichen und zu egalisieren. Diese spontan hergestellten Figuren haben uns veranlaßt, den Mechanismus der Reproduktion und der qualitativen Korrespondenz bei denselben Altersstufen zu untersuchen. (Diese Untersuchung der Egalisierung ging unserer Analyse der Reproduktion voraus.) Während eines dritten Stadiums endlich verfährt das Kind nach eindeutigen und wechselseitigen Korrespondenzen, mit oder ohne laute Zählung und die damit zusammenhängenden Operationen. Aber es versteht sich von selbst, daß die größere Schwierigkeit dieses Problems ein Auseinanderklaffen der Altersdurchschnitte dieser Stadien und der Etappen der Reproduktion mit sich bringt, obgleich die Aufeinanderfolge und die Entwicklungsgesetze dieselben sind.

Unter dem Gesichtspunkt des additiven Mechanismus, der uns hier interessiert, kann man sagen, daß das Kind im ersten Stadium die zwangsläufige Kompensation der Additionen und Subtraktionen nicht begreift, d. h., es erwartet nicht, daß, wenn es dem Haufen A' eine bestimmte Zahl von Elementen hinzufügt, der Haufen A um ebenso viele Elemente verringert wird. Während des zweiten Stadiums wird dieser Ausgleich dem Kind bewußt, aber nur auf der Anschauungs-Ebene, d. h., daß es, abgesehen von den Figuren, keine Möglichkeit mehr besitzt, die Gleichheiten zu überprüfen, und also ebensowenig imstande ist, das Ergebnis der Additionen und Subtraktionen vorauszusehen. Während des dritten Stadiums endlich ist es zu einer operatorischen Handhabung der Verlagerungen und infolgedessen zu einer wohlgeordneten Reversibilität imstande.

Im folgenden Beispiele für das erste Stadium:

JAC (5;0), A = 8; A' = 14. „Wo ist mehr? – *Da* (A'). – Richte es so ein, daß es gleich viel ist. – (Er verlagert eine willkürliche Zahl von Elementen von A' nach A, so daß A = 13 und A' = 9 ist.) – Ist das gleich viel? – *Nein.*" Darauf verlagert Jac nochmals die Spielmarken vom großen zum kleinen Haufen, wobei er nur den kleinen während der Verlagerung betrachtet, als ob der große Haufen unerschöpflich wäre. Daher ergeben sich folgende Situationen nacheinander: A = 6 und A' = 16; A = 15 und A' = 7; A = 6 und A' = 16, und endlich: A = 17 und A' = 5, wonach er die Versuche aufgibt.

NO (5;6), A = 8; A' = 14. „Haben wir beide gleich viel? – *Nein.* – Richte es so ein, daß es gleich viel wird. – Das Kind legt willkürlich 3 Spielmarken hinüber, so daß A wohl = A' ist. Aber der benutzte Raum und die Dichte sind dieselben.) – Stimmt es jetzt? – *Nein.*" Er fügt noch 2 von A' zu A, gibt dann A 4 zurück, und es ergibt sich: A' = 13 und A = 9.

GIL (5;5), A = 10; A' = 16. Er verschiebt Spielmarken von A' nach A und ordnet die Haufen, ohne Figuren zu bilden, ordnet sie aber auf annähernd gleichen Flächen an, so daß sich ergibt: A = 15 und A' = 11. „Ist das gleich viel? – *Ja.* – Zeige mir, warum. – (Er deutet mit dem Finger auf jeden Haufen:) *Hier und hier.* – Woher weißt du das? – *Mein Vater hat mir beigebracht, an den Fingern abzuzählen.*"

HA (4;5), A = 8 und A' = 14. Er nimmt 2 und nochmals 2, die er zu A hinzufügt. So ergibt sich: A = 14 und A' = 8. „Ist das jetzt gleich viel? – *Nein.* (Er nimmt 4 von A fort. So ergibt sich: A = 10 und A' = 12.) – Stimmt es? – *Nein.* – (Er verlagert noch eine Spielmarke; infolgedessen ist A = A' = 11.)"

LI (4;9) kündigt schließlich in bezug auf die Egalisierung der kleinen Quantitäten das folgende Stadium an, aber er bleibt in bezug auf die eben genannten Zahlen im ersten Stadium. Wenn A = 8 und A' = 14 ist, nimmt er 1 fort bei A', dann nochmals 1 und dann 2, so daß A' = 10 und A = 12 ist. „Ist das gleich viel? – *Ja.*" Wenn A = 4 und A' = 6 ist, nimmt er eine Spielmarke bei A' fort und richtet dann zwei Figuren aus 5 Marken ein als Quadrat mit einer Marke im Mittelpunkt.

Die Reaktionen dieses ersten Stadiums sind von großem Interesse für das Verständnis des Mechanismus der additiven Komposition. Zu Beginn hat das Kind, das die beiden Gruppen zu egalisieren sucht, in der Tat keine Vorstellung von der Tatsache, daß es die eine verringert, wenn es die andere vergrößert. Unabhängig von der Tatsache, ob wir die Summierung $8 + 14 = 22$ durchführen oder nicht, versteht es sich nun von selbst, daß wir zur Lösung dieses Problems implicite oder ausdrücklich die Existenz eines invarianten Ganzen B voraussetzen, so daß sich ergibt: $A + A' = B$; $A = B - A'$ und: $A' = B - A$. Daraus folgt, daß für jeden Wert $n \leqslant A'$ sich stets ansetzen läßt: $(A + n) + (A' - n) = B$, und für jeden Wert $n \leqslant A$: $(A - n) + (A' + n) = B$, d.h. also, daß jedes Anwachsen von A eine Verminderung von A' bedeutet und umgekehrt. Anders ausgedrückt: für den überlegenden Verstand ist dieses Egalisierungs-Problem, dessen Lösung, wenn $A' - A = 2\,n$ ist, $A + n = A' - n$ lautet, genau dasselbe wie das Problem in 2., abgesehen davon, daß die geforderte Operation umgekehrt verläuft. Beim Kinde dieses Niveaus verläuft nun alles so, als ob es nicht wüßte, daß die vor ihm liegenden Marken ein invariantes Ganzes B bilden und daß infolgedessen die bei A hinzugefügten Marken zwangsläufig bei A' fortgenommen werden müssen oder umgekehrt. Man könnte indessen einwenden, daß das Kind wohl weiß, daß es subtrahiert, da es tatsächlich die Spielmarken vom Haufen A' fortnimmt, um sie nach A zu übertragen! Aber wir behaupten eben, daß es sich in einem solchen Fall weder um wirkliche, d.h. operatorische Subtraktion noch Addition handelt, sondern nur um einfache empirische Handlungen mit zufälligem Ergebnis, das von der Versuchsperson nicht vorhergesehen werden kann. In der Tat vollziehen sich diese Operationen als solche nur in bezug auf eine geregelte, weil reversible, Komposition des Ganzen und der Teile, d.h. in bezug auf entweder eine logische „Gruppierung" oder eine arithmetische „Gruppe". Zu Beginn dieses Stadiums begreift nun das Kind nicht (und man könnte fast sagen: nimmt das Kind nicht wahr), daß die beiden Gruppen A und A' aufeinander bezogen sind: Es nimmt wohl wahr, daß $A' > A$ ist, und daher will es zu A Spielmarken hinzufügen, um es an A' anzugleichen, aber während es das tut, vergißt es A' und sieht selbst dann nicht mehr hin, wenn es ihm die für A bestimmten Elemente fortnimmt. So blickt Jac nur auf die kleinste Gruppe während seiner Verlagerungen und wirft daher fortwährend die Proportionen um, indem er von $(8 + 14)$ zu $(13 + 9)$, dann zu $(6 + 16)$, zu $(15 + 7)$, zu $(6 + 16)$ und selbst zu $(17 + 5)$ übergeht! Der Fall Jac ist besonders frappierend, und man findet alle Übergänge zwischen diesem Verhalten und dem anderer Versuchspersonen wie z. B. Ha und Li, die schließlich mit tastenden Versuchen und Vergleichen der Figuren die Gleichheit herausfinden und das zweite Stadium ankündigen.

Die vom Kind in diesem Stadium wahrgenommenen und begriffenen Ganzheiten sind also, wie wir in 1. behauptet hatten, sowohl starr als auch zerbrechlich oder, wenn man will, sowohl global als auch fließend.

Sie sind starr, weil sie in für unerschöpflich gehaltenen „Blocks" global wahrgenommen werden — z. B. wenn Jac einer der beiden Gruppen allmählich 17 Elemente zuteilt, als ob nicht die andere um ebenso viele vermindert würde, aber sie sind auch „zerbrechlich" oder fließend, weil kein Invarianzprinzip ihre Permanenz sichert, in Ermangelung einer Ganzheit B, die A und A' trotz ihrer Kovarianz zu einem stabilen System vereinigte. Im Gegensatz dazu sind die Ganzheiten für den Verstand, der zur wirklichen additiven Komposition fähig ist, zugleich beweglich und fest, beweglich in ihrer Komposition und fest, insofern sie invariant sind, da sich, gleich welche Werte A und A' aufweisen, stets A + A' = B ergibt.

Die bei der letzten unserer Versuchspersonen des ersten Stadiums (Li) beobachtete Tendenz, die Spielmarken in vergleichbaren Figuren anzuordnen, um sie zu egalisieren, erscheint in einem bestimmten Augenblick eben als Reaktion auf diese Schwierigkeiten. Sobald dieses Verfahren auf alle Egalisierungs-Operationen verallgemeinert wird, kennzeichnet es ein zweites Stadium, das hier mit Beispielen belegt sei:

FEL (5;4), A = 8 und A' = 14. Fel nimmt willkürlich A' 3 Elemente fort, fügt sie A hinzu und ordnet dann jede dieser Gruppen kreisförmig an, wobei er 3 oder 4 Elemente im Inneren beläßt. Daraus ergibt sich für A ein Kreis aus 7 Spielmarken plus 4 in der Mitte und für A' ein Kreis aus 8 plus 3 in der Mitte. „Ist das gleich viel? — *Ja.*" Aber es ist nicht sicher, daß Fel die Identität der Zahl der Elemente wahrnimmt und ob er sich nicht mit einer Wertung begnügt, die auf der Analogie der Figuren beruht. Wir legen ihm nun A = 10 und A' = 20 vor. Er geht in derselben Weise vor, gelangt aber diesmal mit tastenden Versuchen zu einer vollständigen Ähnlichkeit der Figuren: zwei Kreisen aus 11 Marken mit 4 in der Mitte. „Stimmt das genau? — *Ja.* — Woher weißt du das? — *Weil es rund ist.*" Im Gegensatz hierzu glaubt Fel, wenn wir die Anordnung von A' verändern und nur noch 3 Elemente in der Mitte gegenüber 12 im Kreis belassen, nicht mehr an die Äquivalenz und denkt, daß A' > A ist. Die Figur wird so aus einem Faktor qualitativer Korrespondenz zu einer Quelle der Mehrdeutigkeit, sobald man sie verändert.

Daraufhin legen wir Fel zwei Figuren vor: A umfaßt 12 Marken (9 im Kreis und 3 in horizontaler Linie auf dem Durchmesser) und A' umfaßt 22 Marken (16 im Kreis und 6 in der Horizontalen des Durchmessers). „Richte es so ein, daß es gleich viel wird. — (Er nimmt 2 von den 6 Marken der Mitte von A' und fügt sie den 3 Marken von A hinzu; daraus folgt: A = 9 + 6 und A' = 16 + 3.) — Ist das richtig? — *Fast. Nein, immer noch ist da* (A) *weniger.* (Er fügt A noch Spielmarken hinzu und nimmt dann welche fort. Daraus folgt: A = 18, davon 11 im Kreis, und A' = 16, davon 12 im Kreis und 4 in der Mitte.) — Wer ißt am meisten? — *Ich* (A'), *weil der Kreis groß ist.* — Aber wer hat mehr in der Mitte? — *Ah, das ist wahr!* (Er fügt der Mitte von A' eine Spielmarke hinzu, die er dem Kreis entnimmt.) — Ist das gleich viel? — (Er will der Mitte von A einige Elemente entnehmen, überlegt es sich aber.) *Nein, weil da dann drei sind!*" Er gibt auf, da die Figur für ihn nur noch eine Quelle unübersteigbarer Schwierigkeiten ist.

THO (6;2), A = 8 und A' = 12. Er entnimmt A' 2 Elemente, dann 1 + 1.

253

Daraus ergibt sich: A = 12 und A' = 8. Dann ordnet er die 12 Spielmarken von A in einem Viereck aus 4 übereinander angeordneten Reihen von 3 Marken; dann ordnet er A' in einem weniger regelmäßigen Viereck an. „Ist das ebensoviel? — (Er sieht hin, verteilt dann nach einigem Zögern die 8 Elemente von A' in 4 Reihen von 2 Marken, so daß sich ein A vergleichbares Viereck ergibt.) *Nein, da ist mehr.*" Er ordnet A in 6 übereinander liegenden Paaren und egalisiert die Längen von A' und A, den Überschuß Stück für Stück aufteilend.

GIN (5;9), A = 10 und A' = 20. Er ordnet von vornherein zwei parallele Figuren an, die aus 5 Paaren für A und aus 10 Paaren für A' bestehen. Dann nimmt er die Hälfte von A' fort und verteilt diesen Unterschied Paar für Paar.

Verglichen mit den Reaktionen des ersten Stadiums, kennzeichnen diese Verhaltensweisen den Beginn der additiven Komposition, aber auf einer rein anschaulichen Ebene. Eben wegen der Tatsache, daß es die ungleichen Haufen auf Figuren reduziert, ist das Kind gezwungen, sie unaufhörlich miteinander zu vergleichen und von Fall zu Fall festzustellen, daß jede Verlagerung von A' zu A zugleich eine Addition für A und eine Subtraktion für A' bedeutet. Daher genügt es, wie der Fall bei Fel zeigt, die Figur zu verändern, um die Gleichheit zu zerstören, denn es besteht noch keine operatorische Erhaltung. Infolgedessen kann es noch keine invariante Gesamtheit B geben, die A + A' gleichkäme, sondern nur Ganzheiten, die dank der räumlichen Anschauung besser strukturiert sind. Unter dem Gesichtspunkt der additiven Komposition wie dem der Wertungsmethode befindet sich das zweite Stadium also halbwegs zwischen der Inkohärenz des ersten und der operatorischen Kohärenz des dritten. Natürlich finden sich alle Arten von Übergängen zwischen diesen verschiedenen Niveaus. So führt uns der Fall Gin fast bis zur Methode der Egalisierung durch reine Korrespondenz, aber dieses Kind gelangt noch nicht bis zum Begriff der Konstanz der Gruppen.

Im dritten Stadium erlauben dagegen die Fortschritte der Korrespondenz dem Kind zugleich die Benützung dieses Verfahrens als Egalisierungs-Instrument und die Herstellung einer Äquivalenz, die unabhängig ist von der Anordnung der Elemente, und daraus ergibt sich die Möglichkeit einer wirklich operatorischen Additions-Komposition:

FA (5;6) legt, um A = 8 und A' = 14 zu egalisieren, die Spielmarken von A in einer Reihe von 4 Paaren hin und legt dann eine Reihe von Paaren, die A' entnommen wurden, gegenüber. Von den 6 bei A' verbleibenden Marken legt er auf beide Seiten je ein Paar und dann eine einzelne Marke in Reserve. Das ist also fast genau die von Gin angewandte Methode, abgesehen davon, daß Gin noch Versuche anstellt und sich nur auf die Beobachtung der Figuren stützt, so daß er die Korrespondenz *a posteriori* herstellt, während Fa sie zuvor herstellt und an die von der Anordnung unabhängige Invarianz glaubt. (Vgl. Kap. IV.) *AN* (6;0) legt, um dieselben Mengen zu egalisieren, von vornherein die 8 Spielmarken von A in gerader Reihenfolge hin und legt ihnen die Elemente von A' bis zum achten gegenüber, um dann die 6 übrigbleibenden für sich aufzureihen.

Dann nimmt er 2 Marken von dieser letzten fort und dann noch eine, um sie zu A hinzuzufügen, so daß sich 11=11 ergibt.

LAUR (7;3) legt die 8 Spielmarken in eine Reihe und zählt sie, dann zieht er 8 Marken vom Haufen A' (14) ab und legt sie den ersten Marken gegenüber, aber in dichter Reihe. Danach teilt er den Rest der 6 Marken auf (ohne sie zu zählen), 2 auf jede Seite, dann nochmals 2, und dann 1.

Gleichviel, ob das Kind die so geordneten Reihen zu zählen vermag oder ob es sich auf eine visuelle Stück-für-Stück-Korrespondenz beschränkt, die Errungenschaft dieses Stadiums besteht darin, daß das Kind bei der Durchführung der Egalisierung bereits weiß, daß, wenn $A' > A$ ist, ein Überschuß $A' - A$ aufzuteilen ist. Außerdem, und zwar eben deswegen, schreibt das Kind der Menge A' von vornherein die Permanenz zu, insofern A' begriffen wird als Summe eines Teiles A_2, der A gleichkommt, und eines Teiles $(A' - A_2)$, d.h. also des Restes. Es besteht also ein System hierarchistischer Einschachtelungen: $A' = A_2 + (A' - A_2)$ und: $B = A + A'$, und daraus ergibt sich: $B = A + A_2 + (A' - A_2)$. Der Fall Laur ist in dieser Beziehung besonders eindeutig: Er dissoziiert von vornherein A_2 von A', d.h. den Teil von A', der A gleichkommt, dann teilt er den Rest $(A' - A_2)$ in zwei Hälften auf. Aber bereits Fa tut nichts anderes, als 2 Reihen von 4 Paaren herstellen, um dann den Rest aufzuteilen, und An handelt genauso, mit etwas weniger Genauigkeit.

Könnte man nun nicht sagen, daß das Kind von Beginn des zweiten Stadiums an mit einem Rest $(A' - A)$ rechnet, wenn es seine Figuren konstruiert, und daß wir infolgedessen von diesem Niveau an eine additive Komposition beobachten können? Der große Unterschied liegt jedoch darin, daß die Versuchspersonen dieses zweiten Stadiums den Wert des Restes $(A' - A)$ eben nur mit Hilfe ihrer Figuren zu bestimmen vermögen, also nachträglich und ohne vorherige Koordinierung der betreffenden Relationen. Der Rest $(A' - A)$ stammt also noch nicht von einer numerischen Subtraktion, sondern von der empirischen Übertragung einer rein anschaulichen Anzahl, und man kann in diesem Zusammenhang nicht von arithmetischer Komposition sprechen. Das wird bewiesen durch die Varianz. So glaubt Fel an die Äquivalenz von A und A', solange die Figuren, die er konstruiert hat, einander qualitativ ähnlich bleiben; sobald man aber eine der Figuren ändert, auch wenn man kein Element fortnimmt, und sich auf die Verlegung eines oder zweier Elemente im Inneren dieser Figuren beschränkt, wird die Äquivalenz nicht mehr zugegeben. Im Gegensatz hierzu konstruiert die Versuchsperson des dritten Stadiums die Gleichheiten mit Hilfe einer voraufgehenden Dekomposition der Mengen. Daher sind sie dauerhaft, weil die Invarianz sich aus einer beweglich und reversibel gewordenen Komposition ergibt.

Wiederum läßt sich kurz und im Zusammenhang mit allem, was wir bisher gesehen haben, feststellen, daß die Operationen der numerischen Addition und Subtraktion erst dann als Operationen anzuerkennen sind, wenn sie zusammensetzbar sind zu reversiblen Gebilden oder „Gruppen" (der wohlbekannten Gruppe der Addition ganzer Zahlen), außerhalb derer nur „zerbrechliche" Anschauungs-Empirik möglich ist. Aber wir müssen noch überprüfen, ob diese „Gruppe" wirklich aus der „Gruppierung" der Addition von Klassen durch dasselbe Verfahren der Egalisierung von Differenzen hervorgegangen ist, von dem in 2. die Rede war.

Wir stellen zunächst fest, daß das Kind des zweiten Stadiums, wenn es wie die vorhergenannten von der Ungleichheit $A > A'$ ausgeht, A und A' in einem Ganzen $(A + A' = B)$ nur so lange zu vereinigen vermag, wie dieses Ganze Gegenstand einer aktuellen Anschauung ist, während das Ganze von nun an invariant bleibt. Infolgedessen weiß das Kind des dritten Stadiums wohl, daß jede zu A hinzugefügte Teil-Menge eben dadurch A' entzogen wurde. Wenn diese Teil-Menge X ist, ergibt sich also: $(A + X) + (A' - X) = B$; das bedeutet die Vollendung der logischen Gruppierung der vorgelegten Klassen, aber das erlaubt noch nicht die Lösung der Frage der numerischen Egalisierung von A und A'. Wenn dagegen das Kind (wie Laur und andere das tun) die Klasse A' unterteilt in eine Unter-Klasse A_2 und in den Rest $(A' - A_2)$ und wenn es begreift, daß $A + A_2 + (A' - A_2) = B$ ist (was noch im Bereich der einfachen Logik der Klassen liegt), genügt es, A_2 und A aneinander anzugleichen, d. h. in A' eine zweite Menge A zu finden, die mit dem ersten A Stück für Stück korrespondiert, um die arithmetische Addition $A + A_2 = 2A$ ansetzen zu können, aus der sich $A' = A + (A' - A)$ ergibt. Und wenn das Kind den Rest $(A' - A_2)$ auszählt, dann ist $(A' - A_2) = 2n$, und daraus ergibt sich: $(A + n) = (A' - n)$ und: $A + A_2 + 2n = B$. Daraus erfolgt die richtige Lösung $(A + n) = (A_2 + n)$, die diesem Stadium entspricht. Es zeigt sich also wiederum, daß das Auftreten numerischer Operationen gekennzeichnet wird durch einen Prozeß der Egalisierung der Differenzen, wobei die betreffenden Klassen oder Einheiten dank dieses allgemeinen Mechanismus sowohl gleich sind als auch voneinander unterschieden werden.

4. Die Aufteilung in zwei gleiche Teile

Es versteht sich von selbst, daß die Stadien der Aufteilung dieselben sind wie bei den vorhergehenden Problemen, wobei der einzige Unterschied zwischen den beiden Versuchen darin liegt, daß das Kind, anstatt von zwei ungleichen Gruppen auszugehen, die äquivalent zu machen sind, zunächst eine gegebene Quantität in zwei Teile teilen muß, wobei es ihm überlassen bleibt, sie anschließend nach denselben Verfahren zu egalisieren, wenn· es nicht von vornherein imstande war, sie gleich groß herzustellen.

Es ist richtig, daß die Teilung zunächst eher der multiplikativen als der additiven Komposition anzugehören scheint. ($1/2$ ist eine Division.) Da aber ein beliebiges Ganzes die Vereinigung seiner beiden Hälften ist, kann man die Gleichheit A + A = 2 A als additive Gleichheit untersuchen, und zwar um so mehr, als das Kind empirisch verfährt, indem es zunächst die Klasse B in zwei Unter-Klassen A + A' aufteilt, um sie erst später zu egalisieren. Das Problem, das wir uns vorlegen, besagt also lediglich, daß wir wissen wollen, nach welchem Verfahren das Kind imstande ist, die logische Operation B = A + A' (gleich, ob diese auf anschauliche oder operatorische Weise erfolgte) in eine numerische Operation $A_1 + A_2 = 2A$ umzuwandeln — oder anders ausgedrückt: wie das Kind es fertigbringt, zwei gleiche Gruppen herzustellen, wenn es von ihrer Summe ausgeht.

Im ersten Stadium ist das Kind tatsächlich weder in der Lage, die Gleichheit des Ganzen und der Summe der Teile noch die dauernde Äquivalenz der beiden Hälften zu begreifen, selbst wenn es sie durch Stück-für-Stück-Aufteilung der Elemente in zwei korrespondierende Gruppen konstituiert hat. Hierfür einige Beispiele:

ARL (5;0) wird aufgefordert, 18 Spielmarken zu teilen. „Gib dir und mir so viel, daß wir genau gleich viel haben. — (Arl bedeckt den Haufen mit seinen beiden Händen und teilt ihn global in zwei Teile. Das Ergebnis ist zufällig 9 zu 9, aber eine der beiden Hälften nimmt mehr Raum ein als die andere.) — Haben wir gleich viel? — *Nein.* — Wer hat mehr? — *Sie* (der weniger dichte Haufen). — Mache es so, daß wir gleich viel haben. — *Man muß es ändern.*" Arl vertauscht dann einfach die beiden Gruppen, als ob das genügte, die Gleichheit herzustellen (angenommen, es handele sich um zwei ungleiche Haufen)! Es handelt sich also hier um ein völlig reines Beispiel der während des ersten Stadiums in 3. festgestellten Reaktionen.

Bei der Aufteilung von 20: Mit einer einzigen Handbewegung teilt Arl den Haufen in zwei Teile von 9 und 11 Marken, ordnet dann die Marken von A in einer ungefähr viereckigen Fläche an, um dann den Haufen A' in einer ähnlichen globalen Figur anzuordnen. „Ist das ebensoviel? — *Ja.* — (Man rückt die Elemente von A' zusammen.) Und jetzt? — *Nein.*"

CO (5;0) verteilt ebenso wie einige andere Fälle dieses ersten Stadiums die Spielmarken Stück für Stück, was eine dieses Niveau bereits übersteigende Korrespondenz-Operation zu sein scheint, aber es wird sich zeigen, daß das nicht zutrifft: Nachdem Co 18 Spielmarken Stück für Stück in zwei Haufen von je 9 aufgeteilt hat, ist er der Gleichheit dieser Hälften nicht sicher! „Habe ich ebensoviel wie du? — (Er betrachtet die beiden Haufen, deren Dichte leicht unterschiedlich ist, und sucht sie dann einander gleich zu machen.) — Aber wie hast du geteilt? — ... — Ist es gleich viel? — *Nein.* — Woher weißt du das? — (Er ordnet die Haufen.)"

Andererseits haben wir angesichts der von Co und seinesgleichen spontan angewandten Verteilungsmethode das in 1. des Kapitels II beschriebene Verfahren auf dieses Teilungsproblem angewendet:

MAL (5;0) wird aufgefordert, zwei auf den Tisch gelegten Puppen 16 Spielmarken zuzuteilen, indem er die Marken Stück für Stück abwechselnd in zwei leere Schachteln neben die Puppen legt. „Haben sie gleich viel? – *Ja.* – (Wir schütten den Inhalt der Schachteln vor die Puppen, wobei eine einen dichteren Haufen von 8 erhält als die andere.) – *Nein, diese* (der aufgelockerte Haufen) *hat mehr.*" Es zeigen sich dieselben Reaktionen, wenn die Elemente gleichzeitig und vom Kind selbst in die Schachteln gelegt werden, und zwar einerseits mit der linken, andererseits mit der rechten Hand. (Vgl. in Kapitel II, 1 die Fälle Port und Gfe am Ende der Befragungen.)

Diese Reaktionen fassen alles zusammen, was wir im ersten Stadium in bezug auf die additive Komposition festgestellt haben. Dank dieser Versuchspersonen stellen wir in der Tat fest, daß die Kinder dieser Niveaus, selbst im Fall einer so einfachen Komposition wie $A_1 + A_2 = 2\,A\,(=B)$, nicht imstande sind, sich die Gleichheit des Ganzen B und der Summe der Teile $A_1 + A_2$ in dauerhafter Weise vorzustellen, und zwar deshalb, weil sie, selbst wenn sie durch Stück-für-Stück-Verteilung die Gleichheit $A_1 = A_2$ herstellen, dann je nach der Anordnung der Elemente glauben, daß $A_1 \gtrless A_2$ ist. Selbst wenn sie die Spielmarken Stück für Stück verteilen (was ein Verhalten ist, das man auf allen Niveaus, aber mit sehr verschiedener Bedeutung wiederfindet), beurteilen Co oder Mal das Ergebnis nur nach globalem Vergleich der Gruppen A_1 und A_2 und ohne deren dauernde Äquivalenz zu behaupten.

Während des zweiten Stadiums wird die Teilung oder vielmehr die Konstruktion der beiden gleichen Teile mit Hilfe des qualitativen Vergleichs zunehmend besser strukturierter Figuren durchgeführt.

PI (5;1) entnimmt der Gesamtgruppe von 18 Spielmarken eine Marke nach der anderen und verteilt sie in zwei Teil-Mengen, wobei er sich allerdings um eine Einheit irrt, so daß er zum Ergebnis 10 gegenüber 8 gelangt. Daraufhin ordnet er jeden Haufen zu einer Reihe von Paaren und vergleicht die Länge der so erhaltenen Figuren. Zuerst rückt er die Paare der Figur aus 8 Marken etwas auseinander, um ihr dieselbe Länge zu geben wie der anderen. Da er aber den Dichte-Unterschied feststellt, nimmt er bei 10 eine Spielmarke fort, um sie bei 8 hinzuzufügen, so daß beide Sammlungen gleichermaßen 9 aufweisen. „Ist das gleich viel? – *Ja.* – (Man legt nun die 9 Elemente von A in Form von zwei Reihen aus 6 und 3 Marken hin.) Und nun? – *Nein.* – Warum? – *Ich habe mehr* (= A_2, die unverändert gebliebene Figur)."

CHAR (6;0) macht es zunächst wie Pi, mit demselben Irrtum um 1 Spielmarke, ordnet dann A_1 (10) in zwei Reihen zu 4 Marken plus 2 Marken isoliert, während A_2 (8) verstreut bleibt. „Ist das gleich viel? – *Ja. Ach, nein! Es ist mehr.*" Dann legt er A_2 gleichfalls in 2 Reihen von 4 Marken, fügt dann bei A_2 weitere 2 hinzu, was die Ungleichheit umkehrt, und legt schließlich 1 Marke an die Spitze jeder Figur, woraus sich 9 zu 9 ergibt.

THO (6;0) bildet, um 18 Spielmarken aufzuteilen, 2 Quadrate aus 9 Marken und erklärt sich als befriedigt nach einem Vergleich der Einzelheiten der Figuren. Um aber 24 zu teilen, ordnet er ein Quadrat aus 9 und ein Viereck aus 12 an, fügt dann den Rest von 3 dem Quadrat aus 9 hinzu, so daß sich zwei Vierecke aus 12 ergeben. Da er allerdings diese 3 Spielmarken unter das Quadrat aus 9 gelegt hat, während das Viereck aus 12 waagrecht liegt, sieht er sich zwei gleichen, aber verschieden orientierten Figuren gegenüber und ist seiner Sache durchaus nicht mehr sicher: „Haben wir gleich viel? — ... — Hat einer mehr als der andere? — Ja, da (das aufgerichtete Viereck)." Daraufhin nimmt er das horizontale Viereck auseinander und errichtet es als vertikales neu!

Hier zeigt sich ein schönes Beispiel qualitativer Korrespondenz im Gegensatz zur quantitativen Korrespondenz: ein Orientierungsunterschied der Figuren genügt, um die Versuchsperson zu verwirren.

Man sieht, daß die Reaktionen dieses zweiten Stadiums mit denen des entsprechenden Stadiums im Fall der Egalisierung zweier ungleicher Gruppen genau zu vergleichen sind: es handelt sich um Vergleiche nach Figuren ohne dauerhafte Äquivalenz und ohne Invarianz der Gesamtheit. Man kann also noch nicht von additiver Komposition, sondern nur von anschaulichen Vergleichen, Vereinigungen oder Zerlegungen sprechen.

Zur wirklichen Komposition überzugehen. ist die Leistung des dritten Stadiums:

DRE (6;10) verteilt die 18 Spielmarken Stück für Stück oder paarweise auf zwei Gruppen zu je 9 und gibt an, der Gleichheit dieser Gruppen sicher zu sein, selbst wenn man ihre Anordnung ändert.

LAUR (7;3) teilt 18 Spielmarken, indem er die Marken paarweise aufteilt bis zum letzten Paar, von dem er je 1 Marke auf jeden Haufen legt. „Ist das gleich viel? (Wir rücken die Glieder der zweiten Gruppe auseinander.) — Sicher. — Warum? — Weil ich auf beide Seiten gleich viel gelegt habe. — Und das alles, ist das ebensoviel wie die beiden Haufen? (Man legt das Ganze wieder auf einen Haufen zusammen.) — Sicher, weil ich geteilt habe und Sie danach alles wieder so hingelegt haben wie zuvor."

So beobachtet man die Vollendung der additiven Komposition dank der dauerhaften Gleichheit der als Einheiten angesehenen Teile und dank der Gleichheit ihrer Summe mit dem anfänglichen Ganzen. Gerade dadurch begreift man auch den Übergang von der additiven zur multiplikativen Komposition. Eine arithmetische Multiplikation ist eine Vertauschung der Verteilung, so daß man bei $n \times m$ entweder n Gruppen von m Gliedern oder m Gruppen von n Gliedern erhält, die einander zwei-eindeutig entsprechen. Infolgedessen ist die Addition $A_1 + A_2 = 2A$ eben dadurch eine Multiplikation, die bedeutet, daß die Gruppe A_1 um eine andere Gruppe A_2, die ihr in zwei-eindeutiger und wechselseitiger Weise entspricht, verdoppelt wird. Ebenso bedingt die im vorigen Kapitel untersuchte Addition der Klassen A + A' = B, sobald sie einmal konstituiert ist (oder um sich zu konstituieren), eine Multiplikation B × (A + A') = BA + BA', die bedeutet, daß jede in Betracht kommende Perle zugleich aus Holz (B) und braun (A) oder nicht-braun (A') ist. Daraus folgt die logische Division, die die Abstraktion oder die Dissoziation der Klassen darstellt, also: AB : B = A; und ebenso die arithmetische Division: 2 A : 2 = A, die wir beispielhaft bei der Teilung beobachtet haben. Gleichviel, ob sie nun numerisch sind oder nur die qualitativen Klassen als solche betreffen, die additiven und multiplikativen Kompositionen sind also solidarisch und die psychologische Erschließung der einen bedingt die der anderen. Wir werden das im folgenden Kapitel von neuem feststellen. Zuvor aber ist es angebracht, diese Analyse der additiven Komposition mit einer kurzen Schlußfolgerung abzuschließen.

5. Schlußfolgerung

Es zeigt sich also, daß diese verschiedenen Versuche additiver Komposition miteinander im Einklang stehen. Bei allen dreien findet sich ein Anfangsstadium der Nicht-Komposition, ein Zwischenstadium anschaulicher Komposition und ein Endstadium eigentlicher Komposition, das bestimmt wird durch die Invarianz der Gesamtsumme und die Reversibilität der Operationen, die sie konstituieren, und diese drei Stadien entsprechen andererseits allen den Stadien, die wir in den vorhergehenden Kapiteln beschrieben haben.

Die additive Komposition tritt also spät auf, entgegen allem Anschein. Wenn man nun die Tatsachen der alltäglichen Beobachtung betrachtet, die die Anfänge des lauten Zählens kennzeichnen, so möchte es zunächst scheinen, als sei die Addition bereits bei der Aufstellung der ersten mit Zahlennamen versehenen Gruppen begriffen worden, also bei den Zahlen 2, 3 oder 4, und zwar entweder in Gestalt von Vereinigungen oder Kolligationen oder in Gestalt von kumulativen Aufzählungen. Wir möchten aber kurz darlegen, daß dem nicht so ist, daß die Addition durchaus die eben analysierten Bedingungen voraussetzt und daß, zumal bei den spontanen Verhaltensweisen, die Synthese der Kolligation und der Aufzählung notwendig ist, um jenes operatorische Niveau zu erreichen, das den eigentlichen Zahlbegriff bestimmt.

Beginnen wir mit der Aufzählung, von der viele Autoren angenommen haben, daß sie von ihren ursprünglichen Formen an die Addition mit sich brächte. So interpretiert Preyer das Verhalten eines Kindes als Beginn der Addition, wenn es alle Kegel einer gegebenen Menge ergreift und jedesmal sagt: „einer, einer, einer" und dann: „einer, noch einer, noch einer".

K. Bühler* entgegnete hierauf berechtigterweise, daß die wirkliche Addition nicht vor einer klaren Vorstellung von der Summe beginnen könne. Decroly** stellt bei der Versuchsperson S. den Ausdruck „encore" („noch") im Alter von 1 J., 7 M. fest, aber im Sinne einer „Aufforderung, eine Handlung zu wiederholen". Im Gegensatz hierzu sagt S. im Alter von 1 J., 8 M. „acó" („noch"), wenn sie Spielkarten wieder hinlegt, die sie auf die Erde geworfen hatte, und zwar um zwei Karten zu bezeichnen, die noch nicht wieder hingelegt waren. Mit 1 J., 11 M. sagt S. wiederum „noch", um eine Katze zu bezeichnen, nachdem sie eine erste Katze gesehen hatte. In diesen beiden Beispielen findet Decroly den Beginn einer „Additions-Bedeutung", aber es ist klar, daß dies nicht im Sinne der Konstitution eines invarianten Ganzen verstanden werden kann. Es handelt sich nur um ein einfaches Bewußtsein einer Aufeinander-Folge mit dem mehr oder weniger genauen Gefühl für die Erschöpfung oder das Anwachsen der betrachteten globalen Gesamtheiten. Es ist etwas Ähnliches wie die Vorstellung, die wir haben, wenn wir ein Stück Tuch abschneiden: es geht zwangsläufig einmal zu Ende. Wohlverstanden, wie qualitativ diese Aufzählung auch sein möge, sie schließt bereits die Menge ein, da sie das „mehr" („noch") und das „weniger" („nicht mehr" oder „gar nicht mehr") in sich birgt. Aber das ist eine noch nicht numerische oder extensive Quantifikation, denn „ein" oder „noch ein" sind ebensowenig Einheiten von Zahlen wie Elemente von Klassen. Diese Quantifikation wäre die der Extensionsklassen, wenn das Kind auf diesem Niveau zu invarianten Inklusionen imstande wäre, oder es wäre die Quantifikation der Seriation, wenn es fähig wäre, die symmetrischen Relationen zu koordinieren. Da aber diese Operationen beide über sein Niveau hinausgehen, selbst im Bereich der Anschauung, kann man nur von „rohen" oder elementaren Quantitäten sprechen, in dem Sinn, in dem wir diese Ausdrücke in den Kapiteln I und II verwendet haben. Es kann sich also bei derartigen Fakten nicht um eigentliche Addition handeln.

Findet man nun — andererseits — die Quellen der Addition in der „Zusammenstellung" („Kolligation") im Sinne Husserls? Bekanntlich stellt Husserl in seinen „Logischen Untersuchungen", in denen er den Begriff der Kolligation so gründlich analysiert hat, diesen Begriff, der für ihn die Menge kategorieller Art konstituiert, grundsätzlich den totalen Qualitäten gegenüber, die lediglich Wahrnehmungscharakter besitzen („quasi qualitative Momente"*** oder „figurale Momente"***). Es ist nun eindeutig, daß

---

* *K. Bühler:* Die geistige Entwicklung des Kindes, S. 104.
** *O. Decroly:* Essais de psychogenèse, p. 53–54.
*** Im Original deutsch zitiert. (Anmerkung des Übersetzers.)

die globalen Figuren, mit deren Hilfe die Kinder unseres ersten Stadiums (sowohl bei den Versuchen über die Invarianz in den Kapiteln I—II als auch bei den Versuchen über die Korrespondenz und die Reproduktion der Mengen in den Kapiteln III—IV) die Quantitäten werten, gerade auf den totalen Qualitäten mit Wahrnehmungscharakter beruhen und noch keineswegs auf jener Kolligation, die Husserl im Zusammenhang seiner phänomenologischen Philosophie als kategoriell bezeichnet und die für den Psychologen operatorisch ist. Auf der Ebene der elementaren Aufzählungen versetzt also keine Operation das Kind in die Lage, eine „Kolligation" der Einheiten zu einer wirklichen, d. h. stabilen, Gesamtheit zu erreichen.

Es leuchtet nun ein, daß die Merkmale der Aufzählung und die der elementaren Totalisierung sich gegenseitig bedingen und wechselseitig beeinflussen. Wenn die primitive Aufzählung „noch, noch" usw. nicht additiv ist, so deswegen, weil sie nicht zu einer stabilen Gesamtheit gelangt, und wenn die primitive Totalisierung nicht das Niveau der Kolligation erreicht und auf dem Niveau der globalen und anschauungsgebundenen Gruppen bleibt, so deswegen, weil ihr die additive Aufzählung fehlt. Es besteht in der Tat ein regelmäßiger Rhythmus von Interaktionen zwischen den beiden komplementären Bewegungen der Analyse und der Synthese, die beide durch Aufzählung und Totalisierung gekennzeichnet werden. Vom ersten Stadium an gibt es wohl ein Innewerden von Gesamtheiten und von Teilen, aber diese beiden Arten von Wahrnehmungen folgen aufeinander, ohne sich zu vereinigen, und daraus ergibt sich der Charakter eines globalen Synkretismus bei den Gesamtheiten und eines nicht-additiven Nebeneinanders bei den Teilen. Im Laufe der Entwicklung harmonisiert dagegen Kolligation des Ganzen immer besser mit Seriation der Teile, und daraus ergibt sich die progressive Konstruktion des Zahlbegriffs und der Operationen additiver (und multiplikativer) Komposition. Zu Beginn aber bleiben beide Verfahren im Zustand chaotischer Undifferenziertheit.

Zweifellos besteht bei den kleinen Gruppen — zwei, drei oder vier — bereits simultane Wahrnehmung des Ganzen und seiner Elemente. In diesen Fällen gibt es also bereits den Beginn einer Vereinigung oder, wenn man Husserls Ausdruck vorzieht, einer „Verschmelzung", aber ohne vorherige Isolierung der Elemente. Diese Vereinigung bleibt allerdings undifferenziert und kann ebensosehr eine Klasse wie eine Zahl konstituieren, je nachdem, ob der Geist sich auf die begriffliche Klassifikation oder auf die Addition serialer Einheiten richtet. Aber abgesehen von diesen bevorzugten Beispielen, die das hervorbringen, was man bezeichnen könnte als die anschaulichen Zahlen von 1 bis 4 oder 5 oder als Zahlen, die noch den gezählten Dingen anhaften und mehr von der Wahrnehmung als von der Operation abhängen, sind die Kinder des ersten Stadiums nicht in der Lage, Zählung und Totalisierung in Abhängigkeit voneinander vorzunehmen. Daraus folgt ihre Unfähigkeit zur Stück-für-Stück-Korrespondenz, die die Vereinigung dieser beiden Verfahren zu einem Ganzen voraussetzt.

Es versteht sich in der Tat von selbst, daß weder die primitive Aufzählung noch die globale Totalisierung allein ausreicht, das Auftreten der Korrespondenz zu gewährleisten. Ganz im Gegenteil, wenn die Versuchsperson beim Vergleich der Figuren imstande ist, die Ähnlichkeit des Details der Stücke zur selben Zeit festzustellen wie die Ähnlichkeit der Gesamtform, dann wird sie fähig, eine erste Synthese zwischen der Aufzählung und der Totalisierung zu vollziehen, und zwar eine Synthese, die eben die Stück-für-Stück-Korrespondenz hervorruft, aber lediglich auf der Ebene der Anschauung: Einerseits liefert die Prüfung jener Gesamtheit, die die Figur konstituiert, eine Art anschaulicher Kolligation, und andererseits wächst sich die mögliche Aufzählung der Elemente zu Reihenbildungen aus, die gegründet sind auf ihre Positionen oder jede andere unmittelbar wahrgenommene Eigenschaft. Diese anschauungsgebundene Synthese der zur Reihenbildung gewordenen Aufzählung und der zur figurativen Komposition gewordenen Totalisierung kennzeichnet das zweite Stadium, ebenso wie jene Art von Vorgriff auf das zweite Stadium, das man bereits auf der ersten Stufe bei den kleinen Gruppen von 1 bis 4 oder 5 Gegenständen beobachtet.

Die anschauliche Synthese kennzeichnet nun einen eindeutigen Fortschritt im Sinne der additiven Komposition. Erstens kann jede zur Wahrnehmungs-Seriation gewordene Aufzählung als Addition ausgedrückt werden, da die Zunahmen („noch ein, noch ein . . .“ usw.) oder Abnahmen („weniger“) von nun an in die anschauungsmäßige Kolligation der Figur selbst eingeschlossen sind. Zweitens führt jede auf die Figuren gegründete Wertung ebenfalls zu einer additiven Vereinigung der so strukturierten Gruppen. Man muß aber berücksichtigen, daß die seriale Addition, die nicht kommutativ ist, und die Addition der Klassen, die kommunativ ist, nur in dem Maße miteinander zu einer arithmetischen Addition verschmelzen können, wie die Wahrnehmungsintuition sie momentan miteinander vereinigt. Das Experiment zeigt eben, daß diese Synthese während des ganzen zweiten Stadiums zerstört wird, sobald die Figur geändert wird. Das Ganze hört dann auf zu bestehen, und die seriale Addition verliert infolgedessen ihren möglichen numerischen Sinn. Auf diesem Niveau besteht also noch keine operatorische Addition.

Im dritten Stadium wird dagegen eine dauerhafte Synthese zwischen Aufzählung und Kolligation hergestellt, die beide operatorisch und von den wahrgenommenen Figuren unabhängig geworden sind. Beim Aufzählen der Teile einer Menge wird das Kind fähig zu begreifen, daß jeder von einem Glied dieser Reihe eingenommene Rang definiert wird durch das Verhältnis zur Gruppe der so aufgereihten Elemente selbst, wobei diese Gruppe andererseits eine invariable Gesamtheit darstellt. Daraus folgt bei Mitwirken der Qualitäten die seriale Addition oder qualitative Seriation $\underset{\rightarrow}{a} + \underset{\rightarrow}{a'} = \underset{\rightarrow}{b}$ oder die Addition der Klassen A + A' = B, die auf dieser qualitativen Ebene nicht miteinander verschmolzen werden können – oder bei Abstraktion von den Qualitäten die numerische Addition A + A = 2 A, die die seriale Aufzählung und die Kolligation in einer einzigen Gruppe vereint, d. h. also die finite Ordination und Kardination, mit der Möglichkeit, sie im Transfiniten voneinander zu trennen, wo die Kardinalzahlen „aleph" („alpha") als Klassen und die Ordinalen „omega" als Relationen definiert werden.

Es leuchtet nun ein, daß diese fortschreitende Koordinierung der Kolligation und der Aufzählung (was eine andere Ausdrucksweise für die Synthese der Klasse und der asymmetrischen Relation darstellt) sich erklärt durch die abgestufte Reversibilität des Denkens, während ihre anfängliche Nicht-Koordiniertheit an die der Anschauung oder der unmittelbaren Wahrnehmung eigentümliche Irreversibilität gebunden ist. Es leuchtet in der Tat ein, daß der Grund dafür, daß anfängliche Totalisierung und Aufzählung untereinander nicht koordiniert sind, darin liegt, daß die Wahrnehmung einer Gruppe als solcher oder eines Haufens und die Wahrnehmung ihrer nacheinander untersuchten Teile für das Kind nichts miteinander gemein haben. Sie folgen aufeinander, und die Versuchsperson mag selbst eine empirische Umkehr von der einen zur anderen für möglich halten, keine von beiden aber führt zwangsläufig zur anderen. Mit der anschaulichen Korrespondenz wird ein Fortschritt in der Koordinierung erreicht, in dem Sinne, daß das Kind die Elemente einer Menge mit Hilfe der Elemente einer anderen Menge zu zählen vermag, auch wenn es die erste als eine geschlossene Gesamtheit auffaßt. Kolligation und Aufzählung werden so in gewissem Sinn ko-reversibel, d. h., das eine erscheint als die inverse Operation des anderen innerhalb desselben Wahrnehmungsbereiches. Wenn man dann aber die Gestalt einer der beiden Mengen verändert, folgen sich aufs neue Wahrnehmungen, die nicht aufeinander reduzierbar sind, mit der Möglichkeit empirischer Umkehr, aber ohne zwangsläufige Reversibilität. Die vollendete Koordination der Aufzählung und der Kolligation in der operatorischen Korrespondenz des dritten Stadiums bewirkt dagegen, daß jede beliebige Wahrnehmungs-Figur einer gegebenen Menge zu jeder beliebigen anderen führen kann und umgekehrt, da das Kind nun die völlige Reversibilität erreicht hat.

Nun wird man aber nach dem Unterschied zwischen der zwangsläufigen Reversibilität und der empirischen Umkehr fragen: was sind zwei Wahrnehmungen, die aufeinander folgen, ohne miteinander verbunden zu sein, und was sind zwei Figuren, die zwangsläufig zueinander hinführen? Ist es nicht einfach so, daß erstere noch nicht identifiziert sind und daß letztere im Gegensatz dazu als miteinander identisch aufgefaßt werden dank eines geistigen Aktes, der nicht auf die Veränderung reduziert werden kann, aber auf die Veränderung abzielt, wie die berühmte Formel von E. Meyerson lautet? Sicher besteht hier eine Aktivität des Geistes: Eine physische oder psychische Bewegung ist niemals integral reversibel, da sie sich in der Zeit vollzieht und da die Vergangenheit ohne Wiederkehr verlorengeht. Und dieser Akt des Geistes ist bereits mit der Wahrnehmung gegeben, weil eine Wahrnehmung bereits eine — wenn auch statische — Strukturierung ist. Der Unterschied zwischen der Wahrnehmung und dem Denken ist also unter diesem Gesichtspunkt ein Gradunterschied zwischen dem am wenigsten und dem am meisten Umkehrbaren mit der Einschränkung, daß die Reversibilität, wenn sie eine bestimmte Grenze der Läuterung erreicht hat, vollständig wird, wie es gerade in der Mathematik der Fall ist. Die Wahrnehmung ist, im ganzen gesehen, nur ein unbeweglicher Punkt in der reversiblen Bewegung des Denkens. Gewiß besteht auch hier Identität, und die kolligierte Menge kann nicht anders als mit ihren aufgezählten Elementen identisch sein. Diese Identität ist das Ergebnis und nicht die Ursache der Reversibilität, denn das Wesentliche des Denkens kann nicht auf die Identität reduziert werden: es sind die Operationen selbst, deren Eigentümlichkeit es ist, stets Neues zu konstruieren. So sind im Falle der Kolligation und der Aufzählung, wenn $1 + 1 + 1 = 3$ sind, die drei addierten Einheiten mit 3 in dem Sinn identisch, daß die Gesamtheit 3 durch Aufzählung wieder 3 Einheiten zu ergeben vermag, die mit den ersten identisch sind, aber die additive Operation hat ein neues Wesen erschaffen, die Gesamtheit drei, die als solche nicht identisch ist mit den nebeneinanderstehenden Einheiten. Umgekehrt ist die Aufzählung der 3 Glieder nicht identisch mit der anfänglichen Gesamtheit 3. Mit E. Meyerson zu sagen, daß die Neuheit und die konstruktiven Operationen dem Wirklichen entstammen, während der Geist sich auf die Identifizierung beschränkt, bedeutet schließlich, daß die Vernunft sich zu sich selber irrational verhält, was E. Meyerson übrigens am Ende zugegeben hat. Es scheint uns empfehlenswerter, den Operationen ihre Existenz zurückzugeben und sie von den empirischen Konstruktionen zu unterscheiden, und zwar wegen ihrer Reversibilität, da die Identität nur das Produkt der inversen Operationen ist.

Infolgedessen sind zwei Wahrnehmungen, die nicht zwangsläufig aufeinander zuführen, einfach zwei Wahrnehmungen, deren konstituierende Operationen innerhalb jeder für sich genommenen Wahrnehmung bleiben, während zwei Figuren, die zwangsläufig zueinander führen, Wahrnehmungen entsprechen, deren konstituierende Operationen ausreichend freigesetzt sind, um in der Lage zu sein, sie wiederum einer wirklichen Koordinierung unterzuorden, d. h., daß diese Operationen die Komposition der einen der beiden Figuren mit Hilfe der anderen erlauben und umgekehrt. Im Verlauf unseres ersten Stadiums bleibt das Denken des Kindes also irreversibel in dem Sinn, daß jede Wahrnehmung einen besonderen Augenblick im Fluß seiner Erfahrung darstellt, ohne stabile Umkehr, weil ohne Operationen, die es gestatten würden, eine mit Hilfe der anderen zu komponieren. So fungieren die beiden Verfahren der anschaulichen Kolligation und der Aufzählung abwechselnd, wobei jede die andere auslöscht oder wobei sie sich, wenn sie zusammentreffen, gegenseitig neutralisieren. Diese Situation erklärt also den anfänglichen Primat der Wahrnehmung, denn eine isolierte Operation bleibt der Wahrnehmung, die sie erzeugt, immanent, ohne sie beherrschen zu können. Während des zweiten Stadiums vollzieht sich die Koordinierung, aber nur im Inneren des Wahrnehmungsbereiches, der sich so in der Richtung des Denkens erweitert. Dank der Stück-für-Stück-Korrespondenz führt die Aufzählung in der Tat zur Kolligation und umgekehrt, nur dann nicht, wenn die Figur zerstört wird. Während des dritten Stadiums schließlich überschreiten die Operationen den Wahrnehmungsbereich und erreichen damit die völlige Reversibilität in ihren Kompositionen. Übergang von der Wahrnehmung zum Primat der Deduktion, progressive Koordinierung der Operationen und graduelle Reversibilität sind also die drei Aspekte eines einzigen Prozesses, der die Entwicklung der Vernunft selbst definiert.

KAPITEL XI

Die Koordinierung der Äquivalenz-Relationen und die multiplikative Komposition der Zahlen*

Erinnern wir uns an die Versuche in Kapitel III: zwei-eindeutige und wechselseitige Korrespondenz zwischen Blumen und Vasen oder Eiern und Eierbechern usw. Es ist möglich, diese Versuche auf zweierlei Weise zu verlängern. Erstens ist es leicht, wenn man das Kind dahin gebracht hat, die Äquivalenz zwischen einer Gruppe von Blumen F_1 und einer Gruppe von Vasen V_1, die miteinander Stück für Stück korrespondieren, herzustellen, die Aufgabe zu wiederholen, und zwar bezüglich derselben Gruppe von Vasen V_1 und einer neuen Gruppe von Blumen F_2. Daraus ergibt sich die Frage: Wenn $F_1 = V_1$ ist, und wenn $V_1 = F_2$ ist, ist dann auch $F_1 = F_2$? Zweitens kann man sich eine neue Art von Fragen ausdenken: Wenn man alle Blumen aus F_1 und F_2 in die Vasen V hineinsteckt, wobei man natürlich in jede Vase dieselbe Zahl von Blumen gibt — wie viele Blumen stecken dann in jeder Vase? Schließlich kann man, wenn das zweite Problem gelöst ist, d. h., wenn 2 Blumen in jeder Vase stecken (oder zwei Eier vor jedem Eierbecher liegen), noch eine Frage stellen, deren Schema demselben Typ angehört: Wenn man, anstatt in jede Vase zwei Blumen zu geben, die Blumen in kleine Röhren zu stecken wünscht, die jeweils nur eine Blume fassen, wie viele dieser Gefäße benötigt man dann für alle Blumen? (Man nimmt diese natürlich fort und läßt nur die anfänglichen Vasen V_1 auf dem Tisch, woraus sich die Lösung ergibt: $2 V = V_1 + V_2$, und das ergibt: $V_2 =$ die mit V_1 korrespondierenden Röhren.

Kurz gesagt: Wir nehmen uns vor, in diesem Kapitel nacheinander folgendes zu untersuchen: 1. einige Beispiele für zwei-eindeutige und wechselseitige Korrespondenz zwischen mehreren Gruppen und nicht nur zwischen zweien; 2. den Übergang von dieser Komposition der Äquivalenz-Relationen oder der Klassen zur arithmetischen Multiplikation. Die Komposition der Äquivalenz-Relationen verläuft der Komposition der Klassen tatsächlich parallel, da eine Klasse eine Vereinigung von Gliedern ist, die unter dem gegebenen Gesichtspunkt äquivalent sind**. Da andererseits die

---

* In Zusammenarbeit mit *Edith Vauthier*.

** Ganz allgemein sind die symmetrischen Relationen jene, die die Elemente einer Klasse untereinander verbinden und daher als Klassen-Relationen bezeichnet werden können. Vgl. unser Referat über die symmetrischen Relationen in: „Compte rendu—des séances de la Société de physique de Genève, 15. Mai 1941.

arithmetische Multiplikation eine austauschbare Aufstellung darstellt, ist die Äquivalenz durch zwei-eindeutige und wechselseitige Korrespondenz zwischen 2 oder n Gruppen A also eine Äquivalenz multiplikativer Art, deren Bedeutung darin liegt, daß eine dieser Gruppen A mit 2 oder mit n multipliziert wird. A $\longleftrightarrow$ A ... bedeutet also 2 A oder n A, ebenso wie umgekehrt n A die Stück-für-Stück-Korrespondenz zwischen n Gruppen bedingt. Unter psychologischem Gesichtspunkt bedeutet das einfach, daß eine zwei-eindeutige und wechselseitige Korrespondenz implicite eine Multiplikation ist. Infolgedessen führt eine zwischen mehreren und nicht nur zwischen zwei Gruppen hergestellte Korrespondenz die Versuchsperson früher oder später zur Bewußtwerdung dieser Multiplikation und befähigt sie dann, sie als ausdrückliche Operation durchzuführen.

1. Die Herstellung der Stück-für-Stück-Korrespondenz und die Komposition der Äquivalenz-Relationen

Die auf die „beliebige" oder „quantifizierende" einsinnige und wechselseitige Korrespondenz gegründeten Äquivalenz-Relationen sind besondere Relationen, deren Entdeckung und Gebrauch den Erwerb einer Reihe von eigentlich mathematischen Begriffen voraussetzen, so z. B. den Begriff einer Menge, die erhalten bleibt, der Reihenbildung, der Stück-für-Stück-Korrespondenz usw. Die Komposition der Äquivalenz-Relationen stellt dagegen einen so allgemeinen Mechanismus dar, daß der Umgang mit ihr nur die Logik allein vorauszusetzen scheint. Wenn z. B. X = Y ist und Y = Z, dann ist X = Z, gleichviel, was X, Y und Z sind. Diese Proposition drückt die der Gleichheits-Relation eigene Transitivität aus und ist zugleich der Ausdruck einer Überlegung, die die gesamte formale Struktur des Denkens einbezieht. Sie drückt ebensosehr die Gleichheit oder Gleichwertigkeit dreier Klassen aus wie die Koordination zweier Relationen und kann ebensogut auf mathematische Wirklichkeiten angewendet werden (unter der unrichtigen Bezeichnung „mathematischer Syllogismus") wie auf qualitative. Gleichviel, ob diese Überlegung oder dieses „Gleichheitsspiel" für Zahlen, Flächen, Gewichte, Klassen oder Relationen angewendet wird, die Schwierigkeit oder die Leichtigkeit, damit umzugehen, sollte unabhängig sein — so scheint es — von dem Inhalt des Gedankens und von der Form allein abhängen. Nach der Hypothese einer angeborenen Logik müßte das Kind derartige Strukturen also gebrauchen können, bevor es die mathematischen Begriffe entdeckt, oder zum mindesten müßten die beiden Ordnungen für das Kind voneinander unabhängig sein. Nach unserer Hypothese aber, nach der die Logik konstruiert wird, ist es nicht bewiesen, daß ein formaler Mechanismus wie die Komposition zweier Relationen sich unabhängig von den Inhalten, auf die jene Koordination sich bezieht, herausbilden kann. Viel eher, da wir ja in diesem Buch unaufhörlich festgestellt haben, daß die Logik der Klassen und die Logik der Relationen bei der Konstruktion der mathematischen Begriffe mitwirken und umgekehrt, ist zu erwarten, daß die formale Struktur $(X = Y; Y = Z;$ also $X = Z)$ nicht auf Anhieb und unabhängig von ihrem Inhalt erworben wird, sondern daß sie ebenso viele voneinander unterschiedene und wiederholte Erwerbsakte erfordert wie verschiedene Inhalte, auf die sie sich bezieht. Um es besser auszudrücken: die formale Struktur $(X = Y; Y = Z;$ also $X = Z)$ ist wie alle formalen Strukturen nur eine Koordinierung eines bestimmten Grades, deren Vollzug streng abhängig ist von der Art der zu koordinierenden Glieder oder Relationen und die infolgedessen jedesmal, wenn sie auf eine neue Klasse von Denk-Objekten ausgeweitet wird, in Gestalt einer neuen Koordination wieder aufgebaut werden muß *.

Man kann in der Tat in großen Zügen behaupten, daß die Kinder, die bei der Frage nach der Komposition der Äquivalenz-Relationen scheitern, ebenso bei der zwei-eindeutigen und wechselseitigen Korrespondenz versagen, während die, denen diese Korrespondenz gelingt, ohne weiteres imstande sind, mehrere Äquivalenzen untereinander zu verknüpfen. Dieses Ergebnis ist nun nicht so natürlich, wie es scheinen könnte. Bei den Korrespondenz-Versuchen Erfolg zu haben bedeutet, korrespondierende Gruppen als äquivalent anzusehen, unabhängig von der Disposition ihrer Elemente, vorausgesetzt, daß diese einmal Stück für Stück korrespondiert haben. Die Komposition $(X \longleftrightarrow Y) + (Y \longleftrightarrow Z) = (X \longleftrightarrow Z)$, in der das Zeichen $\longleftrightarrow$ die Äquivalenz auf Grund der zwei-eindeutigen und wechselseitigen Korrespondenz kennzeichnet, ruft ganz anders geartete Schwierigkeiten hervor, da die Elemente der Gruppen X und Z einander niemals gegenüberstehen. Daß Kinder, die nicht einmal in der Lage sind, zwei Mengen korrespondieren zu lassen oder deren Äquivalenz als dauerhaft anzusehen, zu dieser Komposition ebenfalls unfähig sind, versteht sich von selbst, vorausgesetzt, daß man die formalen Strukturen als eine einfache Koordination ihrer Inhalte aufstellt. Die Komposition setzt dann nämlich voraus, daß das Problem des Begreifens der Äquivalenz selbst

---

* In dem in Zusammenarbeit mit *Bärbel Inhelder* erschienenen Werk Die Entwicklung der physikalischen Mengenbegriffe beim Kinde, Band 4 der Ges. Werke, haben wir neue Beispiele für diese Notwendigkeit, je nachdem, ob das Schema $(X = Y; Y = Z)$ auf Gewicht oder Volumen usw. angewendet wird.

gelöst ist. Daß aber die Kinder, die bei den Äquivalenz-Versuchen Erfolg haben, gleichfalls von vornherein imstande sind, die so entdeckten Relationen zu komponieren, ist sehr interessant und zeigt, daß die bei der einfachen Korrespondenz schon beteiligten Operationen multiplikativer Art, sobald sie einmal konstituiert sind, zu eigentlichen Multiplikations-Operationen ausgeweitet werden.

Zunächst zwei Beispiele korrelativer Fehlschläge (Fum, Fet, Bet, Os und Pit, die wir in 1. zitieren, sind dieselben wie in Kapitel III):

FUM (4;4), der das Stadium des globalen Vergleichs erreicht hat, ist, wie sich in Kapitel III, 2, Abschnitt I gezeigt hat, nicht imstande festzustellen, daß die von ihm selbst in die Vasen gesteckten blauen Blumen mit den Vasen korrespondieren, sobald sie herausgenommen und verteilt sind. Man läßt ihn dann eine gleiche Quantität roter Blumen in dieselben Vasen stecken. Wenn man dann aber die roten und die blauen Blumen miteinander vergleicht, gibt Fum auf die Frage: „Ist das gleich viel an roten und blauen Blumen?" bald die Antwort: *„Ich glaube."* Bald: *„Es gibt mehr blaue."* Usw.
Selbst die Tatsache, daß er laut zählt, macht die Komposition keineswegs leichter: „Ich möchte in jede Vase eine rote und eine blaue Blume stecken. Willst du die Vasen zählen? — *Zehn.* — Und die blauen Blumen? — *Zehn.* — Und die roten Blumen? — *Zehn.* — Sehr gut. Und wenn du nun in jede Vase eine rote und eine blaue Blume steckst, gibt es dann genug Blumen? — *Ich weiß nicht.* — Kannst du es vorher wissen? — (Er fängt an, sie hineinzustecken.) *Nein. Ich weiß es nicht."*
TIL (4;11) gehört in bezug auf den Tausch von 10 Groschen gegen 10 Blumen dem zweiten Stadium an (vgl. Kap. III, 4, Abschnitt II), d. h., er ist imstande, eine Stück-für-Stück-Korrespondenz durchzuführen, aber ohne dauernde Äquivalenz. Zunächst kauft er 6 blaue Blumen um 6 Groschen. „Jetzt bin ich eine nette Verkäuferin und gebe dir dein Geld zurück. Du kannst dir mit denselben Groschen einige von diesen roten Blumen kaufen. Es gilt immer noch: eine Blume gegen einen Groschen. Für jede Blume gibst du mir einen Groschen. — (Er fängt an.) — Bekommst du ebensoviel an roten wie an blauen Blumen? — *Nein, es gibt mehr rote.* — Warum? — *Sie haben mehr genommen.* (Er blickt auf den Reservevorrat.) — (Man beendet den Tausch und legt rote Blumen und Groschen in visuelle Korrespondenz zueinander.) — *Ach, das ist gleich viel!* — Jetzt legen wir die Groschen unter die blauen Blumen. — (Er tut das.) *Das ist gleich viel.* — Dann sieh her. (Man nimmt die 6 roten Blumen und nimmt den Tausch wieder auf.) Kann man mit den Groschen ebensoviel an roten wie an blauen Blumen kaufen? — *Nein, mehr."* Usw.

Es leuchtet also ein, daß diese Kinder nicht in der Lage sind, die Äquivalenzen untereinander zu koordinieren, und ebensowenig betrachten sie jede Äquivalenz für sich als dauerhaft. Es folgen nun zwei Beispiele aus einer zweiten Gruppe von Kindern, die unter Gesichtspunkt dieser Korrelation interessanter sind, weil sie bei einigen Äquivalenzversuchen Erfolg haben und bei anderen scheitern. Hier nun sind sie imstande, im ersten Fall die Äquivalenz formal zu koordinieren, und im zweiten Fall sind sie dazu nicht in der Lage:

FET (5;5) gehört, wie in Kap. III, 2, Abschnitt III, gezeigt wurde, in bezug auf Blumen und Vasen zum dritten Stadium. Gleich, wie die Anordnung der aus den Vasen herausgenommenen Blumen auch sein möge, er erklärt, daß sie den Vasen gleichwertig seien, „weil sie da drin waren". Nachdem man die 10 blauen Blumen entfernt hat, fordert man ihn auf, die roten Blumen hineinzustecken, und sobald sie wieder herausgenommen sind, fragt man: „Ist das ebensoviel an roten wie an blauen Blumen, oder nicht? — *Ja, weil sie da drin waren, und die anderen auch.*"

Nach dem Stück-für-Stück-Tausch von 8 Blumen gegen 8 Groschen ist derselbe Fet aber nicht sicher, daß die beiden Mengen äquivalent sind: Wenn die Blumen auseinandergerückt sind, hält er sie für zahlreicher. Sobald er sie gezählt hat, scheint er indessen der Äquivalenz sicher zu sein. „Ist das gleich viel? — *Hier gibt es 8 und da gibt es 8.* — Jetzt möchte ich dir rote Blumen kaufen, sieh her. (Man tauscht Stück für Stück 8 Groschen gegen 8 rote Blumen. Diese bleiben auf dem Tisch, während Fet die blauen in der Hand behält.) — Ist das ebensoviel an roten wie an blauen? — *Nein. Es gibt mehr rote.* — Warum? — *Eben darum!*"

BET (5;8) glaubt ebenso an die Äquivalenz der blauen Blumen und der Vasen, *"weil das* (dahinein)*geht."* Dann steckt er die roten Blumen hinein, die man wieder herausnimmt und zusammenrückt. „Gibt es ebenso viele blaue wie rote? — *Ja.* — Warum? — *Weil ... eben so!* (Er stellt die Korrespondenz her, um sie uns vor Augen zu führen.)"

Nach dem Stück-für-Stück-Tausch glaubt er aber nicht an die dauerhafte Äquivalenz der blauen Blumen und der Groschen. Sobald er durch die sichtbare Korrespondenz überzeugt worden ist, tauscht er dieselben Groschen Stück für Stück gegen die blauen Blumen. „Ist das ebensoviel an roten und blauen? — *Nein, es gibt mehr blaue.*"

Die Korrelation zwischen dem Verständnis für die dauerhafte Äquivalenz und der Komposition der Äquivalenzen ist bei diesen Fällen also vollkommen.

Aber nun gibt es noch eine dritte Gruppe von Kindern, die bei den Äquivalenzversuchen keinen vollen Erfolg haben, dann aber zu einer richtigen Komposition imstande sind:

OS (5;10), der bereits in Kap. III, 2, Abschnitt III, genannt wurde, steht bezüglich der Blumen und Vasen zwischen dem zweiten und dritten Stadium. Er glaubt an ihre Äquivalenz, solange sie nahe beieinanderliegen, selbst ohne visuellen Kontakt, aber er glaubt nicht mehr daran, wenn sie weit auseinanderliegen. Nachdem er gegenüber den roten Blumen in derselben Weise reagiert hat, behauptet er indessen die Äquivalenz der roten und blauen Blumen: „*Das ist gleich viel, weil hier 10* (die blauen, die er gezählt hat) *und da 10 sind* (die roten, die er nicht gezählt hat).

PIT (6;11) steht gleichfalls zwischen dem zweiten und dem dritten Stadium. Er nimmt an, die gegen die blauen Blumen getauschten Groschen blieben ihnen „*gleichwertig*" (außer wenn sie zu weit auseinanderliegen), aber er sieht sich unaufhörlich genötigt, diese Gleichheit nachzuprüfen, um daran zu glauben. Wir tauschen nun dieselben Groschen gegen die roten Blumen. „Gibt es ebenso viele rote Blumen wie blaue oder nicht? — *Ja.* (Er nimmt jedoch sofort durch Herstellung der direkten Korrespondenz die Probe vor.)"

Im folgenden endlich Fälle, bei denen das Gelingen der Äquivalenz-Versuche zusammentrifft mit unmittelbarem Gelingen der Komposition. (Wir haben kein Gelingen der ersten Versuche ohne später richtige Kompositionen festgestellt.)

RUM (4;11) gehört völlig dem dritten Stadium an, und zwar in bezug auf Eier und Eierbecher, Blumen und Vasen und den Tausch von Blumen gegen Groschen (vgl. Kap. III, 2–4). Beim ersten dieser Versuche steckt er nun, nachdem man 8 Eier aus 8 Eierbechern herausgenommen und davor hingelegt hat, 8 neue hinein, die man anschließend dahinterlegt. „Gibt es da und da gleich viele Eier? – *Ja, hier gibt es 8 und da 8* (ohne die zweiten gezählt zu haben)." – Bei den nacheinander in dieselben Vasen gesteckten blauen und roten Blumen meint Rum gleichfalls: „*Das ist gleich viel, weil da 10 sind* (die blauen gezählten) *und da auch 10* (die roten nicht gezählten)." Und bei den nacheinander gegen dieselben getauschten roten und blauen Blumen stellen wir folgende Frage, die absichtlich suggestiv ist (um die Stärke seiner Überzeugung auf die Probe zu stellen): „Du siehst, ich habe keine blauen Blumen mehr. (Sie liegen ihm auf einem Haufen.) Ich möchte die kleinen roten Blumen kaufen mit dem Geld, das du mir gegeben hast. (Stück-für-Stück-Tausch, wobei die getauschten Blumen weit auseinandergelegt werden.) Wo ist am meisten? – *Das ist gleich viel.*"

UL (5;3) antwortet bei diesem letzten Versuch: „*Das ist gleich viel, weil es 10 Vasen, 10 rote und 10 blaue Blumen gibt.*"

AY (5;2) ebenfalls: „*Es gibt 10, 10 und 10.*" (Er hat gleichfalls nur die blauen Blumen gezählt.)

Es zeigt sich also, daß das Kind, sobald es über die Äquivalenz-Relation verfügt (und zwar durch die Stück-für-Stück-Korrespondenz), zwei dieser Relationen untereinander zu komponieren vermag. Wie aus dem dritten Typ von Antworten (bei Os und Pit) hervorgeht, erwirbt es diese Fähigkeit vielleicht sogar etwas früher als die Gewißheit der Äquivalenz selbst, unabhängig von der Konfiguration der Mengen.

Diese Korrelation zwischen der Konstruktion der Äquivalenz-Relationen und der Möglichkeit, sie zu komponieren, sobald sie konstruiert sind, scheint uns unter einem zweifachen Gesichtspunkt bedeutsam zu sein. Erstens ist die Tatsache, daß die Komposition nicht möglich ist vor dem wirklichen Verständnis der zu komponierenden Äquivalenzen, nicht so selbstverständlich, wie sie es zu sein scheint, wenn man sie so formuliert. Es ist nicht nur zu beachten, daß der Erwachsene und das Kind über 11 bis 12 Jahren die Fähigkeit besitzen, formal strenge Überlegungen anzustellen über Propositionen, die als falsch erkannt oder nicht begriffen werden, sondern darüber hinaus, daß das Kind, noch bevor es diese formale Mechanik erwirbt, in der Lage ist, sich an die zur Umgangssprache gehörenden Worte und Kollektivbegriffe anzupassen. So sind viele Kinder, die nicht imstande sind, zu begreifen, daß 10 aus 10 Vasen herausgenommene Blumen diesen Vasen immer noch äquivalent sind, auch wenn sie zusammen- oder auseinandergerückt sind, durchaus in der Lage, diese Blumen bis zu 10 zu zählen. Es könnte sich also bei diesen Kindern ein formaler oder wenigstens verbaler Gebrauch der relativen Multiplikation dieser Äquivalenzen einstellen, noch bevor diese wirklich verstanden wurden. Die Tatsache, daß es sich nicht so verhält, zeigt, daß die geforderte Komposition eine wirkliche Koordinierung darstellt.

Vor allem aber hätte sich diese Komposition der Äquivalenz-Relationen auch erst lange nach dem Begreifen der Äquivalenz-Verhältnisse zwischen zwei Gruppen vollziehen können, und das hatten wir eigentlich bei Beginn unserer Untersuchung erwartet. Es kommt bei den Kindern in der Tat sehr häufig vor, daß die Verhältnisse zwischen drei Gliedern (und die Komposition zweier Äquivalenz-Relationen setzt drei Glieder voraus) viel schwieriger zu handhaben sind als Verhältnisse zwischen zwei Gliedern. So ist eine Teilung in drei Teile viel heikler als eine Teilung in zwei usw. Wie kommt es also, daß die Äquivalenz dreier Mengen nicht schwieriger zu begreifen ist als eine Äquivalenz zwischen nur zwei Mengen, oder, anders ausgedrückt, wie kommt es, daß eine Komposition zweier Relationen ebenso leicht herzustellen ist wie die Konstruktion einer der beiden Relationen?

Ohne bereits eintreten zu wollen in die Analyse der Beziehungen zwischen der zwei-eindeutigen und wechselseitigen Korrespondenz und den multiplikativen Operationen im allgemeinen, möchten wir doch schon jetzt feststellen, daß der Grund für diesen Synchronismus sehr einfach ist: Die Komposition zweier Äquivalenzen ist in Wirklichkeit bereits enthalten in der Konstruktion einer einzigen dauerhaften Äquivalenz-Relation zwischen zwei Gruppen, denn diese beiden Gruppen, die unter n aufeinanderfolgenden Formen auftreten, erscheinen als n Gruppen. Nehmen wir an, die Summe der Vasen sei V und die Summe der blauen Blumen sei Fb. Die Hauptschwierigkeit für das Kind besteht darin, die Äquivalenz im Augenblick der optischen Korrespondenz zu begreifen, also: $V_1 \longleftrightarrow Fb_1$. Sie liegt im Verständnis für die Tatsache, daß die auseinandergerückten Vasen (V_2) oder die beisammenstehenden (V_3) den auseinandergerückten Blumen (Fb_2) oder den beisammenliegenden (Fb_3) noch äquivalent sind. Daraus folgt, daß das Begreifen der dauerhaften Äquivalenz dessen, was uns als nur zwei Mengen erscheint, in Wirklichkeit eine komplexe Komposition der Äquivalenz-Relationen erfordert, die 6 Mengen zu 3 und 3 miteinander verbinden:

$$(V_1 \longleftrightarrow Fb_1) + (Fb_1 \longleftrightarrow Fb_2) = (V_1 \longleftrightarrow Fb_2)$$
$$(V_1 \longleftrightarrow Fb_1) + (Fb_1 \longleftrightarrow Fb_3) = (V_1 \longleftrightarrow Fb_3)$$
... usw.

Infolgedessen gehört, wenn man die neue Menge roter Blumen Fr mit ihren drei Zuständen Fr_1, Fr_2 und Fr_3 einführt, die Komposition der Relationen (V $\longleftrightarrow$ Fb) .und (Fb $\longleftrightarrow$ Fr) derselben Ordnung an wie die vorhergehenden:

$$(V_1 \longleftrightarrow Fb_1) + (V_1 \longleftrightarrow Fr_1) = (Fb_1 \longleftrightarrow Fr_1).$$

Der einzige Unterschied — und dadurch wird das Phänomen interessant — besteht darin, daß die Mengen Fb_1, Fb_2 und Fb_3 sich voneinander nur durch die wahrnehmbare Disposition ihrer Elemente unterscheiden, während die Mengen Fb und Fr sich durch ihre Elemente selbst unterscheiden. Aber diese Einführung einer Menge, die aus neuen Elementen besteht, ändert nichts am formalen Mechanismus des Denkens, der sich während der Konstruktion der Äquivalenz-Relationen herausbilden mußte. Wir können also sagen, daß die Fähigkeit, zwei Äquivalenz-Relationen miteinander zu verknüpfen (also drei Mengen aus verschiedenen Elementen miteinander zu einem Ganzen zu verbinden), lediglich die Freisetzung des formalen Mechanismus bezeugt, der bis dahin der Konstruktion dieser Relationen selbst immanent war und von nun an auf jede beliebige neue Kombination von Relationen zwischen Mengen aus nicht-gemeinsamen Gliedern angewendet zu werden vermag. Wir stellen nun fest, und das ist die Schlußfolgerung aus Abschnitt 1, daß diese Freisetzung oder extreme Koordinierung auftritt, sobald die Konstruktion der Äquivalenzen als solcher oder die interne Koordinierung vollendet ist.

2. Die Stadien der Komposition von Äquivalenz-Relationen

Nachdem wir bei denselben Kindern, die uns z. T. bei den Experimenten einfacher Korrespondenz als Versuchspersonen gedient hatten (Kap. III), die enge Korrelation zwischen den Reaktionen auf diese Experimente und der Komposition der Äquivalenz-Relationen festgestellt haben, möchten wir nun in Kürze die Etappen dieser Komposition selbst an neuen Kindern untersuchen, und zwar an Kindern, die wir z. T. in 3. den Experimenten mit multipler Korrespondenz und numerischer Multiplikation unterwerfen wollen.

Das erste Stadium wird uns nicht weiter beschäftigen, da es das gleichzeitige Scheitern der Korrespondenzbildung selbst und der Komposition der Äquivalenzen zeigt. Dennoch sei hier noch ein Beispiel wiedergegeben, das den Fällen Fum und Til (1.) analog ist, aber mit Hilfe einer genaueren Befragungstechnik gewonnen wurde:

COM (4;10) steckt selber Stück für Stück 10 Blumen (X) in 10 Vasen (Y). Man nimmt sie heraus, um sie in eine Schale zu legen. Dasselbe geschieht mit 10 anderen Blumen, die man in eine andere Schale legt, und zwar etwas weiter auseinander.

„Gibt es hier (X) ebenso viele Blumen wie da (Z)? — *Hier* (Z) *sind mehr. Da* (X) *sind weniger.* — Daraufhin rückt man X auseinander und Z zusammen.) — *In diesem Haufen* (X) *sind mehr und bei dem da* (Z) *weniger.* — Wo waren die Blumen vorher? — *Da* (er zeigt auf die Vasen Y), *in all diesen kleinen Gläsern.* — Waren sie richtig? — *Ja, diese* (X). — Und die da (Z)? — *Auch.* (Er hat sie selber hineingesteckt.) *Jetzt gehen sie nur bis hierhin* (er zeigt auf die neunte Vase), *weil es davon weniger gibt.*"

Demgegenüber ist es interessant zu untersuchen, wie die Fähigkeit zur Komposition während des zweiten Stadiums Fortschritte macht, d. h. während des Stadiums der Stück-für-Stück-Korrespondenz ohne dauerhafte Äquivalenz (Kapitel II—IV). Wir werden nun sehen, daß sich auf diesem Niveau die ersten Ansätze zur Komposition eben mit Hilfe der Anschauung bilden, d. h. anläßlich eines Wahrnehmungskontaktes, daß sie aber noch nicht auf operatorischem Wege verallgemeinert werden können.

Im folgenden einige Beispiele für dieses zweite Stadium. Wir bemühen uns, sie in aufsteigender Ordnung anzuführen:

RYS (4;9) ist fähig zur Herstellung der Korrespondenz 1 zu 1. Er bereitet 10 Blumen vor, steckt sie hinein, und wir legen sie in eine Schale, wo sie dichtgedrängt sind (X). Dasselbe geschieht mit 10 anderen Blumen, die man locker hineinlegt (Z). „Ist hier und da gleich viel? — *Hier* (X) *ist es kleiner, da* (Z) *ist es größer.* — Und nun? (Man rückt Z zusammen und X auseinander.) — *Ah! Jetzt ist hier* (X) *mehr; es liegt ganz anders. Da* (Z) *ist weniger, das liegt auch ganz anders.* — Warum ist da weniger? — *Weil auf der anderen Seite viele Blumen sind* (X). — Wo waren diese Blumen? — *Man hat sie in die Vasen* (Y) *gesteckt und dann herausgenommen, um sie dahinzulegen.* — (Man kehrt erneut das Dichteverhältnis um.) *Da* (Z) *ist mehr.* — Warum? — *Das kann ich nicht sagen.* — (Man stellt sie zu einem Strauß zusammen.) Und nun? — *Ah! Das ist ebensoviel!*"
ROL (5;4). Derselbe Versuch. Die Blumen (Z) sind zusammengedrängt. „Ist das gleich viel (X und Z)? — *Da* (X) *haben wir viele, weil man sie auch da hineingesteckt hat, aber es gibt weniger, weil Sie sie mehr zusammengerückt haben* (in der Schale der Z). — Und die Vasen (Y)? Gibt es davon ebenso viele wie Blumen? — *Es gibt davon ebenso viele* (mit Sicherheit) *wie hiervon* (Z, dicht gedrängt). — Und bei diesen (X, aufgelockert)? — *Ebensoviel* (mit der gleichen Sicherheit); *sie sind zweimal da drin gewesen* (also X und Z). — Also, gibt es nun mehr, weniger oder ebenso viele in diesem Strauß und da (X und Z)? — *Hier* (X) *ist mehr.*" Demgegenüber gibt er, sobald man die 3 Mengen in parallelen Reihen hinlegt, die Äquivalenz X = Y = Z zu.
BAL (5;6) steckt 10 Eier (X) in 10 Eierbecher (Y). Die X liegen lose in einem Topf. Er steckt 10 Eier (Z) in dieselben Eierbecher, und man legt sie dicht zusammen in einen anderen Topf. „Sag mal, liegen in diesem Topf ebenso viele Eier wie in dem da? — *In diesem* (X) *liegen mehr.* — Warum? — *Weil man sie in alle die Becher* (Y) *gesteckt hat.* — Und die da (Z)? — *Die hat man in weniger Becher gesteckt.* (Er hat sie aber selbst hineingesteckt.) — Sieh her. (Man fängt mit nur 7 Stück für jede der 3 Gruppen wieder an.) Und jetzt, gibt es nun gleich viel, hier und da (in X und Z, nachdem die Eierbecher in Hufeisenform ange-

ordnet wurden)? – *Gleich viel.* – Warum? – *Weil Sie sie so angeordnet haben* (die Eierbecher). – (Man fängt wieder mit 10 Stück an, wobei die Eierbecher in einer Reihe stehen.) Und jetzt (X und Z)? – *Gleich viel.* – Warum? – *Weil sie alle in den Bechern waren.*"

ULD (5;8). Versuch mit den Blumen, wobei die 10 X in einer Schale zusammen und die 10 Z in einer anderen weit auseinanderliegen. *„Hier* (X) *ist weniger und da* (Z) *mehr.* – Warum? – *Es sind gerade 1, 2, 3 ... 10.* (Er zählt die X.) – *Und da* (Z)? – (Er zählt.) *Oh! Das ist gleich viel.* – Warum? – *Weil das dieselbe Größe ist.* (Er zeigt auf die Länge der Reihe der Vasen Y.) *Also ist es gleich viel.*" – Bei den Eiern sagt Uld von vornherein, daß X = Z ist: *„Das ist gleich viel.* – Warum? – *Weil es gleich viel an kleinen Schalen* (= Eierbechern) *ist.*"

HOEG (5;11). Die Blumen X liegen lose, die Blumen Z zusammen. *„Hier sind mehr* (X). *Sie sind mehr ,so‘* (in der Breite). – (Man kehrt die Dichte um.) – *Oh! Hier ist mehr.* (Er zeigt von neuem auf X!) – Aber sie nehmen weniger Platz ein? – *Dann täusche ich mich* (Verwirrung), *aber vorher war hier mehr.* (Konflikt zwischen der Vorstellung des vorherigen Zustandes – also Bedürfnis nach Konstanz – und der aktuellen Wahrnehmung.) *Also ist da* (Z) *mehr.* – (Man kehrt das Verhältnis noch einmal um.) – *Nein, hier!* (Er zeigt sich befriedigt, die erste Situation wiedergefunden zu haben.) – Woher weißt du das? – *Man müßte zählen.* – Gut, also zähle. Aber warte. Wo waren diese Blumen (X)? – *In den Vasen.* – Und diese (Z)? – *Auch in den Vasen.* – Und das paßte? – *Ja. Oh! Das ist gleich viel!*"

„Sieh her, jetzt. (Man reiht die X senkrecht zu den Vasen auf.) – *Ich kann zählen:* (er zählt) *10 Blumen und 10 Vasen.* – Und sieh noch mal her. (Man reiht die Z parallel zu den X, nachdem man sie wieder in die Vasen Y hineingesteckt hat, aber die Reihe der Z ist ein wenig kürzer, um die visuelle Korrespondenz zu vermeiden.) – *Aber da fehlt eine!* – Ich habe nichts fortgenommen. – *Ja.* (Verblüfft.) *Ich will zählen.* (Er zählt.) *Es ist gleich viel. Ich hatte geglaubt, es fehlte eine.* – Warum ist es ebensoviel? – *Es war in den Vasen, und die Vasen, das ist ebensoviel wie die Blumen. Ich will trotzdem zählen.* (Er zählt X, Y und Z.) *Es ist 10 und 10 und 10, ja, es ist bei allen dreien gleich viel* (endlich mit Sicherheit!)".

Am folgenden Tage der Versuch mit den Eiern. *„Das ist gleich viel* (X und Z). – Warum? – *Gestern hat man gesehen, daß es gleich viel war.* – Ja, aber wie kann man dessen sicher sein? – *Dadurch, daß man zählt.* – Und ohne zu zählen? – ... – Wo waren die Eier? – *Ach, das ist wahr! Man hat mit den Bechern* (den Eierbechern Y) *gemessen, und gestern mit den Vasen.*"

Alle diese Kinder gehören dem zweiten Stadium an, d. h., sie sind alle imstande, eine Stück-für-Stück-Korrespondenz durchzuführen, ohne aber darum bereits an die dauernde Äquivalenz der korrespondierenden Gruppen zu glauben. Infolgedessen können sie die Schlußfolgerungen, daß X = Z ist, aus ((X = Y) und (Y = Z) nur dann ziehen (sobald es sich darum handelt, Äquivalenzen miteinander zu verbinden), wenn die Mengen einander gegenüberbleiben und dieselben Wahrnehmungsmerkmale zeigen. Sie sind also noch nicht imstande, operatorisch zu komponieren, und beschränken sich darauf, anschauliche Feststellungen zu treffen. Wenn das aber der gemeinsame Ausgangspunkt aller dieser Reaktionen ist, so gelangt doch jedes dieser Kinder dank der in unseren Fragen enthaltenen Suggestionen dazu, allmählich dauerhafte Äquivalenz zwischen X und Y und dann zwischen Y und Z zu entdecken und gleichzeitig X = Z zu komponieren. Der Mechanismus dieser Entdeckung ist nun zu analysieren.

Zunächst zeigt sich die Versuchsperson Rys außerstande, X und Z zu egalisieren, solange die Sträuße nicht die gleiche Dicke haben. Er nimmt alle Schwankungen der Wahrnehmung passiv hin, ohne zu einer Komposition zu gelangen. Das ist das unterste Niveau. Rol, der ein wenig weiter fortgeschritten ist, vertritt ausdrücklich den für die Logik überraschenden Gesichtspunkt, daß X = Y und Y = Z, aber X > Z ist. Er beginnt sogar seine Überlegung damit, daß er sich bezieht auf die Korrespondenz der Blumen X und der Vasen, und dann der Blumen Z und der Vasen, und er fügt hinzu, daß „sie zweimal da drin gewesen sind" (d. h. sowohl die Z wie die X) — und trotzdem zieht er den Schluß X > Z (wegen der weniger gedrängten Lagerung)! Auf paradoxere Weise können die Regeln der operatorischen Komposition nicht ignoriert werden, und dennoch stellt Rol gegenüber Rys einen Fortschritt dar, weil er im Verlauf des Versuchs die dauerhaften Äquivalenzen X = Y und Y = Z erreicht, aber die visuelle Anschauung, die ihn dahin bringt, genügt nicht, ihm den Schluß auf die Gleichheit X = Z zu ermöglichen (und infolgedessen hindert sie ihn daran). Bal bedeutet einen weiteren Fortschritt. Da er (wegen der Dichteverhältnisse) denkt, X > Z, zieht er es vor, zunächst die Wirklichkeit zu verbessern („die hat man in weniger Becher gesteckt"), anstatt der Absurdität von Rol zu verfallen. Der Vorteil der Kühnheit ist die Ausdehnung dieser Gleichheit X = Z auf alle Eier, sobald die Verhältnisse mit einer geringeren Stückzahl leichter festgestellt wurden. Aber es ist klar, daß diese Entdeckung durch die Anschauung begünstigt wurde und noch nicht der reinen Logik zu verdanken ist. Bei Uld herrscht zu Beginn die Anschauung vor, aber die spontane Zählung hebt ihn auf eine andere Ebene und führt ihn zu formalen Verallgemeinerungen. Schließlich liefert Hoeg, dessen Befragung wir vollständig festhalten wollten, ein wunderbares Beispiel für den Konflikt zwischen Anschauung und Logik mit dem endgültigen Triumph der Logik. Zunächst erkennt er in der Tat klar die Widersprüche, zu denen ihn die Anschauung bringt („Aber vorher war hier mehr"); dann postuliert er, um diese Widersprüche aufzuheben, eine Halb-Konstanz, und diese führt ihn schließlich zur operatorischen Komposition (wobei er dazwischen ein sehr bezeichnendes Bedürfnis nach empirischer Überprüfung empfindet), von der er mit Recht meint, sie sei der Anwendung eines gemeinsamen Maßes zu verdanken: „man hat mit den Vasen gemessen".

277

Dieses sind die wichtigsten Etappen der im Laufe des zweiten Stadiums beobachteten Progression. Die Deutung ist leicht: Da das Kind auf diesem Niveau nur der Wahrnehmungs-Intuition vertraut, vergleicht es zunächst unmittelbar X mit Z, ohne daran zu denken, beide über das Zwischenglied Y miteinander zu verbinden. Daraus ergeben sich die Urteile: $X \lessgtr Y$, je nach den wahrgenommenen Dichteverhältnissen. Allerdings führt die Anschauung zu widerspruchsvollen Ergebnissen: Bald ergibt sich $X > Z$ und einen Augenblick später das Gegenteil. Wenn diese Schwankungen untragbar werden, postuliert die Versuchsperson den Beginn einer Konstanz. In dem Augenblick treten die Invarianz der Gesamtheiten und die Komposition der Äquivalenz-Relationen gleichzeitig als die beiden Aspekte derselben Wirklichkeit auf. Dieser Umbruch der Perspektiven, der sich in manchen Fällen fast unmittelbar vollzieht, nach Art des „Aha-Erlebnisses"* Bühlers oder der „Einsicht"* der Gestalt-Forscher, ist indessen das genaue Gegenteil der Kristallisation, in deren Verlauf sich eine wahrnehmbare „Gestalt"* strukturiert: Hier ist nicht von einer Kristallisierung zu sprechen, sondern von einem plötzlichen Auftauen, von einem Zusammenbruch der Wahrnehmungsstrukturen, deren plötzliches Dahinschmelzen die Beweglichkeit und die reversible Komposition möglich macht.

Überprüfen wir nun einige Fälle des dritten Stadiums, d. h. jener Komposition, die sich in Gestalt unmittelbarer Koordinierung darstellt:

CIDE (5;3). *„Es ist ganz genau gleich viel, weil ich gesehen habe, daß das in den Vasen gesteckt hat. Ich glaube die ganze Zeit, daß man sie wieder in die Vasen zurücksteckt, und darüber denke ich nach.* — Aber, wenn man den Strauß mit den dicken (X) und den Strauß mit den kleinen Blumen (Z) ansieht, ist das dann ebsoviel? — *Das ist ebensoviel. Ich denke an die da (X) und an die da (Z), und ich zähle mit den Vasen."*

FRIM (5;5). Gibt es hier ebenso viele Blumen wie da? — *O ja! Es sind ...* (Er denkt nach.) *Ja, es gibt viele.* — Wovon? — *Vasen.* — Aber gibt es hier mehr oder weniger Blumen als da? — *Es gibt viele Vasen und dann hier (X) viele Blumen; sie waren da drin (Y); und viele hier (Z); sie waren auch da drin (Y). Es ist gleich viel."*

GROS (5;10) meint zu den losen X und den gedrängten Z: *„Das ist gleich viel.* — Warum? — *Es gab 10 Blumen und 10 Vasen, also gibt es 10 Rosen."*

BORA (6;0): *„Das ist gleich viel, weil es die Vasen gibt."*

MAR (5;8): *„Das ist beides gleich viel, weil es genau dieselbe Länge von Blumen war in den Vasen."* Bezüglich der Eier: *„Das ist gleich viel, weil man mit den Eierbechern gemessen hat."*

LIS (6;0). Die X liegen zusammen, die Z auseinander: *„Da (X) ist mehr und da (Z) weniger. Nein, das ist nicht weniger, weil sie auch in den Vasen waren. Also ist es gleich viel!"* — Und bezüglich der Eier: *„Das ist ebensoviel, weil es dasselbe an Bechern gab."*

---

* Im Original deutsch zitiert (Anmerkung des Übersetzers).

Man sieht, wie suggestiv dieser Übergang von der Anschauung zur Operation ist. Wenn Lis z. B. seinen Wahrnehmungseindruck von der Ungleichheit $X > Z$ an Hand der Gleichheit $Z = Y$ korrigiert, ist er sozusagen gegen seinen Willen gezwungen, zu folgern, daß $Z = X$ ist, weil $X = Y$ ist. Und wenn Cide, um gegen seine Anschauung anzukämpfen, sagt: „Ich glaube die ganze Zeit, daß man sie wieder in die Vasen zurücksteckt, und darüber denke ich nach", so zeigt er wunderbar, inwieweit die Komposition eine im Gegensinn zur aktuellen Wahrnehmung orientierte Bemühung um Reversibilität ist. Wenn er schließlich sagt: „Ich zähle mit den Vasen", wird ihm der multiplikative Charakter dieser Koordinierung bewußt, mit dem wir uns nun beschäftigen wollen.

3. Die multiple Korrespondenz und die numerische Multiplikation

Es ist nun erforderlich zu untersuchen, wie die Komposition der Äquivalenzen verallgemeinert werden kann in Gestalt einer zwei-eindeutigen und wechselseitigen Korrespondenz zwischen n Mengen (wir nennen sie der Einfachheit halber: „multiple Korrespondenz", wobei wir uns eines nicht ganz zutreffenden Ausdrucks bedienen, den wir aber auf diesen Zusammenhang beschränken) und in Gestalt der numerischen Multiplikation.

Während des ersten Stadiums (des globalen Vergleichs) ist das Kind weder imstande, eine gleiche Zahl von Blumen und Vasen Stück für Stück korrespondieren zu lassen, noch vermag es infolgedessen zu beurteilen, daß zwei Gruppen miteinander korrespondieren, wenn sie mit einer dritten korrespondieren. Und natürlich ist es auch nicht in der Lage, numerische Multiplikationen durchzuführen, nicht einmal unter der Form von Verdoppelungen:

DAL (5;1) hält die Blumen-Gruppen X (10) und Z (10) nicht für äquivalent, obgleich er sie selber nacheinander in dieselben 10 Vasen Y gesteckt hat. „Nun wollen wir alle diese Blumen in die Töpfchen stecken. (Es sind Blumentöpfe in Form von Röhren, die jeweils nur eine einzige Blume fassen können, die durch das die obere Öffnung bildende Loch gesteckt werden muß.) Nimm genügend Töpfchen für alle Blumen. Du siehst, man steckt in jedes nur eine Blume. — (Er stellt den 10 Vasen 10 Töpfchen gegenüber.) — Hast du genügend für alle diese Blumen? — (Er fügt 4 hinzu.) — Und jetzt geht es? — ... — Versuche es. — (Er steckt in jedes Töpfchen eine Blume, fügt dann bei dem zwölften noch zwei hinzu, vermutet aber nicht das Verhältnis: 2 Töpfchen zu einer Vase.) — Schließlich bittet man ihn, alle Blumen in die 10 Vasen zu stecken.) Wie viele Blumen macht das für jede Vase? — (Er versucht je eine für eine Vase.)"
Beim Versuch mit den 10 Eierbechern legt er Stück für Stück in die 10 Eierbecher 10 Eier, die man dann gedrängt in einen Topf legt, und dann 10 andere Eier, die

man lose in einen anderen Topf legt. „Ist das gleich viel? – *Nein, da* (Z) *ist mehr*. – Und wenn man jetzt alle diese Eier den Kindern gibt (d. h. den 10 Puppen, vor denen die 10 Eierbecher stehen), wie viele Eier kann man jedem Kind geben? – *Eins*. – Bist du sicher? – (Er steckt zunächst ein Ei in jeden Becher, aber nach 3 oder 4 ruft er:) *Nein, viele, 6. Oh! Die Kinder essen viele*.“

COM (4;11) gibt, nachdem man die Blumen X und dann Z aus denselben Vasen Y herausgenommen hat, nicht zu, daß X = Z ist. „Wenn wir alle diese Blumen (man zeigt auf X und Z zugleich) in diese Vasen stecken wollen, wie viele Blumen können wir dann in jede Vase stecken? – (Er steckt eine in jede Vase, dann zwei, dann, mit dem Blick auf die nachfolgenden, drei, worauf er mit einer Reihe tastender Versuche die Unterschiede ausgleicht und überall 2 erreicht.) *Das macht 2 für jede Vase*.“ Dann unmittelbar danach: „Sehr gut. Nun stecken wir sie in diese Töpfchen, siehst du, je eine in ein Töpfchen. – *Ja*. (Er stellt den Vasen 10 Töpfchen gegenüber.) – Hast du genug für alle diese Blumen? – *Ja*. – Und gehen alle hinein? – *Ja*. – Versuche es! – (Er fängt damit an und sagt dann:) *Dann gibt es also mehr Blumen als Vasen. Das gibt eine lange Reihe*. (Er fügt 5 oder 6 hinzu.)“

BLU (5;6) (nach Herstellung der Gruppen X und Z, die jeweils mit 10 Vasen korrespondieren). „Und nun, wenn ich alle diese Blumen in diese Vasen zurückstecken will, wie viele muß ich dann in jede Vase tun? – *Man muß eine hineinstecken*. – Glaubst du, daß alle Blumen hineingehen? – (Er versucht es und ruft dann nach 5 oder 6 Vasen aus:) *Oh! Man muß mehr hineintun*. (Er steckt 2 hinein und hat damit Erfolg. Dann fragt er spontan:) *Warum muß man zwei hineintun? –* Wie hatte man es zuvor gemacht? – *Ach, ja! 1, 1, 1* (Sammlung X), *dann hat man sie fortgenommen, dann wieder 1, 1, 1* (Sammlung Z). – Das stimmt.“

„Nun sieh her. Wir werden ganz kleine Töpfchen nehmen, in die man nur eine Blume hineintut, weil sie nur ein kleines Loch haben. Also mußt du genügend Töpfchen hernehmen, um alle diese Blumen unterzubringen. – (Er stellt ein Töpfchen vor jede Vase.) – Wie viele Blumen gab es in jeder Vase? – *6, nein 2*. – Und wie viele steckt man in ein Töpfchen? – *1*. – Glaubst du, daß du genügend Töpfchen hast? – *Ja, das ist ebensoviel wie die Vasen*. – Also, versuche es. – (Er steckt eine Blume in jedes Töpfchen, aber in der Mitte der Reihe ruft er aus:) *Oh! Es gibt nicht genug*. (Er fügt 4 Töpfchen hinzu und sagt:) *Ich glaube, das geht*. (Er fährt fort, Blumen hineinzustecken.) *Nein, es bleiben Blumen übrig*. (Er fügt 3 Töpfchen am anderen Ende hinzu und steckt 3 Blumen hinein.) *Nein, es bleiben noch 3 Blumen übrig*. (Er fügt 3 Töpfchen hinzu.) *Jetzt stimmt es, aber warum ist das mehr als die Vasen?* – Sieh mal, als ich eine Vase nahm, waren zwei Blumen drin. Wie viele Töpfchen hast du für zwei Blumen vorbereitet? – (Er zeigt auf eine.) – Ja, für eine Blume, aber für die andere? – *Ah, ja*. (Er stellt jeder Vase 2 Töpfchen gegenüber.) *Ah! Das paßt genau!*“

Die Reaktionen dieses ersten Stadiums in bezug auf die numerische Multiplikation sind von großem Interesse. Diese Versuchspersonen, die, mindestens zu Beginn des Versuchs, nicht einmal imstande sind, zwei Gruppen von Gegenständen einander Stück für Stück korrespondieren zu lassen (außer wenn eine in die andere eingeschachtelt wird), sind natürlich ebensowenig imstande, aus den Gleichheiten X = Y und Y = Z die Schlußfolgerung zu ziehen, daß X = Z ist. Wenn es sich infolgedessen darum handelt, gleichzeitig die beiden Gruppen (X und Z) mit den Vasen Y korrespondieren zu lassen, d. h. zwei Blumen für eine Vase zu bestimmen, oder wenn es darum geht, ebenso viele Töpfchen V zu finden, wie Elemente (X + Z) in den 10 Y enthalten sind, d. h. zwei Töpfchen für eine Vase zu bestimmen, zeigt das Verhalten dieser Kinder, daß sie zur multiplikativen Komposition nicht fähig sind, und zwar in ihren beiden aufeinanderfolgenden Reaktionen.

Die primitivste Reaktion besteht darin, einfach die geforderte neue Korrespondenz an eine der vorhergehenden Stück-für-Stück-Korrespondenzen anzugleichen, ohne die Notwendigkeit der Korrespondenz 2 zu 1 oder der Verdoppelung zu begreifen. So stellen zunächst beim Versuch mit Töpfchen und Vasen alle Versuchspersonen 10 Töpfchen hin, weil 10 Vasen da waren, denn, wie Blu sagt, „das ist ebensoviel wie die Vasen". Indessen hat jedes dieser Kinder wohl verstanden, daß man nur eine Blume pro Töpfchen nimmt, was man feststellen kann, wenn sie empirisch die Korrespondenz nachzuprüfen versuchen. Ebenso teilt jedes Kind zunächst jeder Puppe nur ein Ei zu und steckt nur eine Blume in jede Vase. Diese einfache Anpassung der neuen Situation an die vorangegangene weicht jedoch schnell vor dem Gewicht der Tatsachen, d. h. vor der Feststellung, daß die Blumen für die Vasen zu zahlreich sind und daß die Eier die Eierbecher an Zahl übertreffen. Allerdings ist das Kind nicht in der Lage, die Hypothese eines bestimmten Verhältnisses zwischen (X + Z) und Y aufzustellen, d. h., es versteht nicht, wenn X und Z gleichzeitig Y entsprechen, daraus zu folgern, daß man jedem Y nicht nur ein einziges Element zuzuteilen habe, sondern ein Paar. Anstatt an eine genaue Verdoppelung zu denken, empfinden die Versuchspersonen dieses Stadiums einfach die Notwendigkeit einer globalen Zunahme und beschränken sich darauf, willkürlich eine beliebige Zahl auszuprobieren. Darin drückt sich die dieses Stadium kennzeichnende Eigenart aus, die in Beziehung zum Fehlen genauer Korrespondenz und zum Fehlen der Komposition von Äquivalenz-Relationen steht. Bei dem Problem der Ersetzung der Vasen (die zwei Blumen fassen) durch die Töpfchen (die nur eine fassen), fügt Dal z. B. einfach 4 Töpfchen zu der ursprünglichen Reihe von 10 hinzu; Com nimmt 5 oder 6, Blu 4, dann 3 und nochmals 3, ohne zu begreifen, warum. („Warum ist das mehr als die Vasen?") Die Verständnislosigkeit ist bei der Frage nach den Eiern oder nach der Zahl der in jede Vase zu steckenden Blumen dieselbe.

Kurz gesagt, wenn die Kinder 2 gleiche Mengen einer einzigen entsprechen lassen sollen, beschränken sie sich also auf eine willkürliche Schätzung der Zunahme und sind sich der Notwendigkeit einer Verdoppelung nicht bewußt. Wenn sie verstehen, daß n blaue Blumen mit n Vasen korrespondieren (n X $\longleftrightarrow$ n Y) und daß n rote Blumen ihnen ebenfalls korrespondieren (n Z $\longleftrightarrow$ n Y), so verstehen sie doch nicht, daß die n Vasen n Paaren (X + Z) korrespondieren, d. h. also, daß n Y $\longleftrightarrow$ n (X + Y) oder: n Y $\longleftrightarrow$ n (2) ist. Und wenn sie begreifen, daß alle miteinander vereinigten Blumen mit den Töpfen V korrespondieren, also (X + Z) $\longleftrightarrow$ V, so begreifen sie doch nicht, daß jede Vase Y infolgedessen mit zwei Töpfchen V korrespondiert, also: n Y $\longleftrightarrow$ n (2 V). Schließlich ist zu bemerken, wie Blu nach seinem Scheitern zur Bewußtwerdung dieses Verhältnisses gelangt und damit das folgende Stadium ankündigt.

Während dieses zweiten Stadiums beginnen die Kinder tatsächlich das Problem der Verdoppelung zu lösen, aber sie gehen noch nicht auf operatorische Weise vor, d. h. mit Hilfe einer abstrakten und unmittelbaren Multiplikation. Sie tasten und entdecken das Ergebnis durch die Korrespondenz selbst, die sie allmählich zu multiplizieren versuchen müssen. Hierfür einige Beispiele, und zwar zunächst ein Übergangsfall zwischen dem ersten und dem zweiten Stadium:

RYS (4;9) betrachtet die Blumen X und Z nicht als äquivalent. (Vgl. 2.) „Ich frage mich, wie viele Blumen man in eine Vase stecken müßte, damit alle hineingehen. – *Ich weiß nicht.* (Er steckt sie 1 zu 1 hinein, dann gegen Ende 2 zu 2 und sagt:) *Zwei.*"
„Jetzt nehmen wir die Töpfchen. Wie viele Blumen steckt man also in eine Vase? – *2.* – Und in jedes Töpfchen? – *1.* – Dann bereite die Töpfchen vor. – (Er stellt vor jede Vase ein Töpfchen, steckt eine Blume in jedes Töpfchen, überblickt dann am Ende die übrigbleibenden Blumen, ohne sie zu zählen, und stellt noch eine Reihe von 10 Töpfchen her, diesmal den Vasen gegenüber. Er bringt die Blumen unter und sagt:) *Das paßt genau.*"
Einige Tage darauf steckt er 10 Eier in die Eierbecher und dann von neuem 10 Eier. „Wie viele Eier ißt jedes Kind? – *2.* – Warum? – *Eins vorher und eins nachher.* – Und wenn man diese noch dazu gibt (eine neue Serie von 10, die man in die Becher steckt und dann neben die beiden anderen Sammlungen von 10 Eiern legt), wie viele macht das dann für jedes? – *2.* – Versuche es! – (Er legt 2 Eier vor jeden Becher und läßt die 10 letzten beiseite.) – Und das? – *Das ist für morgen.* (Er schiebt bewußt die Frage beiseite.)"
ROL (5;4) weiß, daß X = Y und Y = Z, aber nicht, daß X = Z ist. „Wenn ich nun alle diese Blumen in die Vasen stecken will, wie viele muß ich dann in jede Vase hineinstecken? – *Eine.* – (Er fängt damit an und ruft dann aus:) *Ah! Dann macht das zwei.*"
Bei den Eiern: „Wie viele Eier macht das für jedes Kind? – *2.* – Und wenn man das dazutut (10 neue)? – *2.* – Warum? – (Er zählt nach.) *3.*"
ULD (5;8). „Wenn ich alle diese Blumen (X + Z) in diese Vasen stecke (Y), wie viele macht das dann in jeder Vase? – *2, 3 oder mehr.* – Versuche es. – (Er versucht es mit 2 und geht bis zum Ende der Reihe.) *Das stimmt ganz genau.*"
„Jetzt nimm genügend Töpfchen, damit man eine Blume in jedes Töpfchen hineinstecken kann. – (Er stellt ein Töpfchen vor die erste Vase; 2 vor die zweite, dritte und vierte; 1 vor die fünfte; 2 vor die sechste; 3 vor die achte und neunte, und 2 vor die zehnte; dann gleicht er aus.)"

Bei 10 Eiern + 10 Eiern: „Wie viele Eier kann jedes Kind essen? — *Dieses da* (das erste) *zwei*. (Er fährt fort, vor jeden Becher 2 Eier zu legen.) *Ich glaube, ich habe nicht genügend*. (Er fährt fort.) *Das geht*. — Und wenn man noch dies (10 Eier, die man von neuem den Eierbechern korrespondieren läßt) hinzugibt? Wie viele macht das dann für jedes? — *4, nein 5*. — Warum? — *Weil sie mehr davon haben*."

HOEG (5;11) (Fragen im Anschluß an seine Antworten in 2.). „Und jetzt, wenn man alle diese Blumen (X + Z) in die Vasen (Y) zurückstecken wollte, wie viele würde es dann in jeder Vase geben? — *3, 4*. — Warum? — *Weil man viele hineinstecken kann*. — Ja, aber man muß gleich viel in jede Vase hineinstecken und alle Vasen benützen. — *Ja. Also, ich werde sie so* (6) *hineinstecken*. — Versuche es. — (Nach drei Vasen gibt er es auf.) *Also muß man drei hineinstecken*. — Warum? — *Weil es weniger sind*. (Er versucht es, hält aber mitten in der Reihe ein.) *Es stimmt doch noch nicht. Man muß nur 2 hineinstecken*. (Er tut es.) *So stimmt es*. — Warum nur 2? — *Darum*. — Wie viele Häufchen waren da? — *Ah! 2, und sie waren beide gleich viel* (!) *und die Vasen auch, also macht das 2 für jede Vase*. — Sehr gut."

„Du siehst diese Töpfchen. Wir stecken nur eine einzige Blume hinein. Nun bereite die Töpfchen vor für alle diese Blumen! — (Das Kind stellt jeder Vase ein Töpfchen gegenüber.) — Gehen alle diese Blumen hinein? — *Ja*. — Warum? — *Weil da ... Ich will zählen*. (Er zählt.) *Zehn wie bei den Vasen* (weil die Blumen in die Vasen paßten). *Ah! Ich weiß, wir werden überall noch einmal ‚so' hinlegen*. (Er stellt ein zweites Töpfchen neben jede Vase.) — Versuche es. — (Er steckt die Blumen hinein.) *Das paßt genau!* (Überraschung über die Genauigkeit des Ergebnisses.)"

Am nächsten Morgen, nach der Befragung wegen der Eier (vgl. 2.): „Wieviel Eier hat nun jedes Kind gegessen? — *2*. — Warum? — *Man hat 2 mal 2 gemessen* (= man hat 2mal in die Eierbecher eine Gruppe korrespondierender Eier hineingesteckt). — Das stimmt. Und wenn man nun weiter dies (10 neue Eier) dazutut? — *Das macht drei*. — Und wenn man noch dies (10 weitere Eier) dazutut? — *Das macht vier*." So gelangt Hoeg in das dritte Stadium.

Es zeigt sich, worin sich die Reaktionen dieses Stadiums von denen des vorigen unterscheiden. Wenn man gleichzeitig (X + Z) dem Y entsprechen läßt (wenn X = Y = Z ist), beschränkt sich während des ersten Stadiums die Einsicht des Kindes auf ein Empfinden, daß zwischen (X + Z) und Y mehr besteht als nur eine einfache Stück-für-Stück-Korrespondenz. Wenn es infolgedessen ebenso viele Töpfchen V sucht, wie es Blumen (X + Z) gibt, begnügt es sich damit, den Elementen von V, die es mit Y in Stück-für-Stück-Korrespondenz gebracht hat, einige Stücke hinzuzufügen. Demgegenüber gehen die Kinder dieses Niveaus, sobald sie mit einer Stück-für-Stück-Korrespondenz zwischen den V und den Y begonnen haben und bemerken, daß die so vorbereiteten V nicht allen Blumen (X + Z) entsprechen, ohne weiteres vom System „1 gegen 1" zum System „2 gegen 1" über. Das ist ein bemerkenswerter Fortschritt in Richtung auf die Multiplikation. Er bedeutet, wenn $n\,Y \longleftrightarrow n\,2\,V$ ist, den Übergang von $n\,V$ zu $(n + n)\,V$, ohne daß der Zusammenhang $n + n = 2\,n$ bereits völlig bewußt wäre, einfach dadurch, daß von vornherein $(n + n)$ V angesetzt wird, anstatt $(n + n')$ V, wobei n' eine beliebige Vermehrung von n wäre (wie im ersten Stadium).

Vergleichen wir z. B. beim Problem der Töpfchen den Fall Rys mit dem Fall Blu. Obgleich letzterer schließlich zu der Korrespondenz „2 gegen 1" gelangt, gehört er doch zum ersten Stadium, da er nach willkürlichen Additionen verfährt, bevor er entdeckt, daß n Y $\longleftrightarrow (n + n)$ V ist. Demgegenüber stellt Rys, der primitivste Fall des zweiten Stadiums, zunächst 10 Töpfchen für 10 Vasen hin (n Y $\longleftrightarrow n$ V), dann, als er die übrigbleibenden Blumen bemerkt, sucht er nicht, sie zu schätzen, wie Blu das tut (der 4, dann 3 und dann 3 hinzufügt und jedesmal sagt: „Ich glaube, das geht" usw.), sondern er stellt von vornherein 10 Töpfchen hin, steckt, ohne zu zögern, die 10 Blumen hinein und schließt mit den Worten: „Das paßt genau" (also: n Y $\longleftrightarrow (n + n$ V). Ebenso fügt Rol eine Reihe von 10 zu seiner ursprünglichen Reihe hinzu, und Hoeg ruft aus: „Ah! Ich weiß! Wir werden überall noch einmal ,so' $(n + n)$ hinlegen."

Bei dem Problem, wie viele Blumen in jede Vase passen, wenn man (X + Z) korrespondieren läßt, legt nur Rys, der in dieser Beziehung das erste Stadium fortsetzt, zunächst eine Blume in jede Vase, um dann nach einigen Vasen zu 2 überzugehen. Rol beginnt auch mit 1 (und bleibt dabei bis zum Ende), reagiert dann aber, als er bemerkt, daß Blumen übrigbleiben, wie im Falle der Töpfchen und erklärt, ohne zu zählen: „Ah! Dann macht das zwei." Uld und Hoeg, die die Mehrheit der Kinder dieses Stadiums vertreten, geben ohne weiteres zu, daß es, wie Uld sagt, „2, 3 oder mehr" gibt, d. h., sie denken ohne weiteres in der Korrespondenz „n gegen 1" und reduzieren n sodann auf 2.

Bei dem Problem der Eier versucht es Uld, der hierin das erste Stadium fortsetzt, zunächst mit 2 Eiern pro Becher, aber ohne seiner Sache sicher zu sein, während die anderen ihrer Sache von vornherein sicher sind. Offensichtlich vollzieht sich ein gewisses Anlernen zwischen dem ersten Versuch und diesem. Vielleicht ist er an sich leichter. Darum ist es aber nicht minder interessant festzuhalten, daß die von Rol angegebenen Gründe („ich muß jedesmal zwei Eier geben") und vor allem die Gründe von Hoeg („man hat 2 mal 2 gemessen") das Niveau des dritten Stadiums erreichen, da sie die Existenz zweier Stück-für-Stück-Korrespondenzen $n \longleftrightarrow n$ ausdrücken, aus denen das Produkt $n \longleftrightarrow n$ (2) herzustellen ist. Jedes dieser Kinder ist also in der Lage zu begreifen, daß, wenn zwei Mengen mit dem Wert n jeweils mit der Korrespondenz „1 gegen 1" einer dritten Menge übereinstimmen, die beiden ersten Mengen gemeinsam mit der dritten im Verhältnis „2 gegen 1" korrespondieren, also: „$n + n$" und nicht nur $n + n$ (worin n' ein beliebiger Wert ist). Kann man nun aber sagen, obgleich bestimmte Versuchspersonen fast bis zu dieser Begriffsbildung gelangen, daß sie bereits das Verhältnis $n + n$ als eine eigentliche Multiplikation begreifen, d. h. als den Übergang von „1 mal n" zu „2 mal n" (oder 2 n)? Drei Gründe, so scheint uns, lassen eine solche Annahme bereits für dieses Niveau nicht zu.

Der erste Grund liegt darin, daß diese gleichen Versuchspersonen, wie sich in 2. zeigte, die Komposition der Äquivalenz-Relationen (X $\longleftrightarrow$ Y) + (Z $\longleftrightarrow$ Y) = (X $\longleftrightarrow$ Z) noch nicht beherrschen und daß man sich das Verständnis für die arithmetische Multiplikation $n + n = 2\ n$ (X und Z seien n) kaum vorstellen kann ohne völlige Beherrschung der der Komposition dieser Äquivalenz inhärenten logischen Verhältnisse.

Der zweite Grund besagt, daß diese Kinder keineswegs auf Anhieb zur multiplen Korrespondenz gelangen: Erst bei der Feststellung der Existenz eines Restbestandes, nach ihren Versuchen einfacher Korrespondenz, gehen sie von n zu $n + n$ über. Sicher liegt darin ein großer Fortschritt, es nicht mehr mit einem beliebigen Verhältnis $n + n'$ zu versuchen. Aber es bleiben stets einige Unsicherheiten zurück, und es besteht noch keine unmittelbare Einsicht wie im dritten Stadium.

Drittens und vor allem ist zu bemerken, daß das Kind, wenn es die multiple Korrespondenz von vornherein als ein multiplikatives Verhältnis interpretiert, sie ohne Zweifel von 2 n auf 3, 4 oder 5 n zu verallgemeinern vermöchte, da diese Zahlen ihm ebenso vertraut sind wie die 2. Das wird uns das dritte Stadium zeigen. Demgegenüber ist die multiple Korrespondenz, solange sie nur erst ein empirisch entdecktes Verhältnis in der Form $(n + n)$ darstellt, nicht ohne weiteres einer Verallgemeinerung zugänglich. Eben das sehen wir deutlich bei den Versuchspersonen des zweiten Stadiums. Rys z. B. denkt, daß jedes Kind, wenn 3 Gruppen von Eiern Stück für Stück mit denselben 10 Eierbechern korrespondieren, 2 Eier bekommt, und wenn es bei dem Versuch den Rest von 10 nicht verwendeten Eiern sieht, verschiebt er das Problem auf den nächsten Tag. In derselben Situation neigt Uld zu der Auffassung, es handele sich um 4 oder 5 und entscheidet sich für 4, weil sie davon „mehr gegessen" haben. Nur Hoeg ist imstande, die Multiplikation auf 3 oder 4 ohne Zögern zu verallgemeinern, aber bloß deswegen, weil er, wie wir bereits sahen, bei diesem letzten Versuch das Niveau des dritten Stadiums erreicht.

So sehen wir uns veranlaßt, die Reaktionen dieses dritten und letzten Stadiums zu untersuchen, das nicht nur durch die richtige Komposition der Äquivalenz-Relationen gekennzeichnet wird, sondern auch durch das unmittelbare Verständnis der Verhältnisse multipler Korrespondenz und durch ihre Verallgemeinerung in Gestalt von multiplikativen Operationen, die sich auf 3, 4 oder 5 n erstrecken. Hierzu einige Beispiele:

GROS (5;10) ist von der Äquivalenz X = Z überzeugt, wenn X = Y und Z = Y ist. „Wenn ich alle diese Blumen (X + Z) in diese Vasen (Y) stecke, wie viele gibt es dann in jeder Vase? — *1 blaue und 1 rote.* — Wie viele sind das? — *2.* — Und wenn ich das (eine neue Gruppe von 10) dazu gäbe, wie viele gäbe es dann in jeder Vase? — *3.* — Warum? — *Ich würde eine, eine, eine hineinstecken.* — Und wenn man nun die Idee hat, sie in Töpfchen zu stecken, die nur eine Blume pro Töpfchen fassen? — (Er richtet 10 + 10 + 10 Töpfchen her.)"

THI (6;10): „Man muß 2 Blumen in jede Vase stecken." Dann richtet er 10 + 10 Töpfchen her. Bei den Eiern begreift er von vornherein, daß bei (10 + 10) die Kinder je 2 Eier essen, dann 3 bei (10 + 10 + 10) usw.

BORA (6;0) versteht ebenfalls unmittelbar, daß es 2 Blumen pro Vase gibt, *„weil es 2 Sachen gibt"* (= zwei Gruppen von 10). Ebenso richtet er 2 oder 3 Töpfchen für jede Vase her, je nachdem, ob man ihm 2 oder 3 äquivalente Gruppen von Blumen vorlegt. Dieselben Antworten werden bei 2 oder 3 Gruppen von Eiern gegeben. „Und wenn ich das (10 + 10 + 10 + 10) dazugebe? — *4 Eier für jede Puppe.* — Und wenn ich das (10) noch dazugebe? — *9, o nein! 5.*"

Man sieht, daß diese Kinder, die allesamt imstande sind, die Äquivalenzen zu komponieren (vgl. 2.), mit derselben Geschwindigkeit, d. h. durch Kombination der Relationen und nicht mehr durch anschauliches Probieren, die Verhältnisse multipler Korrespondenz, die bei den hier gestellten Problemen in Betracht kommen, begreifen: 2 Blumen pro Vase, 2 Eier pro Puppe und eine doppelte Serie von Töpfchen für die Reihe der Vasen. Die große Bedeutsamkeit dieses Stadiums liegt nun darin, daß dieses Verhältnis „2 gegen 1", sobald es begriffen ist, sogleich auf 3, 4 oder 5 verallgemeinert werden kann. Diese Tatsache führt zu zwei Schlußfolgerungen. Die eine besagt, daß der Übergang von der anschaulichen zur operatorischen Methode, der durch die Ablösung der starren (obgleich durch Ausprobieren entdeckten) Wahrnehmungs-Schemata durch die bewegliche (obgleich in einem unmittelbaren Koordinations-Akt begriffene) Komposition bewirkt wird, eben dadurch eine Verallgemeinerung möglich macht, von der einige Beispiele, wie wir im Fall der dem Kind vertrauten kleinen Zahlen eben gesehen haben, fast augenblicklich ablaufen. Die zweite besagt, daß parallel zu diesem psychologischen Prozeß die Operation der Korrespondenzbildung sich endlich unter ihrem wirklichen Aspekt, d. h. unter dem einer multiplikativen Komposition, zeigt. Bei den Korrespondenzen 1 zu 1, 2 zu 1, 3 zu 1 usw. wird der Wert n jeder Menge nicht mehr nur begriffen, als entwickle er sich von n zu $n + n$, sondern von „1 mal n" zu „2 mal n", „3 mal n" usw. Diese Ergebnisse werden es uns erlauben, nun als Zusammenfassung das Problem der Multiplikation der Klassen und der Zahlen im allgemeinen zu untersuchen.

4. Schlußfolgerung: Die Multiplikation der Klassen und der Zahlen

Bei der Untersuchung der verschiedenen Arten der Stück-für-Stück-Korrespondenz haben wir in den Kapiteln III—IV bereits festgestellt, daß die Äquivalenz durch zwei-eindeutige und wechselseitige Korrespondenz eine Äquivalenz multiplikativer Art ist.

Es gibt in der Tat eine große Mannigfaltigkeit von Äquivalenz-Formen, und es ist ebenso die Aufgabe einer genetischen Psychologie wie die einer operatorischen Logik, die beide darum bemüht sind, die wirkliche Gliederung der Denkvorgänge zu erfassen, diese verschiedenartigen Relationen voneinander zu unterscheiden, anstatt sie miteinander zu verschmelzen. Bezeichnen wir eine beliebige Klasse blauer Blumen als A_1 und eine beliebige Klasse roter Blumen als A'_1. Die Klassen A_1 und A'_1 können vereinigt werden zu B_1 (= die Klasse der untersuchten Blumen). Dann steht fest, daß die Klassen A_1 und A'_1 einander äquivalent sind, insofern sie zu B_1 gehören (die blauen und die roten Blumen sind einander äquivalent, insofern sie Blumen sind), und daß man formulieren kann: $A_1 \overset{B_1}{=} A'_1$. Diese erste Relation ist eine additive Äquivalenz, weil sie von der Addition $A_1 + A'_1 = B_1$ abgeleitet wird. Nehmen wir nun an, daß wir bestimmte Gegenstände klassifizieren (diese Blumen oder Vasen, Töpfchen usw.), je nach der Stelle, die sie auf dem Tisch einnehmen, z. B. in einer Reihe von links nach rechts: dann sei A_2 der Gegenstand links, A'_2 sein Nachbar zur Rechten; dann folgen B'_2, C'_2 ... bis zu J'_2, wobei die Gesamtklasse als K_2 bezeichnet wird. Wenn wir nun die Klassen B_1 und K_2 miteinander multiplizieren, d. h., wenn wir gemäß der Definition der Multiplikation der Klassen annehmen, daß die untersuchten Klassen „zugleich" B_1 und K_2 sind, so ergibt sich: $B_1 \times K_2 = A_1 K_2 + A'_1 K_2$. Infolgedessen sind die Klassen A_1 und A'_1 äquivalent, insofern sie zu K_2 gehören, aber diesmal ist die Äquivalenz multiplikativer Art und drückt aus, daß die Klassen A_1 und A'_1 jeweils mit K_2 multipliziert wurden. Diese multiplikative Äquivalenz bedeutet, daß die Klassen A_1 und A'_1 dieselbe Struktur K_2 besitzen, oder, einfacher ausgedrückt, daß die Klassen $A_1 K_2$ und $A'_1 K_2$ miteinander Stück für Stück korrespondieren. In der Tat wird jede dieser Klassen gebildet von den Einzelklassen $A_1 A_2 + A_1 A'_2 + A_1 B'_2 + A_1 C'_2$ ... usw. und $A'_1 A_2 + A'_1 A'_2 + A'_1 B'_2 + A'_1 C'_2$ ... usw. Derartige multiplikative Äquivalenzen von Klassen oder qualitativen Korrespondenzen werden in den vergleichenden Wissenschaften laufend verwendet, z. B. wenn man in der vergleichenden Anatomie die Skeletteile einer Gattung mit den Skeletteilen einer anderen zoologischen Gattung Stück für Stück korrespondieren läßt oder wenn man in der Psychologie die Entwicklungsstadien eines Begriffes mit den Stadien eines anderen Begriffes kor-

respondieren läßt, wie dieses Buch im Vergleich der drei Entwicklungsstadien es ständig demonstriert.

Kurz gesagt: Äquivalenzen durch qualitative Korrespondenzen zu bilden
oder diese Äquivalenzen zu koordinieren bedeutet bereits die Durchführung einer multiplikativen Operation, ohne daß schon der Zahlbegriff
irgendwie dabei mitwirkt (vgl. Kapitel VII, 3). Wie geht man also von
dieser Multiplikation der Klassen zur Multiplikation der Zahlen selber
über? Hier ist keine neue Erklärung erforderlich, und es ist unnötig, dem
bereits beim Übergang von der Addition der Klassen zur Addition der
Zahlen Gesagten etwas hinzuzufügen. Nehmen wir an, jedes Glied der
Klassen B_1 und K_2 sei in der Tat als einfache Einheit betrachtet, die sowohl
den anderen gleich als von ihnen unterschieden ist (unterschieden wegen
ihres Platzes in der Reihenfolge), dann werden die Klassen $A_1 K_2$ und A'_1
K_2 jeweils von 10 Einheiten gebildet, wobei jede Einheit $A_1 A_2$ oder A'_1
A'_2 usw. zugleich der Klasse A_1 oder A'_1 (blaue oder rote Blumen) und der
Klasse K_2 (Positionen) angehört. Andererseits wird die zwei-eindeutige
und wechselseitige Korrespondenz eben dadurch „beliebig" oder numerisch,
d. h., sie drückt einfach die Äquivalenz aus, die zwischen 2 Gruppen von
10 Gliedern besteht, wobei diese Äquivalenz auf Grund einer vertausch-
baren Zuordnung (= Äquidistribution) nichts anderes ist als die Operation der Multiplikation selbst: 2×10 oder: 10×2. Die Überlegung ist
natürlich bei n Klassen (da n eine finite Zahl ist) dieselbe.

Halten wir nun eindeutig fest, daß die qualitative Komposition der Klassen, im Fall der multiplikativen Operationen wie im Fall der Additionen,
auf der operatorischen Ebene nicht eher vollzogen wird als die Komposition der Zahlen, sondern gleichzeitig. Es gibt nicht ein Stadium der
logischen und ein Stadium der arithmetischen Multiplikation. Während
eines ersten Stadiums ist keine dieser Kompositionen möglich; während
des zweiten Stadiums werden beide auf anschaulicher Ebene, aber ohne
operatorische Durchführung umrissen, und während des dritten Stadiums
konstruieren sich alle beide in eigentlichen Operationen; daraus ergibt sich
das gleichzeitige Gelingen der in diesem Kapitel behandelten verschiedenen Versuche und die unmittelbare Verallgemeinerung der Multiplikation,
sobald sie einmal entdeckt worden ist.

KAPITEL X

*Die additiven und multiplikativen Kompositionen
der Relationen und die Egalisierung der Differenzen**

Während des vorhergehenden Kapitels haben wir untersucht, wie das
Kind, wenn es aufgefordert wird, eine Summe Y nacheinander mit zwei
anderen Summen X und Z korrespondieren zu lassen, entdeckt, daß X =
Z ist, wenn X = Y und Y = Z ist. Diese Komposition der Äquivalenz-
Relationen bringt, wie wir gesehen haben, die Entwicklung der numerischen Multiplikation mit sich, ebenso wie die Komposition der qualitativen Korrespondenz von Klassen zur Multiplikation der Klassen
führt.
Nachdem wir derart die additive und multiplikative Komposition der
Klassen und der Zahlen untersucht haben, bleibt uns nur noch, die Komposition der asymmetrischen Relationen in ihrem Verhältnis zur Zahl zu
analysieren. Das beste Untersuchungsfeld für eine solche Analyse ist nun
dasselbe, dessen wir uns im ersten Teil dieses Werkes bedient haben: der
Bereich der Relationen zwischen kontinuierlichen Quantitäten, d. h. zwischen Flüssigkeiten, die konkreten Umfüllungen unterworfen werden können. In der Tat erreicht man, wenn man zwei Mengen oder zwei Längen
addiert, wohl eine Gesamtmenge oder eine Gesamtlänge, aber trotz allem
erwecken diese eine Vorstellung, die von der ihrer Komponenten abweicht,
während, sobald man eine Flüssigkeit aus einem Behälter in einen anderen
umfüllt oder zwei Einheiten in einem einzigen Glas zusammengießt, die
Identifizierung sich aufdrängt.
Das Verfahren aber, das von den additiven und multiplikativen Kompositionen der Relationen zu den Kompositionen der Zahlen führt oder
zurückführt, setzt zwangsläufig jene Egalisierung der Differenzen voraus,
deren Bedeutung wir im Verlauf jeder einzelnen unserer Untersuchungen
festgestellt haben und die wir in einer entwickelten und verallgemeinerten
Form wieder finden werden: es handelt sich um das elementare numerische
Maß, also um das gemeinsame Maß und um die Konstituierung der Einheiten. Alle diese Probleme werden wir also wieder antreffen oder von
neuem diskutieren, indem wir auf die in Kapitel I untersuchten Relationen zurückkommen, um deren mögliche Kompositionen zu betrachten.
Für den Geist ist es übrigens befriedigend, derart während dieses letzten

---

* In Zusammenarbeit mit *Florentine Zakon*.

Kapitels unseren Ausgangspunkt wiederzufinden und dabei alles zu nutzen, was bisher erworben wurde. Es ist der beste Weg, die wechselseitige Abhängigkeit und die tiefe Einheit der Mechanismen festzustellen, die die psychologische Konstruktion des Zahlbegriffs erklären.

1. Probleme und allgemeine Ergebnisse

In der Frage, die wir den Kindern bei dieser Untersuchung vorgelegt haben, lassen sich sechs aufeinanderfolgende Probleme unterscheiden, und im Hinblick auf die Klarheit der Darlegung werden wir sie von I bis VI numerieren.

Das erste Problem wurde bereits während des Kapitels I untersucht: Es ist das der Invarianz der Quantitäten. Wenn A = B ist und wenn man B in eine bestimmte Zahl verschiedener Gefäße umfüllt, ergibt sich die Frage, ob die neuen Mengen C, D, E usw. stets mit A identisch bleiben. Die hierauf erhaltenen Antworten wollen wir nicht von neuem analysieren, da deren Untersuchung bereits vorgenommen wurde, aber es ist erforderlich, bei jedem Kind zu wissen, auf welchem Niveau es sich den Gesichtspunkt der Invarianz zu eigen macht, um seine Reaktionen bei den Fragen nach Komposition und Maß zu verstehen.

Problem II ist das des spontanen numerischen Maßes. Wir zeigen den Kindern zwei oder drei beliebige Quantitäten in zwei oder drei Behältern verschiedener Form, so daß die direkte Wahrnehmung nicht imstande ist, ihre Verhältnisse zueinander zu beurteilen*. Wir stellen die Frage, ob eine der beiden Quantitäten gleich groß, größer oder kleiner ist als die anderen, und wir stellen dem Kind die leeren Gefäße zur Verfügung, wobei wir ihm erklären, daß es zur Beantwortung der Frage alle gewünschten Handlungen vornehmen kann. Insbesondere untersuchen wir, ob die Versuchsperson in der Lage ist, mit Hilfe der vor ihm stehenden Gläser eine bestimmte Einheit zu konstruieren.

Das Problem III ist dem Problem II analog, jedoch mit dem Unterschied, daß durch den Auftrag selbst ein gemeinsames Maß festgelegt wird. In drei Gefäße, von denen eines breit und hoch, das zweite breiter und niedriger und das dritte enger und höher ist, gießen wir mit Hilfe von E_1 (klein, eng und niedrig) dieselbe Flüssigkeitsmenge und fragen, ob die drei Quantitäten einander gleich sind. Diese Frage ist besonders nützlich als Kontrolluntersuchung, wenn das Kind bei Frage II gescheitert ist, um zu prüfen, ob der Fehlschlag zurückzuführen ist auf die Unfähigkeit, das

---

* Einer hat die Form L, der andere die Form C. Über die verwendeten Formen vgl. Kap. I.

Maß zu verstehen, oder einfach auf einen Mangel an Initiative bei der Verwendung der Gefäße.

Bei dem Problem IV zeigen wir dem Kind ein bestimmtes Flüssigkeitsquantum im Gefäß U_1 (breit und niedrig) und fordern es auf, dasselbe Quantum in das Glas L (eng und lang) zu füllen. Diese bereits in Kapitel I untersuchte Koordinierung inverser Relationen muß nun mit den Problemen II–III und V–VI in Beziehung gesetzt werden.

Das Problem V betrifft die Koordinierung der Äquivalenzen: Ist L $=$ G, wenn L $=$ A und A $=$ G ist?

Das letzte Problem VI endlich führt zu einer additiven oder multiplikativen Komposition numerischer Art, die aus den Verhältnissen hervorgeht. Es ist in der Tat leicht, aus den vorhergehenden Gleichheiten Kompositionen nach der Art von L $+$ G $=$ 2 A abzuleiten. Andererseits wird, wenn man das Glas A mit 2 L füllt, G $=$ $^1/_2$ der Höhe in A usw.

Die auf diese verschiedenen Fragen gegebenen Antworten können nach drei Stadien geordnet werden, die den drei Stufen anzugleichen sind, an die wir seit dem ersten Kapitel dieses Bandes gewöhnt sind. Da das erste Stadium durch den Primat der unmittelbaren Wahrnehmung ohne Invarianz gekennzeichnet ist (Problem I), gelangt das Kind nicht bis zu dem Begriff des gemeinsamen Maßes (Problem II), und wenn man einen Beweis durch ein Beispiel versucht, berücksichtigt es dieses nicht, sondern wertet nur nach der Wahrnehmung (Problem III). Es ist also nicht in der Lage, die wahrgenommenen Verhältnisse in irgendeiner Weise zu komponieren (Problem IV–VI).

Während des zweiten Stadiums gelangt das Kind bis zu einigen Invarianz-Urteilen über Quantitäten, ohne sie auf alle Transformationen verallgemeinern zu können (I). Wenn es aufgefordert wird, zu messen (II), ist es dazu teilweise in der Lage, ohne aber immer fähig zu sein, die zweckdienlichen Gläser auszuwählen. Wenn man für die Beurteilung eines beliebigen Verhältnisses eine Maßeinheit vorschlägt (III), kann sich die Versuchsperson von den Wahrnehmungskriterien nicht frei machen. Die Probleme IV und V bringen es in Konflikte derselben Art, und beim Problem VI zeigt sich das Kind noch außerstande, irgendeine allgemeine Komposition fertigzubringen.

Während eines dritten Stadiums wird die Versuchsperson endlich, nachdem sie bis zur Invarianz gelangt ist (I), fähig, unter Zuhilfenahme gemeinsamer Einheiten zu messen (II–III) und alle elementaren Kompositionen (IV–VI) durchzuführen.

2. Die Entwicklung des Maßes (Probleme I—III)

Obgleich die Konstruktion eines noch so elementaren Maßsystems offensichtlich auf der Komposition beruht, ziehen wir es um der Klarheit der Darlegung willen vor, die Fragen nach dem Maß (I—III) und die Fragen nach der Komposition (IV—VI) getrennt voneinander zu untersuchen, wobei es sich von selbst versteht, daß erstere theoretisch mit letzteren identisch sind und sich nur durch den praktischen Charakter der bei den Versuchspersonen ausgelösten Tätigkeit von letzteren unterscheiden.

Wir gehen also wie folgt vor: Wir zeigen dem Kind zwei oder drei Gefäße verschiedener Form, die mit einem gleichen Flüssigkeits-Quantum gefüllt sind. Zunächst fordert man Bewertung nach dem Augenmaß. Alle Versuchspersonen, gleich, welchem Stadium sie angehören, werden natürlich durch die Wahrnehmung, vor allem der Niveau-Ungleichheit, irregeführt. Daraufhin regt man eine Überprüfung an: „Was kann man tun, um seiner Sache sicher zu sein? Du hast alle diese (leeren) Gläser; du kannst sie nehmen und füllen, um nachzusehen." Wenn das Kind immer noch nicht reagiert, nehmen wir selber diese Demonstration vor, und zwar bei den ersten beiden Behältern. Aber dann ergibt sich die Alternative: Entweder glaubt das Kind noch nicht an die Invarianz, dann wird ein Maß unmöglich, da jedes Umgießen für das Kind eine Quantitätsveränderung mit sich bringt — oder es anerkennt die Invarianz in hinreichendem Maße, so daß die Befragung fortgesetzt werden kann, dann ergeben sich verschiedene Kompositionen.

Untersuchen wir zunächst einige Reaktionen des ersten Stadiums (fehlendes Maß wegen fehlender Invarianz):

BÖ (6;0). Problem II: Man gibt G_1 (blau) = W_1 (rosa) = L_1 (grün). „Ist das gleich viel? — *Nein, hier ist mehr als hier* ($L_1 > W_1$), *aber hier ist etwas weniger als hier* ($G_1 < W_1$). — Woher weißt du das? — *Das sieht man.* — Hilft dir das, es mit den anderen Gläsern zu versuchen, um sicher zu sein? — *Ja, mit einem anderen Glas.* (Er nimmt P_1 und stellt es neben W_1). *Ich gieße das Grüne dahinein* (L_1 in P_1). — Was tut man danach? Und das da (L_2), würde dir das helfen? — (Er versteht nicht.) — Wenn man dies (W_1) in das (L_2) hineingießen würde? — *Ja.* — Wie hoch käme das? — (Bö zeigt in L_2 auf dasselbe Niveau wie in W_1.) — Warum? — ... — Und wenn ich dies (W_1) in das (A_1) hinein umfüllte? — (Er zeigt immer auf dieselbe Höhe.) — (Man gießt W_1 in A_1, und Bö stellt fest, daß das Niveau höher ist.) — Und wenn ich dies (W_1) in das (L_2) gieße? — *Nein, das steigt nicht so hoch* (wie in A_1). — (Man gießt W_1 in L_2). Also: gibt es mehr Grünes (L_1) oder mehr Rosa (L_2)? — *Gleich viel.* — Und wenn ich dies (L_2) in das (W_1) zurückgieße? — *Das steigt höher. Es gibt mehr.* — (Man tut es.) Gibt es gleich viel, Rosa (W_1) und Grün (L_1)? — *Nein, vom Grünen gibt es mehr.* — Wenn ich nun dies (W_1) trinke und du das (L_1), haben wir dann ebensoviel getrunken? — *Nicht ebensoviel.* — Und wenn ich das (W_1) in dies (L_2) hineingieße? — *Ebensoviel.* — Und in das Glas (W_1)? — *Nein."*

„Nun sieh: Ich fülle denselben Saft hier- (W_1) und dahinein (W_2). Ist das gleich viel? – *Ja.* – Jetzt gieße ich das (W_2) in dies (C_1 und C_2)? – *Nein, Sie haben es höher und zwei Gläser. Das macht mehr.*"

Problem III: „Ich fülle dies und dies und dies (dreimal E_1) in jedes dieser Gläser: P (sehr breit und niedrig), T (weniger breit und etwas höher) und L (eng und hoch). Erzähle mir, was ich gemacht habe. – *Sie haben mit diesem (E_1) gegossen.* – Ist in den dreien gleich viel? – *Hier* (L) *ist mehr als da* (T), *und da* (T) *ist mehr als da* (P). (Also: Abstufung nach den Niveaus.) – Kannst du es nachmachen? – (Bö gießt drei Gläser E_1 in jedes der großen Gläser zurück.) – Also: wenn man jedem dieser kleinen Mädchen drei Gläser gibt, haben sie dann gleich viel? – *Nein, dieses* (L) *hat viel, und dieses* (T) *nicht. Dies da* (P) *hat noch weniger.* – Aber womit hast du gegossen? – *Mit diesem Glas* (E_1). *Ich habe einmal in die drei gegossen* (= dreimal nacheinander jedem ein Glas). – Und dann ist es nicht gleich viel? – *Nein, da* (L) *ist mehr zu trinken, dann da* (T) *und dann da* (P)."

JOL (6;0). Problem II. Man gibt drei gleiche Mengen verschiedenfarbiger Flüssigkeit: $L_1 = W_1 = G_1$. „Ist das gleich viel? – *Hier* (G_1) *ist das wenigste.* – Und da (W_1)? – *Mittel.* – Und da (L_1)? – *Viel. Da* (G_1) *ist das wenigste.* – Kannst du mit diesen leeren Gläsern etwas tun, um zu sehen, ob du recht hast? – (Er nimmt A.) *Man muß das Grüne* (L) *dahinein gießen. Nein, es ist zu groß. Man muß es dahineingießen* (er will L_1 in L_2 füllen), *um zu sehen, ob da gleich viel drin ist. Und da drin?* (Er gießt W_1 in W_2.) *Es ist gleich viel, weil es dieselbe Größe ist.* (Er füllt W_2 in W_1 zurück.) – Denkst du daran, daß du zeigen mußt, ob da (in L_1) ebensoviel ist wie da (in W_1)? – *Man muß dies* (L_1) *in das* (L_2) *tun.* – Und wenn du dies (L_1) in das (W_2) tust, hilft dir das? – *Nein.* – Wenn ich dies (L_1) in das (W_2) tue, ist dann ebensoviel hier (W_2) und und da (W_1), dieselbe Höhe? – *Ich glaube, dies* (W_2, wenn man L_1 hineinfüllt) *wird größer als das* (W_1). – (Man gießt L_1 in W_2.) – *Ah! Alle beide gleich viel!* (W_1 und W_2.) – (Man gießt W_2 in L_1 zurück.) – *Nicht gleich viel. Das ist nicht mehr gleich viel!*"

„Und wenn ich dies (W_1) in das (L_2) fülle? – *Das geht bis hierhin.* (Er zeigt an L_2 das Niveau von W_1.) – (Man füllt ein.) *Sieh her! – Ah, alle beide* (L_2 und L_1) *gleich viel!* – Warum? – *Weil man das Orange* (W_1) *eingefüllt hat; das war zu klein. Man hat mit einem kleinen Glas* (W_1, das niedriger, aber dicker ist) *in ein großes* (L_2, das hoch und dünn ist) *gegossen.* – Und wenn ich dies (L_2) in das (W_1) zurückgieße? – *Bis dahin.* (Er deutet auf dieselbe Höhe wie zuvor.) – (Man füllt ein.) Warum geht das bis dahin? – *Weil das Grüne* (L_2) *mehr zu trinken ist; das Orange* (L_2 in W_1) *ist weniger.* – Aber zuvor (L_1 und L_2) war es gleich viel? – *Ja, aber Sie haben das Orange* (W_1) *in das ganz große* (L_2) *gegossen!*"

Problem III: „Und nun sieh her. (Man gießt mit Hilfe von E_1 dreimal nacheinander dieselbe Menge Flüssigkeit, also 3 volle E_1, in U_1, dann ebensoviel in G_1 und ebensoviel in L_1.) Ist in den dreien gleich viel? – *Nein.* – Was hat man gemacht? – *Sie haben mit dem* (E_1) *gefüllt und dahineingegossen.* – Gibt das gleich viel? – *Nein da* (L_1) *ist ein bißchen mehr.* – Womit hat man genommen? – (Er zeigt auf E_1 und bezeichnet mit dem Finger die Umfüllung.) – Hat man mit dem (E_1) ebensoviel genommen? – *Ja.* – Und da drin (G_1, U_1 und L_1) ist ebensoviel? – *Nein.*"

Diese Reaktionen des ersten Stadiums sind von größtem Interesse für die Psychologie des Maßes. Sie könnten in der Tat nicht beredter zeigen, daß jedes Maß unmöglich ist, solange nicht Invarianz der zu messenden Quantitäten besteht, und zwar aus dem einfachen Grund, weil variante Mengen nicht gesetzmäßig zusammengesetzt werden können.

In dieser ersten Hinsicht bestätigen also die Kinder nicht nur vollständig, was wir in Kapitel I ganz allgemein in bezug auf die Varianz festgestellt haben, sondern bringen auf die überraschendste Weise ihre vorlogische Haltung in den Zusammenhang hinein, in den wir sie einzuordnen suchen. So ist Bö z. B. der Meinung, in L_1 sei mehr Flüssigkeit als in W_1; lassen wir ihn darauf W_1 in L_2 (das mit L_1 identisch ist) umgießen, so erkennt er, daß die Quantitäten gleich sind, aber er gibt das nicht mehr zu, wenn man L_2 in W_1 zurückgießt. Ebenso denkt Jol, Grün und Orange seien in W_1 und W_2 identisch, seien es aber nicht mehr, wenn man W_2 in L_1 zurückgießt usw.

Es leuchtet ein, daß das Maß in einer solchen Situation keinen Sinn besitzt. Daher begreift das Kind auch nicht, was man von ihm will, wenn man es auffordert, seine Wertungen mit Hilfe der ihm zur Verfügung gestellten leeren Gläser zu überprüfen. So will Jol, um W_1 und L_1 miteinander zu vergleichen, L_1 in L_2 und W_1 in W_2 füllen, als ob das irgend etwas änderte. Wenn man ihm dann vorschlägt, L_1 in W_2 zu füllen, sieht er keineswegs den Nutzen dieser Transformation, und zwar aus den gegebenen Gründen: Wenn keine Invarianz besteht, ist also jedes gemeinsame Maß unmöglich.

Besonders deutlich wird die Sachlage im Fall des Problems III, bei dem man sich des einfachsten Meßvorgangs durch additive Komposition bedient, indem man drei Gläser E_1 in jedes Gefäß (G, U und L oder P, T und L) gießt. Das Kind begreift die Gegebenheiten sehr wohl, und Bö wiederholt die Operation selber ganz korrekt. Dennoch schließen die Versuchspersonen dieses Niveaus keineswegs von der Gleichheit der Aufteilung des Eingießens („ich habe einmal in die drei gegossen", sagt Bö...) auf die Gleichheit der Ergebnisse. Jol sagt ausdrücklich: „Man hat gleich viel genommen" (mit E_1), aber „es ist nicht gleich viel" in den 3 Gläsern G, U und L. Wenn die Ausdrücke „vor-logisch" oder „vor-numerisch" einen Sinn haben, so fällt es schwer, sie nicht zu verwenden zur Kennzeichnung eines Verhaltens, bei dem die Unmöglichkeit des Maßes aus einer derart krassen Verneinung der Axiome der Äquivalenz hervorgeht.

Gehen wir nun über zu den Reaktionen des zweiten Stadiums (Andeutung eines Maßes auf Grund von Ansätzen zur Invarianz):

VIS (6;9). Problem II: G_1 (blau) = W_1 (rosa) = L_1 (grün): „Ist das gleich viel? — *Nein. Da* (L_1) *ist mehr als da* (W_1), *und da* (W_1) *ist mehr als hier* (G_1). — Woher weißt du das? — *Weil ich es sehe.* — Nimm diese leeren Gläser und prüfe, ob es stimmt. — (Vis nimmt L_2.) *Das hat dieselbe Größe wie dieses Glas* (L_1). — Also, was muß man hineingießen? – *Das Rosa.* (W1; er gießt es in L2.) *Ah, das ist ganz genausoviel* (wie in L1). *Ich habe geglaubt, es gäbe mehr Grünes.* – (Man gießt L2 in W1 zurück.) *Gibt es ebensoviel Rotes wie Grünes?* – *Nein.* (Er zögert.) *Ich kann es nicht sagen.* – Wenn ich dies (W1) trinke und du das (L1), haben wir dann gleich viel zu trinken? – *Nein, ich bekomme mehr* (L1). – Und wenn ich dies (W1) in das (L2) zurückfülle? – *Beide gleich viel.* – Und wenn ich direkt das (W1) trinke? – *Nein, nicht gleich viel.*"

Gleiches Verhalten zeigt sich, nachdem er erkannt hat, daß sich in A1 (rosa) „genau ebensoviel" befindet wie in A2 (grün). Wenn man aber A2 in (B1 + E1 + E2 + E3 + E4) füllt, gibt es mehr Grün (während, wenn A2 nur in B1 + B2 gefüllt wird, Grün konstant bleibt.) Dieses Schwanken ist typisch für dieses Stadium. „Und wenn das ganze Grüne (B1 + E1-4) hier (in A2) wäre? – *Das wäre gleich viel* (wie das Rosa). – Und wenn ich das Grüne dahinein (in A2) zurückgieße, wie hoch wird das gehen? – *Bis zur selben Höhe.* – Also ist das Grüne (B1 + E1-4) und das Rosa (A1) gleich viel? – *Gleich viel.* (Er zögert und gießt B1 + E1-4 in A2.) – Warum gießt du um? – *Um zu sehen, ob es ebensoviel ist. Nein, das geht höher ... Nein, das wird gleich viel.* (Er gießt voll ein.) *Ja.*"

REE (6;0). L1 = W1 = G1. Ree glaubt, L1 > W1 > G1, und, um nachzuprüfen, nimmt er L2. „Zeige mir, wie hoch das geht. – (Er zeigt auf L2 das Niveau von W1 und gießt ein.) *Aber das geht bis oben!* – Warum? – *Das ist beides gleich viel.* – (Man gießt L2 in W1 zurück.) – *Das wird ganz niedrig.* (Er lacht.) Haben wir gleich viel getrunken? – *Ja, wenn man da* (L2) *hineingießt, wird das dieselbe Höhe, weil es größer ist.* – Und das (W1 und G1)? – *Dies* (G1) *ist sehr viel größer.* – Welches Glas nimmst du, um nachzusehen? – (Ree nimmt W2 und gießt G1 ein.) *Es ist ebensoviel.* – (Man gießt W2 in G1 zurück.) – *Das ist ebensoviel.* – Und das (G1 und L1)? – *Ich weiß nicht. Man muß probieren. Da* (L1) *ist mehr.* – Und wenn man umfüllt (G1 in L2)? – *Das geht vielleicht bis oben; ich könnte es nicht sagen.*"

Daraufhin gibt man Ree die Gläser G und P, die beide die gleiche Menge Flüssigkeit enthalten, ohne aber Duplikate zum Vergleich abzugeben. Man stellt vielmehr die leeren W1 und W2 vor. „Was kannst du tun, um zu messen? – *Weiß ich nicht.* (Er gießt P in W1.) – Ist dies (W1) gleich dem (G)? – *Nein.* – Was kann man tun? – *Weiß ich nicht.* – Umfüllen? – ... – (Man gießt G in W2.) – *Ah!*"

PRO (7;0) bleibt bei den Problemen I und II im Hinblick auf Invarianz und Maß auf halbem Wege stehen. – Problem III: Man gibt ihm die Gefäße D1, O1 und L1 und füllt die gleiche Menge ein, mit Hilfe von E1, also 3 E1 in jedes. „Ist in den dreien gleich viel? – *Nein. Hier* (L1) *ist mehr, hier* (D1) *ist weniger, und hier* (O1) *sehr wenig.* – Erinnerst du dich, wie ich gefüllt habe? *Ja, dreimal dies* (E1), *einmal hier, einmal hier und einmal hier.* (Er reproduziert die Verteilung richtig.) – Also ist es gleich viel? – *Nein. Hier* (O1) *haben Sie nur die Hälfte hineingegeben.* – (Man entleert alle Gefäße.) Fülle du selbst ein, so wie ich es zuvor getan habe. – (Er gießt drei E1 in jedes Glas.) – Ist es gleich viel? – *Nein, das Glas hier* (L1) *ist größer.* – Was hast du eingefüllt? – *Ich habe eins da, eins da und eins da hineingetan.* – Also ist es gleich viel? – *Ja, es ist gleich viel. Dieses* (O1) *ist breiter, dieses* (L1) *ist enger.* – Woher weißt du nun, daß es gleich viel ist? – *Es war da* (E1) *ebensoviel drin.*"

POS (6;11) gehört bezüglich der Probleme I und II fast dem dritten Stadium an. Beim Problem III geben wir ihm 4 Gefäße, G, L, W und B, und gießen in jedes zweimal E: „Was haben wir getan? – *Man hat mit dem* (E) *eingefüllt.* – Ist das gleich viel zum Trinken? – *Nein. Hier* (L) *ist mehr zum Trinken.*"

COT (7;6). Problem III: Man stellt die leeren P_1, L_1 und A_1 hin und gießt 3 E_1 in jedes. „Ist in jedem gleich viel? — *Es gibt weniger Gelbes* (P_1). — (Man beginnt von vorn.) Und jetzt? — *Weniger Gelbes.* — Erzählst du mir, wie man es gemacht hat? — (Er wiederholt es genau und sagt:) *Nein, es ist gleich viel. Sie haben das* (E_1) *gefüllt. Sie haben in das kleine* (E_1) *immer dasselbe eingefüllt.*"

Man findet so während dieses zweiten Stadiums die allgemeinen Merkmale wieder, die bei allen in diesem Werk untersuchten Reaktionen dieses Niveau definierten: Anfänge der Koordinierung, aber noch der Anschauung oder dem Experiment verpflichtet und ohne operatorische Folgerichtigkeit.

Zunächst bestätigen diese Versuchspersonen in bezug auf die Invarianz genau das, was in Kapitel I festgestellt wurde: Invarianz bei Transformationen geringen Ausmaßes, die sich mit der Wahrnehmungsintuition nicht allzusehr stoßen, Varianz bei umfangreicheren Transformationen und dann zunehmendes Überzeugtsein von der Konstanz nach Maßgabe der Überprüfungen. Vis z. B. glaubt zunächst nicht, daß $L_1 = W_1$ ist, obgleich er zugibt, daß $L_1 = L_2$ ist, wenn man W_1 in L_2 füllt. Er begreift, daß $A_1 = B_1 + B_2$ ist, wenn man A_2 in ($B_1 + B_2$) gießt, aber er weigert sich zunächst anzuerkennen, daß $A_1 = B_1 + E_{1-4}$ ist, wenn man B_2 in E_{1-4} füllt usw.

Unter solchen Bedingungen fängt das Maß an, möglich zu werden, jedoch noch ohne jede Systematisierung. Im Gegensatz zu den Kindern des ersten Stadiums sind die Kinder auf diesem Niveau spontan in der Lage, die leeren Gläser als Meß-Instrumente zu benutzen — am Ende dieses Stadiums sogar als gemeinsame Maße. So nimmt Vis, den man auffordert zu prüfen, ob L_1 gleich W_1 ist, L_2 und gießt W_1 hinein. Ree nimmt W_2, um W_1 mit G_1 zu vergleichen usw.

Allerdings, wenn diese Kinder so von sich aus zur Idee des Maßes gelangen — und es ist sehr interessant, daß dieser Begriff gleichzeitig mit den Anfängen der Invarianz auftritt —, muß man doch sorgfältig die Einschränkungen festhalten, die ihre Meß-Fähigkeit begrenzen. Erstens bleibt, da die Konstruktion der Invarianz noch nicht vollendet ist, die Gültigkeit des Maßes eben dadurch beschränkt auf die als invariant angesehenen Zustände (vgl. z. B. Vis in bezug auf W_1 und L_2). Zweitens kann es in Ermangelung straffer Kompositionen, d. h. in Ermangelung jener reversiblen Operationen, deren Existenz die Invarianz zwangsläufig zur Folge hätte, keine lückenlose Koordinierung dieser Maße geben, was zu demselben Ergebnis führt. So mißt Ree, nachdem er W_1 mit Hilfe von L_2 gemessen und festgestellt hat, daß L_1 und W_1 einander gleich sind, ebenfalls W_1 und G_1, aber er zeigt sich dann unfähig, daraus zu schließen, daß $L_1 = G_1$ ist. Diese Unfähigkeit, die Äquivalenzen zu komponieren (vgl. Kapitel IX), beeinflußt natürlich das Maß, denn in einem solchen Fall müßte W_1 als gemeinsames

Maß zwischen L_1 und G_1 dienen, und in Ermangelung einer Komposition kann es kein gemeinsames Maß geben. Man kann in der Tat nicht sagen, daß das Verfahren, W_1 mit L_2 zu messen, um es mit L_1 vergleichbar zu machen, eine Anwendung dieses Schemas bedeute, denn L_2 ist kein von L_1 unterschiedenes Mittelglied, sondern ein L_1 völlig gleiches Duplikat. Wenn im Gegensatz hierzu das Mittelglied nach Form und Dimensionen verschieden ist, empfindet das Kind ernsthafte Schwierigkeiten. Wenn derselbe Ree z. B. G und P ohne Doubletten miteinander vergleichen soll, ist er unfähig, von sich aus ein gemeinsames Maß zu finden.

Das führt uns zu der dritten Einschränkung und eben dadurch zum Fall des Problems III: Es gibt auf dem Niveau des zweiten Stadiums noch keine Maß-„Einheiten", d. h. gemeinsame Maße, die $n$mal addiert oder multipliziert werden können. So empfindet das Kind beim Problem III, wenn man zwei- oder dreimal das Glas E in drei oder vier Gefäße entleert und diese miteinander vergleichen läßt, die größten Schwierigkeiten: Selbst Pos und Cot, die sich im Hinblick auf alle anderen Probleme an der Grenze zwischen dem zweiten und dritten Stadium befinden, weigern sich, die Maß-Einheit E anzuerkennen, und werten die umgefüllten Mengen nach den in den neuen Gefäßen erreichten Niveaus. Pos erkennt z. B., daß man dasselbe Quantum mit Hilfe von E eingefüllt hat, aber er schließt daraus nicht (ebensowenig wie im ersten Stadium), daß in den vier Gefäßen „gleich viel zum Trinken" ist. Cot bleibt gleichfalls unberührt von der Gleichheit der Verteilung bis zu dem Augenblick, da man ihn selbst die Verteilung genau wiederholen läßt. Pro endlich leistet Widerstand, und zwar, obgleich er selber die E entleert hat. Erst wenn man ihn veranlaßt hat, sich durch einen Bericht über die Rolle dieser Einheiten klarzuwerden, entscheidet er sich, die Äquivalenzen zuzugeben.

Man stellt also die nahe Verwandtschaft der Reaktionen dieses Stadiums untereinander fest, und zwar all der Reaktionen, die wir eben in bezug auf das Maß hervorgehoben haben, ebenso jener, die die Komposition der Relationen (3.) betreffen, wie auch all derjenigen, die sich auf die multiple Korrespondenz (Kapitel IX) beziehen. In der Tat scheint das Kind auf diesem Niveau, mag es auch zusatzweise und in der Anschauung über ein Gefüge von Koordinierungen verfügen, nicht imstande zu sein, in irgendeinem Bereich eine operatorische Komposition durchzuführen. Daraus ergibt sich eine Verständnislosigkeit gegenüber dem gemeinsamen Maß im Gegensatz zum einfachen Maß oder dem Vergleich zwischen zwei Gliedern, und daraus ergibt sich letztlich sein Unverständnis gegenüber der Einheit, insofern die Einheit eben ein gemeinsames Maß ist.

Wenn wir nun zum dritten Stadium übergehen, so treffen wir auf Kinder, die zu operatorischen Konstruktionen imstande sind, d. h., die den Glauben an die Invarianz mit einer zunehmend systematischer werdenden Meß-Fähigkeit verbinden. Hierfür einige Beispiele; zunächst ein Übergangsfall zwischen dem zweiten und dem dritten Stadium:

AR (6;8). Man füllt die gleiche Flüssigkeitsmenge in L_1, W_1 und G_1, und beim ersten Blick glaubt Ar, es sei $L_1 > W_1 > G_1$. „Woher weißt du das? – *Ich habe es mir angesehen.* – Und wenn du eines dieser Gläser nähmst, würdest du es dann nicht besser sehen? – (Er nimmt L_2, stellt es neben L_1, gießt L_1 in L_2 und sagt:) *Das ist dieselbe Größe. Ich will eingießen* (W_1). – Wie hoch geht das? – (Er zeigt ungefähr auf die Hälfte von L_1 und gießt ein.) *Es ist gleich viel.* – (Man gießt L_1 in W_1 zurück.) *Und jetzt? – Das ist beides gleich viel!* – (L_2 und W_1 zurück.) Und jetzt? – *Das ist beides gleich viel!* (L_2 und W_1).“ – Dann will er, um festzustellen, ob $W_1 = G_1$ ist, G_1 in W_2 gießen. „Wie hoch wird das steigen? – (Er zeigt auf dieselbe Höhe wie in W_1 und füllt dann ein.) *Das ist beides gleich viel.* – Und ist in L_1 ebensoviel wie in G_1? – *Nein, hier* (L_1) *ist mehr.* – Und das (W_1) und das (G_1)? – *Das ist gleich viel.* – Und diese beiden (L_1 und G_1)? – *Ach, ja! Als wir dies* (W_1) *in ein Glas wie dieses* (L_1) *gegossen hatten, war es ebensoviel. Also ist dies* (L_1 und G_1) *gleich viel.* – Haben wir es probiert? – *Nein.* – Also, woher weißt du das? – *Weil es gleich viel an Orange gibt* (er zeigt, daß $W_1 = G_1$ ist), *also ist es gleich viel in allen dreien.*“

Problem III: Man gießt dreimal das volle E in B, W und P. „Gibt es ebensoviel zu trinken? – *Das gibt alles gleich viel, weil Sie mit dem da* (E) *eine gleiche Menge gemacht haben.* – Aber warum ist das da (B, W und P) niedriger und höher? – *Das wird hier* (P) *kleiner, das* (W) *ist mittel und das* (B) *ist größer, aber trotzdem gibt es gleich viel. Sie haben gleich viel an Mengen hineingetan, aber trotzdem ist es niedriger und höher.*“

SAN (6;3). Problem II: $L_1 = A_1 = G_1$. San denkt: $L_1 > A_1 > G_1$. „Probier es mit diesen Gläsern. – (Er gießt A_1 in L_2.) *Das ist gleich viel.* – (Man gießt L_2 in A_1 zurück.) *Und das* (A_1 und L_1)? – *Ebensoviel.* – Woher weißt du das? – *Man hat mit ein- und demselben gemessen.* – Und das (A_1 und G_1)? – *Ich glaube, das ist gleich viel. Man muß messen.* (Er gießt G_1 in L_2; dann nimmt er A_1 und gießt L_2 hinein.) *Es ist gleich viel.* (Er gießt zurück.) – Und das (G_1 und L_1)? – *Das ist gleich viel, weil man gemessen hat. Man hat gesehen, daß das* (G_1) *und das* (A_1) *gleich viel ist.* – Ja, aber diese beiden (L_1 und G_1)? – *Weil man dies* (A_1) *mit dem* (L_2) *gemessen hat.*“

Problem III: Man gibt G_1, P_1 und L_1, in die man jeweils zweimal E hineinfüllt. „Ist gleich viel in den dreien? – *Gleich viel. Sie haben jedesmal zwei hineingetan.*“

JAN (6;6). Problem III: Zweimal E in G, in P und in D. „Ist das gleich viel? – *Nein.* – Warum? – *Hier* (G_1) *ist weniger, weil Sie 2 von diesem* (E) *hineingetan haben und da* (P) *und da* (D) *drei.* – (Man wiederholt die Demonstration.) – *Ah! Es war zwei in jedem, und es war gleich viel. Ich habe geglaubt, es war 3.*“

Problem II: Wenn Jan aufgefordert wird, die Gläser G_1 und P_1 zu vergleichen, ohne die Doubletten G_2 und P_2 zu benutzen usw., so gießt er G_1 in D_1, hält seinen Finger an das Niveau, gießt P_1 ein und vergleicht die beiden Niveaus.

VAN (7;0). Problem II: O_1 (blau) = H_1 (rosa) = L_1 (grün). Das Kind denkt: Rosa > Grün > Blau. „Was muß man tun, um sicherzugehen? Du hast die Gläser, du kannst machen, was du willst. – *Ja, was muß man machen? In ein Glas, aber in welches?* (Er gießt O_1 in A_1 und vergleicht A_1 mit H_1, dessen Form gleich ist, dann nimmt er das grüne L_1 und sagt:) *Es gibt mehr Grünes.* (Er gießt ein wenig von der Flüssigkeit aus L_1 in L_2 und D_1, wobei er etwas in L_1 läßt; danach gießt er das Ganze um, also $L_1 + L_2 + D_1$ in A_2 und vergleicht es mit A_1.) *Nein, es ist nicht mehr. Es ist gleich viel. Ich glaubte, es gäbe mehr Grünes.* — Und das Rosa (H_1) und das Blau (O_1, umgefüllt in A_1)? — *Das ist gleich viel.* — Und das Rosa (H_1) und das Grün (A_2)? — *Das ist gleich viel. Ich habe dahineingegossen.*" Außerdem zeigen wir Van die Gläser G und P, aber ohne Doubletten. Er gießt G in W_1 und P in W_2. Ebenso gießt er, wenn er aufgefordert wird, den Wert des (teilweise gefüllten) A_1 herauszufinden, ohne A_2 zu benutzen, A_1 in $L_1 + L_2 + L_3$ (die gefüllt sind) und W_2 in $L_4 + L_5 + L_6$. Endlich sagt er beim Problem III von vornherein: *"Das ist gleich viel, weil jedesmal in jedem ein kleines (3 E) ist."*

Man sieht den Unterschied zwischen den Reaktionen dieses dritten Stadiums und denen des zweiten. Es ist nicht erforderlich, daran zu erinnern, daß jedes der Kinder von der Invarianz überzeugt ist. Darüber hinaus sind diese Versuchspersonen aber auch fähig geworden, ein Maß nach einigen tastenden Versuchen spontan anzuwenden, wie es der Übergangsfall von Ar zeigt, und dann mit System zu verwenden. Insbesondere ist auf den Fall Van hinzuweisen, der von sich aus ein gemeinsames Maß A_1 für D_1 und A_2 und für $L_1 + L_2 + D_1$ findet. Selbst im Fall der Gläser G und P ohne Doubletten entdecken Van und Jan das Mittel, durch ein gemeinsames Maß (Van) oder durch Berechnung der Teile (Jan) mit ihrer Aufgabe zurechtzukommen. Andererseits wird die Koordinierung der Maße von selbst wirksam, wie es der Fall San zeigt, der von vornherein, und zwar ohne daß wir ihm die Fragen gestellt hätten, die Gleichheiten $L_1 = G_1$ (wenn $L_1 = A_1$ und $A_1 = G_1$ ist) einschaltet. Endlich, und vor allem, wird das Problem III ohne Zögern gelöst, d. h., die Relation „in jedem Glas n mal die Einheit" wird ohne weiteres entdeckt. Kurz gesagt, das gemeinsame Maß und die Entdeckung der Einheiten kennzeichnen den Fortschritt dieses Stadiums im Verhältnis zum zweiten und definieren die operatorische Komposition im Gegensatz zur einfachen anschaulichen Koordination.

3. Die Komposition der Relationen und der numerischen Einheiten

Die soeben beschriebenen Tatsachen zeigen zur Genüge, daß das Maß eine Logik voraussetzt: Messen bedeutet Einheiten komponieren, die erhalten bleiben, und zwischen diesen Kompositionen ein System von Äquivalenzen einführen. Es ist also in dieser letzten Untersuchung angebracht, die betreffenden logischen und numerischen Kompositionen zu analysieren, und zwar nicht nur im Hinblick auf die bisher erörterten Fragen, sondern auch in bezug auf die Probleme IV, V und VI, die in diesem Zusammenhang jeweils ihre besondere Bedeutsamkeit erkennen lassen. Wir vergessen nicht, daß die Frage IV bereits im Kapitel I summarisch untersucht wurde und daß die Frage V eine Anwendung der im vorhergehenden Kapitel analysierten Äquivalenzen auf die kontinuierlichen Quantitäten darstellt, aber es ist zweckmäßig — wenn man die von den Kindern zum Problem VI, das uns hier besonders interessiert, gegebenen Lösungen begreifen will —, die Reaktionen jeder Versuchsperson auf die Fragen IV und V zu kennen, und daher diese kurze Wiederholung, für die wir den Leser um Entschuldigung bitten.

Zunächst einige Antworten aus dem ersten Stadium, auf dem Niveau der unmittelbaren Wahrnehmungs-Erfahrung:

FUM (5;0). Weder Invarianz noch Maß werden begriffen. Problem IV: „Nimm dieses Glas (U1, das zu $^1/_6$ mit rosa Flüssigkeit gefüllt ist). Es ist für dich. Gieße für Remi ebensoviel zum Trinken da (L1) hinein. — (Er gießt blaue Flüssigkeit in L1 bis zu derselben Höhe wie in U1.) *Das ist ebensoviel.* — (Man schüttet U1 in L2, das bis zum Rand gefüllt wird.) Sieh her. Wer hat mehr? — *Ich habe mehr.* — (Man gießt L2 in U1 zurück.) Also gibt es ebensoviel? — (Fum füllt etwas mehr hinein als zuvor, fast bis $^2/_6$ von L1.) *Remi hat mehr.* — Bist du sicher? — (Man gießt U1 in L2.) — *Nein! Ich habe mehr.* — Warum? — *Remi hat daraus getrunken*".
Problem VI (vereinfacht): „Hier dieses Glas (A1) ist für mich und das (A2, mit gleicher Menge) für dich. Ist das gleich? — *Ja.* — (Man gießt A1 in B1 und B2.) Bekommen wir ebensoviel? — *Nein, für Sie ist es mehr, weil ein bißchen mehr drin ist.* — Woher kommt das? — *Das gibt mehr, weil Sie dort hineingegossen haben; das macht einen Unterschied; das macht mehr!* — Und wenn ich dies (B1 + B2) in dies (A1) zurückschütte, wie hoch geht das? — (Er zeigt das Glas erst gefüllt, dann fast gefüllt.) *Es war ebensoviel wie meines (A2) zuerst. Jetzt geht das bis dahin.* — Warum? — *Es war in zwei Gläsern.* — (Man gießt ein.) — *Ah, ebensoviel!*" Ebenso füllt Jol, um mehr zu haben als wir, A2 in E1 + E2 + E3 + E4 und erwartet, daß, wenn alles in A2 zurückgefüllt wird, dessen Niveau höher ist, als es zuvor war.
Auf die Frage „Was mußt du tun, um mehr zu haben als ich?" nimmt Fum, der also seine Flüssigkeit in E1-4 hat, während wir sie in A1 haben, L1 (das enger ist als A1, also richtig), aber er gibt es auf, bevor er sich festlegt, und sagt: „*Das macht nicht mehr* (= höher), *weil Sie ein größeres Glas haben.*" Dann sucht er ein Glas, das größer ist als A1, und nimmt P (breit und niedrig), in das er 3 von seinen 4 E hineinfüllt. Dann versucht er es in H (das höher ist als A1, aber fast ebenso breit), in S (groß und bauchig) und schließt enttäuscht: „*Immer Sie.*" Er erwartet also einerseits, daß das Niveau um so höher wird, je größer das Glas ist, und andererseits verwendet er nur 3 von seinen 4 Gläsern E, als wäre das Ganze nicht die Summe seiner Teile.
MOL (6;0). Weder Invarianz noch Maß werden verstanden. Problem IV: (U1 bis auf $^1/_2$ gefüllt): Mol füllt in L1 bis zur selben Höhe ein. Man neigt U1. Mol betrachtet die Oberfläche der schräg liegenden Flüssigkeit: „*Hier* (U1) *ist mehr. Nein, hier* (L1) *ist mehr, weil das höher ist.*"
Problem V (vereinfacht): „Du nimmst das (W1) und gießt es in G1 und dann in A1. — (Er tut das.) — Erzähle mal. — *Ich habe mit diesem* (W1) *in das und das gegossen.* — Also ist es gleich viel zum Trinken? — *Nein. Hier* (A1) *ist mehr als*

hier (G_1), *weil das höher ist.* – Aber wie war dieses Glas (W_1)? – *Ganz voll, aber das macht nicht gleich viel.*"

Problem VI (vereinfacht): „Sieh mal, ist das (L_1 und L_2) gleich viel? – *Ja.* – Sieh her! (Man gießt L_2 in $E_1 + E_2$). – *Das ist ebensoviel, weil das* (E) *eine Hälfte von dem macht.* (Er zeigt auf die 2 E.) – Und wenn ich es so mache? (L_1 in P gefüllt.) – *Oh, nein! Ich habe mehr* (2 E). – Aber woher habe ich den Saft dafür genommen? – *Von da* (L_1), *aber das macht nicht mehr ebensoviel.*"

SOT (5;6) verhält sich in bezug auf Invarianz und Maß wie die vorigen Versuchspersonen. Trotzdem versucht man ihm das ganze Problem VI vorzulegen, nachdem er P_1 und L_1 miteinander verglichen und festgestellt hat, daß beides „gleich viel" ist. – „Sieh, was ich tue. (Man füllt zweimal L_1 in A_1.) Ist das gleich viel zum Trinken für dich ($L_1 + P_1$) wie für mich ($A_1 = 2\ L_1$)? – *Nein. Ich habe mehr. Ach, nein, das macht gleich viel, wenn ich 'so' mache* … (Er gießt L in A_2.) *Nein, ich habe mehr.* – Warum? – … – Was habe ich gemacht? – *Sie haben zweimal dies* (L_1) *in das* (A_1) *gefüllt.* – Also? – *Ich habe mehr.* – Ist dies (L_1) gleich dem (P?) – *Ja.* – Also? – *Aber das* (P_1) *ist rund, das macht mehr.* – Aber das (L_1) ist gleich dem (P_1)? – *Ja, wenn man eingießt.* – Also ist es gleich viel? – *Nein. Hier hat man so viel* ($L_1 + P_1$) *und da das* (A_1). – Wenn man P_1 in A_2 schüttet, wie hoch geht das? – *Bis zur selben Höhe* (wie $A_1 = 2\ L_1 = 2\ P$). – Und das (L_1)? – *Niedriger.* (Er zeigt auf $1/3$.)"

HER (7;0) hat E_1 in P_1 gegossen. „Sieh her! (Man gießt 2 E_1 in B_1.) Du trinkst dies ($E_1 + P_1$) und ich das (B_1). Was gibt es hier (B_1)? – *Zweimal dies* (2 E_1). – Also haben wir gleich viel getrunken? – *Ja, ich mehr. Nein. Sie haben mehr, weil das dicker ist* (B_1). – Wenn ich dies (P_1) in das (B_1) gieße, wie hoch geht das? – (Er zeigt auf $1/3$ des Niveaus.) – Und das (E_1)? – (Er zeigt höher, fast auf das Niveau von B.) – Und ist das gleich viel, dies (E_1) und das (P_1)? – *Ja.*"

Es ist nicht nötig, diese Beispiele zu vermehren, um zu zeigen, daß die Versuchspersonen auf diesem Niveau zu keiner Komposition, weder logischer noch numerischer Art, fähig sind.

Zunächst einmal gelingt es dem Kind nicht, die beiden inversen Relationen der Höhe (Niveau) und der Breite (Oberfläche) der betrachteten Wassersäulen miteinander zu multiplizieren (Problem IV), was wir bereits in Kapitel I, 2 gesehen haben. Daher beschränkt es sich darauf, dasselbe Niveau herzustellen, wenn man es auffordert, in L_1 ein gleiches Quantum Wasser wie in U_1 zu fassen, ohne sich um die Tatsache zu kümmern, daß das Glas L_1 4- oder 5mal enger ist als das Glas U_1. Vor allem Mol zeigt eine Reaktion, die für dieses Stadium typisch ist und die wir oft beobachtet haben: Er stellt einfach in L_1 das Niveau von U_1 her. Wenn man aber U_1 schräg hält und er so gezwungen wird, die Breite und nicht mehr lediglich das Niveau des Wassers zu betrachten, vergißt er das Niveau, und sobald er wieder an die Höhe denkt, vergißt er die Breite: „Hier (sagt er, wenn er die Breite von U_1 sieht) ist mehr. Nein (berichtigt er, wenn er an die Höhe von L_1 denkt), hier ist mehr, weil das höher ist." Kurz gesagt, an Stelle von Multiplikation (Breite mal Höhe) tritt Nebenordnung der beiden nacheinander betrachteten Gegebenheiten.

Was das Problem V betrifft, d. h. die Komposition der Äquivalenzen, so versteht es sich von selbst, daß dieses Fehlen der Multiplikation der Relationen, verbunden mit dem Fehlen jeglicher Invarianz und jeglichen Maßes, selbst das bloß anschauliche Verständnis eines solchen Verhältnisses ausschließt. Halten wir von vornherein fest, daß dieses Problem V nicht mehr, wie die in Kapitel IX untersuchte Komposition der Äquivalenzen, eine einfache Frage der Egalisierung dreier Klassen $(X = Y) + (Y = Z) = (X = Z)$ aufwirft, sondern die Frage der Egalisierung dreier jeweils untereinander multiplizierter Paare von Relationen. Wenn man die in drei verschiedene Gefäße gefüllten Flüssigkeiten miteinander vergleicht, so ergibt sich in der Tat (wenn wir Höhe und Breite des ersten mit h_1 und l_1 bezeichnen, Höhe und Breite des zweiten und dritten mit h_2 und l_2 bzw. h_3 und l_3) die folgende Komposition: $[(h_1 \times l_1) = (h_2 \times l_2)] + [(h_2 \times l_2) = (h_3 \times l_3)] = [(h_1 \times l_1) = (h_3 \times l_3)]$. Nun haben wir im 2. Abschnitt des Kapitels gesehen, daß Bö und Jol nicht imstande sind, auch nur zwei der drei in L_1 gefüllten Mengen 1 zu 1 miteinander zu identifizieren, also W_1 und G_1. Es kann daher keine Rede davon sein, sie aufzufordern, diese zu kompensieren. Wir haben versucht, das Problem zu vereinfachen, indem wir das Kind veranlaßten, selber den Inhalt eines Glases (= das mittlere Glied) nacheinander in zwei andere Gläser (= die äußeren Glieder)zu gießen. Mol z. B. gießt das volle W_1 in G_1 und dann in A_1. Stärker läßt sich die Koordinierung zweier Gleichheiten mit Hilfe eines gemeinsamen mittleren Gliedes nicht konkretisieren. Trotzdem zieht Mol daraus keineswegs den Schluß, daß $A_1 = G_1$ ist. Er sagt, das Glas W_1 „war ganz voll, aber das macht nicht gleich viel".

Was endlich die numerischen Kompositionen (Problem VI) betrifft, so haben wir sie ebenfalls äußerst vereinfacht, indem wir etwa folgende Fragen stellten: Wenn $A_1 = B_1 + B_2$ ist, bekommt man dann $B_1 + B_2 = A_1$? Oder: Wenn $L_2 = E_1 + E_2$ und $L_1 = P$ ist, bekommt man dann $E_1 + E_2 = P$? Fum denkt nun, daß $B_1 + B_2$ zusammen das ursprüngliche Niveau von A_1 nicht wiederherstellen, und Mol, der zugibt, daß $L_2 = E_1 + E_2$ ist, zieht daraus nicht den Schluß, daß $E_1 + E_2 = P$ ist. Wohl kommt P „von da (L_1), aber das macht nicht mehr ebensoviel"! Wenn man dem Kind die Frage VI vollständig vorlegt, wie im Fall von Sot und von Her, beobachtet man zwei merkwürdige Reaktionen. Die erste besagt, daß die Gleichheit $(a + a = 2a)$, die in Gestalt von $(P_1 + L_1 = A_1)$ oder $(P_1 + E_1 = B_1)$ dargestellt wird, nicht begriffen wird, weil das Kind nach seiner Wahrnehmung und nicht nach dieser Komposition urteilt. Sot zieht z. B. aus $(P_1 + L_1 = A_1)$ den Schluß, daß $P_1 + L_1$ mehr ergeben als A_1, obgleich er weiß, daß $A_1 = 2 L_1$ und $P_1 = L_1$ ist, und zwar weil P_1 „rund ist und das mehr macht". Andererseits zieht Her aus $(P_1 + E_1 = B_1)$ den

Schluß, daß B_1 mehr enthält, obgleich $B_1 = 2 E_1$ ist und $P_1 = E_1$. In Ermangelung der Invarianz ist das übrigens nur natürlich. Die zweite Reaktion aber ist sehr viel seltsamer. Obgleich er sich daran erinnert, daß $P_1 = L_1$ und $A_1 = 2 L_1$ ist, denkt Sot, daß P_1, wenn es in A_1 geschüttet wird, das bisherige Niveau von A_1 ($= 2 L_1$) erreicht, während L_1 nur $^1/_3$ erreicht. Und Her denkt, obgleich er sagt, daß $P_1 = E_1$ ist, daß P_1 bis auf $^1/_3$ von B_1 kommt und E_1 fast dieslbe Höhe ($= 2 E_1$) erreicht. Die Wassersäule wird also keineswegs nach ihrer Komposition in Bruchteile zerlegt, oder vielmehr, es gibt keine mögliche additive und subtraktive Komposition, weil es keine Invarianz gibt, wobei die Invarianz andererseits wegen des Fehlens der Komposition nicht denkbar ist.

Dieses Fehlen der Komposition ist so erstaunlich, daß man sich natürlich unaufhörlich fragt, ob nicht ein Mißverständnis vorliegt, d. h., ob das Kind, wenn es sagt „es gibt mehr" oder „es gibt weniger", nicht einfach an das Niveau denkt, wenn wir an die Gesamtquantität denken. Diese Deutung scheint uns aber ausgeschlossen zu sein. Erstens haben wir ständig auf das Verständnis der Aufträge geachtet und präzisiert: „mehr (oder weniger) zum Trinken", um jede Zweideutigkeit auszuschließen. Wenn andererseits das Kind an das Niveau als solches denkt, so deswegen, weil es eben in Ermangelung ausreichender logischer Instrumente nicht imstande ist, sich die Gesamtquantität anders als mit Hilfe eines ihrer Aspekte vorzustellen, ohne dieses besondere Verhältnis mit den anderen zu koordinieren. Drittens versucht das Kind häufig, die Breite mit heranzuziehen (Fum usw.), vergißt aber dann das Niveau. Das Kind muß also wohl im allgemeinen begreifen, wonach man sucht, da es sich bei diesen Meß- oder Kontrollversuchen zu einer Reihe spontaner Umfüllungen entschließt.

Es folgen nun die Reaktionen des zweiten Stadiums, die durch Versuche der Koordinierung von Niveau und Breite gekennzeichnet sind, aber noch keine Lösung der Proportionsfragen bringen, die ferner gekennzeichnet sind durch die Koordinierung der Äquivalenzen, jedoch noch ohne deduktive Strenge, und durch die Anfänge der numerischen Komposition — jedoch nur solche intuitiver und noch nicht operatorischer Art:

VIS (6;6). Problem IV: P_1 ist $^1/_6$ gefüllt und L_1 leer. Um dieselbe Quantität zu erreichen, füllt Vis L_1 bis zum selben Niveau wie P_1. „Ist das gleich viel? — Nein, ich (L_1) habe mehr. (Er gießt bis $^2/_3$ in L ein.) Ah, nein, so haben Sie mehr. (Er gleicht aus und füllt bis $^1/_4$.) Ah, nein, ich habe mehr." Usw.
Problem V: L_1 (blau) $= W_1$ (rosa) und $W_1 = G_1$ (grün). Man zeigt die Gleichheit, indem man einfach das Blaue in W_1 gießt, bevor man dort ebensoviel Rosa hineingießt, nachdem das Blaue in L_1 zurückgeschüttet wurde. „Ist das Blaue ebensoviel wie das Rosa? — Ja. — Gibt es ebensoviel Rosa wie Grünes? — Ja. — Und das Blaue ist ebensoviel wie das Grüne? — (Er zögert.) Ja. — Bist du sicher? — Nein. — Warum? — Dies (L_1) ist dünn, das (G_1) ist größer. (Er nimmt W_2 und

W$_3$, gießt L$_1$ in W$_2$ und G$_1$ in W$_3$ und scheint dann erst seiner Sache sicher zu sein:) *Das ist gleich viel!"*

REE (6;6). Problem IV: P$_1$ (= $^1/_6$) und L$_1$. „Nimm hier (in L$_1$) ebensoviel wie da (P$_1$). — *Ich weiß nicht, wie hoch das geht.* (Er füllt L$_1$ auf $^1/_2$.) *Das geht. Nein, das* (P$_1$) *ist größer* (= breit). *Man muß es versuchen.* (Er gießt P$_1$ in L$_2$.) *Ah, das geht höher!* — (L$_2$ wird gefüllt mit Hilfe von $^1/_6$ P$_2$, und P ist = $^1/_6$.) Ist das gleich viel zum Trinken? — *Ja, aber ich möchte es noch mit einem solchen Gefäß* (P$_2$) *versuchen.* (Er gießt L$_2$ in P$_2$.) *Das ist gleich viel.* (Dann gießt er P$_2$ in L$_2$ und P$_1$ in L$_1$ zurück.) *Das ist genau dieselbe Höhe."*
Problem V: In 2. zeigte sich, daß Ree, nachdem er L$_1$ und W$_1$ und dann W$_1$ und G$_1$ miteinander identifiziert hat, die entsprechende Schlußfolgerung für G$_1$ und L$_1$ zieht. „*Vielleicht geht das bis oben* (= zum selben Niveau, wie wenn G$_1$ in L$_2$ gefüllt würde), *ich könnte es nicht sagen."*
Problem VI: Man gießt zweimal E$_2$ in A$_1$. Andererseits gießt das Kind selber einmal E$_1$ in U$_1$. Man gibt ihm dann U$_1$ + E$_1$. „Erzähle mir, was ich getan habe! — *Sie haben zweimal hier* (in A$_1$) *eingefüllt.* — Du trinkst dies (E$_1$ + U$_1$) und ich das (A$_1$). Haben wir dann gleich viel getrunken? — *Nein, ich glaube nicht. Ich will probieren, wer am meisten hat. Das* (U$_1$) *ist ein kleines Gefäß, wo wenig drin ist.* — Aber dies (U$_1$) und das (E$_1$) ist gleich viel? — *Ja.* — Und wieviel von diesem (E$_1$) ist da (A$_1$) drin? — *Das sind zwei.* — Also? — *Dann haben wir alle beide gleich viel. Man hat diese beiden eingefüllt.* (Er stellt E$_1$ neben E$_2$.) *Das macht dieselbe Höhe. Man muß es versuchen.* — Bist du sicher? — *Es ist besser, es zu versuchen."*
Danach fragt man: „Wenn ich dies (U$_2$) in das (A$_2$) gieße, wie weit geht das? — (Ree zeigt $^1/_2$ des Niveaus von A$_2$, was also richtig ist.) — Warum? — *Weil das in der Mitte ist. Dies* (U$_2$) *ist ebensoviel wie das* (E$_1$). — Warum geht das bis zur Mitte? — *Ich weiß nicht, ob es genau die Mitte ist.* (Er gießt U$_2$ in A$_2$.) *Ja, stimmt, das ist die Mitte."* Daraufhin gießt man A$_2$ in U$_2$ zurück für den folgenden Versuch.
Endlich zeigt man die mit rosa Flüssigkeit gefüllten E$_1$ + U$_2$ + A$_1$ (wobei A$_1$ = 2 E ist). „Wie viele E muß ich dahinein (in A$_2$) gießen, um ebensoviel zu haben wie alles das? — *2.* — Versuche es. — (Er berührt die Gefäße mit dem Finger und zählt.) *Nein, 4, das geht bis auf dieselbe Höhe.* — (Man gießt vier blaue E in A$_2$.) — *Ja."* Dann nimmt Ree, der niemals von vornherein überzeugt ist, B$_1$ und sagt: *„Ich möchte das Rosa sehen."* (Er gießt das ganze E$_1$ + U$_2$ + A$_1$ in B$_1$.) — Bis zu welcher Höhe geht das? — (Er zeigt auf die Höhe in A$_2$, obgleich B$_1$ enger ist.) *Hier, glaube ich. Ich weiß nicht.* (Er füllt ein.) *Das ist höher. Ah, jetzt, das begreife ich nicht.* — (Man gießt B$_1$ in U$_1$ und A$_2$ in U$_2$.) *Ah, dieselbe Höhe!"*
BOR (7;0). Problem V: Er stellt unter Schwierigkeiten fest, daß L$_1$ = W$_1$ und W$_1$ = G$_1$ ist. Wenn man ihn fragt, ob L$_1$ = G$_1$ ist, zeigt er die Gesamtheit der Gläser und sagt: „*Das war immer gleich viel"*, d. h., er gibt alle induktiven Gründe dafür, daß es so war, aber er zeigt es nicht deduktiv.
Problem VI: „Sieh her, was ich mache (2 E$_2$ in A$_1$). — *Sie haben das Glas* (E$_2$) *zweimal eingefüllt.* — Und das (E$_1$ in P$_1$)? Ist das gleich viel, dies (E$_1$ + P$_1$) und das (A$_1$)? — *Nein, dies* (A$_1$) *ist zweimal und das* (E$_1$ + P$_1$), *das ist viermal.* — Ist das (E$_1$) und das (P$_1$) gleich viel? — *Ja.* — Und wenn man dies (E$_2$) in das (E$_1$) gießt? — *Das geht bis oben. Das ist genausoviel.* — Und wie habe ich dahinein (in A$_1$) gegossen? — *Zweimal dieses Glas* (E$_2$). — Und wenn wir trinken, ich dies (A$_1$) und du das (E$_1$ + P$_1$)? — *Ich trinke mehr. Dies macht viermal und das* (A$_1$) *ist zwei.* — Warum? — *Weil es dicker ist, dies da* (P$_1$). *Ich habe zwei Gläser*

(E_1 und P_1) *und dazu habe ich dies* (P). Dies (P) *ist ein dickes Glas und das* (E_1) *ist ein kleines, also macht das viermal.*" Er zählt also E_1 und P_1 für 2, und dann fügt er, da P_1 dick ist, willkürlich 2 hinzu.

„Wenn ich dies (E_1) dahinein (in A_2) gieße, wie weit geht das? — (Er zeigt auf $1/2$ des Inhalts von A_1.) — Und wenn ich das (P_1) eingieße? — (Er zeigt auch auf $1/2$ des Inhalts von A_1, was also richtig ist.) — Und wenn ich dies (E_1 + P_1) eingieße? — (Er zeigt auf ein Niveau, das merklich höher ist als der Inhalt von A_1.) *Das macht viermal.* — Erkläre mir das. — *Da* (E_1) *und da* (P_1) *ist gleich viel. Wenn man dies* (P_1) *messen würde, käme das höher* ... (Er sieht verwirrt aus. Er nimmt P_1 in eine Hand und E_1 in die andere und sieht sie ebenso an wie E_2.) *Das, das sind zwei Gläser* ... *Ah, nein, das kommt ebenso hoch!* — Wie hast du das herausgefunden? — *Ich habe gesehen, daß das* (P_1 + E_1) *gleich viel ist und das* (E_2) *dasselbe Glas.*"

GIS (7;0). Problem V: Nachdem Gis die Gleichheit von G_1 und W_1 und dann von W_1 und L_1 gemessen hat, glaubt er, daß L_1 = G_1 ist, aber anstatt das deduktiv abzuleiten, stellt er es einfach induktiv fest: „*Das wird gleich viel sein, weil dies* (G_1) *ausgedehnter ist* (er sieht es aufmerksam an), *größer und dünner. Man glaubt, es wäre mehr, weil* ... (er zeigt auf das Niveau), *aber das muß gleich viel sein.*"

Problem VI: Gis gießt P_1 in E_1, und wir gießen 2 E_1 in B_1. „Ich trinke dies (B_1) und du das (P_1 + E_1). Ist das ebensoviel? — *Ja, ich habe ebensoviel wie Sie. Ihres ist größer. Wenn man dies* (P_1 + E_1) *dahinein* (in B_2) *gösse, würde das ebensoviel?* — Woher weißt du das? — ... — (Man gießt $1/2$ von B_1 ein.) Ist das noch ebensoviel? — *Nein, ich habe mehr.* — Also, woher weißt du das? — ... — Wie habe ich gegossen? — (Er zeigt auf E_1.) *Damit. Einmal dies* (E_1) *und* $1/2$ *von dem* (B_1). — Dies (P_1) und das (E_1), ist das gleich viel? — *Ja.* — Und dies (B_1, in das die Hälfte zurückgegossen wurde), ist das ebensoviel wie das (P_1 + E_1)? — *Ja.*"

„Wenn ich dies (P_1) in das (E_1) gieße, wie hoch geht das? — (Er zeigt auf dasselbe Niveau wie in P_1.) — Und wenn ich dies (B_1) in das (E_1 + E_2) gieße? — *Das macht 1 und da* $1/2$. — (Man gießt E_1 + P_1 in B_2.) Ist das gleich viel? — *Ja.* — (Man gießt es zurück.) Wenn ich dies (E_1) in das (B_2) gieße, wie hoch geht das? — (Er zeigt auf dasselbe Niveau, wie in E_1.) *Das ist dieselbe Höhe.* — Ist dies (P_1 und E_1) ebensoviel? — *Ja.* — Wenn ich dies (E_1 + P_1) da (in B_2) hineingieße, wie hoch geht das? — *Ganz voll.* (Er zeigt über das Niveau von B_1.) — Wenn ich dies (B_1) trinke und du das? — *Bei mir ist mehr.* — (Man gießt E_1 + P_1 in B_2.) — *Ebensoviel!*"

„Das ist also ebensoviel, dies und das (E_1 und P_1)? — *Ja.* — Und wenn ich das alles (E_1 + P_1) dahinein (in B_2) gieße? — *Das geht bis zu derselben Höhe* (wie B_1). — Das ist richtig. Und wenn ich nur dies (E_1) einfülle? — (Er zeigt auf $5/6$ der Flüssigkeit.) — Und nur dies (P_1)? — *Ebensoviel* ($5/6$ der Flüssigkeit). — Und wenn man beide einfüllt? — *Dieselbe Höhe* (wie B_1). — Und nur dies (E_1)? — *Ein bißchen weniger* ($5/6$). — Und das (P_1)? — *Ein bißchen weniger* ($5/6$).*"

LOIS (7;0). Problem V: Er mißt die Gleichheit von G_1 und W_1, dann die von W_1 und L_1. „Und diese beiden (G_1 und L_1), ist das gleich viel zum Trinken? — *Ich glaube, das ist ebensoviel.* — Warum? — *Weil das hier* (G_1) *weiter ist. Deswegen bleibt das unten.*"

Problem VI: „Du siehst, das (E_1 + P_1) ist für dich. Und das (A_1, in das 2 E_2 gefüllt werden) ist für mich. Erzählst du mir, wie ich eingefüllt habe? — *Zweimal mit dem* (E_2). — Und dies (P_1), ist das ebensoviel wie das (E_1)? — *Ja.* — Und ebensoviel wie das (E$_2$)? – *Ebensoviel.* – Also, haben wir dann gleich viel getrunken, ich hier (A$_1$) und du da (P$_1$ + E$_1$)? – *Ich habe mehr, weil ich zwei Glas trinke und Sie nur dies* (A$_1$). – Aber dies (P$_1$) ist ebensoviel wie das (E$_1$)? – *Ja.* – Und diese beiden (E$_1$ und E$_2$)? – *Ach ja, das ist gleich viel. Diese beiden (E$_1$ + P$_1$), das ist gleich viel, und Sie haben dies (E$_1$) zweimal eingegossen, das macht gleich viel.*" „Und wenn ich dies (P$_1$) dahinein (in A$_1$) gieße, bis wohin geht das? – (Er zeigt auf $^3/_4$ des Niveaus.) – Und das (E$_1$)? – *Dieselbe Höhe ($^3/_4$).* – Und alle beiden? – *Gleich viel* (= das gegenwärtige Niveau in A$_1$)."

Derart sind die Reaktionen dieses zweiten Stadiums, das sich also wie immer als das Niveau der beginnenden Koordinierung, allerdings auf anschaulichem Wege und ohne operatorische Komposition, erweist. Das wird ohne weiteres klar bei den für das Problem IV gefundenen Lösungen. Im Gegensatz zu den Kindern des ersten Stadiums, die, um in das enge Glas L$_1$ dieselbe Flüssigkeitsmenge einzufüllen wie in das breite Glas P$_1$, einfach in L$_1$ das Niveau von P$_1$ zu erreichen versuchen, denken die Kinder dieses zweiten Stadiums zugleich an die Breite und an die Höhe und suchen in L$_1$ ein höheres Niveau als in P$_1$. Allerdings beschränkt sich das Kind, anstatt ein Kompositions- und Meß-Prinzip zu finden, d. h. die Proportionen zu berücksichtigen, auf gänzlich empirische Schätzungen. Es ist interessant festzustellen, daß die von den Kindern desselben Niveaus bei dem Problem V erzielten Ergebnisse mit den eben genannten völlig parallel verlaufen. Die Kinder des vorhergegangenen Stadiums waren nicht imstande, die Gleichheit (h$_1$ $\times$ l$_1$) = (h$_3$ $\times$ l$_3$) aus den Gleichheiten (h$_1$ $\times$ l$_1$) = (h$_2$ $\times$ l$_2$) und (h$_2$ $\times$ l$_2$) = (h$_3$ $\times$ l$_3$) abzuleiten oder, einfacher ausgedrückt, die Gleichheit (G$_1$ = L$_1$) von den Gleichheiten (G$_1$ = W$_1$) und (W$_1$ = L$_1$) abzuleiten, und zwar wegen des Fehlens jeglicher Invarianz oder jeglichen Maßes. Im gegenwärtigen Stadium bringt es das Kind nun, im Gegensatz hierzu, fertig (vgl. 2.), die Gleichheiten (G$_1$ = W$_1$) und (W$_1$ = L$_1$) zu entdecken und diesen Gleichheiten progressive Konstanz zu verleihen. Von nun an ist es auch imstande zu erschließen, daß G$_1$ = L$_1$ ist, also (h$_1$ $\times$ l$_1$) = (h$_3$ $\times$ l$_3$). Allem Anschein zum Trotz leitet das Kind diese Schlußfolgerung nicht aus einer wirklichen Deduktion ab, die darin bestünde, die Gesamt-Gleichheiten: (L$_1$ = W$_1$), (W$_1$ = G$_1$), also: L$_1$ = G$_1$, zu komponieren, oder noch weniger daraus, die jeweiligen Höhe-Breite-Verhältnisse zu komponieren. Wenn das Kind das richtige Ergebnis entdeckt, so infolge einer einfachen deduktiven Analogie. In der Tat muß es, um die Gleichheiten (L$_1$ = W$_1$) und (W$_1$ = G$_1$) zu ermitteln, bereits mindestens vier Äquivalenzen feststellen: Wenn man es über die Gleichheit L$_1$ = G$_1$ befragt, wird es veranlaßt, sich zu sagen, daß das wahrscheinlich so weitergeht, aber das erscheint ihm als Wahrscheinlichkeit und nicht als logische Notwendigkeit. Ree z. B. denkt, daß L$_1$ „vielleicht" G$_1$ gleichkommt, aber er weigert sich, das vor einer empirischen Überprüfung anzuerkennen. Bor gibt das ebenfalls zu, aber einfach deswegen, weil das bis dahin „immer gleich viel war". Vis, Gis und Lois denken in derselben Weise.

Es ist nun sehr aufschlußreich, diese Analogie zwischen den Reaktionen auf die Gegebenheiten des Problems V und des Problems IV festzustellen. Bei beiden Versuchen stellt man in der Tat eine Komposition der Relationen Höhe (h) und Breite (l) sowie der Äquivalenzen fest. Beim Problem IV aber muß man das multiplikative Verhältnis zwischen h und l herstellen, während es beim Problem V gegeben ist. Andererseits wird im Problem IV die Äquivalenz als Aufgabe gegeben und muß beim Problem V erschlossen werden. Es ist also interessant, auf diesem Niveau in beiden Versuchen gleichzeitig dieselbe Methode der anschaulichen und nicht-deduktiven Koordinierung anzutreffen.

Der Schlüssel zu diesen Reaktionen findet sich in den auf die Frage VI gegebenen Antworten, da die richtige Lösung dieses Problems eine Arithmetisierung der additiven und multiplikativen Kompositionen der betreffenden Relationen erfordert. Um eine Frage wie die nach der Gleichung $E_2 + U_1 = A_2$ (worin $A_2 = 2 E_1$ und $E_1 = U_1$ ist) zu beantworten, muß das Kind in der Tat folgende Relationen begreifen: Wenn wir als h_1 und l_1 die Höhe und Breite von E_1, als h_2 und l_2 Höhe und Breite von U_1 und als h_3 und l_3 die von A_1 bezeichnen, muß das Kind zunächst die Gleichheit der Verhältnisse oder der Multiplikation der Relationen h_1 zu l_1 und h_2 zu l_2 ansetzen, also:

(1) $(h_1 \times l_1) = (h_2 \times l_2)$

Ferner muß es begreifen, daß $E_1 + U_1 = A_1$ ist, also:

(2) $(h_1 \times l_1) + (h_2 \times l_2) = (h_3 \times l_3)$

Und wenn es so $(h_1 \times l_1)$, also E_1, als gemeinsames Maß nimmt, bedeutet das, daß jedes Gefäß, das $(h_x \times l_x)$ enthält, aufgefaßt werden kann als ein Mehrfaches von $(h_1 \times l_1)$, woraus sich folgende additive und multiplikative Kompositionen ergeben:

(3) $(h_x \times l_x) = 1. (h_1 \times l_1) + 2. (h_1 \times l_1) + \ldots + n. (h_1 \times l_1)$
    oder (3 a) $(h_x \times l_x) = n (h_1 \times l_1)$

Daraus ergeben sich endlich die inversen Kompositionen, die dem letzten Teil des Problems entsprechen (das Niveau von A_1 zu bestimmen, je nachdem, ob man ein einziges E oder zwei E an Stelle der Gesamtheit einfüllt):

(4) $n (h_1 \times l_1) - 1 (h_1 \times l_1) = n - 1 (h_1 \times l_1) \ldots$ usw.
    oder (4 a) $n (h_1 \times l_1) : n = (h_1 \times l_1)$

Keines der erwähnten Kinder (oder der anderen für dieses Stadium charakteristischen Versuchspersonen) hat nun Schwierigkeiten empfunden zu begreifen, daß $E_1 = U_1$ ist – also die Gleichheit Nr. 1 zuzugeben. Alle

haben sich ebenfalls daran erinnert, daß man 2 E_1 in A_1 gefüllt hat. Trotzdem ist keines bis zu einer vollständigen deduktiven Lösung gelangt. Was nun die Gleichheit $E_1 + U_1 = A_1$ unter ihrer qualitativen Form (Nr. 2) oder ihrer numerischen Form (Nr. 3) betrifft, so kann sich z. B. Ree nicht zwischen der Idee der Äquivalenz und der Idee der Nicht-Äquivalenz entscheiden, weil U_1 „ein kleines Gefäß ist, wo wenig drin ist". Im Zwiespalt zwischen der Überlegung, die die Evidenz $E + E = 2 E$ nahelegt, und der Wahrnehmung, die die Ungleichheit vermuten läßt, zieht Ree den Schluß, daß man „es versuchen muß". Dann begreift er fast sofort, daß man für $E_1 + U_1$ ($= E_1$) $+ A_1$ ($= 2 E_1$) in A_2 viermal E_1 einfüllen muß, aber er legt dennoch Wert darauf, die Verhältnisse nachzuprüfen, und wenn er ($E_1 + U_1 + A_1$) in B_2 einfüllt, begreift er nicht, warum das Niveau in dem (engeren) B nicht dem in A gleichkommt. Ebenso kann sich Bor nicht entscheiden zwischen der Überlegung, die ihn zu der Erkenntnis veranlaßt, $E_1 + P_1 = A_1$, weil $P_1 = E_1$ und $A_1 = 2 E_1$ ist, und der Wahrnehmungs-Intuition, die ihn glauben lassen möchte, daß P_1 „dicker ist". So zieht er den Schluß, daß $P_1 + E_1$ „viermal macht" und A_1 nur 2. Der Ausdruck „viermal" kann hier nur den Sinn einfacher Wahrnehmungs-Schätzung haben, da Bor selber sagt, man habe ein einziges E_1 in P_1 gefüllt! Gis hat von vornherein den Eindruck, $P_1 + E_1$ sei gleich B_1, aber aus Gründen der Analogie mit allen bisher gesehenen Gleichheiten. Er bleibt unfähig zu zeigen, warum; und schließlich, wenn man ihn veranlassen will, seinen anfänglichen Anschauungseindruck zu präzisieren, erklärt er, daß $(E + P)$ das Niveau von B_1 übersteigt und daß „das mehr ist". Lois schließlich sagt zunächst, obgleich er die Gegebenheiten sehr wohl verstanden hat, daß $P_1 + E_1$ mehr enthalten als A_1 („weil ich zwei Glas trinke"), aber dann stellt er die Gleichheit fest.
Man sieht also, daß diese Kinder noch keineswegs fähig sind, 3 oder 4 Elemente zu 2 Äquivalenzen zu kompensieren; oder vielmehr, wenn sie dazu natürlicherweise ohne Schwierigkeiten imstande sind, sobald die Wahrnehmung mit diesen Relationen übereinstimmt (wenn z. B. $E_1 + E_2 = E_3 + E_4$ ist), so können sie dennoch die (zugleich additive und multiplikative) rationale Komposition noch nicht als entscheidend ansehen, wenn die Wahrnehmung sich dem entgegenstellt.
Im zweiten Teil des Problems werden die Dinge noch deutlicher, d. h. bei der subtraktiven Dekomposition oder Division (Nr. 4 und 4 a). Jedes dieser Kinder weiß wohl, daß $A_1 = 2 E_1$ und $E_1 = P_1$ ist. Wenn man sie aber nun fragt, bis zu welcher Höhe die Flüssigkeit aus E_1 allein in A_2, das neben A_1 steht, steigt, so kann keines mit Sicherheit sagen, daß der Inhalt von E_1 $1/2$ des Niveaus von A_2 erreicht, daß der Inhalt von P_1 ebenfalls nur $1/2$ erreicht und daß ($E_1 + P_1$) dasselbe Niveau erreicht. Ree

allein bezeichnet eines der isolierten Elemente als „in der Mitte", weil „es ebensoviel ist" wie E_1, aber er fügt sogleich hinzu: „ich weiß nicht, ob es genau die Mitte ist", als ob er zeigen wollte, daß es sich nicht um reine Deduktion, sondern um eine auf Anschauung beruhende Wahrscheinlichkeit handelt! Bor schreibt auch zunächst E_1 die Hälfte der Höhe zu und ebenso P_1. Für $(E_1 + P_1)$ aber zeigt er viel höher als auf das Niveau von A_1 (mehr als dreimal die Einheit: „Wenn man dies (P_1) messen würde, käme das höher." Für ihn macht $1 + 1$ also nicht 2, wenn die beiden Einheiten für die Wahrnehmung zu heterogen sind. Gis denkt, bei $P_1 + E_1 = B_1$ erreicht der Inhalt von E_1, wenn $E_1 = P_1$ ist, in B_2 das Niveau von E_1, während $(P_1 + E_1)$ ein höheres Niveau erreicht als B_1. („Bei mir ist mehr.") Dann aber, wenn er begreift, daß $(P_1 + E_1)$ zusammen in B_2 das gegenwärtige Niveau von B_1 erreichen, glaubt er, daß E_1 allein (und P_1 ebenfalls allein) die $5/6$ erreicht! Also kommt jede der beiden Hälften eines Ganzen allein den $5/6$ dieses Ganzen gleich! Ebenso ergibt für Lois $(E_1 + P_1)$ zusammen „gleich viel" wie das Niveau von A_1, aber E_1 allein würde die $3/4$ ergeben!

Die Absurdität dieser Kompositionen zeigt von neuem, und zwar noch deutlicher, den Konflikt zwischen Wahrnehmung und Überlegung bei den Versuchspersonen dieses Stadiums. Sie zeigt uns vor allem, wie die Konstitution der Einheit, die für das Maß erforderlich ist, die Egalisierung der Differenzen voraussetzt. Ihre Wichtigkeit haben wir in Kapitel I bemerkt, und jetzt erscheint sie uns als die eigentliche Bedingung für den Übergang von den rein qualitativen Kompositionen von Relationen zu den wirklich numerischen Kompositionen.

Untersuchen wir nun die Reaktionen des dritten und letzten Stadiums, d. h. jenes Stadiums, während dessen sich in operatorischer und nicht mehr nur anschaulicher Art die additive und multiplikative Komposition der Relationen und der Zahlen herausbildet:

FOL (7;0). Problem IV: *„Dies (L) ist lang und das (P) ist dick. Für dies (P $1/6$) muß man hier (L) ganz voll füllen. Wenn man Maß nähme, wäre das gleich viel."*
Problem V: O_1 (rosa) $= A_1$ (gelb) $= P_1$ (blau). „Gibt es ebensoviel Rosa wie Blau? — *Ja.* — Bist du sicher oder glaubst du es nur? — *Da war ebensoviel Rosa wie Gelb, dann ebensoviel Gelb wie Blau, also ist es gleich viel, das Rosa und das Blau.* (Er deutet nacheinander auf die Gefäße.)"
Problem VI: Man füllt 2 E_1 in A_1, dann E_1 in U_1. „Ist das hier $(U_1 + E_1)$ und das (A_1) gleich viel? — *Ja, weil Sie die beide da (A_1) hineingegossen haben.* — (Man gießt U_1 in L_1.) — Ist das noch immer ebensoviel: $(L_1 + E_1)$ und A_1? — *Ja.* — (Man gießt L_1 in B_1). Und dies $(B_1 + E_1)$ und das $(A$)? — *Ja, dies (E_1) ist ebensoviel wie das (B_1), und für dies (A_1) haben Sie das kleine Glas (E_1) genommen."*
$U_1 = U_2$: Man füllt U_1 in L_1 und L_1 in $(E_1 + E_2)$. Dann füllt man E_1 in M_1.

„Ist dies ($E_2 + M_1$) und das (U_2) gleich viel? – *Ja*. – Und dies (B_1), ist das ebensoviel wie das (E_1)? – *Ja*. – Und wie das (M_1)? – *Ja*. – (Man gießt $1/2$ U_2 in M_2.) Ist dies ($U_2 + M_2$) ebensoviel wie das ($M_1 + E_1$)? – *Ja. Da sind die beiden kleinen Gläser, und Sie haben zuvor mit demselben ganz kleinen (E) gegossen.*" Man ersetzt dann M_2 durch E_2 usw. Er gibt stets die richtigen Antworten, trotz einer Reihe von Transformationen derselben Art.

NAO (6;10). Problem VI: Man gießt 2 L_1 in A_1 und gibt dem Kind $P_1 + L_1$, die Nao zuvor identifiziert hat. „Wer hat mehr, dieser ($P_1 + L_1$) oder der (A_1)? – *Beide gleich viel, weil dies (L_1) und das (P_1) gleich viel ist, und Sie haben zwei solche (L_1) dahinein (in A_1) gegossen. –* Und wenn man dies ($L_1 + P_1$) in das (A_2) gießt, wie hoch steigt das? – *Bis zur selben Höhe.* – Und dies (P_1) allein? – *Bis zu $1/2$, weil das die Hälfte macht.* – Und dies (L_1) allein? – *Auch bis $1/2$.* – (Man gießt ein drittes L zu A_1.) – *Sie haben mehr als ich. Sie haben drei eingefüllt.* – Wenn man dies (L_1) in das (A_2) gießt, wie hoch geht das? – (Er zeigt auf $1/3$ der augenblicklichen Niveaus.) – Warum? – *Weil Sie hier zwei solche (L_1) eingefüllt hatten, und das ging bis da* (ursprüngliches Niveau). – Wenn man dies (A_1) in 3 Gläser wie dies (L_1) gießt? – *Das macht drei volle.* (Die Antwort ist richtig!)"

SCHEN (6;11). Problem IV und V werden völlig richtig gelöst. Problem VI: $A_1 = 2$ E_1 und $E_1 = P_1$. „*Da* (in A_1) *ist mehr als da* (P_1). – Und dies ($P_1 + E_1$) ist weniger als das (A_1)? – *Gleich viel. Sie haben dort* (in A_1) *zwei hineingefüllt.* – Und wenn ich dies (P_1) in das (A_2) fülle, wie hoch geht das? – (Er zeigt auf $1/2$.) *Niedriger. Die Hälfte.* – Und dies (E_1)? – *Auch bis da, $1/2$.* – Und das ($P_1 + E_1$)? – *Ebensoviel wie das (A_1).*"

SAN (7;0). Problem VI: $A_1 = 2$ $L_1 = P_1$. „*Das ist ebensoviel, weil Sie zwei solche (L_1) eingegossen haben, und dies ($L_1 + P_1$), das macht auch zweimal. –* Wenn man dies (P_1) in das (A_2) gießt, wie hoch geht das? – *Die Hälfte.* – Gut. Du hast alles das ($P_1 + L_1 + A_1$). Wieviel Gläser von dieser Größe (L_1) muß man hierhinein (in A_2) gießen, um ebensoviel zu haben? – *Drei, nein viermal, weil es da (A_1) zweimal war.*"

CHOU (7;0). Problem V: L_1 (blau) $= W_1$ (rosa) und $W_1 = G_1$ (grün). „*Dies (G_1) ist ebensoviel wie das (L_1). Das ist beides gleich viel.* – Warum? – *Man hat alle drei angeschaut.* – Aber hat man diese beiden zusammen angeschaut (blau und grün)? – *Nein, aber man hat es an dem Rosa gesehen.*"
Problem VI: $P_1 = E_1$ und $A_2 = 2$ E_1. „Du nimmst alles dies ($P_1 + E_1 + A_1$). Wie viele kleine (E_2) muß ich eingießen, um hier (in A_2) ebensoviel zu haben? – *6.* – Warum? – (Er zeigt nacheinander die drei Gläser.) *2, 4, 6 … Ah, nein! Ich dachte, überall wären zwei.* (Die Überlegung war also richtig.)"

Wenn wir diese Reaktionen mit denen des voraufgehenden Stadiums vergleichen, so wird der Unterschied zwischen Operation und Anschauung klar. Ohne auf das Problem IV zurückkommen zu wollen (dessen vollständige Lösung – Multiplikation der inversen Relationen von Höhe und Breite und ihre Kombination zu Proportionen – in diesem Stadium bereits vorliegt, vergl. Kapitel I), stellen wir zunächst die Präzision fest, mit der das Problem V gelöst wird. Chou z. B. ist sich – wenn er Blau und Rosa und dann Rosa und Grün miteinander verglichen hat – durchaus bewußt, daß ihm das Glas W_1 (rosa) als gemeinsames Maß dient: „Man hat alle drei angeschaut", sagt er, weil man es „an dem Rosa gesehen hat"!

Schließlich gibt das Problem VI Anlaß zu den interessantesten Feststellungen: Wenn man es zu den beiden voraufgehenden in Beziehung setzt, ermöglicht es das strenge gleichzeitige Gelingen von Kompositionen elementarer logischer Operationen und von additiven und multiplikativen Kompositionen numerischer Art. In dem Augenblick nämlich, da es dem Kind gelingt, elementare Operationen der Logik der Relationen zusammenzusetzen (Addition und Multiplikation asymmetrischer Relationen), wird es auch fähig, dieselben Relationen in numerischer Weise additiv und multiplikativ zu verknüpfen.

Unter dem Gesichtspunkt der Logik der Relationen ist das Problem VI in der Tat nur die Synthese der Fragen IV und V (und das ist der Grund, weswegen in diesem Kapitel auf sie zurückverwiesen wurde): Um feststellen zu können, daß $E_1 + U_1 = A_1$ (wenn $A_1 = 2 E_1$), muß man 1. imstande sein zu begreifen, daß die Höhenzunahme der Flüssigkeit in einem langgezogenen Gefäß kompensiert wird durch die Verringerung der Breite und umgekehrt (Problem IV), und 2. muß man verstehen, daß, wenn $U_1 = E_1$ und $E_1 = 1/2 A_1$ ist, $U = 1/2 A_1$ ist (Problem V). Andererseits aber führt das Problem VI eben wegen der Tatsache, daß die durch verschiedene Relationen gekennzeichneten Quantitäten gleichgesetzt werden wie E_1 und U_1, zur Konstitution von Einheiten, die additiv [$E_1 + U_1$ $(E_1) = A_1 (= 2 E)$] oder multiplikativ ($A_1 : 2 = E$) komponierbar sind.

In dem Augenblick also, da die Probleme IV und V operatorisch gelöst werden, geschieht dasselbe mit dem Problem VI. Wenn man in dieser Hinsicht die 4 Arten formaler Gleichheiten, die während des Stadiums festgestellt wurden (Propositionen 1 bis 4 a), noch einmal vornimmt, stellt man in der Tat fest, daß alle eben genannten Versuchspersonen sie vollkommen verstehen. So bewirkt bei Fol eine Reihe sukzessiver Transformationen keineswegs eine Veränderung seiner Vorstellung von der Äquivalenz der Einheiten oder der Summen. Bei Nao, Schen, San und Chou gewinnt die Komposition vom Typus $E + E + \ldots = n E$ sowohl einen multiplikativen wie einen additiven Sinn, wie sich bei Chou zeigt, wenn er glaubt, die Summe sei 6, weil er meint, man habe in jedes Glas zwei Einheiten gefüllt. Umgekehrt sehen wir, wie dieselben Versuchspersonen $1/2$ oder gar $1/3$ der Säule A_2 (oder A_1) bestimmen, um diesen Höhen die Einheiten E zuzuordnen. Kurz gesagt: im Gegensatz zu dem, was sich während der voraufgegangenen Stadien ereignete, in denen jede numerische Komposition durch die Wahrnehmungs-Wertungen verhindert wurde, kombinieren diese Kinder die durch eine strenge Egalisierung der

Differenzen gewonnenen Maß-Einheiten untereinander. Wie ist nun in diesem Anfangsstadium der operatorischen Komposition das Verhältnis zwischen der Logik der Relationen und dem Zahlbegriff? Es ist angebracht, dieses Problem kurz zu untersuchen.

4. Schlußfolgerungen

Zum Verständnis der Beziehungen zwischen den numerischen Operationen und den Operationen, die sich auf qualitative logische Relationen erstrecken, muß zunächst hervorgehoben werden, daß die Kompositionen, deren Entwicklungsgeschichte wir eben aufgezeigt haben, bereits sämtliche bei der Herausarbeitung der Invarianz selbst (Kapitel I) mitwirken. Sie bleiben dort aber noch in einem virtuellen Zustand, d. h., die Versuchsperson ist sich über ihre Existenz nicht klar, während bei den letztgenannten Versuchen die Versuchsperson diese Kompositionen freilegen und „reflektieren" muß.

In der Tat, was verlangten wir von den Kindern in Kapitel I, als wir ihnen genau dasselbe Material vorlegten wie bei den jetzt untersuchten Fragen? Wir wollten wissen, ob eine Menge A_1, die einer Menge A_2 gleichkommt, dieser äquivalent bleibt, wenn A_1 in $B_1 + B_2$ oder in $C_1 + C_2 + C_3$ usw. oder in L_1 usw. überführt wird. Es leuchtet nun ein, daß es sich bei der Lösung derartiger Probleme eben gerade darum handelt, Teile zu einem Ganzen zu vereinigen oder ein Ganzes in Teile zu zerlegen, Äquivalenzen miteinander zu koordinieren und Relationen zu multiplizieren usw., kurz gesagt: alle additiven und multiplikativen Kompositionen durchzuführen, die in den vorhergegangenen Seiten besprochen wurden. Daher ist es nicht erstaunlich, daß die Stadien der Konstruktion der Invarianz oder der Quantifikation und die Stadien der Entwicklung dieser Kompositionen miteinander genau synchron verlaufen. Der Leser war sogar zuweilen veranlaßt, sich zu fragen, ob wir nicht einfach die Versuche des Kapitels I unter leichter Variation der Formulierungen wiederholten. Nun, dem ist durchaus nicht so. Ein anderes ist es, eine Äquivalenz $A_1 = A_2$ unter dem Gesichtspunkt der Wahrnehmung selbst aufzustellen und zu untersuchen, ob sie bei sukzessiven Transformationen erhalten bleibt, ein anderes, diese Äquivalenz zu konstruieren, und zwar mit Hilfe eines Maßes (Problem II und III dieses Kapitels) oder mit Hilfe verschiedenartiger Deduktionen (Probleme IV-VI). Im ersten Fall geht die Versuchsperson von einer Lösung aus, um diese zu rechtfertigen, während sie im zweiten Fall die Lösung finden muß. Dieselben Kompositionen ergeben sich also in der ersten Situation aus einer Analyse, die alle Stufen des Bewußtwerdens mit sich bringen kann, und in der zweiten Situation aus einer Synthese, die eine deutliche und bestimmte Reflexion erfordert. Daher stellen sich die Probleme operatorischer Komposition der Versuchsperson in neuen Ausdrücken dar, während sie für den Beobachter jedem Quantifikationsproblem immanent sind.

Diese Überlegungen lassen sich übrigens auf jede Untersuchung der Kapitel VII bis X anwenden, die sich auf additive und multiplikative Kompositionen beziehen. Addition und Multiplikation der Klassen, Relationen und Zahlen sind bei der Konstruktion jeder Klasse, Relation und Zahl beteiligt. Indessen, es ist etwas anderes, derartige Elemente zu konstruieren, ohne sich über die Operationen, die man bei dieser Herausbildung durchführt, klarzuwerden, oder diese Elemente, nachdem sie konstruiert sind, untereinander mit Hilfe derselben Operationen zu verbinden, die nun explizit und bewußt geworden sind. In beiden Fällen handelt es sich um dieselben „Gruppierungen" oder dieselben „Gruppen", aber im ersten Fall schreitet der Geist vom Ergebnis zur Analyse der Komposition dieses Ergebnisses fort, während er im zweiten Fall von der synthetischen Komposition selbst zu ihren Ergebnissen fortschreitet.

Diese Feststellung vorausgesetzt, ist es leicht zu begreifen, warum die Stadien der Komposition dieselben sind wie die Stadien der Invarianz als solcher, da diese zugleich das Ergebnis der Komposition darstellt und die Bedingung, die diese Komposition erst ermöglicht hat.

Während eines ersten Stadiums kennt das Kind in der Tat weder Invarianz noch Komposition. Die wahrgenommenen Verhältnisse (mehr oder weniger groß, klein, hoch oder niedrig, breit oder eng usw.), die bei jeder Umfüllung sich verändern, werden untereinander weder operatorisch noch selbst anschaulich koordiniert. Daraus ergibt sich eine Wertung, die sich allein auf die Qualitäten und deren einfache und aktuelle Beziehungen (rohe Quantität) gründet, ohne Invarianz und Maß, ohne Multiplikation der Verhältnisse und ohne Konstitution numerisch komponierbarer Einheiten: Ein beherrschendes Verhältnis (die Höhe oder seltener auch die Breite) überwiegt einfach über die anderen und verhindert so jede Koordinierung.

Dank der Fortschritte der Anschauung beginnen sich aber diese Wahrnehmungsverhältnisse früher oder später miteinander zu koordinieren, solange es sich nur um geringfügige Verwandlungen handelt. Dieser Beginn anschaulicher Koordination kennzeichnet das zweite Stadium. Eine aus einem niedrigen und breiten Gefäß in ein enges und hohes Gefäß geschüttete Flüssigkeit behält ihre Quantität für den Beurteiler, sobald die Versuchsperson die Koordinierung der inversen Verhältnisse (die Multiplizierung der Relationen hoch × breit) zu begreifen beginnt. Da die Quantität also durch die Multiplizierung $h_1 \times l_1$ gekennzeichnet ist, ergibt sich die Möglichkeit, das Spiel der Äquivalenzen $(h_1 \times l_1) = (h_2 \times l_2) = (h_3 \times l_3)$ zu erkennen, zuerst noch nicht auf Grund operatorischer Komposition, sondern auf Grund induktiver Annahme. Die Invarianz, die Koordinierung der inversen Relationen und die Koordinierung der direkten Relationen sind schon in ihrer Entstehung zwangsläufig aufeinander angewiesen. Aus eben diesem Grunde entstehen auch bestimmte numerische Gleichheiten, da die äquivalenten Glieder gezählt und einander zugeordnet werden können, so daß das Kind auf diesem Niveau z. B. durchaus imstande ist, zu begreifen, daß ein großes Glas A_1, das in zwei kleine Gläser E_1 und E_2 umgegossen wurde oder umgekehrt, gleich $E_1 + E_2$ sein wird. Allgemein ausgedrückt, wird das Maß so in seiner elementaren Form des Vergleichs zweier Glieder möglich, solange noch kein gemeinsames Maß oder eine nicht-anschauliche Komposition von Einheiten mitwirkt.

Allerdings kann es, solange die Koordinierung der Relationen nicht verallgemeinert ist, kein strenges System von Kompositionen sehen. Nun aber bleiben während des zweiten Stadiums die aus zu weitreichenden Transformationen herrührenden Verhältnisse noch unkoordiniert, d. h., die Versuchsperson behält in solchen Fällen ein größeres Vertrauen in die aktuelle Wahrnehmung als in eine Kompositionsregel. Daher bleibt das zweite Stadium der Anschauung verpflichtet, da die Anschauung nur eine mit Hilfe verinnerlichter und festgehaltener Wahrnehmungen gewonnene Vorstellung ist, und es erreicht noch nicht das Niveau der Operation, die eine von der Wahrnehmung befreite Komposition darstellt, die alle nacheinander wahrgenommenen Gegebenheiten in einem zugleich kohärenten und beweglichen System miteinander vereinigt. Wie läßt sich nun der Übergang von diesem Zwischenstadium zu der strengen und allen von uns unterschiedenen Bereichen gemeinsamen Komposition erklären?

Die Herausbildung des dritten Stadiums ist, so scheint es, nur zu verstehen aus dem Aufbau zweier solidarischer Systeme: der „Gruppierung" der Multiplikationen von Relationen und der „Gruppe" der numerischen Multiplikationen. Beide Systeme koordinieren die betreffenden Operationen zu einer geschlossenen und reversiblen Gesamtheit, die „Gruppierung" im Bereich der Qualität und die „Gruppe" im Bereich der Zahl.

Was den das zweite Stadium auszeichnenden Multiplikationen asymmetrischer Relationen fehlt, ist in der Tat die Möglichkeit der Gruppierung. Einerseits vermag das Kind den beiden Äquivalenzen $(h_1 \times l_1) = (h_2 \times l_2)$ und $(h_2 \times l_2) = (h_3 \times l_3)$ nicht die Äquivalenz $(h_1 \times l_1) = (h_3 \times l_3)$ zu entnehmen. Andererseits führt es, wenn es in jedem dieser beiden zuletztgenannten Fälle die inversen Relationen zwischen Höhe und Breite koordiniert, diese Operationen nur grob aus, ohne die Proportionen

314

zu berücksichtigen. Wenn wir nun für den Augenblick abstrahieren von den numerischen Operationen und uns nur an die Proportionen halten, die auf der einfachen Multiplikation der qualitativen Verhältnisse beruhen, wird darum nicht minder deutlich, daß das Sich-nicht-Bekümmern um die Proportionen die Schwierigkeit anzeigt, die Verhältnisse nach zwei Dimensionen zugleich aufzureihen, also die Schwierigkeit, die Multiplikationen selbst zu gruppieren. Wenn im Unterschied hierzu das Kind im dritten Stadium in der Lage ist, die Niveaus von 5 oder 6 verschiedenen Gläsern in umgekehrter Proportion zu ihren Breiten zu ordnen (und zwar selbst dann, wenn sie nicht in progressiver Ordnung auf dem Tisch stehen), bezeugt es seine Fähigkeit, Multiplikationen zu gruppieren. In der Tat ist die Gruppierung der Multiplikationen von Relationen nichts anderes als die simultane Seriation dieser Relationen nach ihren zwei oder n verschiedenen Dimensionen. Im Fall von Breite und Höhe (es handelt sich hier um geometrische Dimensionen, aber es versteht sich von selbst, daß im Fall von Relationen, von Farben, Werten usw. die Operationen die gleichen wären) erhalten wir z. B. folgende Tafel (a_1, b_1 usw. bezeichnen die Reihenfolge der Breiten vom engsten bis zum breitesten Gefäß und a_2, b_2 usw. die Reihenfolge der Niveaus vom niedrigsten bis zum höchsten):

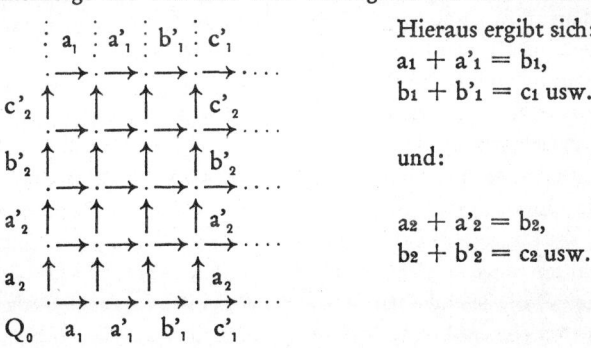

Hieraus ergibt sich:
$a_1 + a'_1 = b_1$,
$b_1 + b'_1 = c_1$ usw.

und:

$a_2 + a'_2 = b_2$,
$b_2 + b'_2 = c_2$ usw.

Das beweist der Fall Fol, den wir als Beispiel zur Erläuterung dieser Gruppierung von Relationen nehmen können. Die Versuchsperson Fol ist in der Tat fähig, eine Folge von Gleichheiten zu koordinieren, die der Leser fast auf dem Papier festzuhalten genötigt ist, wenn er ihnen folgen will: $U_1 = U_2$; dann $U_2 = L_1$; $L_1 = E_1 + E_2$; dann $E_1 = M_1$; woraus sich ergibt: $E_2 + M_1 = U_2$; dann $1/2\ U_2 = M_2$; woraus sich ergibt: ($1/2\ U_2 + M_2 = M_1 + E_1$); und wenn $E_2 = M_2$, dann gilt ($1/2\ U_2 + E_2$) = ($M_1 + E_1$) usw. Es leuchtet nun ein, daß zusätzlich zu der Egalisierung von Operationen mathematischer Art, auf die wir gleich zurückkommen werden, eine derartige Koordinierung *mindestens* folgende logische Operationen voraussetzt:

1. Das Kind begreift zunächst, daß eine Niveauerhöhung einer Breitenverminderung entspricht und umgekehrt, wenn es bei einer Umfüllung
keine Flüssigkeit hinzufügt. Wenn sich z. B. der mit einer Menge Null Q_0
verglichene Inhalt U_2 durch die Relationen $b_1 \uparrow a_2$ ausdrücken läßt und
wenn die Differenzen, also die asymmetrischen Relationen zwischen U_2
und L_1, sich durch a'1 a'2 ausdrücken lassen, so ergibt sich:

$$(Q_0 \overset{b_1}{\rightarrow} \uparrow a_2 \; U_2) \mp (U_2 + \uparrow a'_2 \; L_1) = (Q_0 \overset{a_1}{\rightarrow} \uparrow b_2 \; L_1)$$

Unabhängig also von der Tatsache, ob es das Niveau von L_1 genau voraus-
sieht (d. h., ob es die Differenzen a'1 und a'2 zu egalisieren versteht, was
bereits eine mathematische Operation ist), weiß das Kind auf diesem
Niveau, daß es durch Umgießen von U_2 in L_2 eine Erhöhung erreicht, da
Breitenverminderung eintritt. Umgekehrt kennt es wohl das Verhältnis:

$$(\overset{a_1}{\rightarrow} \uparrow b_2) + (\overset{a'_1}{\rightarrow} \downarrow a'_2) = (\overset{b_1}{\rightarrow} \uparrow a_2); \text{ usw.}$$

Allgemein gesprochen, bedeutet also eine Lösung des Problems IV in allen
möglichen Fällen (wozu das Kind auf diesem Niveau leicht imstande ist)
die zwangsläufige Anordnung (gleichviel, ob in Wirklichkeit oder in Gedanken) der Höhen- und Breiten-Relationen nach der oben aufgestellten
Multiplikationstabelle, und zwar sogar ohne irgendeinen numerischen
Wert. Unter diesem Gesichtspunkt des Problems IV setzt die von Fol gefundene Folge von Gleichheiten also eine Gruppierung der Multiplikationen von Relationen nach dieser Tabelle voraus.

2. Eine Folge von Äquivalenzen wie die, zu denen die Kinder dieses Stadiums (z. B. Fol) imstande sind, setzt ferner selbstverständlich Schlüsse
folgender Art voraus:

$$(h_1 \, l_1 = h_2 \, l_2) + (h_2 \, l_2 = h_3 \, l_3) = (h_1 \, l_1 = h_3 \, l_3)$$

Diese Überlegungen sind, wenn man von der Gleichheit mathematischer
Art abstrahiert, zurückzuführen auf die qualitativen Äquivalenzen, die
sich aus den eben genannten Multiplikationen ergeben. Die Lösung des Problems V, die im zweiten Stadium induktiv und anschaulich blieb, bringt
also vom Augenblick an, wo sie allgemein und operatorisch wird, auch eine
Gruppierung der Multiplikationen von Relationen mit sich.

Bezeichnen wir die Höhen- und Breitenunterschiede zwischen Flüssig-
keiten der Form $h_1 \, l_1$ und $h_2 \, l_2$ als $h_1' \, l_1'$ und die Unterschiede zwischen
$h_2 \, l_2$ und $h_3 \, l_3$ als $h_2' \, l_2'$. Das Kind begreift nun ohne weiteres folgenden
Sachverhalt:

$$[h_1 \, l_1 + (h_1' \, l_1') = h_2 \, l_2] + [h_2 \, l_2 + (h_2' \, l_2') = h_3 \, l_3] =$$
$$[h_1 \, l_1 + (h_1' \, l_1' + h_2' \, l_2') = h_3 \, l_3]$$

Das bedeutet: Zwei sukzessive Transformationen reduzieren sich auf eine
einzige.

3. Außerdem wird das Kind im dritten Stadium, wenn es so in der Lage
ist, aus zwei Äquivalenzen eine dritte abzuleiten, durch eben diese Tat-

sache fähig, zu verallgemeinern. Der entscheidende Wendepunkt für das Denken besteht in dem Übergang von einem anschaulichen Verhältnis zwischen zwei Gegenständen zu einem operatorischen Verhältnis zwischen dreien, und sobald letzteres hergestellt ist, kann es auf n Gegenstände ausgedehnt werden. Eben diese Tatsache zeigt der oben unter 1. und 2. erwähnte Fall Fol. Also ist:

$$h_1\, l_1 + (h_1'\, l_1') = h_2\, l_2 \qquad \ldots\ldots \qquad \ldots\ldots$$

$$h_2\, l_2 + (h_2'\, l_2') = h_3\, l_3 \qquad h_m\, l_m\, (h_m'\, l_m') = h_n\, l_n$$

$$h_3\, l_3 + (h_3'\, l_3') = h_4\, l_4 \qquad h_1\, l_1 + (h_1'\ldots_{m}'\, l_1'\ldots_{m}') = h_n\, l_n$$

Dieser Sachverhalt stellt die vollständige Gruppierung der Multiplikationen asymmetrischer Relationen dar.

Es leuchtet nun aber ein, daß der durch dieses dritte Stadium gekennzeichnete Fortschritt nicht nur in der Vollendung qualitativer Koordination (d. h. im vorliegenden Fall in einer Gruppierung der Multiplikationen von Relationen) besteht, sondern im Aufbau der Gruppe arithmetischer Multiplikationen selbst, und zwar mit Hilfe jenes Verfahrens der Egalisierung der Differenzen, das bereits in den Kapiteln I und II erkennbar wurde und das die Versuchsperson in die Lage versetzt, die Relationen und deren Glieder in einem System von untereinander komponierbaren Einheiten zu arithmetisieren.

In der Tat konnten wir schon während der Kapitel I und II folgende Tatsache feststellen: Wenn das Kind annimmt, daß eine Flüssigkeitsmenge $h_1\, l_1$ sich infolge der Differenzen $h_1'\, l_1'$ (z. B. durch eine Niveauerhöhung h_1' und eine Breitenverminderung l_1') in eine neue Quantität $h_2\, l_2$ verwandelt, zweifelt es ebenfalls nicht mehr im 3. Stadium, daß $h_2\, l_2$ der ursprünglichen Quantität gleichbleiben, daß also $h_2\, l_2 = h_1\, l_1$ sein könne. Eine solche Gleichheit geht nun über die logische Komposition $h_1\, l_1 + h_1'\, l_1' = h_2\, l_2$ hinaus und setzt das Begreifen der Tatsache voraus, daß sich die Differenzen h_1' und l_1' kompensieren und also selber untereinander gleich sind. (Die Niveauerhöhung kommt der Breitenverminderung gleich.) Anders ausgedrückt: In der oben niedergeschriebenen Tabelle der Transformationen erkennt das Kind, wenn es begreift, daß $h_1\, l_1 = h_2\, l_2 = h_3\, l_3 = h_4\, l_4$ ist, eben dadurch auch die Tatsache, daß die Differenzen $h_1'\, l_1'$; $h_2'\, l_2'$; $h_3'\, l_3'$ usw. sich annullieren. Diese Egalisierung der Relationen erlaubt die Konstituierung des Begriffes der Einheit.

Ein solcher Mechanismus wird gut sichtbar in den richtigen Lösungen des Problems II. Wenn das Kind zum Vergleich von L_1 mit G_1 spontan G_1 in L_1 umfüllt oder wenn es zum Vergleich von G mit P nun G in W_1 und P in W_2 umfüllt, so beschränkt es sich sicher nicht darauf, die Differenzen zwischen G und L_1 oder zwischen G und P aufzureihen, sondern es sucht die Differenz-Relationen auf Gleichheiten zu reduzieren, und das ist das

Wesen des Maßes. Die einfachste Form dieser Egalisierung besteht darin, G in L_2 zu gießen, um es mit L_1 zu vergleichen und so zu zeigen, daß die Verringerung der Breite von G nach L voll ausgeglichen wird durch die Niveauerhöhung von G zu L, da $L_2 = L_1$ ist. In diesem Fall beschränkt sich die Egalisierung der Differenzen auf eine Reduzierung von G auf L, wobei das zweite dieser beiden Glieder eben hierdurch als Maß für das erste dient. Wenn dagegen G in W_1 und P in W_2 geschüttet wird, werden die Differenzen zwischen G und P annuliert mit Hilfe eines gemeinsamen Maßes W, das so eine elementare Einheit darstellt, die sich von den miteinander zu vergleichenden Gliedern unterscheidet, aber noch nicht durch Additionen oder Multiplikationen mit sich selber komponiert ist.

Bei den richtigen Lösungen des Problems III beobachten wir endlich die Vollendung der Egalisierung der Differenzen in Gestalt der Bildung von Einheiten, die additiv und multiplikativ komponierbar sind, also eines gemeinsamen Maßes im allgemeinen Sinn dieses Wortes. Wenn das Kind die Quantiäten G, P und D als äquivalent ansieht, weil man zweimal das Glas E in jedes dieser Gefäße geschüttet hat, so läuft das in der Tat darauf hinaus zu sagen, daß die Differenzen $h'_1 \, l'_1$ (zwischen G und P), $h'_2 \, l'_2$ (zwischen P und D) und $h'_3 \, l'_3$ (zwischen D und G) sich annullieren, weil die Relationen $h_1 \, l_1$; $h_2 \, l_2$ und $h_3 \, l_3$ (die selber die Differenzen zwischen G, P oder D und der Menge Q_0 konstituieren), untereinander gleich sind, weil sie alle 2 E gleich sind. Und wenn die Relationen, die das Glas E definieren, als $h_0 \, l_0$ bezeichnet werden (d. h. also die Differenzen zwischen E und Q_0), so kann man sagen, daß $h_0 \, l_0$ von nun an eine additiv und multiplikativ komponierbare Einheit darstellt. So führt also, wie in Kap. I und II festgestellt, die Egalisierung der Differenzen zur Teilung und Komposition der auf diese Weise numerisch gewordenen Einheiten.

Wenn wir diese Egalisierung der Differenzen auf die Tabelle der Multiplikationen von Relationen (s. S. 315) anwenden, so sehen wir in der Tat unmittelbar, inwiefern diese Operation, zu der das Kind zu gleicher Zeit fähig wird wie zur Gruppierung der Multiplikationen von Relationen, diese Multiplikationen in arithmetische Multiplikationen verwandelt und dadurch eine multiplikative Gruppierung numerischer Art konstruiert.

Man hat z. B. festgestellt, daß das Kind im dritten Stadium, sobald es imstande ist, das Problem VI in seiner Gestalt P (= E) + E = A (wenn A = 2 E) zu lösen, auch begreift, daß die aufeinanderfolgenden Niveaus von A abgestuft werden können in einem System von Einheiten und von Bruchteilen, je nach der Zahl der in dieses Gefäß gefüllten E. Wenn A = 4 E, entsprechen 2 E der Hälfte des Niveaus und 1 E allein einem Viertel ($1/4$) von 4 E oder der Hälfte ($1/2$) von 2 E usw. Bezeichnen wir also das 1 E entsprechende Niveau von A als $\uparrow a_2$; das 2 E entsprechende Niveau

als ↑ b_2; das 3 E entsprechende Niveau als ↑ c_2 usw. Bezeichnen wir ferner den Unterschied zwischen a_2 und b_2 als a'_2, den Unterschied zwischen b_2 und c_2 als b'_2 usw., dann besteht die Egalisierung der Differenzen darin, die Gleichheiten $a_2 = a'_2 = b'_2 = c'_2$ usw. sowie $b_2 = 2\,a_2$; $c_2 = 3\,a_2$; $d_2 = 4\,a_2$ usw. aufzustellen. Man sieht nun ohne weiteres, worin eine solche Komposition der Relationen sich unterscheidet von der einfachen qualitativen Reihenbildung: Bei der Reihenbildung sind die Differenzen a'_2, b'_2 usw. untereinander nicht vergleichbar, da man nur weiß, daß $b_2 > a_2$, $c_2 > b_2$ ist usw. Im Gegensatz hierzu genügt es, die Differenzen a'_2, b'_2, c'_2 usw. als gleich anzusehen, um sie in numerische Einheiten zu verwandeln. Wenn man dieselben Operationen bei den Breiten durchführt, $\overset{a_1}{\to}, \overset{b_2}{\to}, \overset{c_1}{\to}$; usw., führt die Gruppierung der Multiplikationen der Relation (wie sie die Tabelle S. 314 zeigt) *ipso facto* zur Gruppe der numerischen Multiplikationen selbst, da die allgemeine Äquivalenz der elementaren Relationen diese in ebenso viele Einheiten umwandelt. Das eben begreift das Kind im dritten Stadium, sofern das Problem VI in Betracht kommt. (Vgl. in 3. die Erläuterungen zum zweiten und dritten Stadium.)
Es ist in der Tat klar, daß die Versuchspersonen dieses dritten Niveaus die Fragen III, V und VI als Probleme multiplikativer Art auffassen. Wenn die Versuchsperson San beim Problem VI erklärt, für (P + L + A) müsse man „viermal" das Glas L einfüllen, „weil es da (A_1) zweimal war", so zeigt sich darin nur ein besonders ausdrückliches Beispiel für den Prozeß, den man bei jedem Maß wiederfindet, da die Idee des gemeinsamen Maßes auf der multiplikativen Äquivalenz beruht.
So stoßen wir schließlich wieder auf das, was als Schlußfolgerung von Kapitel IX festgestellt wurde. Während die Multiplikation der Klassen und die Multiplikation der Relationen zwei voneinander weit unterschiedene Operationen darstellen, von denen die eine darin besteht, einander äquivalente Glieder zuzuordnen, und die andere darin, asymmetrische Relationen (= Differenzen) zwischen nicht-äquivalenten Gliedern korrespondieren zu lassen, genügt es, diese Differenzen zu egalisieren, um die Äquivalenz zwischen den Gliedern dieser Relationen selbst einzuführen. Dadurch verschmelzen die Multiplikation der Relationen und die Multiplikation der Klassen zu einem einzigen operatorischen Ganzen, das nichts anderes ist als die Multiplikation der Zahlen. Wieder einmal erscheint also infolgedessen die Zahl als die Synthese der Klasse und der asymmetrischen Relation oder — was auf dasselbe hinausläuft — als die Synthese der symmetrischen Relation (Gleichheit) und der Differenzen (asymmetrische Relationen). Das also ist die allgemeine Schlußfolgerung, die unsere Untersuchungen in allen Bereichen, in denen wir die Analyse des Zahlbegriffs durchführten, bestätigt haben.

JEAN PIAGET
Gesammelte Werke

Studienausgabe